مبادئ علم الديمغرافية

(دراسة السكان)

تـألـيف

الأستاذ الدكتور

يونس حمادي علي

أستاذ علم الاجتماع

بجامعة بغداد سابقاً

دار وائل للنشر

الطبعة الثانية

(منقحة ومزيدة)

2010

رقم الايداع لدى دائرة المكتبة الوطنية : (٢٠١٠/٢/٤٩٦)

علي ، يونس حمادي

مبادئ علم الديمغرافية / يونس حمادي علي.

- عمان: دار وائل للنشر والتوزيع ، ٢٠١٠ .

(٤٤٧) ص

ر.إ. : (٢٠١٠/٢/٤٩٦)

الواصفات: الديموغرافيا / علم السكان / العوامل الجغرافية

* تم إعداد بيانات الفهرسة والتصنيف الأولية من قبل دائرة المكتبة الوطنية

****

رقم التصنيف العشري / ديوي : ٣٠٤,٦

(ردمك) ISBN 978-9957-11-886-0

* مبادئ علم الديمغرافية
* الأستاذ الدكتور يونس حمادي علي
* الطبعـة الثانية 2010
* جميع الحقوق محفوظة للناشر

دار وائـل للنشر والتوزيع

* الأردن - عمان - شارع الجمعية العلمية الملكية - مبنى الجامعة الاردنية الاستثماري رقم (٢) الطابق الثاني

هـاتف : ٠٠٩٦٢-٦-٥٣٣٨٤١٠ - فاكس : ٠٠٩٦٢-٦-٥٣٣١٦٦١ - ص. ب (١٦١٥ - الجبيهة)

* الأردن - عمان - وسط البلد - مجمع الفحيص التجاري- هـاتف: ٠٠٩٦٢-٦-٤٦٢٧٦٢٧

www.darwael.com

E-Mail: Wael@Darwael.Com

محتويات الكتاب

الموضوع	الصفحة

الموضوع	الصفحة

المحتويـات

الفصل السادس : الصحة والوفاة

المحتويـات

الفصل السابع : الهجرة

الموضوع | الصفحة

الباب الرابع

تركيب السكان

الفصل الثامن : الخصائص الريفية والحضرية

المحتويـات

الفصل الثاني عشر : الخصائص التعليمية

فهرس الجداول

جدول الأشكال

تمهيــد

يعتبر مبادئ علم الديمغرافيا محاولة أولية لتقديم صورة شاملة عـن ميدان دراسة السكان. وبرغم أن هذا الكتاب المنهجي أعدّ خصيصاً لطلبة علم الاجتماع، إلا أنه لا يخلو مـن معلومات كثيرة تهم الدارسين مـن مختلف الاختصاصات المرتبطة بالديمغرافيا من قريب أو بعيد، إضافة إلى القارئ غير المختص والمهتم بالقضايا السكانية.

إن الهدف الرئيسي ـ الذي يسعى الكاتب إلى تحقيقه هـو عـرض ميـدان الـديمغرافيا كعلـم قـائم بذاتـه، وهـذا لا يمكـن تحقيقـه بمجرد دراسة المشاكل السكانية، بل يتطلب منـا، أولاً وقبـل كـل شيء فهم الحقائق والمبادئ السكانية كوسيلة لمعرفة المشاكل السكانية. ونحن نعتقد بأن السكان يستحق أن يكون مجالاً مثمراً لدراسة علمية حتى وإذا لم يكن هناك انفجـار سكاني وتوزيع سكاني غير ملائم.

باختصار، يمكن تحقيق هذا الهدف الرئيسي الهام بأتباع أربعة طرق مختلفة هـي: أولاً: وصف حالة السكان الراهنة وفي المـاضي . ثانياً: دراسـة العلاقـة بـين السكان والنظام الاجتماعي. ثالثاً: جمع وصياغة تعميمات ومبادئ انبثقت، وما زالت تظهر عن طريق الأبحاث الديمغرافية وعرضها على صورة فرضيات أو نظريات. ورابعاً : معرفة اتجاهات السكان في المستقبل وما يترتب على ذلك من نتائج.

يتضمن الوصف الدقيق للسكان معرفة حجم السكان وكثافتهم وتـوزيعهم المكاني وقياس معدلات الزيادة الحالية والماضية. إن دراسة هذه الأمـور، مـع ذلك، لا تزودنا بالمعلومات الكافية- خصوصاً ما يتعلق منهـا بالتطورات المقبلة- مـا لم نفهم العوامـل التي ترتبط بها . لذلك فإن عملية الوصف يجب أن تتضمن دراسة المتغيرات الديمغرافية الثلاثة التي يتحـدد بموجبها عـدد النـاس ، أي الولادات والوفيات والهجرة ، أضف إلى ذلك ، أننا يجب معرفة العوامـل الاجتماعية والاقتصادية والسياسية والدينية والعائلية التي تفسر ـ اتجاهـات المعدلات الحيوية ، وبعبـارة خرى ، نستطيع بذلك التعرف على التغيرات

التي تطرأ على النظام الاجتماعي والتي تساعدنا على تفسير التغيرات، إن وجـدت، في الولادات والوفيات والهجرة، وبذلك نستطيع معرفة اتجاهات السكان.

ورغم أن بعض الخصائص السكانية كالعمر والجنس ذات طبيعة بايولوجية إلا أن اختلافها من جماعة لأخرى ومن فترة زمنية لأخرى، يعكس حقائق اجتماعية هامة. أما الخصائص الأخـرى كالحالـة الزواجيـة والتعليـم والمهنـة والـدين واللغـة ومحل الولادة والبيئة فهي اجتماعية في طبيعتها، ولذلك تسـلط مزيـداً مـن الضـوء على المجتمع البشري. فوصف السكان في الوقت ذاته هو وصف للنظام الاجتماعي، ورغم ذلك فإن هدفنا لا يتوقـف عنـد هـذا الحـد، بـل يتعـداه إلى مجـالات أبعـد وأعمق، هـما التحليـل والتنبـؤ. فـالأول يتطلـب منـا دراسـة الـترابط والعلاقـة بـين المتغيرات الديمغرافية من جهة، وكافة المتغيرات الاجتماعية والاقتصـادية والثقافيـة من جهة أخرى على أمل تحقيق رؤيا ديناميكية عـن السـكان الحـالي ومـا سـيطرأ عليه من تغيرات محتملة في المستقبل . ولما كانت الاتجاهـات الديمغرافيـة تعتمـد بصورة رئيسية على العوامل الاجتماعية والاقتصادية فلا بد إذاً مـن دراسـة العلاقـة بـين السـكان والمجتمـع وفـق منظـور تكـاملي يقـوم عـلى تفسـير معظـم الوقـائع الديمغرافية باستخدام الفرضيات والنظريات المسـتقاة مـن العلـوم الأخـرى- كعلـم النفس، وعلم النفس الاجتماعي والطب النفسي والتاريخ والعلوم السياسية، إضـافة إلى علم الاجتماع والاقتصاد والجغرافيا والبايولوجي.

ومع ذلك فإن علم الديمغرافيا ، كغيره من العلـوم الأخـرى، لا يقتصرـ عـلى الوصف والتحليل، بل يتعداهما إلى ما هو أبعد من ذلك إلى التنبؤ والسيطرة، فقـد قطع شوطاً كبيراً في هذين المجالين، وظهرت تعميمات ومبادئ على هيئة فرضـيات أو نظريات.

ولغرض التوصل إلى استنتاجات أكثر شمولية وأكثر عمومية، فقد تم وضع الكتـاب بموجب المنظور العالمي لدراسة السكان، إذ تم تقسيم العالم إلى مجموعتين رئيسـيتين مـن الأقطار: المتقدمة والنامية، تضـم المجموعـة الأولى أقطـاراً مثـل أمريكيـا الشـمالية وأوربـا وأستراليا وزيلندة الجديدة واليابان والاتحاد الروسي الفدرالي . أما المجموعة الثانية فتضم

كافة الأقطار في أفريقيا وأمريكا اللاتينية وأسيا، والأوقيانوس، باستثناء أستراليا وزيلندة الجديدة واليابان. وجرى مرة أخرى تصنيف العالم إلى ثمانية أقاليم مختلفة.

لاشك أن قراء هذا الكتاب سيبحثون عن تفاصيل ومعلومات تخص الوقائع الديمغرافية في الوطن العربي أو في جزء منه. ولتلبية مثل هذه الرغبة فقد أدخلت بعض المعلومات التي تخص الوطن العربي، ولا بد من أن أعترف بان هذه المعلومات الموجزة والمتفرقة عن سكان الوطن العربي لا تعطي إلا صورة ناقصة عن الموضوع. لذلك فقد أعددت دراسة أخرى مستفيضة عن سكان الوطن العربي.

لا يخفى على القارئ الحصيف أن هذه الأهداف الطموحة لم تتحقق إلا جزئياً فقد بدأ الموضوع يتطور بسرعة، والبيانات الإحصائية لا تكاد تستقر على حال بحيث بات من المتعذر على شخص أن يقوم بمتابعة التطورات الكبيرة والسريعة في مجال الأبحاث والدراسات السكانية .

لقد سعيت إلى القيام بهذا العمل لمعرفتي بعدم وجود كتاب باللغة العربية، على ما اعلم، بهذه المواصفات، لا شك أن هناك دراسات وأبحاث متفرقة تناولت كثيراً من الجوانب الواردة في هذا الكتاب ، إلا أن الطالب المبتدئ أو الدارس الساعي إلى طلب المعلومات الديمغرافية يحتاج إلى استعراض كافة الجوانب، الديمغرافيا من هذا المنظور ضمن كتاب واحد. لقد حاولت قدر الإمكان ، تحاشي العبارات الغامضة التي قد توهم القارئ الذي لا يملك إلا قدراً يسيراً من المعرفة بالجوانب الديمغرافية، وحيثما اقتضت الضرورة استخدام تعابير ديمغرافية، فقد تم تحديد هذه المفاهيم، لهذا السبب لم يتطرق الكتاب إلى أساليب البحث الديمغرافي ، إلا بصورة مختصرة وذلك لضيق المجال، وسداً للنقص في هذا الجانب ، فقد تم أعداد دراسة مستقلة تناولت مناهج البحث الديمغرافي، وستكون، عند صدورها، مكملة لهذا الكتاب.

الباب الأول

طبيعة دراسة السكان وتطورها

ويتضمن دراسة ميدان علم السكان – أو الديمغرافيا- ومحتواها وتطورها.
يدرس **الفصل الأول** ميدان علم الديمغرافيا وتطوره .
أما **الفصل الثاني** فينصب على دراسة النظريات السكانية.

الفصل الأول

الفصل الأول

- ميدان دراسة السكان وتطورها.

- موجز تاريخ الديمغرافيا .

- نظرية التحول السكاني .

- الاتجاهات السكانية الجديدة .

- العلاقة بين السكان والتنمية

- الاتجاهـــات الجديـــدة في منـــاهج البحث علم الديمغرافيا

١- أتساع مجال البحث السكاني

٢- تحسين البحث الديمغرافي.

٣- تطور مناهج البحث الديمغرافي .

- علاقة الديمغرافيا بالعلوم الأخرى.

الفصـل الأول

مقدمة:

ميدان علم الديمغرافيا وتطوره :

الديمغرافيا هي ميدان علم السكان. والكلمة أصلها إغريقي وتعني وصف الناس (kirk,1968:342). استخدمت العبارة لأول مرة مـن قبل العالم البلجيكي أسيل غيار في كتابه مبادئ الإحصاء البشري أو الديمغرافيا المقارنة سنة ١٨٥٥. وقد عرفها بأنها التاريخ الطبيعي والاجتماعي للجنس البشري، أو المعرفة الرياضية للسكان وحركاتهم العامـة وأحـوالهم العضوية والمدنية والفكريـة والأخلاقيـة. (فرومون، ١٩٦٨)

وكبقيـة العلـوم الأخرى، يمكن تعريـف الـديمغرافيا في إطارهـا الضيق أو الواسع. الديمغرافيا المنهجية تدرس حجم السكان وتوزيعهم وتركيبهم والتغيرات التي تطرأ عليهم. يشمل الحجم ببساطة عدد الوحدات (الأفراد) التي يتكون منها السكان. ويشير التوزيع إلى ترتيب السكان من حيث المكان والزمان، ويدخل ضمن ذلك التوزيع الحضري- الريفي خلال فترة زمنية محددة. ويتضمن تركيب السكان بعض الخصائص الديمغرافية كالعمر والجنس والحالـة الزواجيـة. أما التغير فيـدل على الزيادة أو النقصان الحاصل في مجموع السكان أو أحد العناصر المكونة لـه. وتضم عناصر التغير في مجموع السكان الـولادات والوفيات والهجرات والحراك الاجتماعي والجغرافي.

أما المفهوم الأوسع للديمغرافيا فيشمل خصائص إضافية مـن الوحدات وهذه تتضمن سمات إثنية واجتماعية واقتصادية. وترتبط بالخصائص الاجتماعية سمات أثنية كالعنصـر والقوميـة والـدين واللغة. أمثلة أخرى للخصائص الاجتماعيـة هي الحالة الزواجية والمكانة الأسرية ومكان الـولادة والتعليم والتحصيل الدراسي. أما الخصائص الاقتصادية فتضم النشاط الاقتصادي ، والحالة العملية والمهنة ، والصناعة والدخل

ومستوى المعيشة. وهناك خصائص أخرى مثل الميراث الجيني والذكاء والصحة وما إلى ذلك. غير أن المصادر الاعتيادية للبيانات الديمغرافية نادراً ما تعالج هذه المواضيع بصورة مباشرة، لذلك فقد تم التغاضي عنها.

المفهوم الأوسع للديمغرافيا يمتد إلى تطبيقات بياناتها ونتائجها على عدد من الحقول الأخرى، دراسة المشكلات المتعلقة بالعمليات الديمغرافية. وهي تضم ضغط السكان على الموارد، والتلوث البيئي، التحضر ـ الشديد، التنظيم الأسري، وتحسين النسل، اندماج المهاجرين وتكيفهم للمحيط الجديد، المشكلات الحضرية، والقوى العاملة، وسوء توزيع الدخل والبطالة والفقر وما إلى ذلك. (Shryock.et.al(eds),1976:1)

ويرى كل من هوسر ودنكن (Hauser and Duncan, 1959) أن الديمغرافيا في إطارها الضيق مرادفة للتحليل الديمغرافي، وفي إطارها الواسع تتضمن دراسة كل من التحليل الديمغرافي والدراسات السكانية. ينحصر التحليل الديمغرافي في دراسة عناصر التباين السكاني والتغير الذي يطرأ عليها. أما الدراسات السكانية فلا تقتصر على المتغيرات الديمغرافية فحسب وإنما تشمل إلى جانب ذلك أيضاً دراسة التأثيرات المتبادلة بين المتغيرات السكانية وبين المتغيرات غير السكانية الاجتماعية، الاقتصادية، السياسية، البيولوجية، الوراثية والجغرافية وما شابه ذلك. وبعبارة أدق تشمل الدراسات السكانية العوامل المحددة للاتجاهات السكانية والنتائج المترتبة عليها. لا تقتصر الدراسات السكانية لهذه المتغيرات على وضعها الراهن فقط وإنما تتناول بالوصف والتحليل وضعها في الماضي والمستقبل وتستقصي التغيرات التي طرأت عليها في الماضي والتغيرات المتوقعة في المستقبل نتيجة للتأثير المتبادل بينها وبين المتغيرات الأخرى.

موجز تاريخ الديمغرافيا

من المعروف أن معظم المفكرين البارزين حاولوا التطـرق، بشكل أو بآخر، إلى بعض القضايا السكانية ونذكر مـنهم، عـلى وجه الخصـوص، أرسطو وأفلاطون وكونفشـيوس وابن خلـدون (القـرن الرابـع عشر-) وبـوتيرو (القرن السادس عشر). ومع ذلك يمكن على العموم القول بـأن الأبحـاث التطبيقيـة في موضوع علم الديمغرافيا تعود إلى القرن السابع عشر- فقد أسـهمت أبحـاث جون جرونت التطبيقية في ظهور هذا العلم وتطوره.

يعتبر العالم الانكليزي جون جرونت (Graunt,1939) أول مـن حـاول القيام بأبحاث منتظمة في مجال علم الديمغرافيا. فقد قام بـإجراء دراسـة عـن أسباب الوفيات (بضمنها جدول بسيط للحياة) كما توصل إلى مجموعـة مـن التعميمات المحددة المتعلقة بالولادات والوفيـات والـزواج والهجـرة وأكتشـف الترابط المتين فيما بينها . كما أنه تناول بالبحث كثيراً مـن القضايا السكانية الأخرى . أصدر جرونت سنة (١٦٦٢) كتاباً صغيراً بعنوان "ملاحظـات طبيعيـة وسياسية قائمة على أساس وثائق الوفيات"، فلاحظ بأن الوفيات لم تكن حادثاً عفوياً وإنما يتميز حدوثها بنوع من الانتظام وأدرك بأن الولادات تتأثر بـبعض العوامل الاجتماعية والوضع الاقتصادي العام إلى جانب كونها وقائع حيوية.

ولعل أهم ما قام به جرونت هـو مساهمته في عمل أول جـدول للوفيات الخام الذي يمثل جدول الحياة بأبسط أشكاله. كما اهتم بدراسـة نمو السكان في مدينة لندن ومعرفة أثر كل من الولادات والوفيات والهجرة على ذلك وأهتم بتقويم البيانات الإحصائية المستخدمة في مختلف أبحاثـه وذلـك مـن أجـل التوصـل إلى معرفـة درجـة وأنـواع وأسباب الأخطـاء المتوقعة ومحاولة التغلب عليها استعمال التعديل والتصحيح وإلى

جانب كل ذلك، كان يسعى إلى التوصل لإيجاد تفسيرات علمية لانتظام الظواهر السكانية التي قام بدراستها. (Graunt, 1939)

وظهر عدد من الكتاب الانكليز المعاصرين لجرونت ممن يستحقون الذكر لمساهمتهم بدراسة بعض القضايا السكانية، نذكر منهم وليام بيتي (William petty: 1687-1623) الذي أكد أهمية المقاييس الإحصائية في دراسة مشاكل الاقتصاد الوطني والسياسة الحكومية. وكان لكتابه: " الحساب السياسي" (١٦٩٠) أثر مهم في تطوير الديمغرافيا رغم أنه لم يكن ماهراً مثل جرونت في جمع وتحليل البيانات إلا أنه أسهم في تطور كثير من الأفكار الأصيلة عن السكان. وأهتم بدراسة التنبؤ السكاني واقتصاديات التحضر وتركيب السكان والقوى العاملة والبطالة والدخل القومي . وفي معرض تأكيده على الفوائد المالية والإدارية للسكان الذين يتميزون بكثرة عددهم (قلة السكان هو الفقر الحقيقي) كتب بكثرة عن إستخدام الديمغرافيا في الاقتصاد والقضايا السياسية (Thomlinson, 1965) . وتوصل أدموند هالي (Edmund Halley, 1742-1656) إلى عمل أول جدول حياة سنة (١٦٩٣) مستخدماً كلاً من الولادات والوفيات (أستخدم جرونت الوفيات فقط) كما استخدم عبارة الحياة المتوقعة لأول مرة.

أما كريكوري كنج (Gregory king , 1712-1648) فقد قام بإجراء أول تقدير لسكان انكلترا مستخدماً سجلات الضرائب كما توصل إلى تعدادات جزئية للسكان سنة (١٦٩٦) .

لم يقتصر تأثير جرونت وبيتي على إنجلترا وحدها بل انتشرت أفكارهما إلى فرنسا وأخيراً إلى ألمانيا وبقية الأقطار الأوربية.

ويعد جوهان سوسملش (Johann Sussmilch, 1767-1707) من أبرز الباحثين الديمغرافيين الألمان الذين ظهروا في منتصف القرن الثامن عشر، كما أنه يعتبر ثاني مؤسس للديمغرافية بعد جرونت الذي يعد الأب الأول.

درس سوسـملش نمـط تغيـر التركيب الجنسي ـ مـع تقـدم العمـر وقـام بحسابات متعددة لمعدلات الولادة والوفاة والزواج بين سكان الريـف والحضر ـ وتابع اتجاهات الزواج والولادة مع مرور الزمن. ولعل أهم ما توصل إليه هـو قوله بان نسبة الذكور تزيد على نسبة الإناث عند الـولادة كما لاحظ ارتفاع نسبة الوفيات بين المواليد الذكور على نظيرتها بين الإناث، وذلك لحكمة إلاهيه كما يقول، من اجل التـوازن العـددي بـين الجنسـين. كـما أسـتنتج بـان معدل الوفيـات يختلـف بـاختلاف تعاقـب الأعمـار وأدرك وجـود زيـادة مسـتمرة في معدل الولادات على معدل الوفيات فاستنتج وجود ترابط بـين زيـادة السـكان ومعدلات الولادة والوفيات والزواج. وأدرك تأثير العوامل الاجتماعيـة والنفسيـة والصحية في عدد المواليد(sussmilch, 1741) .

ومما تجدر الإشارة إليه في هذا الصدد هو أن روبرت مالثوس تأثر بآراء سوسـملش لدرجـة كبـيرة. وفي فرنسـا قـام دانيـال برنـولي (Danial Bernoult 1700-1782) بدراسـة أثـر التطعيـم ضـد الجـدري ، مسـتخدماً جـدول الحيـاة الـذي أعـده. كـما درس خطـر الحيـاة والحيـاة المتوقعـة بالنسـبة إلى مختلـف الفئات العمرية للسكان.(Thomlinson, 1965) أمـا روبـرت مونتيـون فقـد درس نمو السكان في فرنسا وأسباب تغيره سنة ١٧٧٨. (Thomlinson, 1965)

يعتبر الباحث البلجيكي أدلف كتليه (١٧٩٦-١٨٧٤) من أكثر المتحمسين للدراسـات الإحصائيـة فقـام بدراسـة الظـواهر الاجتماعيـة الاداريـة القابلـة للإحصاء، سواء كانت سوية كالولادة والوفيات والزواج والهجرة، أم غـير سـوية كالأجرام والانتحار في مختلف الظـروف والأحـوال وفي شـتى الشـعوب والأمـم وذلك من أجل التوصل إلى الكشف عـن القـوانين الخاضعـة لهـا في زيـادتها أو نقصها وفي تأثرهـا بمختلف العوامـل الاجتماعيـة واختلاف الزمـان والمكان . وأطلـق كتليـه عـلى هـذه الدراسـات مفهـوم الطبيعـة الاجتماعيـة. (Thomlinson,1965)

الاتجاه الاقتصادي في الديمغرافيا:

يتمثل الاتجاه الاقتصادي للدراسات الديمغرافية في محاولة مـالثوس فهم العلاقة بين نمو السكان والتنمية الاقتصادية (Malthus, 1798).

كما أسـهم كـارل مـاركس بقـدر كبير في تطور الجانب الاقتصـادي في الدراسات السكانية، موضحاً أن ضغط السكان على الموارد يُعد عاملاً أساسياً في انتشار البطالة وفي تفشي الفقر في نظام الإنتاج الرأسمالي . (Marx ,1959)

نظرية التحول السكاني:

من المعروف أن الانخفاض المتواصل في معدلات الولادات والوفيات في الغرب منذ منتصف القرن التاسـع عشرـ اتخـذ لـه مسـاراً منتظمـاً مـن حيـث الزمان والمكان. وقد حاول بعض البـاحثين التوصـل إلى صياغـة نظريـة لتفسير أسباب مرور الشعوب المتقدمة قليلاً أو كثيراً عـبر نفـس المراحل التاريخيـة في العصر الحديث، أطلقوا عليها نظريـة التحـول السـكاني. فقـد ذكـر نوتشتاين :"تحت تأثير الحياة الحضرية تراجع هـدف توسيع الأسرة أمـام هـدف تعزيـز صـحة الطفـل الفـرد، تعليمـه، والرفـاه المـادي، فأصبح تحديد النسـل واسـع الانتشار واقتربت فترة النمو السكاني من نهايتها".(Notestein, 1945:41)

يمكـن أن يعتـبر التحضرـ والتنميـة الاقتصاديـة كعاملين مساهمين في انخفاض الخصوبة في الغرب. وما صاحب ذلك من تحول في نمو السكان.

وفي أعقاب الحرب العالميـة الثانية، مالت معدلات الوفيـات في البلدان النامية إلى الانخفاض السريع، مع بقاء معدلات الولادة عالية في البداية ولكنهـا مالت إلى الانخفاض التدريجي منذ عام ١٩٧٥.

ونتيجة لذلك، فقد بدأت مرحلة النمو السكاني السريع بـالظهور عـلى نحو متزايد. وهكـذا فقـد حـاول بعـض الـديمغرافيين تطبيق نظريـة التحول الديمغرافي على الشعوب النامية كما سنوضح ذلك فيما بعد.

الاتجاهات السكانية الجديدة:

ازداد سكان العالم أكثر من ثلاثة أضعاف، مرتفعاً من ١,٦ مليار نسمة في ١٩٠٠ إلى ٦,٥ مليار نسمة في ٢٠٠٥، مع حصول معظم الزيادة منذ عام ١٩٥٠. يعود النمو السريع إلى انخفاض الوفيات، بخاصة في البلدان النامية والمتخلفة. نظراً لأن الانخفاض في الوفيات بدأ قبل بداية انخفاض الخصوبة في معظم الأقاليم، فقد زادت سرعة نمو السكان. وتبعاً لذلك فقد إزداد سكان العالم بسرعة منذ عام ١٩٥٠، مع وصول معدل النمو ذروته فيما بين ١٩٦٥-١٩٧٠ ومع بداية إنخفاض الخصوبة في معظم الأقاليم في العالم، انخفض معدل نمو السكان في العالم منذ ذلك الحين.

بما أن الأقاليم المتخلفة في العالم وجدت نفسها في مراحل متباينة من التحول الديمغرافي من وفيات وخصوبة عالية إلى منخفضة ،فقد اختلفت معدلات النمو كثيراً، مفضية إلى اختلاف توزيع السكان في العالم، مع تركيز أكثر من ٨٠% من شعوب العالم في المناطق النامية والمتخلفة (من بين ٧٧ مليون نسمة يضافون إلى سكان العالم سنوياً يعيش ٩٧% في المناطق النامية).

بسبب انخفاض مستويات الخصوبة، بخاصة لدى المناطق المتقدمة، فقد ازداد دور الهجرة الدولية في التأثير في نمو السكان. على سبيل المثال، يفسر الـ٣٥ مليون الوافدون إلى الدول الغربية فيما بين ١٩٧٠-١٩٩٥ ، ٢٨ % من نمو سكانها المشترك خلال الفترة. على الصعيد العالمي، ازداد عدد الأشخاص الوافدين إلى بلد أخر أكثر من ١٢٥ مليون مهاجر الآن بعد أن كان ٧٥ مليون في ١٩٦٥.

التيار السكاني الأخر الهام هو التحضر، في حين أن نسبة سكان الحضر في العالم بلغت ٣٠% عام ١٩٥٠، ارتفعت النسبة إلى ٤٧% عام ٢٠٠٠، ومن المتوقع أن تصل إلى ٦٠% عام ٢٠٣٠. مع زيادة مستويات التحضر، زاد عدد المدن الكبرى في العالم وتنوعت أصنافها وتعقدت الحياة فيها وازدادت مشكلاتها.

مع مواصلة عملية التحضر، ربما يستمر سكان الريف بالزيادة لفترة طويلة، إلا انه يتوقف عن النمو أخيراً ويبدأ بعد ذلك بالنقصان. (United Nations ,2001:10-11)

لقد حاول بعض علماء الديمغرافيا تفسير هذه الظواهر الجديدة في سكان العالم فأنصب اهتمامهم على دراسة اتجاهات الخصوبة على اعتبار أنها تشكل المحور الأساسي الذي يدور حوله نمو السكان. كما أبدوا اهتماماً بدراسة نمو السكان والتحضر السريع، إلى جانب الهجرة الداخلية والخارجية.

ففي مجال نمو السكان حاول كل من (Vance and Davis 1963 and Cogile) صياغة نظرية عامة في التحول الديمغرافي يتضمن تفسير أسباب مرور الشعوب المتقدمة والنامية عبر نفس المراحل التاريخية في العصر ـ الحديث.(Hauser, 1959).

وفي مجال الخصوبة، يمكن تصنيف الطرق الرئيسية المؤدية إلى انخفاض الخصوبة إلى أسباب تقريبية ومحددات اجتماعية واقتصادية أكثر أهمية التي تعمل من خلالها. (أنظر الفصل الخامس) . وبموجب الإطار الذي وضعه إيسترلن (Easterlin, and Crimminis,1985) تتحدد نتيجة الخصوبة بواسطة عرض الأطفال والطلب عليهم، فضلاً عن استخدام وسائل تحديد النسل.

وقد وضع بعض الاقتصاديين في الوقت الحاضر نموذجاً تحليلياً قائماً على أساس مبادئ الاقتصاد التقليدي لتفسير انخفاض الخصوبة لدى البلدان النامية المقترن بالمرحلة الثالثة من مراحل التحول الديمغرافي (أنظر الفصل الخامس). أما فيما يتعلق بالتحضر ـ فقد وضعت نظريات عديدة لتفسير أسباب التحضر السريع (أنظر الفصل الثامن). وحاول كل من ستوفر Stoufer ولي Lee وأخيراً تودارو Todaro إيجاد تفسيرات لأسباب الهجرة من الريف إلى المدن (أنظر الفصل السابع). كما اهتموا بدراسة عملية تكيف المهاجرين لحياة المدينة.

العلاقة المتبادلة بين السكان والتنمية الاقتصادية والاجتماعية:

في أعقاب الحرب العالمية الثانية، انصب اهتمام الاقتصاديين بالدرجة الأولى على النمو في الإنتـاج كـدليل عـلى التقـدم وبخاصـة عـلى التصـنيع والتجـارة عـلى اعتبارهما بمثابة محددين للنمو. ولقد أهملت النماذج الاقتصادية النظامية عموماً أي اهتمام "برأس المال البشري" كمحدد للنمو الاقتصادي. وقد تغير هـذا تـدريجياً فقد أشار عدد متزايـد مـن المحللـين إلى وجـود دليـل عـلى أن رأس المـال البشرـي بخاصة التعليم والصحة له فوائد اقتصادية هامة لأفراد المجتمع كافة. عـلاوة عـلى ذلك فقد تحول مفهوم التنمية من إطار اقتصادي ضيق إلى إطار تضـمن العلاقـات الواسعة بين التنمية الاجتماعية- الاقتصادية، والفقر والنتائج بالنسـبة للبيئـة. كـان هناك، أيضاً اعـتراف أكـبر بـان التعلـيم، إضـافة إلى أثـاره الاقتصـادية يسـاعد عـلى تحقيق تقدم نحو أهـداف أخـرى مثـل الصـحة الأفضـل حيـاة أطـول مسـاهمة في المجتمع المدني والوصول إلى مدى أوسع من الفرص. (United.Nations.2005:28) ورغم ذلك لم يتمكن العلماء حتى الآن من إثبات وجود علاقات سببية بين السكان والتنمية الاقتصادية والاجتماعية.

تجمـع معظـم الدراسـات التحليليـة والـنماذج النظريـة عـلى حقيقـة مفادها أنه كلما قل نمو السكان مـال الـدخل الفـردي إلى الزيـادة في حـين أن معدل نمو السكان قد لا يكون احد الأسباب الرئيسية في الحد من معدل النمو الاقتصادي بل هناك إجماع في الرأي مفاده أن ارتفاع معدلات نمو السكان قـد تسبب عرقلة التقدم في مستويات المعيشة واتساع الفجوة في مستويات الدخل بين البلدان المتقدمة والنامية.(United Nation, 1973:5-6)

ظهرت إلى الوجود دراسات متنوعة جديدة حـول مختلـف مظـاهر التحضر والتنمية الاقتصـادية والاجتماعيـة. تؤكـد بعـض الدراسـات وجـود علاقة موجبـة بـين التصـنيع والتحضرـ في البلـدان المتقدمـة، بيـد أن هـذه العلاقة تختلف بحسب مستويات التنمية، وأن البلدان التـي تتشـابه فيهـا مستويات التحضر قد تختلف فـيما بينهـا فـيما يخـص مرحلـة التصـنع التي تمر بها .. وقد أظهرت معظم الدراسات أن التحضر في البلدان النامية

والمتخلفة قد سبق التصنيع في الوقت الحاضر ولذلك فإن معظم البلدان تعاني من فرط التحضر ـ (Over-Urbanization) بسبب عدم قدرتها على توفير فرص عمل كافية للراغبين فيه؛ فضلاً عن عجزها عن تحسين نوعية الخدمات الاجتماعية كافة بما يليق بكرامة الإنسان العصري.

الاتجاهات الجديدة في مناهج علم الديمغرافيا:
١- اتساع مجال البحث السكاني:

شهدت خارطة العالم السياسية تغيرات رئيسية بعد الحرب العالمية الثانية. فقد ازداد عدد الأقطار المستقلة في كافة أنحاء العالم . وهذا الحدث بحد ذاته أستدعى إجراء تحسينات في المعلومات الأساسية والإحصاءات المتعلقة بكافة مظاهر الحياة في الأقطار المستقلة حديثاً. وقد بذلت الأمم المتحدة جهوداً كبيرة في مساعدة هذه الأقطار المستقلة بالقيام في أول برنامج للتعداد السكاني في العالم حول سنة ١٩٥٠ كما أعقبت ذلك برامج في سنة ١٩٦٠ وسنة ١٩٧٠ وينتظر أن تستمر العملية في المستقبل.

كما واصلت الأقطار النامية سعيها من أجل تطوير وتحسين نظم الإحصاء الحيوي وأحرزت بعضها تقدماً ملموساً في هذا المجال. ورغم ذلك، ما زالت نظم الإحصاء الحيوي في الأقطار النامية قاصرة عن توفير البيانات الموثوقة عن معدلات الولادة والوفاة والزواج والطلاق .

وتعتبر السجلات السكانية المتوفرة لدى عدد من الأقطار مصدراً مهماً للبيانات، خصوصاً في قياس حجم الهجرة.

ومما تجدر الإشارة إليه أن استخدام المسوحات العينية أصبح منتشراً على نطاق واسع وذلك إما لإكمال بيانات التعداد السكاني أو لتحل محل بيانات التعداد أو السجلات الحيوية حين لا تتوفر بيانات عن الأخير أو تكون البيانات المتوفرة غير موثوقة. لقد أجريت كثير من هذه المسوحات عن القوى العاملة وميزانية الأسرة

والخصوبة وتحديد النسل وغيرها من المواضيع السكانية المهمة فأسهمت كثيراً في تحسين المعلومات المتعلقة بها.

٢- تحسين البحث الديمغرافي :

لقد رافق تحسين المعلومات الإحصائية عـن السكان خـلال العقـود الثلاثة الماضية ظهور اتجاهين جديدين في البحث الديمغرافي:

الاتجاه الأول:- هو زيادة وتشعب البحث فأصبحت هناك درجة عاليـة مـن التخصـص في مختلـف ميـادين الـديمغرافيا كبحـث الخصـوبة والدراسـات الحضرية...إلخ .

الاتجاه الثاني:- هو التغير التدريجي في إطار البحث الديمغرافي فقد زاد اهتمام الديمغرافيين منذ مطلع الخمسينات بدراسة المظاهر الاقتصادية والاجتماعيـة للتغير السكاني، وبذلك فقد خرجـوا علـى التقليـد الـذي كـان سـائداً في القرن التاسع عشر وبداية القرن العشرـين والـذي كـان منصبـاً علـى دراسـة القضايا الديمغرافية البحتة. كما حدث تغير هام آخر في بداية السـتينات حـين أصبح البحث الديمغرافي متأثراً بالسياسات الحكومية.

بـرز مثـل هـذا الاتجاه أولاً كاسـتجابة للحاجـة إلى التحليـل الـديمغرافي والإسقاطات السكانية لغرض استخدامها في عملية التخطيط الاقتصادي والاجتماعي . وزاد اهتمام العلماء والفنيين في الأبحاث الديمغرافية وذلك لغرض الاستفادة منها في وضع السياسات السكانية . فقد أصبح مـن الواضح أن بـرامج التنمية الشاملة على النطاق القومي و المجال العالمي تتطلب الأخذ بنظر الاعتبار تلك العوامـل التي تؤثر في اتجاهات السكان وإدخالها ضمن البرامج. ولقد لعبت الأمـم المتحدة دوراً هاماً في مساعدة الحكومات بإجراء دراسات أسهمت في صياغة السياسـات أو في تنفيذ البرامج المعتمدة، خصوصاً ما يتعلق بالتخطيط العائلي، والقوى العاملة.

٣- تطور مناهج البحث الديمغرافي:

وحدث منذ بداية الخمسينات تقدم ملموس في ميدان مناهج البحث وأساليب التحليل الديمغرافي . فقد ظهرت مؤخراً أساليب تحليلية أكثر تطوراً في كافة حقول

الـديمغرافيا. فإحـيـاء وتطـور نظريـة السـكان المسـتقر Stable population ومختـلف الأسـاليب المنهجيـة المشـتقة منهـا تعتبر نقطـة تحـول في أسـاليب التحليل الديمغرافي كما تبين مدى فائدتها في مجال التطبيق العملي.

ويستخدم الآن تحليل السكان المستقر وشبه المستقر إلى جانـب بعـض الأساليب الأخرى على نطاق واسـع في تقـدير متغيرات ديمغرافيـة أساسيـة في الأقطار التي لا تتوفر لديها بيانات دقيقة.

كـما شـاع اسـتعمال جـداول انقـراض الحيـاة المتعـددة Decrement life tables. التي تجمع معدلات الوفيات مع بعض الخصائص الديمغرافية والاقتصادية والاجتماعية. ولقد تحققت فوائد كثيرة من استخدام مختلف أنواع جداول الـزواج Nuptiality tables وجـداول عمـر العمـالـة working life tables. كوسيلتين مفيدتين للتحليل في هذين المجالين. كـما ظهـر أن اسـتخدام جـداول سـن التعليـم School life tables. وجداول الهجرة المتوقعة. Migration expectancy tables قد حقق فائدة أكبر.وحقـق أسـلوب الإسقـاط السـكاني خـلال العقـدين الماضيين تقـدماً كبيراً. فقـد حلـت طريقـة الإسقـاط السـكاني المركبـة Component (Projection) محل الطرق غير الدقيقة واتسع نطاق الإسقاطات السكانية حتى شملت مختلف القطاعات أو الفئات الاقتصادية والاجتماعية للسكان فأصبحت هناك إسقاطات في حقـل القوى العاملـة وسـكان الريـف والحضر- والمقيـدين في المدارس والأسرة والعائلة وما إلى ذلك. كما أحرز ميدان الديمغرافيا الرياضية تقـدماً كبيراً حيث تم إستخدام الأساليب الإحصائية والرياضية في بنـاء الـنماذج المختلفـة وفي الأبحاث التي تهـتم بدراسـة التفاعل بين المتغيرات الديمغرافيـة والاقتصادية والاجتماعية والتغيرات التي تتعرض لها نتيجة تفاعلها مـع بعضها البعـض . وكان لاستخدام " الكمبيوتر" الفضـل الأكبر في تسهيل استخدام مثل هـذه الأسـاليب المعقدة.

وفي مجال دراسات الخصب شاع استعمال طريقة تحليـل الجيـل Cohert analysis وتم ابتكار طرق جديدة لتحليل توزيعات الوفيات حسب ترتيب الولادة واحتمال زيادة

حجم الأسرة Parity Progression ratio في حساب احتمالات الولادة وحدث تقدم في تحديد فترات قابلية النساء على الإنجاب كما جرت محاولات لتقدير حجم الأسرة في المستقبل عن طريق معرفة عدد الأطفال الذين يرغب الوالدان في الحصول عليهم في المستقبل. وأجريت دراسات عن التخطيط العائلي في مختلف أقطار العالم.

كما أن تطور الأطر النظرية في دراسة الظواهر الديمغرافية ساعد على تنظيم عملية التحليل الـديمغرافي. وواصل الباحثون مساعيهم لتطوير إطار مقبول عن تأثير العوامل الاقتصادية والاجتماعية في حجـم الأسرة. كـما حاولوا إيجاد إطار مقبول لتحليل الهجرة، إلا أنهم لم يحرزوا إلا تقدماً قليلاً في هذا المجال وذلك بسبب تعقيد عملية تحليل الهجرة. وأسـهم إستخدام مفهوم دورة حياة الأسرة في إجراء دراسات مقارنة عن التغير في حجـم وتركيب الأسرة في دراسة دخل ونفقات الأسرة.

التطور الحالي للديمغرافية وعلاقتها بالعلوم الأخرى:

على الرغم من الجهود العلميـة الكبـيرة لـرواد علم الـديمغرافيا أمثـال جرونت وسوسملش واهتمام الاقتصاديين الأوائل بالقضايا السكانية فقد ظل تقدم العلـم بطيئـاً. مـال علم الـديمغرافيا إلى التطور، كغيره مـن العلـوم الاجتماعية الأخرى، استجابة للظروف والمشاكل القائمـة لـذلك لم يكن تقدم العلم على وتيرة واحدة. فقد كان للاهتمام الكبير بدراسـة القضايا الرياضية والبايولوجية وبعض مظاهر اتجاه السكان الأخرى، خـلال القرن التاسـع عشر ـ دور كبير في عرقلة صياغة نظريات ديمغرافية متكاملة ومنسقة . بينما شجع الاتجاه الإحصائي للدراسات السكانية الذي ظهر في بداية القرن العشرين، علـى تطوير الديمغرافيا .

الفصل الثاني
النظريات السكانية

مقدمة:

أ- الكتابـات السـكانية في العصـور القديمـة والوسطى.

ب- نحو نظرية حديثة في السكان نظرية مالثوس

جـ- نظريات السكان في القرن التاسع عشر.

***-النظريات البيولوجية (القانون الطبيعي).**

- نظرية سادلر
- نظرية دبلداي
- نظرية جوسية ذي كاسترو
- نظرية هربرت سبنسر
- نظرية كواردوجيني

د- النظريات التقليدية في الاقتصاد السياسي.

- نظرية مستوى الكفاف.
- نظرية الوضع الساكن.
- قانون الغلة المتناقصة.

هـ- النظرية التقليدية المحدثة.

- نظرية الحد الأمثل.

الفصل الثاني

الفصل الثاني

و- النظريات الاقتصادية الحديثة

- نظرية الفجوة السكانية.

- نظرية عرض العمل غير المحدود.

- نظرية الطلب على العمل.

ز- النظريات الاشتراكية في السكان.

- نظرية كارل ماركس وأنجلز.

الاشتراكيون اللاحقون لماركس.

ح- النظريات الاجتماعية في السكان

ط- نظرية التحول الديمغرافي.

الفصل الثاني
النظريات السكانية*

مقدمة:

كانت القضايا السكانية مثار اهتمام عـدد كبير مـن رجـال السياسـة
والفلاسفة منذ أقدم العصـور، إلا أن المفكرين الـذين أبـدوا اهتمامـاً بدراسـة
عوامل زيادة أو قلة السكان وتأثيرها في المؤسسات الاجتماعيـة ورفـاه الجنس
البشري لم يعالجوا هذه القضايا بصورة منتظمة كـما أن جل اهتمامهم كان
منصباً عـلى معالجـة قضايا السياسـة العامـة ذات الارتبـاط الوثيـق بالمشـاكل
السكانية.

كانت كتابات الكثير منهم عرضة للتأثر بأفكار مسبقة . لذلك لا نجد في
تلـك الكتابـات مساهمـات هامـة كـالتي نلاحظهـا الآن في الكتابـات الحديثـة
المتعلقة بنظرية السكان. ورغم ذلك، فإننا نرى مـن المفيد أن نستعرض تلـك
الآراء بصورة موجزة لفهم المراحل الأولى لتطور الفكر السكاني.

كـما أننا سنسـتعرض كتابـات القـرن التاسـع عشرـ والقـرن العشريـن
بطريقة تتميز بالاختيار والتركيز وسنحاول عرض الاتجاهات الفكريـة المتعلقـة
بموضوع السكان وسنذكر نماذج مختارة مـن نظريات بعض العلـماء الـذين
يمثلون هذه التطورات في النظريات الديمغرافية.

---

* اعتمدت في كتابة هذا الفصل على كتابي الموسوم: مبادئ علم الديمغرافيا الصادر عام ١٩٨٥.

أ- الكتابات السكانية في العصور القديمة والوسطى:

كانت الكتابات القديمة تضم بين ثناياها كثيراً من الأفكار التي تعالج العلاقة بين السكان والموارد الاقتصادية. فالفكرة القائلة بان الزيادة السكانية السريعة قد تؤدي إلى انخفاض ناتج العامل في المتوسط، وبالتالي ، إنخفاض مستوى المعيشة بالنسبة للسواد الأعظم من السكان، تعتبر من الآراء الهامة التي وردت في كتابات كونفوشيوس وبعض فلاسفة الصين القدماء. كما أن مفهوم الحد الأمثل للسكان فيما يخص الزراعة له جذور عميقة في كتاباتهم فقد أكدوا على تحقيق توازن أمثل بين الأرض والسكان. ,United Nations) (1973:33

كذلك أبدى الكتاب الصينيون القدامى بعض الاهتمام بمعوقات نمو السكان فلاحظوا بان الوفيات تزداد نتيجة قلة الغذاء وإن الزواج المبكر يقود إلى ارتفاع معدلات وفيات الأطفال الرضع، وإن الحرب تحد من نمو السكان، وان تكاليف مراسيم الزواج الباهظة تقلل معدلات الزواج. وعلى الرغم من هذه الآراء عن السكان والموارد، فإن المواقف من العائلة والزواج والأنسال كانت تشجع على زيادة السكان. وكان الهدف الرئيسي ـ من الزواج عند العراقيين زمن السومريين والبابليين هو الحصول على الأولاد. (فرومون، 1968)

كما وبشرت كافة الديانات القديمة بالدعوة إلى التكاثر والمحافظة على الحياة. يقول زرادشت " بان زرع شجرة وحراثة حقل وإنجاب طفل تعتبر ثلاثة أعمال تستحق المكافأة والتقدير". ويوصي كذلك الكتاب المقدس " الزند أفستا بما يلي:" تزوج شاباً ليكن ابنك خلفاً لك، وحتى لا تنقطع سلسلة الأحياء البشرية، فالله هو الذي يهب الحياة وواجب الإنسان أن يحافظ عليها ويعمل على استمرارها. فإذا حاول الإنسان أن يقطع السلسلة التي كان هو الحلقة الأولى فيها فإنه يقترف بذلك أثماً عظيماً. (فرومون، ١٩٦٨: ٢٠)

أبدى فلاسفة اليونان الأوائل اهتماماً أكبر في وضع سياسات سكانية بدلاً من صياغة نظريات حول موضوع السكان. عالج كل من أفلاطون وأرسطو مشكلة حجم

السكان من ناحية الدفاع والأمن والإدارة أكثـر مـن اهتمامهما بعلاقـة السـكان بـالنواحي الاقتصادية. أجمع فلاسفة العصر ـ اليونـاني القديم والكلاسيكي في الدعوة إلى سكان ثابت وساكن وذلك لاعتقادهم بأن ثبات السكان يعتبر شرطاً أساسياً للمحافظة على الأمن والنظام في المدينة. كتب أفلاطون في (الجمهورية) قائلاً: يجب على القضاة أن ينظموا عدد الزيجات لكي يحافظوا على نفس عدد الرجال بعد إصلاح النقص الذي تحدثه الحـرب، والأمـراض والحـوادث ، وعـلى الدولة أن تعمل حسب استطاعتها عـلى إبقـاء عـدد السـكان دون زيـادة أو نقصان .. نحن نطالب الحكام أن يحرصوا بكل عناية ورعاية عـلى أن تتخذ الدولة لها مكاناً وسطاً بين الضخامة والصغر . وفي صدد بحثه عن القوانين التي تؤلف برنامجاً للجمهورية اقترح أفلاطون أن يكون عدد سكان المدينـة (٥٠٤٠ مواطنا). فإذا زاد العدد عن هذا الحد فمن الضروري تحديد النسـل مـن قبـل العوائـل الكبيرة وتـنظم الهجـرة وتحديـد عـدد النفوس. وإذا انخفض عـدد السكان عـن الحـد الأمثـل فالواجـب تشجيع الـزواج بتقـديم المعونـات والمسـاعدات والمـنح والهبـات وتأسيس دوائر تعمـل عـلى مـنح الجنسية للمهاجرين كآخر إجراء. (فرومون ١٩٦٨: ٥٠)

أما أرسطو فقد كان يرى أن أفضل حجم مناسب لسكان المدينة هو أن تضم أكبر عدد ممكن من السكان بحيث تستطيع تـوفير الحاجـات الضرورية لهم على أن لا تصبح مسألة الرقابة والضبط عسيرتين. ولـذلك يجـب أن يحـدد عدد الأطفال باستمرار ، ومن بين العوامل التي تمنع زيادة السكان كـما يقول أرسطو، رمي الأطفال في العراء والإجهاض. (فرومون، ١٩٦٨: ٦٠)

صور الرومان قضايا السكان من خلال نظرتهم إلى إمبراطوريـة متراميـة الأطراف بدلاً من دولة المدينة الصغيرة. لذلك فقد كانوا أقل من الإغريق في تحديـد نمـو السكان وأكثر اهتماماً بفوائده العسكرية والأغـراض المرتبطـة بـذلك. ونظـراً لهـذا الاختلاف في الرؤية، فقد أظهر الكتاب الرومان اهتماماً أقل من الإغريق في معالجة القضايا السكانية. إن اهتمامهم بزيادة السكان ، ورفضهم للعزوبية ونظرتهم إلى الزواج باعتباره أساس

الأنسال كانت قد وردت في التشريعات الرومانية آنذاك. ونخص بالذكر منها قوانين أغسطس التي أعطت امتيازات للمتزوجين وإنجاب الأطفال وحجبت تلك الامتيازات عن العزاب وذلك من أجل تشجيع الزواج وزيادة معدلات الولادة. (فرومون، ١٩٦٨: ٦٥)

أما العبرانيون فقد أبدوا اهتماماً كبيراً بتشجيع الزواج والتكاثر واعتبروا العقم من علائم سوء الحظ. (United Nations, 1973: 34)

وبشرت الديانة المسيحية منذ نشأتها بالدعوة إلى زيادة السكان. فارتفاع الوفيات الذي انتشر على نطاق واسع والتهديد المستمر بتقليل عدد السكان بسبب المجاعات والأوبئة والحروب جعلت معظم الكتاب يميلون إلى المحافظة على رفع معدل الولادة. فمعارضة تحديد النسل على سبيل المثال، لا يعود إلى تعارضه مع تعاليم الكنيسة وإنما نتيجة الخوف من قلة السكان كذلك. (U.N.1973:35)

أما أراء الكتاب المسلمين بخصوص السكان فهي مماثلة لأراء الكتاب اليهود والمسيحيين. ويجدر بنا أن نشير بهذا الخصوص إلى أراء ابن خلدون الفيلسوف العربي في القرن الرابع عشر، الذي تعتبر آراؤه هامة من ناحيتين: الأولى أنه يعتقد بأن زيادة الكثافة السكانية كانت مساعداً على رفع مستويات المعيشة وذلك لأنها ساعدت على زيادة تقسيم العمل، واستغلال الموارد بصورة أفضل ، وتحقيق الأمن العسكري والسياسي كذلك.

أما الناحية الأخرى، فهو يعتقد بان عهود ازدهار الدولة تعقبها فترات تدهور وأن التغير الدوري في السكان يواكب التقلبات الاقتصادية. فالرخاء الاقتصادي والاستقرار السياسي يؤديان إلى زيادة السكان زيادة الولادات وقلة الوفيات. وفي أعقاب فترات التقدم الاقتصادي هذه يميل الناس إلى حياة الترف والبذخ فيضطر الحكام إلى فرض الضرائب العالية على رعاياهم فيظهر التدهور السياسي والكساد الاقتصادي وقلة السكان ويعود ذلك إلى هرم الدولة وضعفها. (ابن خلدون : ١٩٩٨)

ب- نحو نظرية حديثة في السكان

تميزت الفترة الواقعة بين أواخر القرن الخـامس عشر ـ ونهاية القرن الثامن عشر بتغيرات كثيرة تتجلى في تغير مواقف الناس بسبب عصر ـ النهضة. شـهدت هـذه الفترة قيام الدولـة القومية، والاكتشافات العلمية الجديدة، وحركة الاستكشاف الجغرافية ونمـو التجارة السريـع، والاضـمحلال التـدريجي للنظام الإقطاعي وبداية ظهور الرأسمالية التي مهدت السبيل لقيام الثورة الصناعية وانعكس التأثير المشترك لهذه التطورات في تطور الفكر الاقتصادي والتفكير السكاني.

المذهب التجاري:

ساعدت العوامل المذكورة أعلاه عـلى ظهور المـذهب التجاري، وهو نظام اقتصادي يرمي إلى تعزيز ثروة الدولة عـن طريق التنظيم الحكومي الصارم لكامل الاقتصاد الـوطني وانتهاج سياسات تهدف إلى تطوير الزراعة والصناعة وتشجيع الاحتكارات.

أكد الكتاب التجاريون في الغالب على أهميـة زيادة السكان وفضلوا إتباع سياسات تحفز زيادة السكان، بضمنها إجراءات لتشجيع الـزواج وزيادة حجـم الأسرة، وتحسـين الصحة العامـة، ومنـع الهجرة إلى الأقطار الأخـرى وتشجيع الهجرة إلى داخل القطر خصوصاً هجرة العمال الماهرين. وأكدوا عـلى أهمية زيادة السكان من الناحيتين الاقتصادية والسياسية، فهـي تعتبر عنصراً مهما من عوامل قوة الدولة كما أنها تلعب دوراً أساسيا في زيادة دخـل وثروة الدولة.

المذهب الطبيعي:

ظهر المذهب الطبيعي كرد فعل ضد الأفكار والسياسات التي جاء بها أصحاب المذهب التجاري، لذلك كانوا يطالبون بترك القـوانين الطبيعيـة تعمـل بحرية دون تدخل الدولة. واعتبروا الزراعة هـي مصدر الـثروة الأسـاسي وأنها العمل الوحيد المنتج، وعلى هذا الأساس تبلورت نظرتهم إلى المشاكل السكانية.

أكد الطبيعيون وجود علاقة موجبة بين السكان وعرض موارد المعيشة، أي أن حجم السكان يميل إلى الزيادة كلما زاد عرض موارد الطعام الضرورية للحياة. ورفضوا مبدأ زيادة السكان الذي نادي به التجاريون، وعلى وجه الخصوص لم يتفقوا مع سياستهم لزيادة السكان حتى ولو على حساب مستويات المعيشة. ومع ذلك فقد كان موقفهم إيجابياً من نمو السكان، على شرط أن تتمكن الدولة من زيادة الإنتاج الزراعي لدعم السكان المتزايدين. كان بعض الكتاب متفائلين بهذا الخصوص بينما اتخذ البعض الآخر موقفاً متشائماً .

إن تفاؤل كتاب القرن الثامن عشر بخصوص إمكانية توفير الغذاء اللازم للسكان المتزايدين وصل ذروته أبان الثورة الفرنسية، وقد ظهر خلال هذه الفترة كاتبان يستحقان الاهتمام هما: جودوين ، الفيلسوف والمصلح الاجتماعي البريطاني. وكوندرسيه الفيلسوف الرياضي الفرنسي، يعتقد جودوين بان التقدم العلمي سوف يضاعف موارد الطعام لدرجة بحيث يحتاج الإنسان إلى عمل نصف ساعة يومياً لتلبية كافة حاجاته. وأنه لم يكترث للزيادة السكانية السريعة وما ينجم عن ذلك من اختلاف التوازن بين السكان والموارد وذلك لاعتقاده بأن الحكمة والمعرفة سيهديان الإنسان إلى التحكم في نسله الأمر الذي يحول دون زيادة السكان فوق مستوى الموارد المتوافرة. ويرى جودوين بأن المؤسسات الاجتماعية القائمة كالحكومة والملكية والزواج هي مصدر جميع الرذائل وما يصيب المجتمع من ظلم وفساد. (Gadwin,1796)

وأظهر كوندرسية نفس الاعتقاد بقدرة العلم وبمستقبل المجتمع البشري. يقول بأنه حين يتمكن الإنسان التخلص من سيطرة رجال الدين والحكام الأشرار فسيزول التفاوت الاجتماعي بين الشعوب والطبقات الاجتماعية والأفراد. كما يذكر بأن التعقل سيسود يوماً ما وسيقضي على جميع العداوات والأحقاد ومستقل الأمراض ويزداد الإنتاج وسيطول عمر الإنسان لدرجة كبيرة. وهو يرى بأنه لا يمكن التغلب على

اكتضاض السكان إلا عن طريق تنظيم النسل . أما الفكرة العقيمة الداعية إلى ملء الأرض بالناس التعساء فستزول من الوجود. (Spengler, 1960) .

نظرية مالثوس في السكان

شهد القـرن الثـامن عشر- تغـيراً كبـيراً في المنـاخ الفكـري ، وكـان لهـذه التغيرات أثر عميق على النظريات الاجتماعية والاقتصادية إضافة إلى النظريات السكانية. وحينما تم التخلي عن المعتقدات الدينيـة والآراء الفلسـفية القديمـة بتأثير حركة التنوير الفلسفية، ساد الاعتقاد بأن المؤسسات الإنسـانية ستخضـع إلى نظام طبيعي، كما أظهرت الاكتشافات العلمية صحة ذلك في عالم الطبيعـة. ورغم ذلك فقد تباينت الآراء حول طبيعة النظام الطبيعي. فقـد ظـن الـبعض، أمثال جودوين وكندرسية أن باستطاعة الإنسان أن يستخدم القوانين الطبيعيـة العلمية في تحسين إنتاجـه وصـحته ورفاهيتـه العامـة.(U.N,1973:38) بيـنما عارض مالثوس مثل هذه الآراء فكتب مقالته الأولى ليبين أن قدرة الإنسان على الإنجاب والنسل أعظـم منهـا عـلى أنتـاج ضروريـات الحيـاة. (Thompsom, 1965:15)

لم تكن هذه الفكرة جديدة فقد ظهرت أفكار مماثلـة في كتابـات عـدد من السابقين لمالتوس . فقد ذكر بوتيرو، في القرن السادس عشر ، بـأن السـكان يميلون إلى الزيادة بالدرجة التي تسمح بها القابلية على الإنجـاب بيـنما كانـت وسائل المعيشة وقدرتها على الزيادة محدودة ، ولذلك فقد فرضت حـداً أعـلى على زيادة السكان. وهذا القيد على نمـو السـكان يظهـر بسـبب الفقـر، الـذي يعوق الزواج والكوارث المتعددة، كالحروب والأوبئة(Botiro, 1956:220). كما أثار ولاس الانتباه إلى الفترة القصيرة نسـبياً التـي يسـتطيع السـكان خلالهـا أن يتضاعف ، وقارن ذلك مع قدرة الأرض على أنتاج الطعام. (Wallace ,1761)

وذكر كانتيلون بأن "عدد السكان في قطر ما يعتمد على ما يتـوافر مـن وسائل العيش" وجاء تاونسند بفكرة مماثلة حين أكد بان "عدد السكان يتحدد بإنتاج الموارد المعيشية".

ذهب كل من كانتيلون وتاونسند إلى القول :"في الحالة التي ينخفض فيها مستوى المعيشة إلى أدنى حد ممكن ، فكل تكاثر في السكان سيؤدي إلى انخفاض مميت في مستوى المعيشة مسبباً الهلاك للجزء المتكاثر من السكان الذي لا يصيبه شيء من الموارد الأساسية. (فرومون، ١٩٦٨: ٢٤)

حاول مالثوس أن يعرض هذه الآراء بصورة منتظمة وتوصل إلى صياغة نظرية متسقة وشاملة في السكان وعلاقتها بالظروف الاقتصادية وكان لكتاباته أثر كبير في النظرية السكانية و الاقتصادية. بلور مالثوس آراءه عن السكان في بحثه المرسوم "مقالة عن مبادئ السكان" المنشورة سنة ١٧٩٨. كرس ما يقرب ثلثي الطبعة الأولى من المقالة لمناقشات فلسفية تناولت الأفكار المثالية التي نادى بها الاشتراكيون الطوبائيون بخصوص إصلاح المؤسسات الاجتماعية ولذلك فقد جاءت بعيدة عن موضوع السكان إلا من طرف غير مباشر . قام مالثوس بإصدار خمس طبعات منقحة لكتابه المذكور ، صدر أخرها سنة ١٨٢٦ كما صدرت طبعة أخرى بعد وفاته، سنة ١٨٧٢.

أنتقد مالثوس بصورة خاصة إدعاء كوندرسية بخصوص وصول الإنسان إلى مرحلة الكمال والسعادة وإدعاء جودوين بأن عيوب الناس تكمن في المؤسسات الإنسانية. وأعتبر مالثوس المؤسسات الاجتماعية القائمة آنذاك طبيعة وحتمية مؤكداً بأنه يستحيل إزالة الفاقة عن الطبقات الدنيا في المجتمع وأن سبب الفقر الرئيسي ـ والدائم يرتبط قليلاً أو لا يرتبط مباشرة بأشكال الحكومة، أو التوزيع غير العادل للملكية. وبعد صياغة المبدأ القائل بأن الإنسان يستطيع زيادة موارده المعيشية حسب متوالية حسابية بينما تميل إعداده للزيادة بمتوالية هندسية، ردّ مالثوس على التفاؤل الذي أظهره بعض الكتاب بأن قدرة الإنسان على زيادة موارد المعيشة كانت أقل بكثير من قدرته على التكاثر وأن مساوئ الأكتضاض السكاني كانت موجودة وما زالت حتى الآن. (Malthus, 1798)

وفي الطبعة السابعة (الأخيرة) والموسعة لمقالته صاغ مالثوس نظريته ودرس بالتفصيل دور السكان كسبب أساسي في الفقر. توصل مالثوس إلى صياغة نظريته المشهورة في السكان لتفسير العلاقة بين نمو السكان والتنمية الاقتصادية.

تستند نظرية مالثوس في السكان إلى فرضين أساسيين هما : أولاً ، أن الغذاء ضروري لحياة الناس؛ ثانياً ، أن العاطفة الجنسية بين الذكور والإناث ضرورية لإدامة الحياة وسوف تظل على حالتها الراهنة تقريباً، (مالثوس،١٧٨٩) كما افترض كذلك، أن السكان، حين لا يحول دونهم عائق يزدادون بنسبة هندسية: ١، ٢، ٤ ، ٨، ١٦، ٣٢، ٦٤.

وفي الوقت ذاته، بسبب من تناقص غلة المساحة الثابتة، فإن إمدادات الغذاء يمكن أن تزداد فقط حسب متوالية عددية:١، ٢، ٣، ٤ ، ٥، ٦، ٧. في الواقع عندما يكون لدى كل عضو منتج من السكان مساحة أصغر للزراعة فإن أسهامه الحدي في إنتاج الغذاء سيبدأ بالتناقص، حسب قانون الغلة المعروف . ونظراً لان نمو الغذاء لا يمكن أن يجاري نمو السكان السريع أو يلحق به، فإن الأخير سيميل إلى الزيادة بمستوى حدود وسائل المعيشة أو عند مستوى الكفاف أو أعلى من ذلك بقليل. ولقد أكد مالثوس بان السبيل الوحيد للتخلص من هذا المأزق الحرج لانخفاض مستوى المعيشة المزمن أو الفقر المطلق هو لجوء الناس إلى "التحفض الخلقي" بالحد من تكاثر ذريتهم . وتبعاً لذلك يمكن اعتبار مالثوس بمثابة الرائد الأول في الدعوة نحو تحديد النسل.

لقد أدرك مالثوس وجود ضوابط حقيقة أو موانع تحول دون نمو السكان بمعدل يفوق نمو الغذاء. وقد صنف هذه العوائق إلى مجموعتين : الموانع الإيجابية المتمثلة بالحروب والمجاعات، والأوبئة؛ والموائع الوقائية المؤثرة ف ي معدل الولادة كالإجهاض وقتل الأطفال والكبح الخلقي المتمثل بتأخير سن الزواج، فضلاً عن ردع النفس عن ممارسة النشاط الجنسي قبل الزواج (Mathus , 1797:chap 1-4) . لقد أنتقد بعض الكتاب

افتراض مالثوس بأن إمداد الغذاء لا يمكنه أن يجاري نمو السكان السريع، مما اضطر مالثوس في اللجوء إلى مبدأ تناقص الغلة في الزراعة للدفاع عن وجهة نظره.

ولعل أخطر الانتقادات الموجهة إلى نظرية مالثوس هو ما جاء على لسان كارل ماركس والقائلة أن أصل الفقر والبؤس البشري إنما يعود إلى طبيعة النظام الرأسمالي القائم على الاستغلال لا إلى زيادة نمو السكان عن الحد الأمثل، حسب إدعاء مالثوس. وأنه يمكن التخلص من شرور الرأسمالية عن طريق التحول إلى نظام اشتراكي بدلاً من الحد من نمو السكان لان في ذلك فائدة في قوة العمل .

أستمر تأثير مالثوس الكبير في الرأي العام ، رغم الانتقادات هذه حتى العقد الأخير من القرن التاسع عشر وفي ذلك الحين أدى النمو الاقتصادي المتواصل إلى ارتفاع مستوى المعيشة، وانخفاض الخصوبة لدى الشعوب الغربية، مما قلل من أهمية نظرية مالثوس . وفي مطلع القرن العشرين تبين بوضوح أن مالثوس كان على خطأ حينما تجاهل إمكانيات التقدم العلمي والتكنولوجي وإمكانيات تقليل حجم الأسرة بواسطة استخدام وسائل منع الحمل الحديثة.

وفي العشرينات من القرن العشرين، فقدت النظرية المالثوسية جميع اعتبارها السابق تقريباً فقد حل الشبح الكنزي لقلة إعداد السكان محل الشبح المالثوس لكثرة عددهم.

ولكن في إعقاب الحرب العالمية الثانية حدثت تحولات سكانية جذرية في البلدان النامية قادت إلى بروز نظرية مالثوس من جديد إلى الواجهة . فقد أدى إنخفاض معدلات الوفيات السريع بسبب تحسن الأحوال الاقتصادية والصحية للسكان، من جهة وبقاء معدلات الولادة عالية من جهة أخرى إلى الانفجار السكاني لدى البلدان النامية والمتخلفة .

ومن الملاحظ أن التنمية الاقتصادية البطيئة لدى الشعوب النامية لم تكن كفيلة بمعالجة الصعوبات الناجمة عن سرعة نمو السكان، كما فعلت في أوربا عند ظهور الثورة

الصناعية، لذلك فإن كثيراً مـن الشعوب الناميـة والمتخلفة تعـاني مـن الفقـر والمجاعة، وسوء التغذية.

من الصعب الاعتقاد بأن نظريـة مـالثوس مازالـت ذات صـلة مناسبة ببحث مشكلات السكان الحديثة فهي لا تخبرنا شيئاً عـن العلاقـة الديمغرافيـة بـين الخصوبة والوفيـات. وهـي تتجاهل العواقـب الاقتصادية والاجتماعيـة لتغيرات التركيب العمري والجنسي للسكان، كما أنها لا تساعد على وضع إطار عام للسياسات السكانية في المناطق ذات الضغوط العاليـة . وعلى أيـة حـال ، فإن الفضل الأكبر في دراسة مشكلات نمو السكان يعود إلى مالثوس.

جـ- نظريات السكان في القرن التاسع عشر

١- النظريات البيولوجية (القانون الطبيعي):

كان قانون مالثوس الطبيعـي في السكان يـنص علـى أن عـدد السكان يميـل إلى التزايـد بسرعـة تفـوق سرعـة نمـو الغـذاء ، وذلك بسبب الغريـزة الجنسية. ولما كان هذا الأمر طبيعياً لذلك فإن الرذيلة والبؤس هما من نصيب الإنسان الحتمي إلا أذا اتخذت تدابير واقية على نطاق واسع. يظهر لنا مـن ذلك أن مالثوس يدخل العامل البيولوجي في نظريته ويعتبره أحد الفرضيات الرئيسية في هذه النظرية، إلى جانب العوامل الاقتصادية والاجتماعية.

نظرية سادلر (١٧٨٠-١٨٣٥):

اعتقد سادلر بان القانون الطبيعي الذي يحكم زيادة السكان يخالف تماماً القانون الذي جاء به مالثوس . فهو يرى أن ميل الناس إلى الزيادة سـوف يتناقص بالطبيعة كلما زاد الازدحـام ، وأن أعـدادهم تتوقف عـن الزيادة في المرحلة التي يتمتع فيها أكبر عدد ممكـن مـن الناس بـأكبر قـدر ممكن مـن السعادة، مع تساوي جميع الأشياء الأخرى. (Sadler, 1829.chap.10)

نظرية دبلداي (1790-1870) :

يعتقد دبلداي بأن الزيادة السكانية ترتبط ارتباطاً عكسياً مع موارد الغذاء فكلما تحسّن مورد الغذاء أبطأت الزيادة السكانية (Doubleday : 1877:6).

نظرية جوسوية دي كاسترو:

جاء جوسيه دي كاسترو، قبل عدة سنوات بفكرة جديدة تنص على أن زيادة كمية البروتين في الغذاء يقلل من القدرة على الإنجاب ، في حين أن نقصها يؤدي إلى زيادة القدرة على الإنجاب(Decastro,1952:71-72).

مما تجدر الإشارة إليه أنه لا يوجد أساس علمي للاعتقاد بأن لكثافة السكان أو نسب البروتين في الغذاء أو زيادة السعرات الحرارية، أي تأثير ملحوظ في القدرة على الإنجاب.

نظرية هربورت سنسر (١٨٢٠-١٩٠٣) :

كان سبنسر يعتقد بان هناك تعارضاً طبيعياً بين اهتمام الإنسان بنفسه وبين قدرته على الأنسال . فكلما زاد الجهد الذي يبدله الفرد لضمان تقدمه الشخصي في كافة الميادين، ضعف اهتمامه بالتكاثر. وذلك لان اهتمام الفرد بنفسه أو التطور الشخصي يتطلب المزيد من الوقت والطاقة. وهذا الضعف في القدرة على الإنجاب يقلل من زيادة السكان لان التطور الاجتماعي ترافقه حتماً زيادة النزعة الفردية.(Spencer1867:485).

كواردو جيني (1884-1965):

درس جيني تأثير التغيرات السكانية في تطور المجتمع وفي تطور الشعوب بوجه عام. فشبه مراحل نمو السكان بدورة حياة الإنسان: من ولادة وطفولة ومراهقة وشباب ورشد وشيخوخة ثم وفاة. فقد ذكر بأن سكان قطر ما ينمو في المرحلة الأولى بسرعة يلي ذلك مرحلة الاستقرار ثم مرحلة الانقراض النهائي. ويذكر أن نظريته هذه لم تتحقق حتى الآن في أي مكان في العالم.

يرى جينـي أن الشعـب في المرحلـة الأولى يتميـز بالتجانـس والبسـاطة وعـدم التعقيد، ويرتفـع فيه معـدل الخصوبة النـاجم عـن زيادة القـدرة على الأنسـال بحكم الوراثة. ولذلـك يـزداد نمـو السـكان بسرعة ويعتقد جينـي أن العامل الأساسـي في نمـو السـكان يعـود إلى التغير البيولوجـي للشعـب أكثـر مـن التغيـر الاقتصـادي والاجتماعـي. ولذلك فإن نظريته تعالـج هنا ضمـن نظريـات القـانون الطبيعـي . وهـو يفتـرض أن المعـدلات المختلفـة للحـراك في طبقـات المجتمـع أو فئاتـه المختلفـة تؤدي بسـرعة كبيرة إلى إحـداث تغيرات في السـمات البيولوجية المميزة للشعب بأسره (Gini, 1927) .

وتقود سرعة نمو السكان إلى زيادة تعقيـد المجتمـع والتفـاوت الطبقـي بين مكوناته الأساسية. ويصـاحب ذلـك اختـلاف في السـلوك الإنجابي لمختلـف الطبقات الاجتماعية. وبسـبب زيادة أعداد السـكان، يتولـد إحسـاس بالضغـط السـكاني علـى المـوارد المتاحـة ومـا ينطـوي عليـه مـن انعكاسـات اقتصادية واجتماعية وسياسية، فيحدث التوسـع عن طريق الحروب أو الغزو الاستعماري أو كليهما، أملاً في التخفيـف من الضغوط السكانية.

وفي المرحلـة الثانيـة يسـتمر التنظيم الاجتماعـي بالتعقـد ويصـاحب ذلـك إنخفاض في معدل نمو السكان حتى يبلغ حالة الثبات أو الاستقرار. ويعود ذلك إلى عاملين همـا: أولاً، ارتفاع معـدلات الوفيـات بسـبب الحـروب والغـزو الاسـتعماري. ثانيا، تزايد نسـبة السـكان في الطبقـة الاجتماعيـة العليـا الـذين يتميـزون بضعـف القدرة على الأنسـال بحكم الوراثة مما يؤدي إلى ميل معدلات الولادة إلى الانخفاض المسـتمر وفي المرحلـة الأخيـرة، مرحلـة الشـيخوخة، يسـتمر معـدل نمـو السـكان بالانخفاض المتواصل حتى يقتـرب الشـعب مـن حالة الانقـراض النهائـي . ويعـود السـبب في ذلك إلى عمليـة الحراك الاجتماعـي الصاعد ومن ثم تزايد نسـبة الأشخاص الصاعدين إلى الطبقة الاجتماعية العليا. يعتقد جينـي ، خطأ ، بـان عقـم هـؤلاء الصاعدين لا يعـود إلى تغير الظروف الاقتصادية و الاجتماعيـة ، إنما هـو نتيجـة حتمية لضعف الغريزة الجنسية لديهم. (تومسون، ١٩٦٥: ٦٧)

يعتقد جيني أن التغيرات البيولوجية هي العوامل الأساسية في تحديد قدرة الإنسان على التكاثر وخصبه وبقائه ، فضلاً عن قدرتها على تعين الخصائص المميزة للحضارات البشرية المختلفة. وهذا رأي لا يخلو من مبالغة غريبة. ويمكن تفادي تدهور نوعية البشر، حسب رأي جيني، عن طريق تشجيع هجرة الشباب القادمين من شعوب تتميز بقدرتها الكبيرة على الإنجاب. (تومسون، ١٩٦٥:)

د- النظريات التقليدية في الاقتصاد السياسي

من الملاحظ أن موضوع السكان لم يرد إلا بشكل عرضي في كتابات أصحاب المدرسة الكلاسيكية في الاقتصاد السياسي التي ظهرت في القرن التاسع عشر.

كان اهتمامهم الأساسي منصباً على مناقشة المشكلات الاقتصادية السائدة ومحاولة وضع القواعد والقوانين التي تتحكم فيها أخدين بنظر الاعتبار الزيادات التي تطرأ على عدد السكان .

نظرية مستوى الكفاف:

تنص هذه النظرية على أن الزيادة المستمرة في عدد السكان ستؤدي إلى زيادة المعروض من الأيدي العاملة في المجتمع وسوف يؤدي ذلك في الزمن الطويل الذي حددته النظرية بجيل (أي ٢٥ سنة) إلى هبوط الأجر الذي يحصل عليه العامل، حتى يصل مستوى الأجور إلى دون مستوى الكفاف ، ونتيجة لذلك سترتفع معدلات الوفيات بين العمال مما يسبب إنقاص المعروض من الأيدي العاملة في المجتمع فيرتفع مستوى الأجور مرة أخرى إلى فوق مستوى الكفاف. وكذلك تفترض النظرية أن زيادة مستوى الأجور فوق مستوى الكفاف ستشجع الزواج وتزيد بذلك معدلات الولادة وعندئذ سيزداد المعروض من الأيدي العاملة على المدى البعيد، كذلك ، وعندئذ يتكرر ما حدث سابقاً من هبوط مستوى الأجور ثم التوازن مرة أخرى وهكذا. (نامق، ١١٤:١٩٧٠)

ويعتقد جون ستيوارت مل بأن مستوى الأجور يعتمد في الغالب على معدل السكان/رأس المال، أي عدد السكان المتزايد مقسوماً على رأس المال المتزايد والمستخدم في العملية الإنتاجية فإذا زاد الأخير وأصبح أكثر كفاية أمكن عندئذ رفع مستوى الأجور،وعلى العكس إذا زادت الأعداد السكانية وبالتالي زاد عرض الأيدي العاملة دون زيادة رأس المال المستخدم مالت الأجور العمالية المدفوعة نحو الانخفاض. (Mill, 1965)

نظرية الوضع الساكن:

ويرى أصحاب نظرية " الوضع الساكن" بان الزيادة المستمرة في رأس المال والعمال ستؤديان حتماً إلى هبوط رأس المال المستخدم في العملية الإنتاجية وسيستمر هذا الانخفاض إلى مستوى يصبح فيه المخزون من رأس المال ثابتاً بينما تصل مستويات الأجور إلى نقطة تتعادل عندها مع مستوى المعيشة السائد. ومن ثمة تتعطل أية تنمية اقتصادية في المجتمع ويقف بالتالي نمو كل من السكان ورأس المال ويسود "الوضع الساكن". المجتمع بكامله.

فإذا استمرت نفس هذه الظروف لمدة طويلة نسبياً ظهرت الأخطار الاقتصادية واحدة بعد أخرى. سيؤدي توقف نمو الثروة القومية ورأس المال المستخدم إلى قلة الطلب على العمال وبالتالي إلى انخفاض أجورهم . وسوف يستمر هذا الانخفاض في مستوى الأجور حتى يصل إلى الكفاف وهكذا تتوالى النتائج السيئة.(نامق ،١٩٧٠)

وهناك نظرية مختلفة في الأجور تنسب إلى الاقتصاديين الكلاسيكيين الثلاثة (ساي وفون ثانين وسبنيور) تنص على وجود علاقة بين مستويات الأجور والجهد الذي يبذله العمال داخل العملية الإنتاجية فانخفاض الأجور يقود إلى ضعف إنتاجية العامل إضافة إلى مقدار الاستغلال الذي يتعرض له العمال من قبل أصحاب الأعمال . فكلما زاد هذا الاستغلال انخفض مستوى الأجور المدفوعة لهم. إلا أن الاقتصادي فون ثانين يركز على عامل السكان هنا ويقول أن أثر هذين العاملين (انخفاض الأجور واستغلال العمال) يتوقفان على زيادة عدد السكان فإذا كانت هذه الزيادة كبيرة أمكن حدوث هذا

الاستغلال وخفض الأجور . أما إذا كانت الزيادة قليلة لا يعتمد عليها تعذر قيام أصحاب الأعمال باستغلال عمالهم .(نامق، ١٩٧٠)

قانون الغلة المتناقصة:

يعتبر ريكاردو أول من بحث مشكلة الغلة المتناقصة وأثرها في التنمية الاقتصادية. يرى ريكاردو بان قانون الغلة المتناقصة يبرز إلى الوجود بسبب زيادة السكان المستمرة دون أن يقابل ذلك زيادة في الأراضي الصالحة للزراعة.(ماير ١٩٦٤: ٦٥) كذلك أكد جون ستيوارت مل نفس الرأي إلا أنه يرى من الممكن إلغاء الآثار السيئة للغلة المتناقصة بصورة نهائية عن طريق التراكم الرأسمالي أو بزيادة تقسيم العمل أو استخدام التحسينات الفنية والتكنولوجية في الصناعة.

ويرى ستيورات مل من الضروري أن يلجأ الإنسان إلى تحديد نسله في حدود موارد الثروة التي يستغلها وفي حدود مجهوداته ونشاطاته في كافة الميادين حتى لا يكون السكان المتزايدون عبئاً اقتصادياً على الدخول القومية التي لا تنمو إلا بصعوبة بالغة. (ماير، ١٢٩:١٩٦٤)

هـ- النظريات التقليدية المحدثة

ظهر حوالي سنة ١٨٧٠ تحول واضح في التيارات الفكرية الاقتصادية الرئيسية بحلول اتجاهات جديدة محل الاتجاهات الكلاسيكية وذلك بفضل الاكتشافات التكنولوجية الجديدة واكتشاف موارد جديدة خلال القرن التاسع عشر. وهذه الاكتشافات جعلت من الممكن تحقيق معدل سريع في التنمية بحيث لم يعد التخوف من حلول الركود الاقتصادي، المتميز بأجور عند مستوى الكفاف، يشغل بال الاقتصاديين آنذاك. (ماير، ١٢٩:١٩٦٤)

يـرى الاقتصـاديون المحـدثون أن هنـاك مجموعـة مـن العوامـل غـير الاقتصادية المعقدة التي تؤثر في معدل نمو السكان. وعلى النقيض من ريكاردو فإن الكلاسـيكيين المحـدثين لا يبـدون قلقـاً مـن نتـائج تزايـد السـكان الضـارة بالدخل.

ويمكن ارتفاع كل من متوسط الدخل الفـردي وحجـم السـكان الأمثـل مع مرور الزمن نتيجة للتراكم الرأسمالي والتطور التكنولوجي واكتشاف المـوارد الطبيعية واستغلالها على أفضل وجه.

وأكد باحثون آخرون على أهمية عوامـل غـير اقتصـادية يضـمنها مسـتوى الرفاه العام، الصحة، طول الحياة، الحجم المثالي للعائلـة، صيانة المـوارد الطبيعيـة، السلطة، الدفاع وبعض العوامل الروحية والثقافية والجمالية. (فرومون،1968)

وفي الفترة الأخيرة، أشار كل من راني رام (Ram,1979) وثيودور شـولتز (Shultz,1979) إلى أن زيادة الحياة المتوقعة الناجمة عـن انخفـاض الوفيـات، وزيادة النمو السكاني في العالم الثالث تؤدي إلى زيادة حوافز الاستثمار في رأس المال البشري، بخاصة في الصحة، والتعليم مما يؤدي إلى زيادة الإنتاجيـة. ومـن جهة أخرى، فقد أشار بعض الكتاب إلى أن لانخفاض معـدل المواليـد في الـدول الغربية بعض الآثار الضارة بالدخل الفردي يري مارشـال مـثلاً،"أن التـاريخ قـد أظهـر بـأن الغلـة الثابتـة (لا الغلـة المتناقضـة) تسـيطر حـين يتزايـد السـكان والرأسمال المتجمع بمقادير متناسبة.أضف إلى ذلك أنهم يدعون أن فـرص رفـع المجتمع من الرأسمال بمعدل أعـلى مـن معـدل زيـادة السـكان (وبالتـالي رفـع الدخل الفردي) هي فرص طيبة.(ماير،٢٢٩:١٩٦٤)

أما كينز وهانسن فيبديان اهتماماً كبيراً بضآلة تزايد السكان وبآثـار نمو السكان في خلق المزيـد مـن العمالـة عـن طريـق حفـز التثمـير. فنمـو السكان يحفز التثمير لأنه يجري تحـولاً في الطلـب لصـالح التثمـيرات التـي تحتاج رساميل عالية، كالإسكان والمرافق العامة. كـما أنـه يـؤدي إلى زيـادة نسبة الاستهلاك في المدى القصير ، وكلا الأمرين يؤديان إلى رفع مستوى

العمالة. ولذلك كان هانسن يرى أن هبوط معدل نمو السكان قـد يـؤدي إلى انتشار البطالة وإلى انخفاض مستوى التنمية. (مايـر، ١٩٦٤:٢٣١)

نظرية الحد الأمثل:

يستخدم هذا الاصطلاح للتعبير عن القيم المتغيرة لتفضيل إحـداها في ظروف معينة، فيقال، مثلاً، الحد الأمثل للسكان إشارة إلى عـدد سكان الدولـة الأنسب لظروفها الاقتصادية والاجتماعية. (حسين، في مذكور، ١٩٧٥:٧٨)

لقد أشارت نظرية الخصوبة إلى وجود حجـم أمثل لمستوى معيشـة العائلة، أي عندما تعتبر العائلة أن عدد أطفالـها يزيد مـن مسـتوى رفاهيتها الإجمالي.

وعنـدما يتحـول موضـوع العلاقـة بـين حجـم السـكان والرفاهيـة مـن مستوى العائلة إلى المستوى القومي يتطلب الأمر النظر إلى العلاقة بين الـدخل الفردي وحجم السكان في أي بلد معين. فهل سيرتفع متوسط الدخل الفردي أم سينخفض عندما يكون سكان ذلك البلد أكبر مما ينبغي .

تجيب نظرية الحد الأمثل للسكان عن هذا السؤال الحيوي بـالقول أن متوسط دخل الفرد يكون أقل مما يمكـن أن يكـون عليـه عنـدما يكـون حجـم السكان أقل من الحجم الأمثل، وذلك بسبب عدم وجود عدد كاف من العمال لاستغلال الموارد الإنتاجية المتاحة بكفاءة عالية. علاوة عـلى ذلـك، فإن العـدد الأمثل للسكان هو الذي يجعل النـاس عنـده عـلى أعـلى مسـتوى ممكـن مـن الدخل في ظل الظروف الطبيعية ودرجـة المهـارة المسـتخدمة وعـادات النـاس وتقاليدهم وكافة القضايا المتعلقة بالموضوع. (Thompson, 1965: 45)

و- النظريات الاقتصادية الحديثة

تركـزت الدراسـات السـكانية في القـرن العشرـين حـول مجموعـة مـن القضايا المتفرقة يـأتي في مقدمتها مشـكلة الحـد الأمثـل للسـكان وعلاقـة نمـو السكان بالتنمية الاقتصادية والاجتماعية والبيئية.

نظرية الفجوة السكانية:

يرى "روبرت بولدوين"، صاحب هذه النظرية، إذا كـان السـكان يزيـدون بمعدل أعلى من زيادة دخل الفرد في المتوسط فإن الاقتصاد القومي كله سـيقع في المصيدة حيث تسوء الأوضاع الاقتصادية كلها ويتـدهور الوضـع المعـاشي ولا تسـير عملية التنمية بالمعدل المرغوب فيه. وعلى العكس من ذلك، إذا زاد دخل الفـرد في المتوسط بمعدل يفوق معدل نمو السكان، فإن الاقتصاد القومي سـينتعش وعندئـذ تتعزز عملية التنمية ويزداد التكوين الرأسمالي. (Baldwin, 1966:33)

نظرية عرض العمل غير المحدود:

يرى آرثر لويس أن كثيراً من الدول النامية في أفريقيا وآسيا تعاني اليـوم من عرض هائل وغير محدود من الأيدي العاملة خاصة في قطاع الزراعة.

مما أدى إلى من هبوط معدل الإنتاجية وانتشار البطالة المقنعة سواء في قطاع الزراعة أم الصناعة، وبالتالي انخفاض الأجور إلى مستوى يقرب من الكفاف.

ومع ذلك، يرى لويس أنه يمكن تحسين هذا الوضع السيئ بدفع عجلة التنمية الاقتصادية في هذه البلاد بطريقة تـؤدي في النهايـة إلى زيادة الفـائض الرأسمالي ، سواء في القطاع الخاص أو العام وذلك بسـحب عـدد مـن العمـال الزائدين في القطاع الزراعي تدريجياً للعمل في القطاع الصناعي النامي فيـؤدي ذلك إلى زيادة امتصاص الأيدي العاملـة في الريف. إلا أن لـويس يـرى ضرورة عدم المغالاة في دفع أجور عالية للعمال الصناعيين لـئلا تسـتنفذ هـذه الأجـور العالية كل احتمالات تكوين رساميل جديدة يعاد استثمارها مـن جديد في المشروعات الصناعية الجديـدة وإنمـا تكون الزيادة تدريجيـة وببطء بحيـث تتماشى مع الزيادة في إنتاجية هؤلاء العمال. (Lewis,1960)

نظرية الطلب على العمل:

يعتقدسدني كونتزبأن الطلب على العمال-على المدى البعيد-يـؤثر في نمـو السكان.وفي محاولته تطبيق هذه النظريةعلى الدول النامية،لاحظ كونتزبأن دخول

الصناعة لأول مرة إلى اقتصاديات الدول النامية يعمل على زيادة الطلب على العمال من كافة الفئات، ونتيجة لذلك يميل عدد السكان إلى الزيادة بسبب عاملين هما: هبوط معدلات الوفيات من جهة وزيادة معدلات الخصوبة من جهة أخرى. افترض كونتز أن الوفيات ترتبط مباشرة بالخصوبة، بينما ترتبط الخصوبة ارتباطاً عكسياً بالتنمية الاقتصادية أو الدخل. فأوضح بأن معدلات الولادة العالية بين الأغنياء تبدأ بالانخفاض في مرحلة مبكرة من التنمية وذلك لان عمل الأطفال والنساء أصبح قليل الأهمية نسبياً . وطالما استمر الطلب على عمل الأبناء بين العوائل الفقيرة فإنهم يميلون إلى زيادة عدد الأطفال. (Coontz,1958:167)

ز- النظريات الاشتراكية في السكان:

ركّز الكّتاب الاشتراكيون والمصلحون اهتمامهم على التباين الطبقي وبؤس الطبقة العاملة الذي صاحب النظام الرأسمالي. فقد أبدى الاشتراكيون البريطانيون الأوائل والاشتراكيون الفرنسيون معارضتهم الشديدة للنظام الرأسمالي، فالإصلاحات الاجتماعية التي اقترحوها والنظريات التي صاغوها بخصوص إعادة تنظيم المجتمع مثلت ما يعرف "بالاشتراكية الطوبائية". ثم توصل ماركس إلى وضع نظريته في "الاشتراكية العلمية" التي تعتبر امتداد للفكر الفلسفي الألماني ، والاقتصاد السياسي البريطاني والنظرية الاشتراكية الفرنسية في القرن التاسع عشر.(U.N, 1973:45)

وتجلت الآراء الاشتراكية بصورة أوضح في كتابات الاشتراكيين الفرنسيين الأوائل من أتباع سان سيمون وفورييه وبردون الذين اظهروا ثقة كبيرة في الإنسان والطبيعة الإنسانية. حاول سنت سيمون أن يوضح بأنه يمكن القضاء على الفقر بالقضاء على نظام الملكية الخاصة وحلول نظام الملكية الجماعية مكانه وبذلك ينقل المجتمع من نظام الإنتاج الصناعي الخاص إلى الإنتاج الصناعي الجماعي. أن مثل هذا التحول سيقود- بدون شك- إلى زيادة الإنتاجية التي ستؤدي بدورها إلى توسيع القاعدة الصناعية، عارض سنت سيمون الكبح الأخلاقي الذي دعا إليه مالتوس بحجة انه

يتعارض مع سعادة العمال- بينما أظهر فورييه قبولـه لفكرة تنظيـم النسـل الاختياري واعتبر ذلك نتيجة حتمية للتغيرات التي ستطرأ عـلى أنمـاط معيشـة الإنسان في المجتمع الاشتراكي أما بردون فقد نـادى بالاشتراكيـة الليبراليـة التـي يتمتع في ظلها الفرد بالاستقلال الذاتي ويتخلص من سيطرة السلطات المركزية. وهو يرى بأن هذا النوع من الاشتراكية الليبرالية سيحقق التوازن بـين السـكان والإنتاج، وبذلك سيتحقق التقدم الاقتصادي. (Spengler, 1939).

أما دعاة اشتراكية الدولة الألمان، أمثال روبرتس ولاسال، فقد أكدوا بأن نظام الملكيـة الخاصـة والمنافسـة الحـرة يقـودان إلى خفـض الأجـور وتشجيع البطالة وبالتالي انتشـار الفقـر بـين العمـال. ويقـترح الاشـتراكيون الألمـان قيـام اشتراكية الدولة لمعالجة مثل هذه المشكلات وطالبوا بقيام قطاع اشـتراكي قـوي يمتلكه العمال ويديرونـه بأنفسـهم وبـذلك يـتم القضـاء عـلى تحكـم الطبقـة البرجوازية (spengler,1939) أمـا الاشـتراكي الايطالـي أسـتيلا لوريا فقـد درس علاقة السكان برأس المـال بـدلاً مـن علاقتـه بوسـائل العـيش. ويقـول في هـذا الصدد بأنه إذا توفرت رؤوس- الأموال وتم استثمارها بالطريقة الاشتراكية فإن البطالة ستزول تدريجياً كما ويمكن أن تزيد إنتاجيـة العمـال، وبـذلك سـترتفع الأجور وتتحسن ظروف المعيشة ويبدأ العمال بالتطلع نحو حياة أفضل فتتوفر الخلفية الثقافية والفكرية التي تحد مـن ميل العمـال إلى زيـادة نسـلهم وإلى جانب ذلك فهو يعتقد بأن نمـو السـكان كـان سـبباً في التطـور الاقتصـادي وفي تعاقب الأنظمة الاجتماعية في مختلـف العصـور التاريخيـة. (U.N.1973:46) وأكد نيتي أن كل تحسن في الوضع الاقتصادي للطبقة العاملة يؤدي إلى خفض معدلات الولادة، وأنه يمكن معالجة المشكلة السكانية بتنظيم المجتمـع مـن جديد بحيث يتم القضاء فيه على التفاوت الاجتماعي. (U.N.1973:46)

يعتبر مليتون أول ممثل للاشتراكية الطوبائية في روسيا وهو يعتبر السكان عاملاً هاماً في التطور الاقتصادي، إلا أن أهميته الاجتماعية أكثر من أهميته الاقتصادية، رفض مليتون أراء مالتوس وأكد أن بمقدور العلم أن يقلل من المآسي البشرية ويحسن الوضع

المعاشي للناس. نظر مليتون إلى القضايا السكانية بتفاؤل كما فعل غـيره مـن الكتاب الروس في القرن التاسع عشر.(U.N, 1973:46)

- كارل ماركس وأنجلز

لم يضع ماركس وأنجلز، ضمن الإطار الواسع للمادية التاريخية، نظرية سكانية مستقلة، وإنما قاما بصياغة مجموعة من المبادئ الأساسية التـي اعتبر أنها تحدد السـكان والعوامـل الاقتصادية والاجتماعيـة المتعلقـة بـه. عارض ماركس مبدأ مـالتوس العـام في السكان وقال بأنـه لا يمكن أن يوجـد قانون طبيعي وعام للسكان، فالسـكان ، عـلى الأصح، تحـدده الظـروف الاجتماعيـة والاقتصادية السائدة في مختلف المجتمعات وأكـد أن لكل أسـلوب في الإنتاج عبر التاريخ ، قانونه للسكان الخاص به والذي يثبـت التاريخ صحته وسلامته (Marx, 1929).

وأدعى ماركس بأن الاكتضاض السكاني الـذي ذكـره مـالتوس يمكـن أن يعزى إلى أسلوب الإنتاج الرأسمالي وإلى استيلاء الطبقة الرأسمالية عـلى فـائض إنتاج العمل بدلاً من نزعة الإنسان الطبيعية إلى التكاثر . فالأكتضاض السـكاني ، الذي كان في الواقع نسبياً ظهر من التجمـع الرأسمـالي كما انـه أمـر ضروري لاستمرار النظام الرأسمالـي الذي يتطلب عـدداً كبيراً من القوى العاملـة القابلـة للاستغلال المباشر. وفي مجرى توسيع النظام الرأسمالي ، تصبح الزيادة الطبيعية في السكان وحدها غير قادرة على تلبية الطلب على العمل المتوفر بسرعة ، إلا أن تجميع رأس المـال الـذي يحل مكـان العمل سـوف يـوفر فـائض السـكان المطلوب لبقاء النظام واستمراره. (U.N, 1973:47)

يعتقد ماركس أن فائض القوى العاملة في المجتمع الرأسمـالي أو جـيش العمال العاطلين "-كما يسميه مـاركس- هـو الفـائض السكاني النسبي الملازم لنظام الإنتاج الرأسمالي.

إن الجيش الاحتياطي للعمل يجب أن يكون كبيراً لدرجة تكفـي لاستمرار استغلال العمال وحصول أصحاب رؤوس الأعمال عـلى المزيـد مـن فـائض القيمـة

والأرباح، كما أنه يعتقد بـأن فـائض السـكان النسـبي لا يـرتبط بمعـدل زيـادة السكان وإنمـا هـو مـرتبط أولاً - وقبـل كـل شيء بطريقـة الإنتـاج الرأسـمالية والمنافسة الشديدة بين عوامل الإنتاج - السائدة وما يترتب على ذلك كلـه مـن بطالة عمالية بعيدة المدى. (نامق ١٤٨:١٩٧٠-١٥١)

ويعزو ماركس انتشار البطالة إلى عدة أسباب نوجزها بما يلي:

١- تشجيع النظام الرأسمالي على إحلال الآلات محل العمال وهذا ما يؤدي إلى ظهور البطالة بين العمال.

٢- كما أن المنافسة بين العمال في طلب العمـل تضـطرهم إلى بـذل أقصى- جهد حتى لا يتعرضون للطـرد الـذي يضـع صـاحب العمـل في موقـف السيادة والتحكم وهذا يمكن صاحب العمل من الاسـتغناء عـن بعـض العمال أو تشغيلهم سـاعات إضـافية ويوجـد نـوع ثالـث مـن الفـائض السكاني الذي دعاه ماركس بالعنصر الساكن يتكون من فـائض العـمال الصناعيين والزراعيين في المجتمع وبالذات في الصناعات المنحـدرة (أي الصناعات التي لا تحقق تقدماً وإنمـا تتـدهور باسـتمرار. يتكـون مثـل هذا- الفائض مـن عـمال قـد لا ينقطعـون عـن العمـل إلا أن مسـتوى الأجور التي يحصلون - عليهـا تجعلهـم يعيشـون في مسـتوى الكفـاف وربما أقل من ذلك.

يرجع اختلاف الوفيـات والخصـوبة بـين الطبقـات الاجتماعيـة وداخـل الطبقة العاملة حسب رأى ماركس، إلى تفاوت المكانـة الاجتماعيـة، مسـتويات المعيشة وكذلك حجم الأسرة، تتناسب عكسياً مع مستويات الأجور وبالتالي مع وسائل العيش لمختلف الفئات العمالية.(Marx, 1922)

على الرغم من أن أنجلز كان على أتفاق مع تحليل ماركس ، إلا انه قام بمسـاهمة إضافية في مجال نظرية السكان، فقد ذكر من ناحية ، بان الطاقة الإنتاجية للإنسان غير

محددة لان الإنتاجية عـلى العمـوم، وخاصـة إنتاجيـة الأرض، يمكـن أن تزيد باستخدام رأس المال، والأيدي العاملة والعلم. (U.N,1973:47)

ولذلك فقد رفض قانون تناقص الغلة الذي أشار إليه مالتوس ومـن ناحيـة أخرى، أكد بأن فائض السكان في ظل النظام الرأسمالي يرافقـه فـائض رأس المـال. ويكمن هذا التناقض في النظام الرأسمالي الذي يمكن التغلب عليه بتنظيم المجتمـع من جديد. فإعادة تنظيم المجتمع وتثقيف الجماهير يمكن أن تسهل عملية الكبح الخلقي الذي أعتبره مالتوس أفضل إجراء لمعالجة مشكلة زيادة السكان.

أعتقد أنجلز بأن المجتمع الاشتراكي ستكون لديه قدرة إنتاجية متطورة جداً خاضعة إلى تخطيط دقيق، وفي ظل هذه الظروف سوف لا يتخلف الإنتاج عن السكان وسيزيد من رفاهية الناس . ومع ذلك، فهو يعترف باحتمال حدوث ضغط سكاني يتطلب تحديد نمو السكان . لهذا يقول بأنه إذا وجد المجتمع الشيوعي نفسه في مرحلة ما مضطراً إلى تنظيم النسل فلن يواجه صعوبة في تحقيق هذا الهدف.

(Engels,1955-1966)

الاشتراكيون اللاحقون لكارل ماركس

على أثر الانقسـام الـذي أصـاب الحركـة الاشـتراكية بـدأت الآراء حـول السكان تتفاوت من الناحيتين النظرية والسياسية . فقـد بـث أصحاب النزعـة التعديلية (حركة في الاشـتراكية الماركسـية الثوريـة تؤيـد الأخـذ بمبـدأ التطور) فكرة المالتوسية الجديدة الداعية إلى تحديد النسل بينمـا ظـل الجنـاح الثـوري يسير على نهج ماركس وإنجلز الرئيس. (U.N,1973:46)

ذكر كوتسكي "kautis Key" بأن الاشتراكية ستشجع على تنظيم السكان بصورة أفضل كما أن الإنتاج سيزداد هو الأخر.(Glass,1941:83) أما بيل "Bell" فيعتقد بان زيادة السكان في المجتمع الاشتراكي كانت أبطأ مما كانت عليه في المجتمع البرجوازي وذلك بسبب تفوق مكانة المرأة في ظل- الاشتراكية.(U.N,1973:48)

رفض لينين، كما فعل كاركس "مبدأ مـالتوس في السكان. وأكـد الـرأي القائل بأن التكاثر البشري يعتمد مباشرة على التركيب الاجتماعي ورفض قانون السكان المجرد الذي لا يرتبط بمختلف أشكال التنظيم الاجتماعي التي سـادت المجتمعات البشرية. اقترح لينين بان الضغط السكاني في عهد روسيا القيصريـة لم يكن نتيجة التفاوت بين زيادة السكان ووسائل المعيشة بل يعود إلى توغـل الرأسمالية إلى الزراعة. كما أنه نفى ظهور قانون الغلة المتناقصة تحت ظروف التقدم التكنولوجي وتحسين طرق الزراعة.(U.N,1973)

كما رفض لينين النظرية الاجتماعية للمالتوسية الجديدة في حين أيد إلغاء كافة القوانين التـي تمنـع الإجهـاض أو توزيـع الوسائل الطبيـة للأغـراض الوقائية.

وأعتبر مثل هذه القوانين نوعاً من الريـاء الـذي تتظاهر بـه الطبقـة الحاكمة العاجزة عن معالجة مساوئ الرأسمالية. حاول دراسة العوامـل التـي أثرت في انخفاض معدلات الولادة لدى الأقطار الرأسماليـة المتقدمـة فذكر بـان السبب الرئيسي لانخفاض الخصوبة بين العمال هو فقدان الضمان للمستقبل والخوف من البطالة وقد تجلى ذلك بوضوح في تدني مستويات الخصوبة خلال فترة الركود الاقتصادي في الثلاثينيات وقد أكد مثل هـذا الـرأي بعـض الكتـاب أمثال، بوريرسكي.

أكد الكتاب السوفيت، بدرجات متفاوتة أن الخصائص الرئيسية لقانون السكان الاشتراكي هـي العمالـة الكاملـة، استثمار الطاقات الإنتاجيـة للسكان بطريقة حكيمـة وتحسـن الأحـوال الماديـة والثقافيـة للسكان والقضاء عـلى الاستغلال. ورغم ذلك فقد أشار البعض إلى احتمال حدوث إكتضاض سكاني في المراحل الأولى لبناء الاشتراكية وذلك بسبب صعوبة التغلب على بعض المشاكل الاقتصادية والديمغرافية.(U.N:1973:49)

كـذلك رفـض الكتـاب الاشـتراكيون في الصـين مبـدأ مـالتوس في السكان. وافترضوا بان الوفيات ستصل تدريجياً إلى ادني مستوى، وسيحدث ذلك تغيراً في نمو

السكان من عالي وسريع إلى ثابت. وأشاروا إلى أن من مصلحة الناس أن يستمر نمو السكان من عالي وسريع إلى ثابت.(U.N.1973)

٢- النظريات الاجتماعية في السكان:

حاول عدد من أصحاب النظريات الاجتماعية في أواخر القرن التاسع عشر وبداية القرن العشرين دراسة العلاقة بين نمو السكان وزيادة كثافته من جهة وتطور وتقدم المجتمع البشري من جهة أخرى. تشير بعض هذه النظريات إلى أن الجماعات البشرية خلال زيادة حجمها وكثافتها، تشهد تقدماً في شكل التطور الخاص بتقسيم العمل ومجال العلاقات الشخصية، وتنسيق الفعاليات الفردية والمهارات العلمية والفنية للأفراد، وخلق طرق أخرى تساهم جميعاً في التقدم الاجتماعي وتطور المدنية.(Giddings, 1896)

كان دوركهايم من بين علماء الاجتماع الذين ذكروا بأن زيادة حجم السكان وكثافته يؤديان إلى تطور تقسيم العمل الاجتماعي الذي يقود بدوره إلى سلسلة من التطورات الأخرى في مختلف مجالات الحياة. "يختلف تقسيم العمل الاجتماعي بصورة -مباشرة باختلاف حجم المجتمعات وكثافتها ، فإذا تطور وتقدم تقسيم العمل - مباشرة باختلاف حجم التطور الاجتماعي فذلك لان المجتمعات أصبحت أكثر كثافة وأعظم حجماً. (Durkheim, 1947:289) ويعتقد أدولف كوست بأن التطور البشري يخضع للزيادة العددية في السكان. حيث يقول بأن كل أنواع التطور خاضعة لزيادة عدد الأفراد الذين يؤلفون المجتمع، وذلك لان الزيادة السكانية تقرر جميع مراحل التطور الأخرى لأنها هي التعبير نفسه لتكاثر المجتمعات ونموها . فالزيادة السكانية تساعد على تنمية القوى الإبداعية الخلاقة لدى الإنسان والتي تتفتح في المدن وخاصة العواصم فالعاصمة تعتبر مختبراً تجري فيه عملية تلاقح فسلجية بين الأجناس وعملية تلاقح سيكلوجية بين العقول والأرواح . (U.N,1973:54) أما دوبريل وأتباعه فيرون بأن للنمو السكاني تأثير

في التقدم الفني والاجتماعي وما يتبع ذلك مـن ارتفـاع في مسـتويات الحيـاة الحضارية والمادية وذلك لان نمو السكان يقـود إلى زيادة الحـراك الاجتماعـي، وزيادة نطاق التفاعل الاجتماعي بين الأفـراد وبالتـالي زيادة الحـوافز الفكريـة والاجتماعية ، كما تحدث تغيرات في القيم الاجتماعية حيث يزداد تطلع الأفراد نحو المستقبل كما وتزداد نظرة التفاؤل نحو الحياة وتنتشر بينهم روح الأقـدام نحو الأفضل وأخيـراً يزداد التقدم التكنولوجي ويكـثر الإبـداع وهـذه التطورات وغيرها من النتائج الأخرى تفوق جميع النتائج العكسية لنمو السكان . إذ على العكس من ذلك، سيكون لمعدل نمـو السـكان الـواطئ أو قلـة السـكان نتـائج معاكسة. (U.N, 1973:55)

حـاول عـدد مـن الكُتـاب دراسـة العلاقـة بـين انخفـاض الخصوبة في المجتمعات المتقدمة اقتصادياً والظروف الاجتماعية. فلاحظوا أن هذه الظاهرة تواكب التغيرات في الظروف الاجتماعيـة كـاختلاف فعاليـات الإنسـان وزيـادة النزعة الفرديـة، واهتمامه المتزايد بالترف وزيادة دخـول المـرأة ميـدان العمـل والتحضر والنظرة العقلانية نحو الحياة. (U.N, 1973:54)

على هذا الأساس أستطاع أرسين ديمون صياغة نظريتـه المعروفـة بالارتقـاء الاجتماعي وفيها يشير إلى أن ضعف الرغبة في التناسل يقود إلى تقدم المدنيـة، كـما أنه يرجع تقليص حجم العائلة إلى طموح الفرد في تحسين مكانته في المجتمع.

فالفرد يستطيع فقط الارتقاء إلى درجات أعلى في السلم الاجتماعي عنـدما يكون لديه عدد أقل من الأطفال. فانتشار النزعة الفرديـة والرغبة في تحسين الوضـع الفردي والعائلي في المجتمعات المتقدمة أوجد، حسب رأي ديمون، جواً فكرياً سـاعد على إنخفاض الخصوبة.(U.N, 1973:55)

التطورات الحالية في نظريات السكان:

سيطر على تطور نظرية السكان خـلال العقـود الماضيـة اتجاهـان مهمـان أكـد الاتجاه الأول؛ على أن التقدم في التحليل الديمغرافي وخاصـة دراسـة الخصوبة والوفيـات يتطلب تطوير نظريات سكانيةلاتقوم على أساس نمو السكان ،ولكن على أساس الخلقية

الاجتماعية والاقتصادية - الخصوبة والوفيات. أما الاتجاه الثاني؛ فيتعلق بالاهتمام المتزايد بدراسة مشاكل التطور الاقتصادي في الأقطار النامية والآثار التي يتركها نمو السكان السريع والمظاهر المرافقة له على عملية التطور. كانت هذه الظروف مسؤولة عن الكتابات المتزايدة التي تدور حول نظرية التحول السكاني. (U.N, 1973:58)

ط- نظرية التحول الديمغرافي:

يحاول أصحاب نظرية التحول الديمغرافي تفسير أسباب مرور الشعوب المتقدمة المعاصرة والشعوب النامية قليلاً أو كثيراً عبر نفس المراحل التاريخية في العصر الحديث والمعاصر. قبل تحديثها الاقتصادي. ظلت المجتمعات الصناعية تمر بمرحلة نمو سكاني بطئ طوال عدة قرون بسبب ارتفاع معدلات الوفيات لديها. وقد شهدت بعد ذلك زيادة سكانية سريعة عندما ارتفعت مستويات المعيشة لديها وانخفضت معدلات الوفيات نتيجة لذلك. وعندما أدت قوى ومؤثرات التحديث والتنمية إلى انخفاض الخصوبة، مالت معدلات نمو السكان إلى الانحدار من جراء ذلك، أدى هذا التعاقب التاريخي إلى تساؤل بعض الديمغرافيين عما إذا كانت نفس العملية يمكن أن تحدث في البلدان الأخرى عندما تنتقل من مجتمعات زراعية إلى مجتمعات صناعية متقدمة. تنص نظرية التحول الديمغرافي على أن معدل نمو سكان معين يميل إلى الاستقرار في أي وقت يتم فيه إحراز مستوى معين من التنمية الاقتصادية و الاجتماعية، ذلك لان الناس في المجتمعات الحضرية المصنعة يفضلون عوائل صغيرة ويحدون من عدد أطفالهم عن طيب خاطر أو طوعاً. في هذه المجتمعات الحديثة يعتبر الأولاد شيئاً غير نافع أو ثمين اقتصادياً بتاتاً. إن تربيتهم وتعليمهم يكلفان الوالدين كثيراً، ولكنهم لا يقدمون لهم بالمقابل فوائد اقتصادية. بحسب نظرية التحول الديمغرافي، ينزع الناس عموماً إلى إنجاب أكبر عدد من الأولاد الذين يمكنهم من إعالتهم على ما يعتقدون. إن المشكلة في المجتمعات النامية، عندئذ، هي أن اتجاهات الناس لم تلحق حتى الآن بأحوالهم المتغيرة سريعاً.

يفترض الديمغرافيون أن التحول الديمغرافي مـر عـبر ثـلاث مراحـل أساسية هي: **المرحلة الأولى**: هـي الحالـة الموجودة في جميع المجتمعات التقليدية التي تتميز بارتفاع كل من معدلات الولادة والوفيات لدرجة كبيرة بخاصة بـين الأطفال الرضع. ونتيجة لذلك، ينخفض معدل نمو السكان ويبقى ثابت طوال عدة قرون أو ينمو بصورة بطيئة جداً.

المرحلة الثانية: هي الحالة الموجودة في جميع المجتمعات النامية في المرحلة المبكرة للتصنيع. بدأت هـذه المرحلـة عندما أدى التحديـث، ومـا صاحبه مـن تحسـن مستويات المعيشة والعناية الطبية، إلى الانخفاض السريـع في معدلات الوفيات. ومع ذلك ، فإن الانخفاض السـريع في معدلات الوفيات لم يصاحبه مباشرة إنخفاض في معدلات الولادة. ونتيجة لـذلك، فقد أدى اختلاف سرعـة النمـو بـين معدلات الولادة العالية ومعدلات الوفيات المنخفضة إلى تعجيل نمو السكان، الـذي يوصف بالانفجار السكاني.

المرحلة الثالثة: هي الحالة الموجودة في المجتمعـات الصناعية المتقدمـة جميعـاً . يتحدد معدل الولادة عندما يُنظر إلى العوائل الكبيرة على أنها تشكل عبئاً كبيراً على الأسرة وعائقاً أمام تقدمها وتلبية احتياجاتها الأساسية في الحياة. أمـا معدل الوفـاة فيظل منخفضاً. ونتيجة لذلك ، فإن معدل نمو السكان ينخفض تدريجياً نحو الصفر ويبقى مستقراً تماماً.

هذا التحول السكاني كامل الآن في أوربا، أمريكا الشمالية واليابان. وتشهد بعض الشعوب المتقدمة اقتصادياً في المناطق النامية- مثل تـونس، تايوان والصين، كوبا، وكوريا الجنوبية وكوستاركا – انخفاضاً مطرداً في معدلات الـولادة ، مـما يـدل على أنها الآن في تحول بين المـرحلتين الثانيـة والثالثة. أما بقيـة الشعوب الناميـة والمتخلفة فما زالت في المرحلة الثانية، مرحلة النمو السكاني السريـع، وهـذه هـي البلدان التي تضم أكبر عدد من السكان في العالـم (٥,٣ مليار نسمـة مـن مجموع ٦,٥ مليار في ٢٠٠٥، وبذلك تقوم بالإسهام الأكبر في نمـو السكان في العالـم. (حوالي ٩٥% سنوياً). ورغم ذلك توجد شواهد كثيرة عـلى ميل معدلات الولادة في هـذه الشـعوب إلى الانخفـاض التـدريجي ، ومـن المتوقـع أن تـدخل مرحلـة التحول الديمغرافي الثالثة عاجلاً أم أجلاً. (الفصل الخامس)

رغم القبول الواسع الذي لقيته نظرية التحول الديمغرافي ، فإن عدداً من الكتاب يذكرون محدودية تطبيق هذه المبادئ . فقد ذكر البعض أنه يتعين دراسة عملية (التحول الديمغرافي في البلدان الاشتراكية على أساس تجارب تلك الدول- وخاصة تجربة الاتحاد السوفيتي سابقاً - كذلك شككوا فيما إذا كان للتصنيع نفس الآثار التي تركها لدى الدول الرأسمالية في الغرب في بقية البلدان الأخرى. كما حاولوا تفنيد الادعاء القائل بان تجربة البلدان الرأسمالية في الغرب تصح على البلدان النامية في أسيا وأفريقيا.

(Robertson, 1983 ; U.N, 1973:59)

الباب الثاني

طرق البحث الديمغرافي

يتناول الفصل الثالث مصادر البيانات الإحصائية وطرق جمع البيانات السكانية ومعالجتها.

الفصل الثالث

الفصل الثالث

طرق جمع البيانات الديمغرافية ومعالجتها

أ- المصادر الأساسية:

- تعداد السكان.

ب- استخدام العينات في التعدادات .

جـ- الإحصاءات الحيوية .

د- السجلات الدائمية .

هـ- المراجع الثانوية.

و- التقديرات والإسقاطات السكانية.

الفصـل الثالث
طرق جمع البيانات الديمغرافية ومعالجتها

يتضمن هذا الفصـل دراسـة المصـادر الأساسـية للبيانـات الديمغرافيـة: تعداد السكان، المسوحات العينية، الإحصاءات الحيوية والسجلات الدائمة ، إلى جانب بعض المصادر الثانوية .

أ- المصادر الأساسية

- تعداد السكان:

يمكن تعريف تعداد السكان بأنه مجمـوع العمليـات الخاصة بجمـع وتصنيف ونشر البيانات الديمغرافية، الاقتصادية والاجتماعية الخاصة في وقت معين بجميع الأفراد في إقليم معين (.Shryock, et.al 1976:13).

المظاهر الأساسية لتعداد السكان: هناك خمسـة مظاهـر أساسـية لتعداد السكان هي:

أ- الشمول:

يجب أن يشـمل التعداد كـل شـخص في الإقليم دون تجاوز أو تكرار، ويجب أن يغطي التعداد الوطني جميع البلاد التابعة لدولة مـا (اعتمـاد عـلى مـا إذا كـان أسـاس التعـداد قائمـاً عـلى مبـدأ التعـداد الفعـلي أم الحقيقي) وعندما يتعـذر تحقيق مثل هـذه الحالـة المثاليـة ، لـبعض الأسباب كاحتلال البـلاد مـن جانب أجنبي يتعين عندئـذ وصف نـوع التغطية بصورة مفصلة في مطبوعات التعداد .

ب- التزامن:

مثالياً، يجب أن تنسب جميع حقائق التعداد إلى فترة زمنيـة محـددة كاليوم الواحد والأسبوع....إلخ. وكلما طالت الفـترة الزمنيـة للتعـداد. زاد احتمال وقوع الحذف أو التكرار في تدوين البيانات.

جـ- التعداد الانفرادي:

تسجيل البيانات المتعلقة بكل فرد في الأسرة على حدة إلى جانب خصائصهم المميزة، الاجتماعية والديمغرافية والاقتصادية.

د- الدورية المحددة:

يجب إجراء التعدادات السكانية خلال فترات زمنية منتظمة بين تعداد وأخر، في تعاقب زمني ثابت (٥ أو ١٠ سنوات)، وذلك من أجل توفير بيانات قابلة للمقارنة. إن سلسلة زمنية من التعدادات تجعل من السهل تقويم الماضي ووصف الحاضر بدقة وتقدير المستقبل United Nations, 1958).

هـ- التجميع:

تجميع وتبويب، ونشر البيانات للأقاليم الجغرافية، والمتغيرات الديمغرافية والاقتصادية والاجتماعية المختلفة، دون تغير جوهري في تصنيف الأقاليم الجغرافية بين تعداد وأخر لان ذلك يشوه صورة المشهد ويجعلها غير قابلة للمقارنة حسب المكان والزمان.

التعداد الفعلي والتعداد الحقيقي:

تتأثر الإجراءات المستخدمة في تعداد معين بواسطة نوع الإحصاء السكاني المفضل. يتبع المشتغلون في التعدادات الحديثة إحدى طريقين : تقوم الأولى على مبدأ السكان الفعليين (De facto) أي جميع الأشخاص الموجودين في منطقة معينة يوم إجراء التعداد. أما الطريقة الثانية فتستند إلى مبدأ السكان الحقيقيين (Dejure) إذ يرجع كل شخص أحصي في غير موطنه الأصلي إلى المكان الذي يسكنه عادة وذلك بتسجيل جميع الأفراد الذين يعيشون اعتيادياً في نفس الدار في استمارات التعداد، بضمهم الحاضرين والغائبين مؤقتاً عن الدار أو الأسرة . ويحُسب الزوار في أماكن أقامتهم الاعتيادية في التعداد الحقيقي، يجب اتخاذ الإجراءات الاحتياطية وذلك بتسجيل أفراد الأسرة الغائبين

في استمارات خاصة معدة لهذا الغرض ومـن ثـم تسـليمها إلى دائـرة التعـداد التابعين لها في المنطقة.

طرق التعداد أو الإحصاء:

توجد طريقتان رئيسيتان لإجراء التعداد هما طريقـة المقابلـة المباشرة وطريقـة الحصر الذاتي أو الحصر الأسري. في طريقة المقابلة يقوم العداد القائم بجمـع المعلومـات ، بزيـارة الأسرة ومقابلـة كـل عضـو عـلى إنفراد وتسـجيل الإفادات في استمارة التعداد.

وقد يقوم رئيس الأسرة بالإدلاء بالمعلومات نيابة عن بعض أفراد الأسرة الذين يتعذر عليهم إعطاء معلومات دقيقة أما بسبب جهلهم أو صغر سنهم .

أمـا في التعـداد الـذاتي أو الأسري ، فتعطـى كـل أسرة اسـتمارة واحـدة تدون فيها المعلومات من قبل أحد أعضاء الأسرة أو أكثر من فـرد واحـد يقـوم العدادون بتوزيع الاستمارات على أفراد الأسرة وجمعها لاحقاً أو قـد يسـتخدم البريد لتوزيع الاستمارات أو لجمعها أو الاثنـين معـاً . ويقـوم العـداد بتـدقيق المعلومات بعد استلام الاستمارات.

تنظيم مكاتب الإحصاء الوطني:

إن البرامج الإحصائية لقطر مـا قـد تكون محصورة إلى حـد كبير في مكتب إحصائي وطني واحد، كالجهاز المركزي للإحصاء في العراق، الـذي يجـري التعداد والمسوحات العينية الرئيسية، أو قد تكون موزعة على عدد من الدوائر الحكومية، لكل منها اهتماماتها ومسؤولياتها الخاصة.

توجد عدة فوائد في المحافظة على مكتـب دائـم للسـكان ، أو مكاتـب فرعية إذ تتولى هذه المكاتب مسؤوليات كثيرة من أهمها، القيام بالتعـدادات السكانية والمسوحات العينية المتعلقة بميزانية الأسرة والقوى العاملة وما شـابه ذلك، بالإضافة إلى المشاركة في وضع البرامج والخطط الوطنية المتنوعة.

التخطيط والعمل التمهيدي:

إن أي تعداد سكاني وطني رئيسي يتضمن مقدراً كبيراً من العمل التمهيدي. تتضمن الأنشطة التحضيرية عملاً جغرافياً كإعداد الخرائط وقوائم بالأماكن ؛ تحديد الحاجات إلى البيانات للحكومة المركزية أو المحلية؛ المشاريع، والعمل والجمهور، اختبارات الأسئلة المطلوبة والجدولة اللازمة؛ تحديد طريقة العمل؛ تصميم الاستبيان؛ اختيارات الاستمارات والإجراءات؛ تخطيط إجراءات معالجة البيانات؛ وتحضير المعدات المستخدمة. ومن الضروري عمل دعاية للتعداد السكاني من أجل نجاح التعداد بخاصة عند إجرائه لأول مرة وربما لا يفهم المواطنون هدفه . كما يلزم طمأنة الناس بسرية نتائج التعداد، بمعنى أن المعلومات الشخصية سوف لا تستخدم للأغراض الأخرى سوى الأغراض الإحصائية. فكما جاء في المبادئ والتوصيات للأمم المتحدة عام ١٩٧٠، "يجب تعزيز سرية المعلومات الفردية بقوة وبوضوح ودعمها بواسطة جزاءات صارمة من أجل تكوين أساس للتعاون الوثيق للناس (United. Nation .1958:11-12) .

إن تطوير إجراءات لتقويم التعداد يجب أن يكون جزءاً من التخطيط المبكر لضمان أنها ستدخل في المراحل المناسبة للعمل الميداني ومعالجة البيانات ولضمان تخصيص الاعتماد المالي المناسب ؛ يجب سن تشريع لتوفير أساس قانوني ؛ كما يجب وضع جدول زمني لإجراء التعداد ؛ واختيار العاملين في التعداد وتدريبهم تدريباً جيداً.

المحتوى والجدولة:

المواضيع التي يتم إدخالها في التعداد تقوم على الموازنة بين الحاجات إلى البيانات والموارد اللازمة لتنفيذ برامج التعداد. الحاجات الوطنية والمحلية ذات أهمية أولية. ولكن يجب الأخذ بنظر الاعتبار بعض الاعتبارات لتحقيق القدرة على المقارنة الدولية في المواضع المختارة. عادة، توفير قائمه بالمواضيع المتضمنة في التعداد أو التعدادات السابقة كنقطة انطلاق التي يبدأ منها التخطيط الإضافي للمضمون. على العموم، من المرغوب فيه الاحتفاظ بمعظم الأسئلة من تعداد إلى أخر بنفس الشكل لتوفير سلسلة زمنية يمكن أن

تصـلح لتحليـل التقـدم والحاجـات المتعلقـة في بلـد معـين. ومـع ذلـك، مـن الضـروري إجـراء بعـض التغـيرات في المضـمون لتلبيـة الحاجـات المتغـيرة للبلـد. وتُطلـب الاستشـارة عـادة مـن بعـض الوكـالات الحكوميـة الوطنيـة والمحليـة المختلفة. الجماعات الاستشارية التي تضم خبراء من مختلف الاختصاصات ربما تنظم وتدعى للمشاركة في صياغة محتويات الاستبيان.

قائمـة البنود المـوصى بها مـن قبـل الأمـم المتحـدة بالنسبـة لتعدادات السكان ذات أهمية كبيرة كمؤشر للبنود الأساسية التي حققت فائدتها في كثير مـن البلـدان وكـدليل للقـدرة عـلى المقارنـات الدوليـة في المواضيـع المغطـاة (United Nations,1970)

تشمل قائمة المواضيع المقترحة والمفيدة لإدخالها في استبيان التعداد السكاني ما يأتي:

الخصائص الجغرافية

المكان الموجود في وقت التعداد

و/أو

مكان الإقامة الاعتيادي

مكان الميلاد

فترة الإقامة

مكان الإقامة السابق

محل العمل

الخصائص الشخصية والأسرية

الجنس

العمر

العلاقة برئيس الأسرة

الحالة الزواجية

العمر عند الزواج

أمد الزواج

الأطفال المولودون أحياء

الأطفال الباقون على قيد الحياة

الجنسية

معرفة القراءة والكتابة

الحضور المدرسي

المؤهلات التعليمية

الجماعة الوطنية و/أو الجماعة الأثنية

اللغة

الدين

الخصائص الاقتصادية

نوع النشاط الاقتصادي

المهنة

الصناعة

الوضع في العمالة (كصاحب عمل ، عامل..)

مصدر المعيشة الرئيسي

المواضيع الآتية أيضاً ، مفيدة

الخصائص الجغرافية

مجموع السكان

الموقع:

الحضر والريف

الخصائص الشخصية والأسرية

تركيب الأسرة المعيشية
تركيب الأسرة الزواجية

الخصائص الاقتصادية

المكانة الاجتماعية –الاقتصادية
الإعاقة.

تحديد المفاهيم:

أحد المتطلبات الأساسية في تعدادات السكان والمسـوحات هـو تطوير مجموعة من المفاهيم خلال عمليات جمـع البيانات ومعالجتها كافة، تـوفر هذه المفاهيم الأسـاس في تطويـر عمليـة صيانة الأسـئلة، التعليمات بالنسبة للعدادين، لتحرير الترميز، وجدولة البيانات. يمكن أن يكون هناك أساس ثابت لتحليل النتـائج اللاحـق ، فقط عندما يـتم تعريف المفاهيم تعريفاً عملياً وتطبيقهـا بصـورة منسـقة. تعريفـات جميـع المواضيـع المـوصى بها بالنسبـة للتعدادات الوطنيـة والمسـوحات الأسـرية مـذكورة في كُتيبـات الأمـم المتحـدة ومعترف بها من عدة بلدان بمثابة تعريفات معيارية دولية بالنسبة لمختلـف الخصائص السكانية.(United Nations, 1970).

الاختبار الأول:

وجد أن الاختبار الأول لمضمون التعـداد والطرق مفيـد جـداً في تـوفير أساس للقرارات التـي يجـب اتخاذها خـلال التخطيط الجيـد للتعداد، هـذه الاختبارات تختلف من حيث النطاق. تتضمن معظم اختبارات التعداد اختبـاراً كامـلاً واحداً على الأقل، محتوياً عـلى جميـع الأسـئلة المـراد طرحها في التعداد نفسه.

جمع البيانات:

تبدأ المرحلة الحيوية للتعداد أو المسح عندما يؤخذ الاستبيان إلى الميدان من أجل الحصول على المعلومات المطلوبة. أنواع المشكلات المواجهة والإجراءات المستخدمة لجمع البيانات في التعدادات والمسوحات متشابهة.

الإحصاءات الفعلية والحقيقية - في تعدادها تتأثر إجراءات الحصر بواسطة الإحصاء السكاني المراد الحصول عليه. ربما يكون التعداد مصمم لعد الأشخاص حيثما يكونون موجودين في يوم التعداد تعداد فعلي، أو تبعاً لموطنهم الاعتيادي (تعداد حقيقي).

في تعداد فعلي، الطريقة المتبعة هي تدوين جميع الأشخاص الحاضرين في الدار أو أماكن المعيشة الأخرى في منتصف يوم التعداد أو جميع من أمضوا الليلة هناك. في هذا النوع من الحصر، توجد مشكلة عد الأشخاص المسافرين في يوم التعداد أو ممن يعملون في الليل وتبعاً لذلك سوف لا يكونون موجدين في أي من الأماكن التي يعيش فيها الناس اعتيادياً. ربما يكون من الضروري عد الأشخاص في القطارات أو البواخر أو الطلب من أرباب الأسر إدخال هؤلاء الأعضاء في استمارة التعداد بالإضافة إلى أولئك الأشخاص الحاضرين فعلاً. في بعض البلدان يطلب من جميع الأشخاص البقاء في بيوتهم في يوم التعداد أو حتى إعلان موعد نهاية التعداد.

في التعداد الحقيقي، تدرج أسماء جميع الأشخاص الذين يعيشون عادة في بيوتهم في استمارة التعداد سواء كانوا حاضرين أم لا. الزائرون اللذين لديهم مكان إقامة اعتيادي في مكان أخر يُستبعدون من التسجيل ولكنهم يحصرون في أماكن إقامتهم الاعتيادية. يجب اتخاذ التدابير اللازمة في التعداد الحقيقي لحصر الأشخاص البعدين عن دورهم إذا كانوا يظنون أنه من المحتمل أن لا أحد في موطنهم الاعتيادي سوف لا يخبر عنهم. الإجراء العملي هو حصر هؤلاء الأشخاص في استمارة خاصة تُقدم إلى دائرة

التعداد التابعة لمحل إقامتهم. هذا الإجراء معقد وغالي ويبقى هناك احتمال عدم تسجيل بعض الأشخاص وتسجيل آخرين مرتين.

طرق التعداد :

يوجد نوعان رئيسيان من التعداد . المقابلة المباشرة أو الحصر الذاتي أو طريقة الأسرة. في الطريقة المباشرة يقوم العداد بزيارة الأسرة، تسجيل الأعضاء الساكنين هناك، ويسأل الأسئلة المطلوبة بالتتابع كل شخص، عادة بإجراء مقابلة أحد أعضاء الأسرة والحصول على البيانات المطلوبة. تتميز هذه الطريقة بان العداد شخص لديه خبرة جيدة حول الأسئلة وشرحها. في التعداد الذاتي، توزع استمارات التعداد عادة مرة واحدة لكل أسرة، وتدون المعلومات في الاستمارة بواسطة احد أعضاء الأسرة أو أكثر بالنسبة لجميع الأفراد في الأسرة. بالنسبة لهذه الطريقة من التعداد توجد حاجة أقل إلى العدادين المدربين جيداً. قد يقوم العداد بتوزيع الاستمارات ويجمعها لاحقاً، أو ربما يمكن استخدام البريد لتوزيع الاستمارات أو جمعها أو الاثنين معاً. عندما يقوم العداد بجمع الاستمارات، فهو يراجعها ويدققها ويطلب معلومات إضافية عند الضرورة. في تعداد البريد. يمكن استخدام الهاتف لجمع معلومات وجد أنها مفقودة بين الاستمارات الواصلة بالبريد، أو ربما يقوم العداد بزيارة الأسرة للحصول على الاستمارات المفقودة.

تتميز طريقة الحصر الذاتي بأنها تعطي المستجيب وقتاً أطول للحصول على المعلومات والرجوع إلى السجلات عند الضرورة.

طريقـة الحصــر الــذاتي أكـثر شـيوعاً في البلـدان الأوربيـة وفي أسـتراليا وزيلندة الجديدة وفي الولايات المتحدة الأمريكية، بينما الطريقة المباشرة أكثر شيوعاً في البلدان الأخرى.

حصر الجماعات الخاصة:

من الضروري إتباع بعض الإجراء الخاصة بالتعداد بالنسبة لجماعات معينة مـن السكان كالرحل، وسكان القبائل الذين يعيشون بعيداً عن المراكز الحضرية، وجماعات

أخرى من سكان البلاد الأصليين ممن تربطهم علاقات حقيقية مع بقية السكان في البلاد. ويكون المستوى التعليمي منخفضاً، أو قد لا يعرفون أهمية التعداد السكاني والاهتمام بالمواضيع التي يحتوى عليها. أحد الإجراءات المتبعة في عملية التعداد هي الطلب من جميع أعضاء هذه الجماعات التجمع في مكان معين وفي يوم محدد لان حصرهم في أماكن إقامتهم الاعتيادية قد يتطلب ما بين ٤ إلى ٥ أشهر. بالنسبة لبعض هذه الجماعات، تُستخدم طريقة الحصر أو العد الجماعي، بدلاً من الحصول على معلومات عن كل شخص، يحصل العداد من رئيس الجماعة حصراً على عدد الأشخاص في مختلف الفئات، كالحالة الزواجية، الجنس والفئات العمرية.

تعداد الأشخاص في الفنادق، السفارات، والمستشفيات وأحياء المعيشة الجماعية المماثلة تتطلب عادة إجراءات خاصة. بما أن البعض تكون زائلة، يجب إجراء تحقيق لمعرفة ما إذا تم إجراء حصر حقيقي ، يجب اتخاذ الخطوات للتأكد من أنهم عُدوا في محل إقامتهم الاعتيادي. تُستخدم استمارات تعداد منفردة عادة في أحياء جماعية.

أنواع الاستبيان:

يمكن تصنيف الاستبيان إلى ثلاثة أنواع عامة: الأول، استبيان الفرد المستقل: المعد لشخص واحد فقط؛ الثاني، استبيان الأسرة المستقلة: المعد لأسرة واحدة فقط؛ الذي يتضمن معلومات عن جميع أعضاء الأسرة أو الوحدة السكنية؛ والثالث استبيان الأسر المتعددة، الذي يتضمن معلومات لعدة أشخاص يمكن تسجيلهم في الاستمارة، لكل واحدة من هذه الطرق مزايا معينة.

فاستبيان الفرد المستقل أكثر مرونة لجمع معلومات عندما يراد إجراء المعالجة بدون مساعدة المعدات الميكانيكية. يتميز استبيان الأسر المستقلة بسهولة إجرائه في العد ويصلح بوجه خاص في الحصول على عدد الأسر ولتحديد العلاقة بكل عض في الأسرة. استبيان الأسرالمتعددة اقتصادي أكثر من ناحية كلف الطبع ويصلح لمعالجة

البيانات باستخدام معدات الجدولة الكهربائيـة، ولكنـه قـد يكـون غـير ملائـم أحياناً بسبب حجمه الكبير.

المراجعة الميدانية:

يمكن استخدام إجـراءات منوعـة بالنسـبة للسـيطرة النوعيـة للحصرـ. فالمشرفون يراجعون عينات كل عملية حصر من أجل الدقة والمقبولية المتعلقة بالمواد.

معالجة البيانات:

تتضمن معالجة البيانات جميع الخطوات، سواء نُفذت بواسطة اليد آو الماكنة، المطلوبة للحصول على التقـارير المطبوعـة الأخـيرة عـن عـدد السـكان وخصائصهم المختلفة. ويختلف إنجاز هذه العمليات بواسطة معدات آليـة أو كهربائية أو بواسطة اليد من بلد إلى أخر وبين التعـدادات والمسـوحات داخـل البلد.

طرق المعالجة:

قد تكون عملية يدوية بحته مناسبة لمسح محدود الحجم عندما تكون الجدولة المطلوبة بسيطة تماماً. ولكـن في تعـداد واسـع النطـاق ، أو في مسـح يمكن الحصول منه على تبويبات متقاطعة كثيرة، تصبح العملية اليدوية صعبة للغاية وتستغرق وقتاً طـويلاً . تتضـمن عمليـات معالجـة البيانـات في تعـداد سـكاني أو مسـح مـن الخطـوات الأساسـية الآتيـة: التحريـر، الترميـز، تنقيـب البطاقات، الفرز والجدولة. وفيما يلي شرح مختصر لبعض هذه الخطوات.

الجدولة:

خـلال مرحلـة تخطـيط التعـداد أو المسـح، يـتم اتخـاذ القـرار بشـان الجداول التي يمكن الحصول عليها ويـتم إعـداد خطـوط عامـة توضـح كيفيـة تصنيف البيانات والجداول المتقاطعة المستمدة منهـا. قـد تكـون المخططـات التمهيدية محدودة تماماً أو موضحة بالتفصيل مضمون كل جدول مقترح.

على أساس هذه الخطوط العريضة، تكُتب مواصفات برامج الكمبيوتر بالنسبة لمختلف عمليات، الفرز الجمع، العد، المقارنة والإجراءات الحسابية الأخرى المراد انجازها بواسطة معدات الجدولة.

التحقق من دقة البيانات:

التحقق من العملية عنصر هام في كل مرحلة في المعالجة. الهدف من التحقيق يرمي إلى (١) الكشف عن الأخطاء المنتظمة خلال العملية التي يمكن معالجتها بواسطة تغيرات في التعليمات أو بواسطة تدريب إضافي للعاملين؛ (٢) الكشف عن الانجاز غير المرضي من جانب الفرد العامل؛ لتحديد ما إذا كان المعدل العام للخطأ في العملية ضمن الحدود المسموح بها أم لا. لهذا السبب ، من النادر أن يحصل إنجاز ١٠٠%. غالباً ما يتم اللجوء إلى التحقق من صحة عمل فرد وبعد ذلك يتم التحقق من عينة من عمله. فإذا ما وجد خلال العملية أنه انحدر إلى ما دون مستوى الدقة المقبول، فربما تخضع وحدات عمله إلى مراجعة كاملة وعملية تصحيح.

البيانات:

الجداول الإحصائية الحاصلة بواسطة معدات الجدولة تخضع عادة للتحرير والتدقيق الإحصائي قبل إعدادها للطبع. على أساس تقديرات متقدمة والبيانات من المسرحات السابقة، أو مصادر مستقلة أخرى يتم الحكم بخصوص معقولية كل من الأعداد المطلقة والنسبية. الأرقام المختلفة كلياً عن الحجم المتوقع ربما تدل على خطأ في التبويب. تدقق الجدول بخصوص الاتساق الداخلي. ليس من الضروري أن تتفق الأرقام المتناظرة في مختلف الجداول بصورة تامة إلى أخر مرتبة.

إعداد الجداول:

يمكن أن تُستخدم المخرجات المتعلقة بمعدات الجدولة بمثابة الجداول الإحصائية النهائية المناسبة للنتائج في التقرير المطبوع أو قد يكون تبويب مؤقت للبيانات التي سيتم الحصول منها على الجداول النهائية.

تقويم النتائج:

قد تحدث أخطاء التعداد في أية مرحلة من مراحل التعـداد والمعالجـة وقد تكون أما أخطاء تغطية، ناجمة عن فقدان أشخاص أو حسابهم أكثر، مـن مرة واحدة، أو أخطاء مضمون ، أي أخطاء في خصـائص الأشخـاص المحسـوبين، ناشئة عن فشل الإدلاء بالمعلومات.

طـرق قيـاس مـدى الخطـأ تشـمل إعـادة حصر عينـة مـن السـكان المشمولين في التعداد، مقارنـة عامـة لنتـائج التعـداد مـع بيانـات مـن مصـادر مستقلة، عادة سجلات إدارية، مطابقة وثائق التعداد مع وثائق أخرى بالنسبة للشخص نفسه؛ والتحليل الـديمغرافي، الـذي يتضـمن مقارنـة الإحصـائيات مـن تعدادات متعاقبة، تحليل الاتساق لاحصائات التعداد مـع إحصـائيات الـولادة، الوفاة والموت، وتحليل بيانات التعداد بالنسبة للاتساق الداخلي والمعقولية.

معدلات عدم الاستجابة:

إحدى أهم مصادر المعلومات حول نوعية البيانات من تعداد أو مسـح إنما هي معدلات عدم الاستجابة. يتعين حساب حالات عـدم الاسـتجابة خـلال عملية المعالجة. معدل عدم الاستجابة لمفردة معينـة لـه أهميـة اكبر إذا كـان قائماً على السكان الذين يتعلق السؤال بهم. إن أساس معدلات عدم الاسـتجابة عن تاريخ الزواج الأول، مثلاً سوف يستبعد السكان غـير المتـزوجين ومعـدلات عدم الاستجابة بالنسبة لمسقط الرأس سوف يقتصر على المولودين بالخارج.

ب - استخدام العينات في التعدادات:

على الرغم من أن التعدادات تتضمن عموماً حصراً كاملاً لعدد المقيمين حسب خصائص ديمغرافية أساسية معينة، فإن المعاينة تستخدم كجـزء مكمـل للتعداد للحصول على معلومات إضافية.

الحاجة المتزايدة سريعاً في عدد من البلدان إلى البيانات الديمغرافية الواسعة والموثوقة جعلت طرق المعاينة وسيلة مساعدة مرغوب فيها جداً لأي تعداد كامل.

تستخدم المعاينة بصورة متزايدة لتوسيع نطاق التعداد بطرح عدد من الأسئلة المتعلقة بعينة من السكان. طريقة المعاينة تجعل من السهل الحصول على بيانات مطلوبة ذات دقة مقبولة عندما تجعل عوامل الوقت والكلفة الحصول على بيانات على أساس الحصر الكامل أمراً غير عملي.

بعض فقرات البيانات يتعين أن تجمع على أساس العد الكامل بسبب من المتطلبات القانونية أو بسبب الحاجة إلى درجة عالية من الدقة في البيانات عن المواضيع الأساسية. عند تلبية هذه الحاجات فإن جمع فقرات أخرى على أساس العينة يوفر وقتاً وجهداً ونفقات ليس فقط في مرحلة التعداد ولكن خلال المعالجة كذلك.

طرق المسح بالعينة:

إن دور طرق المسح بالعينة في جمع بيانات ديمغرافية أمر معروف . إن نوعية الإحصاءات من هذا المصدر تعتمد كثيراً على تصميم العينة وتطبيقها العملي المناسب ؛ وإن فائدة الإحصاء الحاصلين عليه يتعزز بواسطة معرفة درجة الثبات كما يعُبر عنها في الانحراف المعياري لتقديرات العينة.

ليس من المناسب عرض طرق المعاينة في هذا الفصل وممكن الرجوع إلى كتب الإحصاء المتعلقة بالموضوع مثل كتاب. (Blalok,1985)

تقديرات العينة:

إن اشتقاق تقدير نهائي من نتائج العينة يتطلب خطوة معالجة إضافية بالنسبة لمسوحات العينة ولتلك الأجزاء من التعداد القائمة على عينة. نسبة المعاينة نفسها تحدد الأوزان الأساسية المستخدمة في السجل لكل شخص في العينة (أي أن عينة واحد في خمسة تقود إلى وزن خمسة) ومع ذلك ، فإن الأرقام الناتجة بواسطة تطبيق هذه الأوزان

كثيراً ما تخضع لتعديلات أخرى للحصول على التقديرات الأخيرة . يمكن أن تجري التعديلات لتفسير السكان غير المشمولين بسبب فشل إجراء المقابلة .

مزايا واستخدامات المسوحات بالعينة:

كأدوات لجمع الإحصاءات الديمغرافية، تتميز المسوحات العينية ببعض الفوائد وتختلف أهدافها وتطبيقاتها بعض الشيء عن تلك المتعلقة بتعدادات السكان. إحدى الفوائد للمسوحات العينية هي إمكانية التجريب على قضايا جديدة. حقيقة أن قضية جديدة ليست ناجحة تماماً لكنها أقل خطورة في حالة المسح بالعينة مما في التعداد حيث النفقات الأكثر، حيث لا يمكن تفادي الخطأ إلا بعد مضي ٥ أو ١٠ سنوات. في مسح متواصل يمكن إدخال معلومات جديدة لا على الأسئلة فقط وإنما في التعليمات المتعلقة بالاستبيان، الترميز، التحرير والجدولة. لما كان التعداد السكاني يتضمن استقصاء عدة مواضع فلا يمكن بحث أي واحد منها على نحو معمق ومفصل. أما في المسح، حتى إذا كانت هناك مجموعة من الفقرات التي يتعين إدخالها في الاستمارة كل مرة، من السهولة تحري موضوع معين بنوع من التفصيل وبنفقات معتدلة.

ويعتبر خطأ المعاينة من أكبر عيوب المسوحات العينية وأشدها خطورة على النتائج. ورغم ذلك، فإن هذا النقص تقابله لحد ما القدرة على حساب الخطأ المعياري لتقدير مختلف الأحجام ومن ثم وصف حدود الثبات، في حين أن تقدير أنواع أخرى من الأخطاء في كل من التعدادات والمسوحات ربما يبقى مجهولاً. يوجد أيضاً بعض التحيز في المعاينة نابع من تصميم المسح أو من الفشل في تنفيذ التصميم على نحو دقيق. من جانب أخر قد تكون البيانات التي نحصل عليها بواسطة المسوحات المنتظمة أفضل في بعض النواحي من تلك المستقاة من التعداد السكاني. لذا يمكن أن يحُتفظ بالقائمين على العمل الميداني من شهر لأخر أو من سنة لأخرى. إن قلة نطاق عملية المسح تجعل من السهولة القيام بالعمل بواسطة عدد أقل من العاملين المختارين بعناية . كما أن الفترة الزمنية الأقصر- بين المسوحات تجعلها أكثر ملاءمة لدراسة نمو السكان وتكوين الأسرة وتلك

الحقائق السكانية التي تتغير باستمرار في بعض البلدان، كالخصوبة، والحالة العملية والوفيات. ويسهل تحليل الاتجاهات الزمنية للحقائق الديمغرافية في الإحصاء السكاني ، بسبب الملاحظات التي تجرى على نحو أكثر تكراراً كما انه يمكن دراسة تأثير العوامل الديمغرافية في التغير الاقتصادي والأحداث السياسية على نحو أكثر فائدة.

ترتبط استخدامات التعدادات مع استخدامات المسوحات أحياناً. ويمكن أن يساعد الإحصاء السكاني في تحليل بيانات المسح وتقويمها . ويمكن أن يستخدم التعداد كإطار معاينة لاختيار السكان الذين سيتدخلون في مسح معين أو قد يكون وسيلة لاختيار جماعة سكانية معينة كالأشخاص في مهن محددة، بالنسبة لمسح خاص لاحق.

توصيات دولية:

تختلف طرق جمع البيانات بين البلدان تبعاً لتقدمها الثقافي والفني طول خبرتها في جمع البيانات، والموارد المتوافرة لديها. تعالج منشورات الأمم المتحدة كلاً من الطرق المستخدمة والممارسات الموصى بها من قبل المنظمة في عدد من المصادر. لقد نشرت الدائرة الإحصائية للأمم المتحدة عدداً كبيراً من المطبوعات حول مختلف جوانب جمع ومعالجة البيانات.

جـ- الإحصاءات الحيوية:

على العموم، الإحصاءات الحيوية هي نتيجة الإجراءات المعقدة نسبياً المصممة بالدرجة الأولى لتحقيق تسجيل الوقائع الحيوية. من المعروف أن تسجيل المواليد، الوفيات، الزيجات، والطلاق أنشئ لتلبية احتياجات الناس إلى سجلات قانونية دائمية لهذه الوقائع، وما زالت هذه الحاجات هامة جداً ومع ذلك، لا تقل أهميته عن تلك الحاجة إلى إحصاءات مفيدة مستمدة من ميادين الصحة العامة ، التأمين على الحياة البحث الطبي وتحليل السكان.

بالنظر إليها كواحدة من عدة طرق عامة لجمع إحصاءات ديمغرافية، تتميز سجلات الإحصاء الحيوي بمزايا وعيوب معينة، إذا ما سجلت الحوادث الحيوية والخصائص المتعلقة بها عند حدوثها ، فإن إكمال نقل الحدث ودقة المعلومات تكون أكبر بكثير مما لو كان نقل الخبر يعتمد على زيارة لاحقة أو رسالة من عداد أو قائم بالمقابلة أخر أو تذكر للحقائق من جانب المستجيب.

توجد أيضاً قيـود معينـة علـى طريقـة التسـجيل. الحقيقـة أن السجل الحيوي وثيقة قانونية تحد من كمية المعلومات غير القانونيـة ونوعيتها التـي يمكن أن تدون في السجل. الطريقة تتأثر أيضاً بواسطة عدد الأشخاص وتنوعهم ممن يقومون بتسجيل الحوادث. على سبيل المثال، يتطلب تسجيل المواليد في بعض البلدان أعمالاً بواسطة ألاف أو ملايين الأفراد ومئات المـوظفين المحليـين. في بلدان أخرى قد يستخدم ألاف الأطباء والممرضات أو العاملين في المستشفى وكل هؤلاء الناس لديهم واجبات أخرى قد تعتبر أكثر أهمية. يبدو من المعقول الافتراض بأن هؤلاء، في الأعم الأغلب، لديهم تدريباً وخبرة في جمع المعلومات أقل من العدادين الذين يجرون المقابلات في التعدادات والمسوحات السكانية الأخـرى فالآخرون يحصـلون علـى التـدريب المكثـف والخبرة العمليـة التـي تؤهلهم للقيام بهذه المهمة الصعبة أكثر من غيرهم.

الانجـاز المـرضي للتسـجيل، في ضوء كـل مـن المتطلبـات القانونيـة والإحصائية، ترتبط بقوة مع بلوغه درجة الكمال والحزم في تسجيل الأحداث ودقة المعلومات في سجل القيود.

يُعتبر كتيب طرق الإحصاء الحيوي المنشـور بواسطة الأمـم المتحـدة بمثابـة المصـدر الرئيسي ـ للـمادة المعروضة في هـذا القسم بشـأن التوصيات الدولية لجمع ومعالجة الإحصاءات الحيوية.(United Nations,1955)

تعريفات الأحداث الحيوية:

كـمـا في جمـع نظـم البيانات ، تعد التعريفـات الواضحـة والدقيقـة للظـواهر المقاسـه شرطـاً ضروريـاً للإحصـاء الحيـوي الـدقيق . إن استخدام التعريفات المعيارية للأحداث الحيوية أمر أساسي للمقارنات الإحصائية بين البلدان المختلفة.

الولادة الحية:

هي الإخراج أو الاستخراج الكامل للجنين من بطـن أمـه، بغـض النظـر عن فترة الحمل بحيث يظهر بعد الـولادة أي دليـل عـلى الحيـاة مثـل ضربـة القلب أو التنفس أو نبض الحبل السُرّي.

تحت هذا التعريـف يجـب أن نسجل الـولادة حيـة بغـض النظـر عـن قدرتها على الحياة أو الوفاة بعد الولادة حالاً أو الوفـاة قبـل تاريخ التسـجيل المطلوب.

الوفاة:

هي اختفاء أي دليل على الحياة في أي وقت بعد حصول الولادة الحيـة . لذلك فإن هذا التعريف يستبعد وفاة الخدج .

وفاة الخديج:

هي الوفاة قبل الإخراج الكامل للجنين من بطن أمه بغـض النظـر عـن فترة الحمل والدليل هو عدم قدرة الخديج عـلى التـنفس أو إظهـار أي دليـل على الحياة.

الزواج :

هو الاقتران القانوني لشخصين من الجنس المضاد. يمكن أن تثبت شرعية الزواج بواسطة الوسائل المدنية، القانونية الدينية، أو الوسائل الأخرى المعـترف بها بواسطة قوانين البلدان المعنية؛ وبغض النظر عن نوع الزواج، يـتم تسـجيل كل منها لإغراض الإحصاءات الحيوية في معظم الأحيان.

هذا التعريف يشمل أشكال الاقتران الأخرى التي تتسم بطابع رسمي أقل في كثير من البلدان مثل " الاقتران بالتراضي، والاقتران بالتزاور، والتعايش كأزواج" وتعدد الزوجات (ممارسة تزوج الرجل من أكثر من زوجة).

وفي حين أن حالات الاقتران غير الرسمي معترف بها بوجه عام من جانب المجتمعات التي تمارسها، فإنها ليست مرخصة قانونياً ولا تسجل غالباً كحالات اقتران. ونتيجة لذلك ، فإن كثير من الأزواج والزوجات الذين يعيشون في حالات اقتران غير رسمي يبلّغون عن أنفسهم بمثابة عزاب في تعدادات السكان ولا يدرجون بوصفهم متزوجين أو في حالة اقتران في مجموعة السجلات الحيوية المتعلقة بالحالة الزواجية.

الطلاق:

هو الإنهاء أو الحل القانوني النهائي، أي انفصال الزوج عن الزوجة بموجب حكم قضائي الذي يعطي الطرفين الحق في الزواج مرة أخرى تبعاً لقوانين كل بلد. (United Nations,1955,62)

هذا التعريف يستثنى التوسل، الطلاق المشروط والانفصال القانوني، لأنها لا تتضمن الانتهاء النهائي للزواج والحق في إعادة الزواج من جديد. في بعض البلدان، يعتبر البطلان القانوني للزواج طريقة هامة إحصائياً في إنهاء الزواج.

يعرف كتيب الإحصاء الحيوي البطلان (annulment) بأنه إبطال الزواج أو تحاشيه بواسطة سلطة مخولة، بحسب قوانين كل قطر ، التي تضفي على الطرفين مكانة عدم زواج كل منهما من الأخر مطلقاً.

جمع الإحصاءات الحيوية:

تختلف نظم الإحصاء الحيوي في مقدار السلطة المعطاة للجهة القائمة بجمع البيانات، درجة التنظيم الوطني للمنظمة ونوع الوكالة القائمة بتنفيذ البرنامج- المظاهر الأساسية لنظم جمع الإحصاءات الحيوية مذكورة في الأقسام التالية.

التسجيل الإجباري:

إن الإلزام أو الالتزام القانوني بتسجيل حادثة حيوية يُعد بمثابة المبدأ الأساسي لنظم الإحصاء الحيوي بكاملها. عندما يكون التسجيل اختيارياً وليس إجبارياً فلن يكون هناك تسجيل دقيق وكامل للأحداث الحيوية، لذلك فقد أصبحت المتطلبات القانونية لتسجيل الحوادث الحيوية إحدى المبادئ الأساسية لدى الأمم المتحدة لتطوير نظم الإحصاء الحيوي .

المنظمات الحكومية:

يمكن تصنيف نظم الإحصاء الحيوي بأنها أما خاضعة للسيطرة الحكومية المركزية أو اللامركزية. من المرغوب فيه أن يكون هناك جهاز مركزي يتولى مهمة الأشراف على تسجيل الحادثات الحيوية في البلد وحفظ السجلات المتعلقة بالموضع. اللجنة الإحصائية للأمم المتحدة تقدم التوصية الآتية: يجب أن تتولى الحكومة الوطنية مسؤولية تأسيس وتطوير نظام الإحصاء الحيوي (U.N,1955,62).

لقد أسست معظم الشعوب، وليس جميعها ، سلطة مركزية تتولى مسؤولية التسجيل. في بعض البلدان يعهد بهده المهمة إلى دائرة التسجيل المدني، في أخرى إلى قسم الصحة العامة، وفي أخرى إلى الجهاز المركزي لإحصاء. تعتبر مناطق التسجيل المحلية هي الوحدات الأساسية لنظم التسجيل الحيوي في البلاد. إحدى المسؤوليات الأساسية للمسجل المحلي هي تشجيع عامة الناس والأطباء ، القابلات والآخرين على الإدلاء بمعلومات عن الوقائع الحيوية بالسرعة الممكنة وتوفير معلومات كاملة ودقيقة عنها.

المخبرون والمقررون:

الشخص المسؤول قانونياً عن الأخبار بالحدث المتعلق بالولادة أو الوفاة أو الزواج، والطلاق ربما يكون نفس المرجع للمعلومات المتعلقة بالحقائق المرتبطة بالحدث.

أو ربما لا يكون كذلك. في معظم البلدان ، على سبيل المثال، يكون الأب أو الأم مسؤول عن الأخبار بالولادة أو الوفاة، بالإضافة إلى بعض المعلومات الشخصية، غير أن الطبيب المقيم أو القابلة مسؤولان أيضاً عن الأخبار عـن الحدث إلى جانب معلومات طبية معينة. الشخص المقرب اعتيادياً مسؤول قانونياً عـن وقوع الوفاة غير أن الطبيب المقيم مطلوب منه أيضاً الإخبار عن الحدث فضلاً عن بيان السبب. رجل الدين مسؤول عن الإخبار في بعض البلدان. وفي بلدان أخـرى يقوم الـزوج أو الزوجة بالأخبار عن الحدث. وتتولى المحاكم مهمة البت في قضايا الطلاق.

مكان التسجيل:

توصي الأمـم المتحدة وتطالب بلدان العالـم، مـع بعض الاستثناءات بتسجيل الأحداث الحيوية في مكان وقوعها . وفي بعض البلدان، تتخذ إجراءات لإرسال نسخة من الشهادة إلى دائرة التسجيل في مكان الإقامة عنـدما يكـون غير مكان وقوع الحدث. يتم التسجيل دائماً بواسطة مكـان الإقامـة الاعتيـادي للأسرة.

الوقت المطلوب للتسجيل الجاري:

يقتضي تسجيل الحدث اعتيادياً التمييـز بيـن تـاريخ الحادثـة وتاريخ التسجيل. تحدد القوانين الوطنيـة الفتـرة الزمنيـة القصـوى المسـموح بها بين هذين التاريخين لكل نوع من الأحداث الحيوية وهي تختلف من بلد إلى أخر ، بحسب ظروف كل بلد المحلية فمنها ما تلتزم بتأريخ الحدث وأخرى بتأريخ التسجيل . تـوصي الأمـم المتحـدة بضـرورة اعتـماد التبويب الأخـير لأنـه فتـرة تقويمية على الحوادث التي وقعت خلال تلك الفترة وليس على تلك المسجلة. ومع ذلك، فإن بلدان العالم تمارس الأسلوبين معاً.

أنواع وثائق التسجيل والتقارير الإحصائية:

تستخدم وثائق التسجيل أحياناً كتقارير إحصائية للحدث الشخصي . في حالات أخرى يتكون التقريـر الإحصائي مـن خلاصة وثيقـة التسجيل، زائـداً معلومات طبية إضافية صادرة من الطبيب أو المستشفى.

تحُفظ وثائق التسجيل عموماً في أحد الشكلين الآتيين :-

١- وثائق شخصية منفصلة لكل ولادة، وفاة أو زواج التي تحفظ في ملف يمكن أن يستخدم لإعطاء الوثيقة الشخصية عند الحاجة.

٢- سجلات مخصصة كل صفحة فيها لتسجيل حادثة واحدة أو عدة وقائع.

مضمون التقارير الإحصائية:

في بعض البلدان، تكون التقارير الإحصائية مطابقة في محتواها لوثائق التسجيل. وفي بعض البلدان يمكن الحصول على المعلومات الطبية بشأن الولادة الحية وفاة الخدج أو أسباب الوفاة والمعلومات المتعلقة بتأريخ الخصوبة. الموقف من تحديد النسل والممارسات العملية المتعلقة به...إلخ، على هيئة تقارير منفصلة، مقدمة من قبل الطبيب المقيم أو المستشفى الذي وقعت فيه الولادة أو الوفاة. أو وفاة الخدج. أوصت الأمم المتحدة بقائمة من الفقرات الإحصائية التي يتعين إدخالها في وثائق الولادات الحية، وفيات الخدج، الوفيات ، الزيجات وحالات الطلاق.

جمع وتصنيف الإحصاءات الحيوية :

الهدف الأساسي لنظام الإحصاء الحيوي هو توفير معلومات إحصائية لغرض التخطيط، الإدارة ، وتقويم برامج الصحة العامة وتوفير الإحصاءات الأساسية للبحث الديمغرافي. في معظم البلدان يتولى الجهاز المركزي للإحصاء مسؤولية جمع الإحصاءات الحيوية الوطنية. وفي بلدان أخرى تقوم دوائر الصحة العامة بهذه المهمة . وفي بلدان أخرى توزع المسؤولية على الدوائر الصحية ودوائر الإحصاء والتسجيل.

والأهم من ذلك، هي درجة السلطة الوطنية على عمليات جمع الوثائق والإحصاءات. أوصت الأمم المتحدة بما يلي:

١- يجب جمع المعلومات المتعلقة بالأحداث الحيوية لإغراض الإحصاءات الوطنية بصورة مركزية بواسطة الوكالات المسؤولة عن تنظم الإحصاء و ٢- يجب جمع الإحصاءات الحيوية الوطنية على أساس مركزي بواسطة الجهاز المسؤول بصورة خاصة عن هذه

المهمـة الإحصـائية (U.N,1955,174). الفوائـد الرئيسـية في المعالجـة المركزيـة للإحصـاءات الحيويـة الوطنيـة هـي زيـادة دقـة وانتظـام التصنيف، المرونة الأكبر في إجراء التغيرات في الترميز ومضمون الجدولة والقدرة على إعداد الإحصاءات الوطنية في الوقت المناسب. لقد أعـدت الأمم المتحدة قوائم بالمواضيع ذات الأولويـة الأولى والثانيـة مـن أجـل جدولتها بالنسبة لكل نوع من الحوادث الحيوية . كما أوصت بإعـداد جداول منفصلة لكل مجموعة سكانية ولكل منطقة جغرافية في بلـدان حيث توجد اختلافات اجتماعية-اقتصادية كبيرة بين أقسـام كبـيرة مـن السكان. (Shryock, 1976:29-46)

د- السجلات الدائمية:

هناك بعض البلدان الغربية المتقدمة التي تملـك سـجلات دائمـة أوسـع وأكثر فائدة بكثير من سـجلات الإحصـاءات الحيويـة لأنهـا تتضـمن معلومـات كثيرة واسعة النطاق عن كل فرد في الأسرة طوال حياتـه، حيـث يخصـص لكـل فرد في الأسرة سجل كامل منذ ولادته أو دخوله البلاد قادماً مـن بلـدان أخـرى حتى وفاته أو نزوحه من البلاد إلى بلد آخر ويشمل كل سجل شخصي البيانات المتعلقة بعمره وجنسه وحالتـه الزوجيـة، ومسـتواه الـدراسي ومهنتـه وحالتـه العملية والعمل الذي يحصل عليه إلى جانب عدد الأطفال والخدمة العسكرية والعقوبات إن وجدت . ويُنقل هذا السجل مع الشخص عند انتقاله إلى مكـان أخـر . أمـا البلـدان التـي تسـتخدم هـذا النـوع مـن السجلات فهـي الـدول الأسكندنافية الستة وهي فنلنـدة ، والسـويد، والـنرويج، والـدانمارك وهولنـدا ، فضلاً عن بلجيكا.

هـ- المصادر الثانوية :

بالإضـافة إلى المصـادر الأوليـة للمعلومـات الديمغرافيـة المـذكورة أنفـاً كتعدادات السكان، المسوحات العينية والإحصاءات والسجلات الدائمية. هنـاك بعض المراجع الثانوية ذات الأصول المتعددة.

تعتبر الأمم المتحدة بمثابة المصدر الرئيسي ـ للإحصاءات الديمغرافية الثانوية بالنسبة لجميع بلدان العالم . وهي تتضمن المطبوعات الآتية:

١- الكتاب الديمغرافي السنوي الصادر منه ١٩٤٨-١٩٤٩: حتى الآن.

كل مجلد مكرس إلى حد كبير لقسم واحد فقط من ميادين علم الديمغرافيا مثل نمو السكان. والخصوبة والوفاة ..إلخ. بما أن لجنة السكان التابعة للأمم المتحدة تحصل على البيانات المتعلقة بتعدادات السكان مباشرة من الدول الأعضاء في المنظمة وتقوم بتبويبها ونشرها، فإن الدارس يستطيع الحصول على هذه البيانات بسهولة، واستخدامها لأغراض البحث والدراسة.

ويمكن الاستعانة بالكشاف لغرض الحصول على البيانات المطلوبة بالسرعة الممكنة.

٢- كتاب الإحصاء السنوي: الصادر منذ عام ١٩٤٨:

ويتضمن بيانات ديمغرافية أقل من الكتاب الديمعرافي السنوي ولكنه يحتوى على أربعة جداول عن إحصاءات القوة البشرية.

٣- المجلة الشهرية للإحصاء: الصادرة منذ عام ١٩٤٧ :

وهي تنشر أربعة جداول يتضمن كل واحد منها مواضيع ديمغرافية تتعلق ببلدان العالم.

٤- أوراق إحصائية (منذ ١٩٤٩) سلسلةA .

٥- تقارير عن السكان والإحصاء الحيوي .

٦- أوراق إحصائية، سلسلة (K) تتضمن بيانات عن السكان والإحصاء الحيوي، الصحة، التعليم والقوى العاملة...إلخ.

٧- تقرير الإحصاءات المتعلقة بأسباب الأمراض والإحصاء الحيوي

يصدر شهرياً منذ عام ١٩٤٧ بواسطة منظمة الصحة العالمية التابعة للأمم المتحدة.

٩- دليل السكان الصادر منذ ١٩٣٧ المعد بواسطة الجمعية الأمريكية للسكان ودوائر البحث السكاني بجامعة برنستون ويتضمن قسم لتبويب البيانات السكانية المتعلقة بـدول العالم أكـثر مـن اهتمامهـا بالاحصـاءات الديمغرافيـة المحلية.

و- التقديرات والتنبؤات

التقديرات (Estimations) والتنبئوات (Projections) ليست بيانـات أولية وإنما هي مستقاة من مصادر أخرى. توجد عدة طرق لإجراء التقديرات والتنبؤات أو الإسقاطات السكانية، وهي : (١) السـجلات السـكانية المتواصـلة، (٢) المسوحات بالعينة (٣) نقل جملة الإعداد السكانية مـن التعداد الأخـير، وتجـري بواسـطة (أ) الاسـتقراء الرياضي للاتجاهـات الماضيـة . (ب) اسـتخدام قياسات مباشرة للتغير (مثل سجلات المواليد والوفيات)، و(٤) حسـاب النسـب المتعلقة بالبيانات السكانية.

ويقصد بالتنبؤات أو الإسقاط السكاني التقديرات المسـتقبلية للبيانـات السكانية.يمكـن إجـراء التقديـرات والإسـقاطات السـكانية باسـتخدام العمـر، الجنس والحالة الزواجية...إلخ.

علاوة على ذلك، تجرى التقديرات والإسقاطات بالنسبة لفئات ديمغرافية أخرى – الزيجات، الأسر ، القوى العاملة، القيد المدرسي ، فضلاً عن مجموع السكان.

تقوم الأمـم المتحـدة بإصـدار مطبوعـات تتعلـق بتوقعـات السـكان في العالم، خلال كل سنتين ، صدر أخرها عام ٢٠٠٤، ويتضمن (١) حجـم السكان وتوزيعهم ونموهم (٢) التركيب العمـري للسـكان (٣) الخصـوبة (٤) الوفيـات والتأثير الديمغرافي للإيدز (نقص المناعة المكتسبة) ، و الهجرة الدولية.

وتركز هذه التقارير على إجراء التقديرات والإسقاطات السكانية على مستوى الأقاليم والمناطق والأقطار في العالم كافة وتوجد كذلك تقديرات سكانية في الكتاب السنوي للسكان ودليل السكان الصادرين عن الأمم المتحدة.

يُذكر أن مجموعة المطبوعات والوثائق الدولية المتعلقة بالإسقاطات السكانية أقل بكثير من التقديرات السكانية.

الباب الثالث

تغير السكان

يقاس التغير السكاني بواسطة الفرق بين أحجام السكان في أزمان مختلفة وينشأ نمو السكان من الزيادة الطبيعية (الفرق بين الولادات والوفيات) وصافي الهجرة (الهجرة إلى داخل البلاد والنزوح من البلاد).

يدرس الفصل الرابع حجم السكان وتوزيعهم ونموهم أما الفصل الخامس فيعالج موضوع الخصوبة أو الولادات ويختص الفصل السادس بدراسة الصحة والوفيات ويدرس الفصل السابع موضوع الهجرة.

١

الفصل الرابع

الفصل الرابع

حجم السكان، توزيعهم ونموهم

مقدمة:

أ- المفاهيم والمؤشرات الرئيسية

١- مجموع السكان

٢- مجمـوع السـكان، المـدنيون، العسكريون

٣- تغير السكان

ب- حجم السكان ونموهم في الماضي

جـ- حجم السكان ونموهم في العالم

د- معدلات نمو السكان حسب الأقاليم

هـ- معدلات نمو السكان حسـب المنـاطق الرئيسية

و- نمـو السـكان عـلى مسـتوى المنـاطق الفرعية.

ز- نمو السكان على المستوى القطري.

ح- تأثير نمو السكان في التركيب العمري.

ط- توزيع السكان.

الخلاصة.

الفصل الرابع
حجم السكان، توزيعهم ونموهم

مقدمة:

إن حجم سكان ما، وتوزيعهم الجغرافي من الحقائـق الديمغرافيـة التـي تحـاول الحكومـات الحصـول عليهـا لأهميتهـا البالغـة. وليـس لعـدد السـكان وتوزيعهم الجغرافي قيمة في حد ذاتها فحسب، بل أنها – في المجتمع الحديث- أكثر الحقائق السكانية التي يحتاج إليها الباحث أو للأغراض الإدارية. فعلمـاء الاجتماع ينبغي أن تتوافر لديهم الحقائق المتعلقة بعـدد السـكان فـي مختلـف الأقاليم والمناطق لكي يتمكنوا من حساب نسب الإجرام أو انحراف الأحداث، أو الزواج أو الطلاق أو الانتحـار إلى أخـره. كـما أن الإداريين بحاجـة إلى هـذه الحقائق لكي يتمكنوا من تحديد الاعتمادات المالية المحلية المتعلقـة بـالتعليم، الصحة الإسكان والنقل والمواصلات والزراعة وما إلى ذلك، التي سوف تخصـص لسـكان المحافظات أو الوحدات الإداريـة الأصغـر أو غيرهـا مـن التقسـيمات السياسية المختلفة. ويجب أن تتوافر هذه الحقائق أيضاً لدى الاقتصاديين لكـي يتمكنوا من وضع الخطط ورسم البرامج التنموية في البلاد والسابق على كل ما يقدم، فإن الـديمغرافيين أنفسهم يـرون أن الحقائـق الخاصـة بعـدد السـكان وتوزيعهم الجغرافي من بين العناصر الأساسية التـي تـدخل فـي معظم علمهـم ومـنهجهم فـي البحـث مثـل دراسـة الخصـائص الديمغرافيـة والاقتصـادية والاجتماعية للسـكان فضلاً عـن دراسـة الخصوبة والوفيات والهجرة. لـذلك ينبغي أن يبدأ التحليل الديمغرافي للسكان بتقدير العناصر الأساسية المتعلقـة بعدد السكان وتوزيعهم المكاني.

أ- المفاهيم والمؤشرات الأساسية:

لا بد من فهم دقيق لمعاني ودلالات عدة مفاهيم ومؤشرات خاصة تستخدم في دراسة عدد السكان وتوزيعهم الجغرافي.

١- مفاهيم مجموع السكان:

تتضمن تعدادات السكان الحديثة عبارة "مجموع السكان" لمنطقة معينة هذا المفهوم ليس بسيطاً كما يبدو لأول وهلة. يوجد نمطان مثاليان اثنان لمجموع عدد السكان: عدد السكان الفعليين (Defacto) ، أي جميع الأشخاص الموجودين فعلاً في منطقة معينة يوم إجراء التعداد؛ وعدد السكان الحقيقيين "Dejure" وفيه يرجع كل شخص أحُصى؛ في كل مكان غير موطنه الأصلي، إلى المكان الذي يسكنه عادة، بمقتضى- الإقامة القانونية، الإقامة الاعتيادية أو معيار مماثل. في التطبيق العملي، تقتضي التعدادات الحديثة أحد هذين النوعين المثاليين مع تحويرات محددة، ومن الصعب تجنب بعض التداخل بين الأسلوبين.

يمكن القول إن تعداد السكان الفعليين أكثر شيوعاً من تعداد السكان الحقيقيين، على نطاق عالمي. ويبدو أن مفهوم السكان الحقيقيين غامض بعض الشيء. فالافتراض بأن لكل شخص موطناً واحداً عادياً أخذ يفقد صحته باطراد بمرور الزمن. فهناك ملايين من الرجال والنساء في القوات المسلحة، وعدد كبير من هؤلاء يقيمون في معسكرات في الخارج ، كما أن أعضاء أسرهم ينتقلون من مكان إلى آخر في كثير من الأحيان. وهناك مئات الألوف من الأشخاص الذين يحصلون على إقامة قانونية في ولايات ومحافظات غير تلك التي يعيشون فيها عادة. وأخيراً فقد ازدادت حركة السكان من مكان إلى آخر ازدياداً كبيراً مطرداً، ويزداد عدد السكان الذين ليس لهم محل إقامة ثابت عاماً بعد عام. ولذلك فإن تعريف السكان على الأساس الحقيقي أو القانوني يفقد قيمته بالتدريج. في بعض مجتمعات الشرق الأقصى، يُحصى الناس أحياناً بحسب موطنهم العائلي أو السلفي

الذي عاشوا فيه منذ طفولتهم أو لم يعيشوا فيه مطلقاً. إن الصعوبات النسبية لطريقة السكان الفعليين أو للسكان الحقيقيين ودقتهما النسبية تعتمد لحد ما على القطر المعين. الطريقة الأنسب تمثل مزيجاً من مبادئ الطريقتين. فبعض الأقطار ومن أحسن أمثلتها البرازيل، تُعد جداول قائمة على كل من هذين الأساسين.(سميث،١٩٦٣: ٦٦)

ومهما كان نوع الطريقة المستخدمة ، يجب أن نوضح بتعابير لا لبس فيها لصالح أولئك الذين يدلون بمعلومات في التعداد، أولئك الذين يعالجون البيانات، وأولئك الذين يستخدمون الإحصائيات الديمغرافية. يتعين وجود قواعد لمعالجة الفئات السكانية المشكوك في أمرها وبالنسبة للحالات الغامضة يجب أن تكون هذه النتائج قابلة للفهم بواسطة العدادين والمستجيبين على حد سواء، يجب أن تقدم إحصاءات مفيدة. (٥٠: ١٩٧٦، Shryock).

٢- مجموع السكان، المدنيون والعسكريون:

يختلف السكان المدنيون عن السكان العسكريين في بعض النواحي توجد قيود على الانتقال من واحد لآخر. علاوة على ذلك، لديهما عناصر مختلفة للتغير وتوزيعهما الجغرافي مختلف تماماً. وقد تختلف طرق التعداد الأكثر ملاءمة أيضاً. أدت كل هذه الاعتبارات إلى قيام بعض الأقطار بطبع إحصاءات منفصلة لسكانها المدنيين والعسكريين، فضلاً عن بعض الاعتبارات الأمنية والسياسية الأخرى.

٣- تغير السكان:

يقاس تغير السكان بواسطة حساب الفرق بين أحجام السكان في تواريخ مختلفة. غالباً ما يتحدث الناس عن "نمو السكان" عند احتمال حدوث زيادة أو نقصان في حجم السكان. في تقارير التعداد السكاني تذكر الزيادات دون الحاجة إلى وضع علامة زائد قبل العدد، ولكن في حالة النقصان يفضل أن تسبق العدد علامة ناقص (-).

التغير المطلق والنسبي:

نحصل على مقدار التغير المطلق بطرح عدد السكان في تعداد سابق من نظيره في تعداد لاحق. أما التغير النسبي، فنحصل عليه بقسمة التغير المطلق على السكان في التعداد السابق. وهناك أنواع أخرى من المعدلات الديمغرافية التي تستند إلى السكان في بداية الفترة منها المعدلات الحيوية (معدل الولادة، والوفاة والزواج ومعدلات الهجرة). وفيما يلي مثال لتوضيح كيفية استخراج كل من التغير المطلق والنسبي.

جدول (١)

السكان (بالألف)		التغير: ١٩٥٠ إلى ١٩٦٠	
١٩٦٠	١٩٥٠	مقدار الفرق	نسبة مئوية
١٧٩،٣٢٣	١٥١،٣٢٧	٢٧،٩٩٦	$\%18.5 = 100 \times \frac{27,996}{151,327}$

ويمكن حساب التغير المئوي بطريقة أخرى كالآتي:

$$\frac{179,323}{151,327} = ١،١٨٥٠٠٣٣ - ١ = ٠٣٣ ١٨٥٠ \times ١٠٠ = \%١٨،٥$$

وهي نفس النتيجة السابقة

التغير الهندسي:

المتوالية الهندسية هي التي يزداد السكان أو ينقصون بموجبها بمعدل ثابت خلال كل سنة. ويمكن حساب معدل نمو السكان باستخدام الصيغة الآتية:

$$100 \times \left(1 - \sqrt[t]{\frac{p_t}{p_0}}\right) = r$$

حيث p_0 يرمز إلى السكان في سنة الأساس

p_t = السكان في السنة الأخيرة ،

t = عدد السنوات بين التعدادين،

r = معدل التغير النسبي السنوي

ولغرض توضيح العمليات الحسابية، نأخذ التعدادين السكانيين في ليبيا لعـامي ١٩٩٥ و ٢٠٠٦.

جدول (٢)

تعداد عام	عدد السكان الليبيين	معدل النمو السنوي
١٩٩٥	٤،٣٨٩٧٣٩	١،٧٧ في المائة سنوياً
٢٠٠٦	٥،٣٢٣٩٩١	

$\sqrt[t]{\frac{pt}{p0}}$ = r +١

لوغاريتم (r+١) = لو p_t - لو p_0 أو

t

، = لو(p_t/ p_0) وبالتعويض، نحصل على:

t

، = لو ٥،٣٢٣٩٩١ ÷٤،٣٨٩٧٣٩

١١

، = لو ١،٢١٢٨٢٦٣

١١

= ٠،٠٨٣٧٩٨٦ = ٠،٠٠٧٦١٨٠٥٥١

١١

١+ ر= مقابل لو ٠٠٠٧٦١٨٥٥١. = ١،٠١٧٦٩٥٨

ر = ١،٠١٧٦٩٥٨ -١ = ٠،٠١٧٦٩٥٨

= ٠،٠١٧٦٩٥٨ × ١٠٠

= ١،٧٧ % تقريباً معدل نمو السكان السنوي بين تعدادي ١٩٩٥ و ٢٠٠٦.

ب- حجم ونمو السكان في الماضي

يمكن تمييز ثلاث مراحل تطورية لتاريخ نمـو السكان في العالم، بـدأت المرحلة الأولى منذ وجود الإنسان عـلى الكرة الأرضية حتـى منتصف القرن السابع عشر. ظل السكان خـلال هـذه المرحلـة يـزدادون بصـورة بطيئة جـداً بحيـث لم يتجـاوز معـدل النمـو السـنوي ٠٫٠١ في المائـة (Durand, 1977). ويعزى ذلك إلى ارتفاع معدل الوفيات الناجم عـن تفشي- الأمـراض والمجاعـات والحروب.

ازداد حجم السكان خلال هذه الفترة الزمنيـة الطويلـة بصـورة بطيئة، من ١٠ ملايين نسمة في نهاية العصر الحجري الحـديث إلى حـوالي ٢٥٠ مليـون نسمة في القرن الأول المـيلادي. وفي عـام ١٦٥٠، بلـغ حجـم السـكان في العالم حوالي ٥٠٠ مليون نسمة، وبـذلك يقدر متوسط معـدل الزيـادة السـكانية في العالم خلال المرحلة الأولى حوالي ٠٫٠٤% سنوياً (جدول ٣).

جدول (٣) تقديرات نمو السكان في العالم عبر المراحل التاريخية

متوسط معدل الزيادة السنوية	السكان (بالملايين)	السنة
-	٥	١٠٠٠٠ق.م
٠٫٠١	٢٥٠	١ ميلادية
٠٫٠٤	٥٤٥	١٦٥٠
٠٫٢٩	٧٢٨	١٧٥٠
٠٫٤٧	1,171	١٨٥٠
٠٫٧٧	2,519	١٩٥٠
١٫٧٧	6,057	٢٠٠٠
١٫٣١	6,465	٢٠٠٥

Sources:

Warren, S. Thompson, and D. Lewis, Population Problems, 1965, United Nations, Demographic Yearbook for 1971- 1980, United Nations, World Population Prospects, The 2000 Revision, 2002, and The 2004 Revision, Vol. III, Analytical Report, 2005.

أما المرحلة الثانية، فقد بدأت منذ عام ١٦٥٠ حتى ١٩٥٠، ازداد حجـم السكان خلالها من ٥٠٠ مليون إلى ٢،٥٠٠ مليون نسمة، وبـذلك يبلغ معدل الزيادة السنوية ٠،٥ %، أي أنه يعـادل عشرة أضعاف مـا كـان عليـه في عـام ١٦٥٠.

وقد بدأت المرحلة الثالثة منذ عام ١٩٥٠ إلى الوقت الحاضر (٢٠٠٥). وتتميز عن الفترتين السابقتين بسرعة نمو السكان الذي ارتفع من ٢،٥٠٠ مليون نسـمة إلى ٦،٤٦٥ مليـون نسـمة، وبـذلك فقد بلغ متوسط معدل الزيادة السنوية ١،٧٧%، أي ما يزيد قليلاً على ٣،٥ أمثال المعدل في المرحلـة السكانية الثانية.

جـ- حجم السكان وتوزيعهم في العالم: (٢٠٠٥-٢٠٥٠)

في عـام ٢٠٠٥، بلـغ مجمـوع السكان في العـالم حوالي ٦،٤٦٥ مليـون نسمة، أكثر مـرتين ونصـف عـما كـان عليـه في عـام ١٩٥٠ (٢،٥ مليار نسمة) بحسـب تقديرات السكان عـام ٢٠٠٤. ومـن المتوقع أن يصـل إلى ٩،١ مليـار نسمة، بموجب المتغير المتوسط، في عام ٢٠٥٠. الأقاليم النامية، بسكانها البالغ عددهم ٥،٣ مليار نسمة في ٢٠٠٥، تمثل الغالبية العظمى من السكان في العالم (٨١،٣ في المائة) الأقاليم المتقدمـة لـديها ١،٢ مليـار، أو ١٨،٧ في المائـة مـن السكان في العالم. يميل المواطنون في العالم إلى الإقامة في الأقاليم النامية عـلى نحو متزايد، يزدادون مـن ٦٧،٧ في المائة في ١٩٥٠ إلى نسبة متوقعة ٨٦،٤ في المائة في ٢٠٥٠، البلدان الأقل نمواً تمثل حوالي ٠،٨ مليار، وبقية البلدان النامية تمثل ٤،٥ مليار نسمة من المتوقع أن تزداد حصة البلدان الأقل نمواً مـن ٨،٠ في المائة في ١٩٥٠ إلى ١٩،١ في المائة في ٢٠٥٠. وسيضع ذلك عبئاً ثقيلاً عليها في توفير فرص عمل كافية وفي إعالة سكانها المتزايدين.(جدول ٤)

آسيا بسكانها البـالغ عـددهم ٣،٩ مليار نسـمة في ٢٠٠٥، تعد بمثابـة المنطقة الرئيسية الأكثر ازدحاماً بالسكان، يبقى نصيبها من سكان العالم ثابت نسبياً بمرور الزمن، بحدود ٥٥،٦ في المائة ما بين ١٩٥٠ و٢٠٥٠ .

جدول (٤) السكان حسب المجموعة الإنمائية والمناطق الرئيسية، ١٩٥٠، ٢٠٠٥ و٢٠٥٠.

التوزيع النسبي			السكان (بالملايين)			المجموعات الإنمائية والمناطق الرئيسية
٢٠٥٠	٢٠٠٥	١٩٥٠	٢٠٥٠	٢٠٠٥	١٩٥٠	
١٠٠٫٠	١٠٠٫٠	١٠٠٫٠	٩٫٠٧٦	٦٫٤٦٥	٢٫٥١٩	العالم
١٣٫٦	١٨٫٧	٣٢٫٣	١٫٢٣٦	١٫٢١١	٨١٣	الأقاليم المتقدمة
٨٦٫٤	٨١٫٣	٦٧٫٧	٧٫٨٤٠	٥٫٢٥٣	١٫٧٠٧	الأقاليم النامية
١٩٫١	١١٫٧	٨٫٠	١٫٧٣٦	٧٥٩	٢٠١	أقل البلدان نمواً
٦٧٫٣	٦٩٫٥	٥٩٫٨	٦٫١٠٤	٤٫٤٩٤	١٫٥٠٦	بقية الأقاليم النامية
٢١٫٣	١٤٫٠	٨٫٩	١٫٩٣٧	٩٠٦	٢٢٤	إفريقيا
٥٧٫٥	٦٠٫٤	٥٥٫٤	٥٫٢١٧	٣٫٩٠٥	١٫٣٩٦	آسيا
٨٫٦	٨٫٧	٦٫٦	٧٨٣	٥٦١	١٦٧	أمريكا اللاتينية
٤٫٨	٥٫١	٦٫٨	٤٣٨	٣٣١	١٧٢	أمريكا الشمالية
٠٫٥	٠٫٥	٠٫٥	٤٨	٣٣	١٣	الأوقيانوس
٧٫٢	١١٫٣	٢١٫٧	٦٥٣	٧٢٨	٥٤٧	أوروبا

Source :

U .N. World population prospects. The 2004 Revision, Vol. 3.
Analytical Report, 2005.

ازداد عدد السكان في أفريقيا من ٢٢٤ مليون شخصاً في ١٩٥٠ إلى ٩٠٦ مليون في ٢٠٠٥، أي بمعدل ١٢٫٤ مليون نسمة سنوياً في المتوسط، ومن المتوقع أن يصل إلى ١٫٩٤ مليار نسمة في ٢٠٥٠، أي أكثر من الضعف. ونتيجة لذلك فقد زاد نصيب إفريقيا من سكان العالم من حوالي ٩ في المائة إلى ٢١٫٣ في المائة بين ١٩٥٠- ٢٠٥٠.

وعلى النقيض من إفريقيا تماماً، فقد زاد سكان أوروبا بصورة بطيئة جداً، مـن ٥٤٧ مليـون إلى ٧٢٨ مليون مـا بـين ١٩٥٠-٢٠٠٥، أي بمقدار ٣٫٣ مليون نسمة سنوياً، ومن المتوقع أن ينخفض إلى ٦٥٣ مليون في ٢٠٥٠. وهكذا، بعد أن كان سكان أوروبا يزيدون أكثر مـن الضعف علـى سكان إفريقيا في ١٩٥٠، أصبح سكان إفريقيا يزيدون علـى عـدد السكان في أوروبا وانخفضت نسبتهم من ٢٢% في ١٩٥٠ إلى ١١% عام ٢٠٠٥.

في الوقت الحاضر، يضاف حوالي ٧٧ مليون نسمة سـنوياً إلى سكان العالم، تحدث ٩٥ في المائة من هذه الزيادة في الأقاليم النامية. تمثل سبعة أقطار أكثر مـن نصف (٥١٫١ في المائة)، هذه الزيادة الصافية: الهند (٢١٫٧١ في المائة)، الصين (١١٫٠ في المائة)، باكستان (٤٫٠ في المائة)، وما بين ٣٫٧ إلى ٣٫٤ في المائة في كل من الولايات المتحدة، نيجيريا، اندونيسيا، وبنغلاديش. (United Nations, 2002)

المسارات المختلفة لنمو السكان وانخفاضه في المسـتقبل ستفضي ـ إلى تغيرات في نصيبها من نمو السكان في العالم بالنسـبة إلى مختلف المجموعـات الإنمائية. من المتوقع أن تنال الأقاليم النامية حصة الأسد من جميع نمو السكان في العالم فيما بين ٢٠٠٥- ٢٠٥٠، إذ يقدر نصيبها بحوالي (٩٩) في المائة ، في حين سيكون نصيب الأقاليم المتقدمة (١) في المائة فقط. هذا انحراف ملحوظ عـما حـدث في النصـف الأخيـر مـن القـرن العشـرين، حيـث مثل سكان الأقاليم المتقدمة ١٥ في المائة بين ١٩٧٥- ٢٠٠٥.

د- معدلات نمو السكان حسب الأقاليم

ذكرنا سابقاً أن نمو السكان كان بطيئاً جـداً خلال معظم تاريخ الإنسـان علـى الكرة الأرضية، بحيث لم يتجاوز ٠٫٥ في المائة خلال القرنين السابع عشر ـ والثامن عشر ـ ومنذ ذلك الحين حتى بداية القرن العشرين، ظل نمو السكان ينمو بهذا المعدل، ولكن تحسن الأحوال الصحيـة والمعاشـية للسكان خلال القرن العشـرين أدى إلى انخفاض مستويات الوفيات، تبعاً لذلك، فقد تسارع نمو السكان إلى مستويات لم يسبق لها مثيل من

قبل، فوصل إلى أكثر من ٢ في المائة سنوياً بين ١٩٦٥- ١٩٧٠. منذ تلك الـذروة التاريخية، تناقص معدل نمو السكان في العالم كثيراً، وإذا ما تحققت تقـديرات السكان عـام ٢٠٠٤، فسيعود العـالم إلى معـدل النمـو السـابق (٠,٥ في المائة) سنوياً عام ٢٠٥٠. (أنظر شكل ١)

يقدر معدل نمو السكان في العالم بحوالي ١,٢ في المائـة في ٢٠٠٠-٢٠٠٥. ونظـراً لأن تحـول الخصـوبة لم يكـن متزامنـاً في البلدان كافة (انظر الفصـل الخامس) فإن سرعة نمو السكان تختلف كثيراً بين الأقاليم والمناطق في العالم.

عند تصنيف البلدان حسب مستوى التنمية، نلاحظ إن البلدان الأقل نمواً شهدت أعلى معدلات نمو السكان، ٢,٤٠، في المائة سنوياً بين ٢٠٠٠- ٢٠٠٥ ف، بالمقارنة مع ١,٢٧ % بالنسبة لبقية الأقاليم النامية، في حين أن معدل نمـو السكان بلغ ٠,٣٠ في المائة لدى الأقاليم المتقدمة، حوالي نصف مـا كـان عليـه خلال القرنين الثامن عشر والتاسع عشر، مـن المتوقـع أن يـنخفض معـدل نمـو السكان في الأقاليم الثلاثة بمرور الزمن بحسب المتغير المتوسط، ولكنـه يعتقد بان الأقاليم المتقدمة فقط يحتمل أن تدخل فتـرة انخفـاض السـكان في الفتـرة ٢٠٤٥- ٢٠٥٠.

هـ- معدلات نمو السكان في المناطق الرئيسية

خلال القـرن العشـرين، اختلفت معـدلات نمـو السكان بـين المناطق الرئيسية في العالم، بخاصة بعد ١٩٥٠. كانت معدلات نمـو السكان في إفريقيا الأعلى بين مناطق العالم، حيـث بلغـت ٢,٥٦ في المائة للفترة ما بـين ١٩٥٠- ٢٠٠٥.

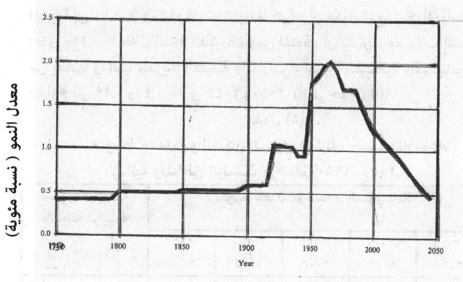

معدل النمو (نسبة مئوية)

شكل (١) متوسط معدل النمو لسكان العالم ١٧٥٠-٢٠٥٠

أمـا في أمريكـا اللاتينيـة فقـد بلغـت ٢,٢٧%، وفي آسـيا ١,٩٣%، والاوقيانوس ١,٧٧ في المائة خـلال نفـس الفتـرة المـذكورة، في حين نمـا سـكان أمريكا الشمالية على نحو أكثر اعتدالاً ١,٢١ في المائة سنوياً. ومن جانـب آخـر، نجد أن نمو السكان في أوروبا كان بطيئاً جداً ٠,٥٧ في المائة. هـذه الاختلافـات في سرعة نمو السكان تعبر عن حقيقة جوهرية هي أن التحول الديمغرافي اتخـذ مسارات مختلفة في كل من المناطق الرئيسية ، ومع ذلك ، كـما يوضح جـدول (٥) انخفضت المعـدلات السـنوية لنمـو السـكان في المنـاطق الرئيسية كافـة باستثناء أفريقيا خلال الفترة ما بين ١٩٥٠-١٩٧٥ و ١٩٧٥-٢٠٠٥ . لقد حققـت أمريكيا الشمالية وأوربا الانخفاضات النسبية الأكبر ، حيث انخفضت معدلات نمو السكان في أمريكا الشمالية حوالي الربع، وفي أوربا حوالي الثلثين .

أما بخصوص المستقبل، فمن المتوقع أن ينخفض معدل نمو السكان في أفريقيا إلى ١,٢١ % في ٢٠٤٥-٢٠٥٠، بينما يتوقع أن يكون المعدل في أوربا هو الأدنى -٠,٣٧ % خلال الفترة الذكورة ، ومن المتوقع أن تقترب معدلات النمو من بعضها في أسيا وأمريكا اللاتينية والكاريبي ، أمريكا الشمالية والاوقيانوس لتتراوح بين ٠,١٩ و٠,٤٥ % في ٢٠٤٥ و٢٠٥٠. (أنظر جدول ٥)

جدول (٥)

متوسط معدل نمو السكان السنوي (بالمائة) حسب المجموعات الإنمائية والمناطق الرئيسية في العالم، ١٩٥٠- ٢٠٥٠.

المجموعة الإنمائية والمنطقة الرئيسية	متوسط معدل نمو السكان السنوي بالمائة				
	١٩٥٠- ٢٠٠٥	١٩٥٠- ١٩٧٥	١٩٧٥- ٢٠٠٥	٢٠٠٠- ٢٠٠٥	٢٠٤٥- ٢٠٥٠
العالم	١,٧٥	١,٩١	١,٥٥	١,٢١	٠,٣٨
الأقاليم المتقدمة	٠,٧٦	١,٠١	٠,٥١	٠,٣٠	٠,١٠-
الأقاليم النامية	٢,١٠	٢,٢٨	١,٩٠	١,٤٣	٠,٤٥
أقل البلدان نمواً	٢,٤١	٢,٢٦	٢,٥٥	٢,٤٠	١,٣٠
بقية البلدان النامية	٢,٠٥	٢,٢٨	١,٨٢	١,٢٧	٠,٢٢
أفريقيا	٢,٥٦	٢,٤٤	٢,٦٦	٢,١٨	١,٢١
أسيا	١,٩٣	٢,١٥	١,٦٦	١,٢١	٠,١٩
أمريكا اللاتينية	٢,٢٧	٢,٦٢	١,٨٤	١,٤٢	٠,٢٢
أمريكا الشمالية	١,٢١	١,٤٠	١,٠٢	٠,٩٧	٠,٣٨
الاوقيانوس	١,٧٧	٢,٠	١,٤١	١,٣٢	٠,٤٥
أوربا	٠,٥٧	٠,٨٤	٠,٢٢	٠,٠٤-	٠,٣٧-

Source : United Nations, world population prospects: The 2004 Rivision, Table 1.4, 2005 ؛ world population prospects : the 2000 Rivision Table 2, 2002.

و- نمو السكان على مستوى المناطق الفرعية

التباينات في نمو السكان وحجمهم المذكورة أنفاً بالنسبة للمناطق الرئيسية تظهر بعض الاختلافات على مستوى المناطق الفرعية. وهكذا، تظهر جميع الأقاليم الأفريقية معدلات نمو سكاني أعلى بكثير من تلك في أسيا وأمريكا اللاتينية والكاريبي، حيث يتراوح المدى ما بين ١,٨١% سنوياً في شمال أفريقيا و ٣,٠% في أفريقيا الوسطى في الفترة ٢٠٠٠-٢٠٠٥، ويستثنى من ذلك الجنوب الأفريقي بسبب تعرضها لوباء الايدز، وفي أفريقيا الشمالية، حيث يحدث انخفاض سريع في الخصوبة. بحسب المتغير المتوسط، سينخفض معدل النمو في هذه الأقاليم الفرعية إلى ٠,٦% فيما بين ٢٠٤٥-٢٠٥٠.

في ٢٠٠٠-٢٠٠٥، تظهر ثلاثة أقاليم فرعية معدلات نمو ٢% سنوياً على الأقل وهي ماليزيا، ماكرونيزيا، وغرب أسيا. وفي بعض المناطق الفرعية الأخرى تكون معدلات نمو السكان معتدلة (بين ١% و٢%) في ٢٠٠٠-٢٠٠٥، بضمنها جنوب- وسط أسيا وجنوب -شرق أسيا، ، أمريكا الوسطى، جنوب أمريكا وأستراليا وزيلندة الجديدة.

وتوجد المعدلات الأبطأ في أمريكا الشمالية ومنطقة البحر الكاريبي ، بمعدل نمو حوالي ١% سنوياً، بحسب المتغير المعتدل، سيصل معدل النمو في أمريكا الشمالية ٠,٥%، وفي منطقة البحر الكاريبي إلى ٠,١% سنوياً بين ٢٠٤٥-٢٠٥٠ . وسوف يتراوح معدل النمو ما بين ٠,٣% إلى ٠,٦% سنوياً في بقية المناطق الفرعية المذكورة سابقاً خلال نفس الفترة الزمنية.

الأقاليم الفرعية الباقية هي شرق أسيا ، كانت شرق أسيا هي المنطقة الفرعية الوحيدة من الأقاليم النامية ذات معدل نمو دون ١% سنوياً (٠,٦٦%). انخفاض الخصوبة الكبير في الصين مسؤول إلى حد كبير عن إنتاج تلك القيمة النسبية الواطئة لمعدل النمو. بحسب المتغير المتوسط، من المحتمل أن تكون شرق أسيا هي المنطقة الوحيدة في البلدان النامية التي ستشهد انخفاضاً في نمو السكان في ٢٠٤٥-٢٠٥٠.

بين المناطق الفرعية في أوربا، كانت شرق أوربا هي المنطقة الأولى والوحيدة في العالم التي شهدت انخفاضاً في السكان قبل سنة ٢٠٠٠، فقد زادت بمعدل -٠,٥٥% ما بين ٢٠٠٠-٢٠٠٥. أوربا الشمالية والغربية لديها معدلات نمو أعلى خلال الفترة المذكورة (٠,٢٣%). ولكن في كل منهما سيكون معدل النمو أدنى لولا تدفق المهاجرين إليها. بحسب المتغير المتوسط يتوقع أن تشهد شرق أوربا وجنوب أوربا مزيداً من الانخفاض في معدلات نمو السكان فيما بين ٢٠٤٥-٢٠٥٠. (United Nations,2005)

ز- نمو السكان على المستوى القطري

لا تعبر الاتجاهات العالمية والإقليمية عن تفاوت حركة السكان. على المستوى القطري. ما بين ٢٠٠٠-٢٠٠٥. تراوحت معدلات نمو السكان ما بين ٥,٥% في لا يبريا إلى -٠,٢% سنوياً في استونيا، تبعاً لتوزيع البلدان بحسب مستوى معدل نموها، في ٢٠٠٠-٢٠٠٥، بلغ عدد البلدان التي لديها معدل نمو ٣% أو أكثر ٢٧ بلداً وهي تمثل ٣,٣ % من السكان في العالم، تقع معظم البلدان في هذه المجموعة في أفريقيا أو أسيا. وتراوحت معدلات النمو من ٢ إلى ٣ % في ٥٠ بلداً أخر وهي تتمثل ١٣,٥% من السكان في العالم، وهناك ٦١ بلداً لديها معدلات نمو من ١ إلى ٢ %؛ وهي تكون ٣٩,٢ % من السكان في العالم في عام ٢٠٠٥، علاوة على ٣٥% من السكان في العالم عاشوا في ٦٤ بلداً، تراوحت معدلات نموهم من صفر إلى ١%. وأخيراً بالنسبة إلى ٢٦ بلداً يتوقع أن تكون معدلات نموها سالبة، وهي تمثل ٩% من المجموع في العالم، ويقع معظمها في أوربا ، اثنان في أسيا، اثنان في منطقة الكاريبي وبلدا واحداً في الأوقيانوس.

(United Nations, 2000:172)

لا يوجد تباين كبير بين البلدان بخصوص مستوياتها من الزيادة الطبيعية فحسب وإنما كانت هناك أيضاً اختلافات كبيرة بخصوص حجم سكانها. في عام ٢٠٠٥، مثلث أكبر ١١ بلداً ٦٠,٠% من السكان في العالم وهي تضم ٣,٩مليار نسمة . البلدان الأكبر في العالم، الصين (١,٢٨ مليار) والهند(١,٠١ مليار)تمثلان سوية٣٨% من السكان في

العالم ، وهناك ٩ بلدان أخرى تمثل حوالي ربع مجموع السكان في العالم وهي الولايات المتحدة الأمريكية، اندونيسيا، البرازيل، باكستان، الاتحاد الروسي، بنغلاديش، نيجيريا، اليابان والمكسيك. تعتبر ثمانية من الـ ١١ بلداً الأكثر ازدحاماً بالسكان نامية وثلاثة بلدان متقدمة هي الولايات المتحدة الأمريكية، والاتحاد الروسي واليابان تمثل هذه البلدان الكبيرة المتقدمة حوالي ٩% مـن السكان في العـالم، نسبة هامـة ولكنهـا أقل بكثير مـن حصـة الصـين والهنـد معـاً ٣٨%. (United Nations,2005)

ح- توزيع السكان
ظاهرة أنماط توزيع السكان

توزيع السكان هو أحد فروع علم الـديمغرافيا الـذي يـدرس طريقة التوزيع الجغرافي للسكان ضمن حدود المكان المتوافر لديهم لغرض الاستيطان والاستثمار. وعنـدما يستخدمون هـذه الارض للزراعـة والتعدين والصناعة والتجارة والسكن، فإنهم يحدثون انماطاً من التوزيع الجغرافي للسكان، تعكـس نوع التكيف الـذي حققوه مـع البيئة الخارجيـة الطبيعية والإنسانية علـى السواء . فإذا أرادت جماعة ما أن تحافظ على حياتها، فلا بـد لهـا مـن تطوير تكنولوجيا تسمح لها بتوفير الحد الأدنى من الطعام، واللباس، والمأوى المناسب لحجمها ، وبيئتها الجغرافية، ومناخها، وغير ذلك من الظروف. ومن الواضح أن الجماعة لا تستطيع البقاء في البيئة الطبيعيـة دون حيـاة اجتماعيـة، وذلـك أن الأفراد الذين يعيشون سوية يجب أن يخلقوا قدراً من التنسيق والتكامـل بـين أفعالهم، إذا أرادوا تجنب الخلل وخراب العمران. (أنكلز، ١٩٨١).

في كثير من الأحيان، لا تكفي المعلومـات المتعلقـة بحجـم السكان وخصائصهم المختلفة في قطر معين لأغراض متعددة. إذ أن هنـاك حاجـة ماسة إلى البيانات السكانية المتعلقة بالأقسام الجغرافية الفرعية لقطر معين، التي يعيش فيها الناس. في الأعم الأغلب، يوجد اختلال في التوزيع الجغرافي للسكان في أنحاء العالم كافة، حيث يكون مزدحماً في

بعض الأماكن وقليل الكثافة في أخرى. هناك مراكز حضرية يعيش فيها ملايين الناس ضمن رقعة جغرافية ضيقة لا تتعدى بضعة كيلومترات، وتوجد كذلك مساحات شاسعة من الأراضي الجبلية الوعرة والصحاري التي تبلغ فيها الكثافة السكانية شخصاً واحداً أو شخصين فقط. يعالج هذا القسم علاقة الإنسان بالبيئة الطبيعية.

الإنسان والبيئة الطبيعية:

أهتم كثير من أصحاب الفكر في مختلف العصور التاريخية بدراسة تأثير البيئة الطبيعية في حياة الإنسان ومن بينهم أبقراط، مونتسكيو، رتزل، هنجتكتون (فيرث ١٩٨٩) وابن خلدون (ابن خلدون ١٩٩٨) واتفقوا جميعاً تقريباً على أن العوامل البيئية (المناخية والجغرافية) تؤثر كثيراً في تحديد حياة الناس ، في مساكنهم، وملابسهم وأقواتهم وصنائعهم وحتى خلقهم وأخلاقهم وتصرفاتهم. (ابن خلدون ١٩٩٨: ٨٥) وفي سائر أحوالهم، وهناك إجماع على أن الفروق بين العناصر البشرية لا تقتصر على العوامل البيئية فقط وإنما تشتمل على عوامل أخرى منوعة: اقتصادية واجتماعية وديمغرافية وسياسية وثقافية ونفسية .

أبدى علماء الاجتماع اهتماماً كبيراً كذلك بدراسة العلاقة المتبادلة بين الجماعات الإنسانية وبيئاتها الطبيعية . درس الباحثون في هذا الميدان كلاً من التوزيع الجغرافي لجميع العناصر البشرية على الكرة الأرضية والتوزيع المكاني للجماعات المحلية، بخاصة التوزيع الريفي - الحضري. نحن نعرف، مثلاً، على الرغم من أن الكائنات البشرية لها قدرة كبيرة على التكيف مع المحيط الطبيعي ويمكنها إخضاع البيئة القاسية لتلبية احتياجاتها، تبقى ما بين ٥٠-٧٥% من سطح الكرة الأرضية غير صالحة للاستيطان البشري في الواقع، سكان العالم موزعين بصورة ليست متساوية بحيث أن حوالي نصف الناس في العالم تقريباً يعيشون على مساحة تقدر بحوالي ٥% من مساحة الكرة الأرضية. (Hauser, 1969)

كـما أهـتم علـماء الاجـتماع في جامعـة شـيكاغو في مطلـع الثلاثينـات والأربعينات بدراسة الايكولوجيا البشريـة للجماعـات المحليـة، بخاصـة مـا يتعلـق بالتحضر والحياة الحضرية (أنظر الفصل الثامن). وقد حفـزت الأزمـة الايكولوجيـة المتعلقة بتلوث البيئـة مـؤخراً أصحاب العلـوم الاجتماعيـة والطبيعيـة مـن شـتى الاختصاصات على الاهتمام بدراسة العلاقات المتبادلة بين المـوارد والسكان، البيئـة والتنمية .

والتأثير الثاني للبيئة هو أن محيطاً معيناً بفرض إلي درجة ما عـلى الأشـخاص الـذين يعيشون ضمن هذا المحيط طريقة معينة من الحياة . فاختلاف الأجيال في أحوالهم إنما هو باختلاف نحلتهم من المعاش . فان اجتماعهم إنما هو للتعاون على تحصيله والابتداء بمـا هـو ضروري منـه. ثـم إذا اتسـعت أحـوال هـؤلاء المنتحلين للمعـاش وحصل لهم ما فوق الحاجة من الغنـى والّرفـه دعـاهم ذلـك إلى السـكون والدعـة وتعاونوا في الزائد عـل الضرـوري واسـتكثروا مـن الأقـوات والملابـس والتـأنق فيهـا وتوسعة البيوت واختطاط المدن والأمصار للتحضر .(ابن خلدون ١٢١: ١٩٩٨)

الخلاصة:

يُظهر تنقيح السكان عام ٢٠٠٤ تباين الاتجاهـات الديمغرافيـة السـائدة في الوقت الحاضر. ففي الوقت الذي يستمر فيـه حاليـاً تزايـد السـكان عـلى مسـتوى العالم، فإن التزايد في الأقاليم الأكـثر تقـدماً ككـل لا يكـاد يطـرأ عليـه تغـير ، فـيما يحدث كل النمو السكاني تقريبـاً (٩٩%) في الأقـاليم الناميـة، بخاصـة في مجموعـة البلدان الأقل نمواً وعـددها ٥٥ بلـداً، حيـث يغلـب عليهـا النمـو السـكاني السرـيع (٢,٤% سنوياً للفترة ما بين ١٩٥٠-٢٠٠٥) .

واليوم يستوعب العـالم النـامي ٩٥% مـن مجمـوع النمـو السـكاني في العالم، فيما يمثل العالم المتقدم ٥% من المجموع . ومن المتوقع أن يظل عـدد سكان البلدان المتقدمة ككل دون تغير يذكر في الفترة بين ٢٠٠٥-٢٠٥٠، عنـد حوالي ١,٢ مليار نسـمة، وذلـك بسـبب معـدل النمـو المـنخفض المسـتمر في الانحدار . وفي المقابل يُتوقع أن يزيـد عـدد سـكان أقـل البلـدان نمـواً إلى أكثر من الضعف، من ٠,٨ مليار نسمة في ٢٠٠٥ إلى ١,٧ مليار نسمة

عام ٢٠٥٠. ومن المتوقع أيضاً أن يكون معدل النمـو سريعاً نوعـاً مـا في بقيـة البلدان النامية، وإن كان أقل سرعة، بحيث يزداد عدد سكانها مـن ٤,٥ مليـار نسمة في ٢٠٠٥ إلى ٦,١ مليار نسمة في ٢٠٥٠.

يتركز معظم السكان في العالم في مجموعة قليلة من البلدان (١١) بلـداً يبلغ مجموع السكان فيها ٣,٩ مليار نسمة، وهي تمثل ٦٠,٩ % مـن مجمـوع السكان في العالم.

الفصل الخامس

الخصوبة

الفصل الخامس

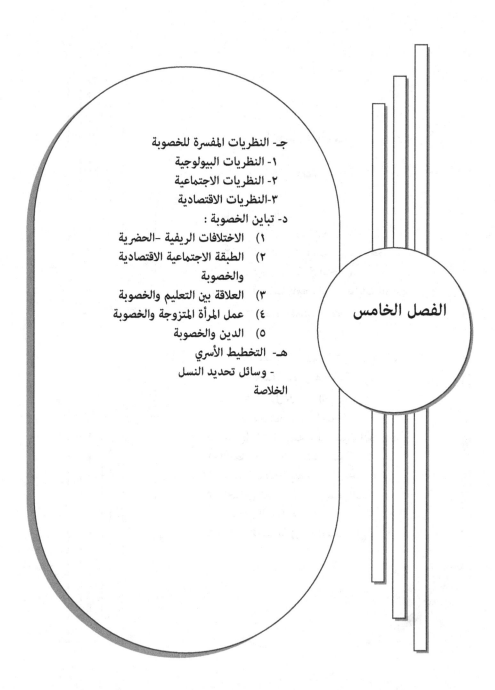

جـ- النظريات المفسرة للخصوبة

١- النظريات البيولوجية

٢- النظريات الاجتماعية

٣-النظريات الاقتصادية

د- تباين الخصوبة :

١) الاختلافات الريفية –الحضرية

٢) الطبقة الاجتماعية الاقتصادية والخصوبة

٣) العلاقة بين التعليم والخصوبة

٤) عمل المرأة المتزوجة والخصوبة

٥) الدين والخصوبة

هـ- التخطيط الأسري

- وسائل تحديد النسل

الخلاصة

الفصل الخامس

الفصل الخامس
الخصوبة

مقدمة:

تعتبر الخصوبة البشرية إحدى الظاهرتين الحيويتين اللتين تمثل الوفيات ثانيتهما. فالتكاثر البشري مسؤول عن بقاء سلسلة الأحياء البشرية على قيد الحياة. ولما كان الأمر الغالب بين معظم الشعوب عبر التاريخ البشري هو أن يزيد عدد المواليد كثيراً على عدد الوفيات، فإن معدل التكاثر يكون عادة أكثر أهمية من معدل الوفيات في تحديد عدد السكان وتوزيعهم ومعدل تغيرهم. تلعب مجموعة من العوامل الاقتصادية والاجتماعية والثقافية والنفسية دوراً هاماً في تحديد مستويات الخصوبة واتجاهاتها في مختلف المجتمعات، ضمن الحدود التي تقررها العوامل البيولوجية. إن دراسة العوامل المؤثرة في ارتفاع الخصوبة أو انخفاضها تلقى اهتماماً متزايداً من لدن الديمغرافيين والاجتماعيين لأنهم ينظرون إلى نمو السكان السريع على أنه بمثابة احد المعوقات الرئيسية للتنمية البشرية.

تشير الخصوبة في هذا الكتاب إلى عدد الأطفال المولودين بواسطة إحدى النساء خلال فترة الإنجاب (١٥- ٤٩ سنة).

على الرغم من أن العوامل المسؤولة عن انخفاض الخصوبة ما زالت مجهولة لحد ما في معظم أنحاء العالم، هناك مجموعة من العوامل التي أسهمت في تأخير إنجاب الأولاد وتقليص حجم الأسرة، وفي مقدمتها انخفاض الوفيات بين الأطفال، زيادة الوصول إلى التعليم والخدمات الصحية، استعمال وسائل تحديد النسل، بالإضافة إلى ارتفاع طموحات الأفراد والأسر، زيادة تحرير النساء والمساهمة في النشاط الاقتصادي خارج الأسرة.

لقد حدث تحول في الخصوبة في السياق التاريخي في العقود القلائل الماضية داخل معظم البلدان منذ ١٩٥٠ فأصبح هذا الانخفاض بعيد المدى في الخصوبة (من متوسط عدد كبير من الأطفال لكل امرأة (أكثر من خمسة) إلى متوسط عدد قليل من الأطفال لكل امرأة) ظاهرة عالمية تقريباً في الوقت الحاضر في الحقيقة، انخفضت الخصوبة الحالية إلى ما دون مستوى الإحلال (حوالي ٢,١ أطفال لكل امرأة) لتصل إلى مستويات واطئة جداً لم يسبق لها مثيل في التاريخ (١,٣ طفل لكل امرأة) في معظم البلدان المتقدمة بالإضافة إلى عدة بلدان نامية.

الهدف الرئيسي من هذا الفصل هو معالجة المواضيع الآتية:

أ- طبيعة إحصاءات الخصوبة واستخداماتها.

ب- مستويات الخصوبة واتجاهاتها الماضية والمستقبلية.

جـ- النظريات المفسرة للخصوبة.

د- تباين الخصوبة.

هـ- التحول في العوامل المسببة لاختلاف الخصوبة.

أ- قياس معدل التكاثر

١- المفاهيم الأساسية:

هناك عدد من الاصطلاحات العلمية التي قد تستعمل لبيان تكاثر السكان، ومن بينها يكثر استخدام معدل المواليد (Birth rate) الخصوبة (Fertility) والقدرة على الإنجاب. (Fecundity)

معدل المواليد هو العدد السنوي للمواليد لكل ألف من السكان. وتشير الخصوبة إلى التكاثر الفعلي للسكان، بالمقارنة مع القدرة على الانسال التي تشير إلى القدرة الفسيولوجية على التوالد. (United Nations, 1958)

وتحدد خصوبة المرء بواسطة قدرته على التوالد وهي أقل من قدرته على التكاثر بكثير. ويوصف الفرد غير المثمر بأنه عقيم. سوف نستخدم مفهوم ولادات للدلالة على الولادات الحية فقط.

الولادة الحية هي الإخراج أو الاستخراج الكامل للمولود الحي من بطن أمه، بغض النظر عن فترة الحمل، بحيث يتنفس بعد الولادة أو يظهر أية علامة على الحياة.

٢- البيانات الأساسية لدراسة الخصوبة:

تأتي البيانات الأساسية لدراسة الخصوبة من المصادر الآتية:

١- نظام سجل الإحصائيات الحيوية. ٢- تعدادات السكان الوطنية و٣- المسوحات العينية. المصدر الأول، نظام التسجيل، يوفر إحصائيات الولادة بصورة رئيسية. المصدر الثاني، تعدادات السكان توفر (أ) بيانات عن التركيب العمري للسكان الذي يستنتج منه المستوى الحالي للخصوبة، (ب) بيانات مباشرة عن الولادة والخصوبة، (ج) إحصائيات عن الأطفال بحسب الحالة الأسرية للوالدين، (د) بيانات سكانية عن المتغيرات المتعلقة بالخصوبة، و(هـ) قاعدة سكانية لحساب نختلف أنواع معدلات الخصوبة. ويمكن أن توفر المسوحات العينية الوطنية : أ- نفس أنواع البيانات التي يوفرها التعداد الوطني ب- بيانات إضافية مفصلة تسمح بإجراء تحليل أوسع للخصوبة، بضمنها بيانات حول مظاهر خاصة للخصوبة غير موجودة في التعداد السكاني وبيانات حول عدد وتوقيت الولادات، الزيجات ، وحالات الحمل .

٣- عوامل هامة في التحليل

الخصائص المميزة للولادات وإحصائيات الولادات قد تدل على كثير من المتغيرات الهامة أو المفيدة في قياس الخصوبة وتحليلها. المتغيرات ذات الأهمية الرئيسية هي عمر أم المولود، التوزيع العمري والجنسي للسكان، والحالة الزوجية للأم والسكان والنساء. تعتمد اختلافات الخصوبة على الحالة الزواجية، جنس وعمر الوالدين. المتغيرات الأخرى ذات الأهمية النظرية التي تعكس فروقاً كبيرة في الخصوبة تشمل عدد

الأطفال المولودين للأم. ترتيب ولادة الطفل، فترة الزواج والفترة منذ الولادة السابقة أو منذ الزواج، ولكن توجد بيانات قليلة عن هذه المواضيع من تبويب الإحصائيات الحيوية. وهناك بعض الخصائص المفيدة في تحليل الخصوبة تتعلق أساسياً بالولادات كالجنس، زمان ومكان وقوع الولادة من حيث الإقامة الريفية- الحضرية، أو حجم المكان، تتعلق الأخرى بالخصائص الأثينة والقومية، والدينية، والاجتماعية، والاقتصادية، مكانة الوالدين، العنصر- أو الانتماء الأثني للام ، مهنة الأب ، التحصيل الدراسي للأم أو الأب، دين الأم ، أو دخل الأب.

توفر البيانات حول هذه المواضيع معلومات عن اختلافات الخصوبة بخصوص الخصائص الأثنية، والمكانة الاجتماعية والاقتصادية بيد أنه لا تتوفر بيانات كافية حول هذه المواضع من مصادر السجلات (Shryock, et .al,1976:276-7)

٤- قياسات قائمة على إحصائيات الولادات

يوجد عدد كبير من قياسات الخصوبة القائمة على إحصائيات الولادة. هذه تختلف من حيث مظاهر الخصوبة التي تقيسها، درجة تقصيها للمعلومات، فيما إذا كانت قياسات للخصوبة بحد ذاتها أم مجرد قياسات متعلقة بالخصوبة. وفيما يلي شرح موجز لأهم مقاييس الخصوبة.

- معدل المواليد الخام Crude Birth Rate

وهو عبارة عن متوسط عدد الولادات في سنة معينة مقسوماً على عدد السكان في منتصف السنة و ضرب الناتج بعدد ثابت (١٠٠٠). ونحصل على معدل المواليد الخام بالنسبة إلى أية مجموعة سكانية معينة بأن نقسم عدد المواليد المسجلة في المجموعة خلال سنة معينة ، على عدد سكان المجموعة كلها في منتصف السنة و ضرب الناتج في ١٠٠٠، فتكون النتيجة عدد المواليد بالنسبة إلى كل ألف من السكان. هذا المعدل يقال له "الخام" لأننا نتجاهل في حسابه جميع الاختلافات في التركيب بين المجموعات، بخاصة اختلاف التركيب العمري.

الخاصية الرئيسية لمعدل الولادة الخام هي أن جميع الأعمار ولكلا الجنسين ممثلة في المعدل. وتعني عبارة "معدل الولادة الخام" معدل الولادة الخام بالنسبة لمجموع السكان في منطقة أو بلد معين، ولكننا يمكن أن نتحدث أيضاً عن معدل الولادة الخام لجماعة سكانية معينة في المنطقة، مثل الريف والحضر أو الطبقة الاجتماعية.

- معدل الخصوبة العام General Fertility

يُستخدم في حساب هذا المعدل عدد النساء اللواتي في سن الحمل (١٥-٤٩) سنة كأساس لحساب معدل المواليد ، بدلاً من أن يستخدم مجموع السكان الكلي. والمعدل هو عدد المواليد السنوية بالنسبة إلى كل ١٠٠٠ امرأة في هذه الأعمار ويمكن الحصول عليه بتقسيم عدد المواليد الأحياء خلال السنة على عدد الإناث في سن الإنجاب في منتصف السنة وضرب الناتج في (١٠٠٠) وهو أكثر دقة نوعاً ما من المعدل الخام لأنه يستبعد تأثير الاختلافات في الحجم بين الجماعات السكانية، بالإضافة إلى تأثير اختلافات معينة في التركيب العمري والجنسي للسكان بالنسبة للجماعات الخاضعة للمقارنة.

- معدل الخصوبة الخاصة بالعمر Age-Specific Fertility Rate

تعتبر معدلات الخصوبة العمرية من أهم المؤشرات المستخدمة في قياس مستوى الخصوبة وأكثرها دقة وخصوصاً عند توافر بيانات دقيقة عن المواليد الأحياء خلال العام موزعة حسب عمر الأم عند الولادة وتوزيع السكان حسب نفس الفئات العمرية، وذلك لأنه يأخذ بنظر الاعتبار التركيب العمري للإناث. ومن ثم نقدر مستوى الخصب لكل فئة عمرية للنساء . وهو يعطينا عدد الولادات السنوية لكل ألف امرأة في كل فئات عمرية معينة كما في المثال الأتي:

جدول (٦)

معدلات الخصوبة العمرية للإناث الليبيات في منطقة البطنان،١٩٩٥

فئات الأعمار للإناث (١)	عدد النساء المقدر في منتصف العام (٢)	عدد المواليد الأحياء في منتصف العام (٣)	معدل المواليد لكل مجموعة عمرية (بالألف) (٤)
١٥-١٩+	٩٢٣٨	١٠٣	١١,٢
٢٠-٢٤	٧٥٦١	٨٧٦	١١٥,٨
٢٥-٢٩	٥٧٤٨	١٢١٨	٢١١,٩
٣٠-٣٤	٣٨٩٤	١٠٨٣	٢٧٨,١
٣٥-٣٩	٢٥٥٩	٦٠٣	٢٣٥,٦
٤٠-٤٤	١٩٠٢	٢٧٧	١٤٥,٦
٤٥-٤٩	٢٠٠٢	٦٨	٣٣,٩
المجموع الكلي	٣٢٩٠٤	مجموع معدلات الخصوبة	١٠٣٢,١

المعدل العمري للمواليد = ١٠٣٢,١

ويمكن الحصول على معدلات المواليد في سنة معينة، بقسمة عدد المواليد من كل فئة عمرية في تلك السنة على عدد النساء في هذه السن من السكان في ذلك التاريخ ، ثم ضرب النتائج في ١٠٠٠. فإذن معدل المواليد العمري هو عبارة عن عدد المواليد لكل ١٠٠٠ امرأة في سن معلومة في السنة ، ويوضح الجدول (٦) هذه المعدلات لمجموعة عمرية كل منها خمس سنوات ولتوضيح بيانات هذا الجدول وأمثاله نذكر بان عدد النساء في سن ١٥-١٩ سنة في البطان ٩٢٣٨ امرأة في وقت تعداد ١٩٩٥. وخلال نفس العام ولدت الأمهات من هذه الفئة العمرية ١٠٣ طفلاً حياً . فإذا قسمنا هذا العدد من المواليد على عدد الأمهات في نفس الفئة العمرية (١٥-١٩) وهو ٩٢٣٨ لكان خارج القسمة (٠,٠١١) ، هو عدد المواليد لكل امرأة في سن ١٥-١٩. وإذا ضربنا هذا العدد في (١٠٠٠) لكان حاصل الضرب ١١,٢ وهو عدد المواليد لكل ١٠٠٠ امرأة في سن ١٥-

١٩ في منطقـة البطـان في ليبيـا في عـام ١٩٩٥ كـما يوضـح الجـدول العمليـات الفعليـة لحسـاب المعـدلات العمريـة للمواليـد ، ومعـدلات الخصـوبة الكليـة والمعدل الإجمالي للتكاثر.

- **معدل الخصوبة الكلية:Total Fertility Rate**

يوضح هذا المؤشر الهام متوسـط عـدد الأطفـال الـذين تنجـبهم امـرأة واحدة طيلة حياتها الزواجيـة المخصـبة، أي خـلال فـترة العمـر (١٥-٤٩). مـن الناحية النظرية، يمثل معدل الخصوبة الكلية ببساطه مجموع معدلات الولادة الخاصة بالعمر بالنسبة لجميع الأعمار خلال فترة الأنسـال - ونحسـب معـدل الخصوبة الكلية لجميع النساء في سن ١٥-٤٩، بجمع معدلات المواليد الخاصـة بهذه المجموعات العمرية السبع المكونة كل منها من خمـس سـنوات وضرب هذا المجموع في (٥).

ففـي مثالنـا السـابق، يمكـن حسـاب معـدل الخصـوبة الكليـة بضرـب مجموع معدلات المواليد في (٥) أي

١٠٣٢,١ x ٥ = ٥١٦٠ مولود لكل ١٠٠٠ امرأة

ويمكن الحصول على متوسط عدد المواليد للمرأة الواحدة بقسمة هـذا العـدد عـلى ١٠٠٠ عـلى النحـو الأتي:- 5160.3 ÷ ١٠٠٠= ٥,١٦ مولـود لكـل امـرأة في منطقة البطان في ليبيا في عام ١٩٩٥.

- **المعدل الإجمالي للتكاثر: Gross Reproduction Rate**

بينما يتضمن معدل التكاثر الكلي جميع المواليد مـن الـذكور وإنـاث ، فإن المعدل الإجمالي للتكاثر يشتمل على عـدد المواليـد الإنـاث اللـواتي يولـدن لألف امرأة خلال فترة الأنسال إذا ظلت المعدلات العمرية للمواليد ثابتـة كـما كانت في سنة معلومة . ويمكن حساب هذا المعدل بضرب معدل التكاثر الكلي في النسبة المئوية للإناث بين جميع المواليد (وهي ٤٩% في ليبيا حسـب تعـداد ١٩٩٥).

وعند الرجوع إلي مثالنا السابق، نجد أن المعدل الإجمالي للتكاثر يساوي $\frac{49}{100} \times 5160.3 = 2528.6$ مولودة لكل ١٠٠٠ امرأة وعند قسمة هذا العدد على ١٠٠٠ نحصل على متوسط عدد المواليد الإناث للمرأة الواحدة أي 2528.6÷١٠٠٠ = ٢,٥٢٨ بنتاً للمرأة الواحدة.

- معدل الخصوبة المكتملة: Completed Fertility Rate

هو مقياس يوضح مجموع المواليد الأحياء لكل امرأة أو لكل ١٠٠٠ امرأة ممن مررن في فترة الأنسال كلها. وبعبارة أخرى ، فهو يدل على عدد الأطفال الذين سبق أن ولدتهم ١٠٠٠ امرأة ما بين ٤٥-٤٩ سنة من العمر. أو بالنسبة إلى جميع الأعمار ٤٥ سنة أو أكثر في تاريخ معين . وبعبارة أخرى ، فإن الخصوبة المكتملة هي الخصوبة المتراكمة - متوسط عدد الأطفال المولودين للنساء اللواتي وصلن نهاية فترة ولادة الأطفال. إن الخصوبة المتراكمة للنساء في سن ٤٥ فأكثر في وقت المقابلة تُعتبر كتقدير الخصوبة المكتملة.

ب- الاتجاهات الماضية والمستقبلية للخصوبة:

١- الاتجاهات الماضية:

يختلف معدل الخصوبة اختلافاً كبيراً من مكان لأخر ومن فترة زمنية إلى أخرى، فمعدل مواليد شعب ما يتعرض لتقلبات كبيرة عبر التاريخ. كذلك توجد فروق كبيرة في معدلات المواليد بين الفئات والمجموعات التي يتألف منها السكان حسب فئات محل الإقامة، والدين والأحوال الاقتصادية والاجتماعية والثقافية. وهكذا كانت المرأة الغربية في السابق تلد من الأطفال كل ما يسمح به تركيبها الجسماني في حين انخفضت خصوبة المرأة الغربية الآن في كل مكان إلى ما دون مستوى الإحلال (٢,١ أطفال لكل امرأة) لدرجة التساؤل باهتمام عماإذا كانت المرأةالغربيةتلد من الأطفال ما يعوض معدلات

الوفيات المنخفضة للغايـة في الوقت الحاضر. ولقد أصبحت مستويات الخصوبة في الوقت الحاضر هي المحور الأساسي الذي يدور حوله نمو السكان وتوزيعهم وتغيرهم.

بدأ تحول الخصوبة منذ فترة مبكرة في معظم البلدان التي تُعتبر الآن متقدمة اقتصادياً والواقعة في الأقاليم المتقدمة، المشتملة على أستراليا وزيلنـدة الجديدة أوربا جميعـاً (يضـمنها الاتحـاد الفدرالي الـروسي)، واليابان وأمريكا الشـمالية، عـلى الـرغم مـن أن الخصوبة بالنسبة لقليل مـن تلك البلـدان انخفضت منذ مطلع القرن الثامن عشر أو مطلع القرن التاسع عشر إلا أنها تسارعت خلال الربع الأخير من القرن التاسع عشر، وهكذا، ففي الربع الأول من القرن العشرين انخفضت مستويات الخصوبة في معظمها لدرجة كبيرة، في الحقيقة سادت خصوبة واطئة جداً في الثلاثينات في كثير من البلـدان الأوربيـة وفي بلدات أمريكا الشمالية. أسهمت الحرب العاميـة الثانيـة في بقـاء الخصوبة واطئة خـلال بدايـة الأربعينـات، غـير أن نهايتهـا تسـببت في زيـادة كبـيرة في مستويات الخصوبة التي استمرت في بعض البلـدان حتـى أواخـر الخمسـينات ومطلع الستينات. وتبعـاً لذلك، خلال ١٩٥٠-١٩٥٥، كانت مستويات الخصوبة في معظم البلدان المتقدمة فوق مستوى الإحلال.

من بين ٤٤ بلداً في الأقاليم المتقدمة كانت لديها خصوبة كليـة لا تقل عن ٢٫٥ أطفال لكل امرأة مـا بـين ١٩٥٥-١٩٦٠، كانـت الخصوبة الكليـة عند مستوى الإحلال أو دون ذلك في ثلاث بلدان فقط هي اليابان واستراليا ولاتفيا، وفي ١٥ بلداً متقدماً بلغت الخصوبة أكثر من ٣ أطفال لكل امرأة.

كانت الحالة مختلفة تمامـاً بالنسبة للبلدان داخل الأقاليم الناميـة والمتخلفة. ففـي مطلع الخمسـينات كانـت الغالبيـة العظمـي منهـا (٩٧ مـن مجموع ١٤٣) لديها خصوبة كلية لا تقل عن ٦ أطفال للمرأة الواحـدة وثلاثـة فقط لديها خصوبة كلية أقل من ٢-٣ أطفال للمرأة الواحدة. ومع ذلك، ففـي النصف الثاني مـن القرن العشرـين، بـدأت معظم البلدان الناميـة تشـهد انخفاضاً في الخصوبة على الرغم من بدايتها في أوقات مختلفة وتعرضها إلى

درجات مختلفة في انخفاض الخصوبة (انظـر جـدول ٧) .لقـد أصبح تحول الخصوبة ظاهرة شاملة تقريباً.

من أجل تحليل عملية التحول إلى خصوبة ادنى من المفيد دراسة حالـة البلدان فيما بين ١٩٧٠-٢٠٠٥.

٢- انخفاض الخصوبة منذ السبعينات:

ظلت الخصوبة عالية في جميع الأقاليم النامية حتى مطلع السبعينات حيث بلغ متوسط معدل الخصوبة الكلية ٥,٤ أطفال لكل امرأة إلا أن المعدل انخفـض إلى ٢,٩ أطفـال لكـل امـرأة في ٢٠٠٠-٢٠٠٥. وفي اقـل البلـدان نمـواً انخفض معدل الخصوبة الكلية من ٦,٦١ إلى ٥,٠١ أطفال لكل امرأة فيما بين ١٩٧٠-١٩٧٥ و٢٠٠٠-٢٠٠٥. وكان التغير أكثر وضوحاً في بقية البلدان النامية، حيث انخفض معدل الخصومة الكلية من ٥,٢٨ إلى ٢,٥٨ خلال الفترة نفسها – حدث هذا الانخفاض أولاً في أسيا وفي أمريكا اللاتينية ومنطقة الكاريبي، حيث انخفضت الخصوبة الكلية من حوالي ٥ أطفال إلى حوالي ٢,٥ أطفال لكل امرأة خلال العقود الثلاثة . ويختلف الأمر بالنسبة إلى أفريقيا التي لم تشهد انخفاضا في الخصوبة قبل ١٩٧٥. (U.N.2004;41) .

لم يقتصر التغير السـريع عـلى البلـدان النامية . فقـد انخفضت الخصوبة الكلية في الأقاليم المتقدمـة، وبخاصـة في أوربـا، إلى مـا دون مسـتوى الإحـلال منـذ السبعينات. حدثت اكبر الانخفاضات بـين ١٩٧٠-١٩٧٥ و ٢٠٠٠-٢٠٠٥ في قطرين في غرب أوربا هما أسبانيا وجمهورية ايرلندة وفي بعض بلدان أوربا الشرقية.

٣- مستويات الخصوبة بين ٢٠٠٠-٢٠٠٥

وصلت الخصوبة الكلية في إنحاء العالم كافة إلى ٢,٦٥ أطفال للمرأة الواحدة في ٢٠٠٠-٢٠٠٥ (أنظر جـدول ٧) إلا أن هـذا المعـدل يخفي تباينـات كبـيرة في مسـتويات الخصوبة بين الأقاليم والمناطق والبلدان. يوجد ٦٥ بلداً (٤٣ منها واقعة في الأقاليم المتقدمة) لديها مستويات خصوبةتقل عن ٢,١ أطفال لكل امرأة.ومن جانب أخر يوجد

١٢٧ بلـداً (جميعهـا باسـتثناء واحـد منهـا) تقـع في الأقـاليم الناميـة. بلغـت مسـتويات الخصوبة الكلية لديها عند مستوى الإحلال أو مـا فـوق ذلـك. بـين الأخيرة، ٣٥ بلداً (٣٠ منها في أقل البلدان نمواً) لديها مسـتويات خصوبة كليـة عند ٥ أطفال لكل امرأة أو فوق ذلك. مـا زالـت ولادة الأطفـال بـين المـراهقين مرتفعة في البلدان الأقل نمواً.

في البلدان المتقدمة، حيث الخصوبة المنخفضة، تميل ولادة الأطفـال إلى التركيز خلال حياة المرأة المبكرة(٨٠% منها تحدث بين سن ٢٠-٣٥) ، ومعدلات الخصوبة في سن فوق ٣٥ منخفضة. وعـلى العكس مـن ذلـك، فإن معدلات الخصوبة في البلدان الأقل نمـواً مرتفعـة نسبياً في فـترة الأنسـال المتأخـرة، وإن المعدلات بالنسبة للنساء ٤٥-٤٩ سنة من العمر قريبة من أولئك البـالغين ١٥-١٩ سنة في البلدان المتقدمة. يمكن تصنيف البلدان بحسب مستوى الخصوبة الذي وصلته ما بين ٢٠٠٠-٢٠٠٥، إلى خمس فئات:

١- خصوبة عالية. خصوبة كلية تزيد على ٥ أطفال لكل امرأة .

٢- خصوبة منخفضة. مستويات خصوبة كلية تتراوح من ٢ إلى ٣ أطفال للمرأة الواحدة.

٣- خصوبة عند مستوى الإحلال. مستويات خصوبة تقرب من ٢,١ أطفال لكل امرأة.

٤- خصوبة دون مستوى الإحلال (أقل من ٢,١ أطفال لكل امرأة).

٥- خصوبة واطئة جداً (أقل من ١,٣ أطفال لكل امرأة).

(United Nations, 2005)

جدول (٧)

الخصوبة الكلية بالنسبة للعالم والمجموعات الإنمائية والمناطق الرئيسية ، ١٩٥٠-١٩٥٥ أو ١٩٧٠-١٩٧٥ و ٢٠٠٠-٢٠٠٥ و ٢٠٤٥-٢٠٥٠.

المناطق الرئيسية	١٩٥٠-١٩٥٥	١٩٧٠-١٩٧٥	٢٠٠٠-٢٠٠٥	٢٠٤٥-٢٠٤٥
العالم	٥,٠٢	٤,٤٩	٢,٦٥	٢,٠٥
الأقاليم المتقدمة	٢,٨٤	٢,١٢	١,٥٦	١,٨٤
الأقاليم النامية	٦,١٧	٥,٤٤	٢,٩٠	٢,٠٧
البلدان الأقل نمواً	٦,٦٤	٦,٦١	٥,٠٢	٢,٠٧
بقية الأقاليم النامية	٦,١١	٥,٢٨	٢,٥٨	١,٩٢
إفريقيا	٦,٧٢	٦,٧٢	٤,٩٧	٢,٥٢
آسيا	٥,٨٩	٥,٠٨	٢,٤٧	١,٩١
أمريكا اللاتينية	٥,٨٩	٥,٠٥	٢,٥٥	١,٨٦
أمريكا الشمالية	٣,٤٧	٢,٠١	١,٩٩	١,٨٥
الأوقيانوس	٣,٨٧	٣,٢٣	٢,٣٢	١,٩٢
أوروبا	٢,٦٦	٢,١٦	١,٤٠	١,٨٣

Source: United Nations, World population. Prospects: The 2004 Revision. Volume 111. Analytical Report, Table 111.4 and 11.9 p.47. 2005.

٤- الاتجاهات المستقبلية للخصوبة

يفترض تنقيح ٢٠٠٤ أن مستويات الخصوبة سوف تستمر بالانخفاض وتميل نحو الاقتراب من مستوى الإحلال للفترة ما بين ٢٠٤٥-٢٠٥٠.هذا التقارب يجمع اتجاهين مختلفين. من المتوقع أن تشهد الأقاليم زيادة في الخصوبة. وفي مكان أخر يتوقع أن يميل الاتجاه نحو الانخفاض.

سيحدث اكبر انخفاض في الخصوبة في البلدان الأقل نمواً، حيث الخصوبة ما زالت عالية. في أفريقيا، حيث الخصوبةالعالية جداً ،يتوقع أن ينخفض متوسط عدد

الأطفال بحوالي النصف خلال الفترة الخاضعة للإسقاط . ومن المتوقع أن تشهد أمريكا اللاتينية وأسيا انخفاضاً مماثلاً في الخصوبة خلال الـ٤٥ سنة القادمة.

على الصعيد العالمي من المتوقع أن تصل الخصوبة الكلية بين ٢٠٤٥-٢٠٥٠ إلى ٢,٠٥ أطفال لكل امرأة، يحسب المتغير المتوسط، إلى حوالي ١,٨٤ طفلاً لكل امرأة في الأقاليم المتقدمة (انظر جدول 7).

٥- إسهام الخصوبة في نمو السكان

منذ ١٩٧٠، أصبح انخفاض مستوى الخصوبة الكلية في العالم العامل الرئيسي في تباطؤ سرعة نمو السكان، ففي مطلع السبعينات، قدر أن المعدل الوسطي للولادات في جميع أنحاء العالم يـ٤,٥ طفلاً لكل امرأة بالمقارنة مع المعدل الذي يُقدر في ٢٠٠٥ بـ٢,٧ طفلاً ، بيد أن سكان العالم لا يزالون في ازدياد لان هناك اليوم عدداً من النساء اللاتي يرزقن بأطفال أكبر مما كان عليه الحال قبل ثلاثين سنة بكثير ولأن الناس أصبحوا يعيشون لفترة أطول (المرأة في العالم ٢٠٠٠: ٩) في الواقع. بسبب الخصوبة العالية في الماضي فإن حجم أفواج النساء في سن الإنجاب عندما يبدأ التحول نحو خصوبة أدنى يكون كبير عادة. ففي عام ١٩٧٠ ، كان هناك نحو ٨٤٠ مليون امرأة في سن الإنجاب ، واليوم تضاعف هذا العدد تقريباً إلى ١,٥٣ مليار وتعيش ٨٠% من تلك النساء في المناطق النامية، وهكذا وبالرغم من الانخفاض المستمر في مجمل الخصوبة، فإن عدد الأطفال المولودين قد أستمر في الزيادة. وسيستمر في الارتفاع في المستقبل المنظور. وقد أسفرت هذه الحالة، إلى جانب طول العمر المتوقع في معظم البلدان، إلى زيادة صافية إلى سكان العالم تقارب ٧٧ مليون نسمة كل عام ما بين ٢٠٠٠-٢٠٠٥. بين المناطق الرئيسية، يمكن ملاحظة أعلى نسبة من الولادات في أسيا، في أفريقيا، أستمر عدد الولادات بالزيادة بينما ظل نفس المؤشر ثابتاً لحد ما في أمريكا اللاتينية والكاريبي للفترة ما بين ١٩٨٠-١٩٨٥، و ١٩٥٩-٢٠٠٠. في الأقاليم المتقدمة، كانت أوربا هي الوحيدة التي خضعت إلى

انخفاض متواصل في عدد الولادات منذ ١٩٥٥-١٩٦٠. كما شهدت أمريكا الشمالية انخفاضاً مماثلاً في نمو السكان.

ويذكر أن البلدان ذات الأعداد الكبيرة من السكان تُعد هي المساهم الأكبر في مجموع عدد الولادات حتى عندما تكون خصوبتها منخفضة (كاليابان، والاتحاد الروسي، أو الولايات المتحدة الأمريكية). في الحقيقة، على الرغم من أن لديها خصوبة كلية دون مستوى الإحلال في ١٩٩٥-٢٠٠٠، فإن عدد الولادات في الصين خلال الفترة يأتي بالدرجة الثانية بعد الهند.

جـ- النظريات المفسرة لانخفاض الخصوبة

تتأثر الخصوبة بجملة من العوامل الاجتماعية والاقتصادية والثقافية وحتى السياسية من خلال تأثير الأخيرة في المتغيرات الوسيطة، من أهمها الزواج ، والولادة الأولى وفترة الرضاعة وعدد الأولاد المرغوب فيهم، بالإضافة إلى التخطيط الأسري. يُعد استخدام وسائل منع الحمل الأكثر أهمية في الحد من حجم الأسرة في الوقت الحاضر (National Research Counsil, 2000:57).

كما يلعب الإجهاض المتعمد أيضاً دوراً هاماً في تخفيض الخصوبة لدى كل من الأقاليم المتقدمة والنامية فقد بدأت معدلات الخصوبة بالانخفاض بسبب زيادة الرغبة في حجم أسرة أصغر وسهولة الوصول إلى خدمات التخطيط الأسري حتى أصبح متوسط حجم الأسرة في البلدان النامية لا يزيد على ٣ أطفال لكل امرأة وانحدر إلى أقل من طفلين في البلدان المتقدمة كافة فيما بين ٢٠٠٠-٢٠٠٥.

وتحدد ثمرة الخصوبة بواسطة عدد الأطفال الذين يتمكن الوالدان بيولوجياً من إنجابهم، والعدد المفضل من الأطفال لديهم؛ فضلاً عن كُلف وسائل منع الحمل.(Easterlin and crimmins,1985)

بيد أن الآليات التي تشـكل الأسـاس للعلاقـة بـين المتغـيرات الوسـيطة والخصوبة ليست بيولوجية فحسب وإنما هـي نفسـية واجتماعيـة واقتصـادية وثقافية كذلك . فقد أسفرت التغيرات الاقتصـادية والاجتماعيـة والثقافيـة عـن تغير معالم الحياة الأسرية مـن ضـمنها السـلوك الانجـابي للوالـدين وفـيما يـلي استعراض موجز لأهم النظريات المفسرة لانخفاض الخصوبة، ونبدأ بالنظريـات البيولوجية.

١- النظريات البيولوجية:

يُعزى انخفاض الخصوبة في البلدان المتقدمة قبل الحرب العالمية الاولى إلى تناقص القدرة على الأنسال (الحمل والولادة) حيث ذهب بعض المفكـرين، ومنهم هربرت سبنسر، إلى القول أن هناك تضارباً طبيعياً بـين درجـة اهـتمام الإنسان بنفسه وبين قدرته على التكاثر. فكلما زاد الجهد الذي يبدلـه الإنسـان في سبيل تقدمه الشخصي في ميادين الحياة كافة قل اهتمامه بالتكاثر، بخاصـة لدى النساء. ويعتقد أن ذلك ناجم عن الضغوط التي تولدها الحياة الحضريـة، لان التطـور الاجتماعـي يـؤدي حـتماً إلى زيـادة النزعـة الفرديـة.(Spencer, 1867:485)

ويـذهب (جينـي Gini,١٩٦٥) إلى الاعتقـاد بـأن تزايـد السـكان لـدى الطبقات الاجتماعية العليا- الذين يتميزون بضعف القدرة على التكاثر - يقود إلى ميل معدلات الولادة إلى الانخفاض المتواصل.

فهو يفترض بأن تغير صفات الأفراد الوراثيـة لـدى أعضـاء الطبقـات العليـا يُعتبر بمثابة العامل الأساسي في إضعاف القـدرة عـلى التناسـل. عـلى الـرغم مـن أن هذه التفسيرات قد تصح في حالات خاصة إلا أن الرأي العلمي السائد لا يدعم مثل هذه التفسيرات لانخفاض الخصوبة في البلدان الغربية وذلك بسبب وجود عوامـل أخـرى كثـيرة اقترنـت بانخفـاض الخصـوبة وفي مقـدمتها العوامـل الاقتصـادية والاجتماعية والثقافية.

٢ - النظريات الاجتماعية:

كانت الأفكار السائدة قبل الحرب العالمية الثانية تعزو انخفاض الخصوبة إلى التغيرات الاجتماعية والاقتصادية والثقافية المؤثرة في الحياة الأسرية والسلوك الإنجابي . فقد اقترنت الحياة الحضرية-الصناعية الجديدة بتقسيم العمل المعقد في ميادين الحياة كافة، مع ما صاحب ذلك من ارتفاع معدل الحراك الاجتماعي والجغرافي الذي اقترن بنمو النزعة العلمانية والعقلانية من جهة، وإضعاف مفعول القوى التقليدية كالعقيدة الدينية، والقيم الاجتماعية التقليدية والحد من شان العلاقات الاجتماعية الأولية القائمة على التماسك الاجتماعي الشديد والتضامن كما تغيرت الوظائف الأساسية للأسرة في مجتمع حضري صناعي من جهة أخرى .

وتبعاً لذلك، فقد تحولت بعض الوظائف التقليدية للأسرة إلى نظم اجتماعية عصرية كالمدرسة، مثلاً وفي مجال الخصوبة والدراسات الأسرية، تم الاعتراف بمكانة المرأة بمثابة مفهوم رئيسي- لفهم القرارات المتعلقة بالسلوك الإنجابي. (Mason, 1984)

فقد أظهرت كثير من الأبحاث وجود علاقات بين مكانة النساء وتكوين الأسرة، كالزواج والطلاق، وإنجاب الأولاد واستعمال وسائل منع الحمل. (انظر الفصل الحادي عشر)

يعتبر تعليم البنات والنساء وصحتهن الإنجابية من أهم العوامل المؤدية إلى تحسين مكانتهن في المجتمع. فتمكين النساء من خلال التعليم، والحصول على العمل الكاسب، والعناية الصحية اللازمة والتغيرات في النظم القانونية - تعد من أهم العوامل المساعدة على اتخاذ القرارات المتعلقة بالزواج وإنجاب الأولاد، وبالتالي، تحديد مستوى الخصوبة.

إن تأثير التعليم في السلوك الإنجابي قوي وحاسم، بخاصة في تأخير سن الزواج، وفي تأجيل الإنجاب. فالمرأة المتعلمة تسيطر بدرجة أكبر على الوقت الذي تنفقه في الإنجاب وتربية الأولاد ، ومن المرجح أن تستخدم وسائل منع الحمل وأن تكون أسرتها أصغر حجماً من المرأة غير المتعلمة . يضاف إلى ذلك أن المرأة المتعلمة يكون عدد أطفالها

الذين يموتون في مرحلة مبكرة أقل – ويكون أطفالها الباقون على قيد الحيـاة أوفر صحة وأفضل تعليماً(United. Nations, 1995:109) .

ويعد تعليم النساء عـاملاً أساسياً في تباين الخصوبة. فالبلـدان التي تحصل فيها النساء على مستويات تعليمية عالية تكون معدلات خصوبتها أدنى من البلدان ذات المستويات التعليمية الأقل.

علاوة على ذلك، فقد أدت زيادة الطلب على تعليم الأولاد في البلدان النامية إلى ظهور ضغوط شديدة على الوالـدين لخفـض معدلات الـولادة، لان تعليم الأبناء يؤدي إلى ارتفاع كلفـة وقت الوالـدين والمـال لإنجاب الأطفـال وتنشئتهم. وتزداد كلفة فرصة إنجاب الأطفال أهمية مع خروج المـرأة للعمـل خارج المنزل. وغالباً ما يقترن ذلك بظهور رغبة متزايدة لتقليص حجم الأسرة.

ويبدو أن الـدوافع الأساسـية نحـو تقليص حجم الأسرة في البلـدان المتقدمة تشبه إلى حد كبير مثيلاتها لـدى البلدان النامية والمتمثلة في ارتفاع تكاليف الوقت والمال في إنجاب الأطفال؛ والتضارب بخاصة لـدى النسـاء ، بـين الأدوار الوالديـة والفـرص التعليميـة وسـوق العمـل وتحقيـق الرضـا النفسي- والاجتماعي المتعلق بإنجاب الأطفال وتربيتهم.

ويبدو أن بعض هذه العوامل أسهمت في العزوف عن الزواج. وانتشار أنواع الاقتران غير الرسمي ، بخاصة المعايشـة بصفة أزواج ، في البلدان ذات الخصوبة الواطئة. وما ترتب على ذلك من انخفاض معدلات الخصوبة إلى دون مستوى إحلال الخصوبة كما ذكرنا أنفاً.

٣- النظرية الاقتصادية للخصوبة:

بدأ الاقتصاديون في الوقت الحاضـر يهتمـون بدراسـة المحد دات الاقتصادية الجزئية لخصوبة الأسرة في محاولـة لتوفير تفسير نظري وتطبيقي أفضل لانخفاض معدلات الـولادة المقترن بالمرحلـة الثالثة للتحول الديمغرافي . في عملهم هذا ، تأثروا بالنظرية التقليدية

الجديدة للأسرة والسلوك الاستهلاكي في بناء نموذجهم التحليلي الأساسي فقد استخدموا مبادئ الاقتصاد لتفسير قرارات حجم الأسرة.(Todaro, 1995)

تفترض النظرية التقليدية للسلوك الاستهلاكي بان كل فـرد لديه جملة من الميول أو الافضليات بالنسبة لصنف معين من السلع يحاول تلبية حاجاته إلى أقصى درجة مـن استهلاك هـذه السلع الخاضعة لدخله وقلة الأسعار النسبية لجميع السلع. في تطبيق هذه النظرية على تحليل الخصوبة، يُعتبر الأطفال بمثابة نوع خاص من الاستهلاك (وفي الدول النامية مـن الاستثمار) وبذلك تصبح الخصوبة استجابة اقتصادية عقلانية لطلب المستهلك (الأسرة) على الأطفال بالقياس إلى السلع الأخرى.

إذا ما ظلت العوامل الأخرى ثابتة ، فمن المتوقع أن يقل العـدد المرغوب فيه من الأطفال مع ارتفاع الدخل الأسري (ربما لا تصح هـذه العلاقة بالنسبة للمجتمعات الفقيرة، فهي تعتمد على قوة الطلب على الأطفال مقارنة مع السلع الاستهلاكية الأخرى وعـلى مصـادر الـدخل المتزايد، مثل عمـل النساء)،إذ تـرتبط عكسياً مـع تكـاليف الأطفـال، وكـذلك مـع قـوة الأذواق للسـلع الأخـرى، بالمقارنة مـع الأطفال.(Todaro, 1995:196)

وتنص هذه النظرية على أنه من المنطقي أن تنجب معظم العوائل التقليدية عـدداً كبيراً مـن الأطفـال، أمـا بالنسـبة للعوائـل في المجتمعات الحديثة فمن المنطقي أن يكون لديها عدد أقل مـن الأطفال. في تقـدير ما إذا كانوا سينجبون مزيداً مـن الأطفـال أم لا، يُفـترض أن يـزن الوالدان الفوائد الاقتصادية مقابل الخسائر. ويمكن تصنيف المنافع الناجمة عـن وجود الأبناء إلى منافع اقتصادية وأخرى اجتماعية نفسية، ففي الأمد القصيـر قـد يـؤدي وجـود الأبنـاء إلى زيـادة دخـل أسرهـم عـن طريق التحاقهم بالعمل المتعلق بالمزارع العائلية والمشروعات العائلية الأخرى، أما في الأجل الطويل فإنهم يمثلون نوعاً من الضمان الاجتماعي للوالـدين عند الكبر في المجتمعات التي لا تتوافر فيها البرامج الحكومية التي

ترعى كبار السن. بالإضافة إلى هذه المنافع الاقتصادية المهمة فإن هناك منافع نفسية – اجتماعية للأطفال على اعتبار أنهم زينة الحياة الدنيا.

ويمكن تصنيف تكاليف تنشئة الأطفال أيضاً إلى تكاليف اقتصادية وأخرى نفسية- اجتماعية. ويمكن أيضاً تصنيف التكاليف الاقتصادية إلى تكاليف صريحة (نقدية) وأخرى ضمنية (تكلفة الفرصة البديلة). و تتضمن التكاليف الصريحة نفقات الغذاء والكساء والمسكن فضلاً عن نفقات تعليم الأطفال والعناية الصحية بهم ورعايتهم. أما التكاليف الضمنية فإنها تشمل خسارة فرصة عمل الأم، الدخل الذي تتمكن من كسبه عند خروجها للعمل خارج المنزل بدلاً من بقائها في الدار للعناية بالأطفال. أما بخصوص التكاليف النفسية – الاجتماعية فإنها تنطوي على خسارة مشاركتها في الحياة العامة بمزيد من التحرر في أوقات الراحة وكذلك قلقها على الأطفال والتفكير في بناء مستقبلهم.

تشير نظرية خصوبة الأسرة المطبقة في البلدان النامية إلى أن تكاليف الأبناء تزداد مع توسع الفرص التعليمية ومجال العمل أمام النساء، أو بسبب ارتفاع الأجور والمصاريف الدراسية، أو تشريع قوانين عمل تضع حداً لسن العمل، أو بتوفير دور لرعاية كبار السن. عندئذ سيميل الوالدان إلى إنجاب عدد أقل من الأطفال الإضافيين مفضلين بالطبع، النوع على العدد وعمل الأم لقاء أجر بدلاً من بقائها في المنزل وهناك عدة نتائج ضمنية للنظرية الاقتصادية للخصوبة هي:

١- من المتوقع أن ترتفع الخصوبة كلما تزايدت قدرة الأبناء في الحصول على دخل أو المساهمة في المزارع والمشروعات العائلية، والعكس صحيح.

٢- من المفترض أن تنخفض الخصوبة عند إنشاء مؤسسات التقاعد والضمان الاجتماعي.

٣- ومن المفترض أن تنخفض معدلات الخصوبة عند توافر فرص العمل خارج المنزل.

٤- من المفترض أن تزداد الخصوبة مع ارتفاع مستوى الدخل نظراً لزيادة القدرة على تحمل نفقات الأولاد.

لقد ثبتت صحة الافتراضات الثلاثة الاولى في الدراسـات التطبيقيـة. أمـا الافتراض الرابع ، فقد ثبت عدم صحته فقد أشارت بعض الدراسـات إلى وجـود علاقة سالبة بين مستوى الدخل والخصوبة ولقد حاول بعـض البـاحثين تفسـير هذا التناقض ومنهم جيري بيكـر المُنظـر الأسـاسي لاقتصـاديات المنـزل الجديـد الذي أوضح أن هذا التناقض يعود إلى:

١- قلة معرفة العوائل الفقيرة بوسائل منع الحمل .

٢- المفاضلة بين عدد الأطفال ونوعية الأطفال لان العوائل الغنيـة، كـما يـدعى بيكر تنفق على أطفالها أكثر من العوائل الفقيرة فيما يتعلق بـالتعليم والغـذاء والكساء والمصروفات الأخرى التي تؤثر في تحسين نوعية الأطفال.

وهنـــاك مـــن يعـــارض هـــذه النظريـــة ، وعـــلى رأســـهم ريتشـــارد أسترين Richard Easterlin(١٩٨٥) الذي يقول أن "الميل نحو الأطفال ليس ثابتاً" ، كما يفترض أصحاب مدرسة شيكاغو وبيكر ، ولكن الميـل نحـو الأطفـال يتغير كما يتغير بخصوص أنواع كثيرة من السلع. الدخل الدائم للفـرد بالمقارنـة مع دخل الجماعات المرجعية (في الأساس دخل الوالدين). وعلى أية حـال، مـن الملاحظ أن معدل المواليد ينخفض كلما ارتفع الدخل على المـدى البعيـد، وقـد تؤدي زيـادة الـدخل المؤقتـة أو لفـترة قصـيرة إلى نتيجـة معاكسـة، أي ارتفـاع معـدلات الـولادة. وربمـا يعـود السـبب إلى ثبـات الميـل نحـو العـدد المفضـل للأطفال.

د- تباين الخصوبة

يشير تباين الخصوبة إلى اخـتلاف الخصـوبة بـين الفئـات والجماعـات الفرعيـة في السكان. من حيـث المبـدأ، أي تصـنيف للسـكان تقريبـاً ربمـا يكـون أساسـاً لقيـاس تبـاين الخصوبة، بيد أن اهتمام العلماء انصب على دراسة جماعات من الناس تؤهلهم مراكـزهم الاجتماعية المختلفة في المجتمع في الحصول على موارد، أنماط حياة وأفكار مختلفة عن

غيرهم. وهؤلاء غالباً ما يتميزون بمعايير وقيم اجتماعية وسمات ثقافية مؤثرة في تكوين الأسرة والخصوبة.

تعتبر الحالة الزوجية ، العمر عند الزواج وأمد الزواج عوامل هامة في اختلاف الخصوبة. توفر هذه العوامل بعض الادلة العامة عن عدد سنوات الحياة الزوجية التي تتعرض النساء خلالها إلى احتمال إنجاب أطفال أحياء.

تتأثر الخصوبة البشرية بجملة من العوامل الاجتماعية والاقتصادية والثقافية من خلال تأثيرها في المتغيرات الوسيطة من أهمها الزواج، الولادة الأولى، فترة الرضاعة. عدد الأولاد المرغوب فيهم فضلاً عن التخطيط العائلي.

يضاف إلى ذلك أن مجموعة من العوامل الاجتماعية والاقتصادية والمكانة الاجتماعية (المعبر عنها بالتحصيل الدراسي ، المهنة أو الدخل) الخلفية الريفية- الحضرية، مشاركة الزوجة في القوى العاملة العنصر- والدين ترتبط جميعها بقوة مع مختلف مقاييس الخصوبة (Shryock, 1976:308).

وفيما يلي عرف عرض موجز لهذه العوامل الاجتماعية والفسيولوجية:

أ- العوامل الاجتماعية والاقتصادية:

١- الاختلافات الريفية- الحضرية:

يؤدى مكان الإقامة دوراً هاماً في تباين الخصوبة البشرية فإذا ألقينا نظرة سريعة على معدلات الولادة في دولة ما، فإنه يتضح فوراً أن خصوبة السكان تقل كلما ارتفع مستوى تحضر القطر أو المنطقة، وعلى العكس من ذلك، ترتفع معدلات الولادة في المناطق الريفية. تبلغ تباينات الخصوبة بين سكان الريف والحضر حدها الأقصى في البلدان الصناعية المتقدمة النمو وفي أمريكا اللاتينية ومنطقة الكاريبي. وتزداد اختلافات الخصوبة بين الريف والحضر أتساعاً مع مرور الزمن بسبب الانخفاض الأسرع لمعدلات الخصوبة في المناطق الحضرية عنها في المناطق الريفية. فسكان الحضر يتزوجون اعتيادياً في

أعمار أكثر تأخراً من سكان الريف وأن الفجوة تزداد اتساعاً لان الزيادة في العمر عند الزواج وعند إنجاب المولود الأول أكبر بالنسبة للنساء الحضريات، كما أن فترة الرضاعة الطبيعية (من الثدي) لدى المرأة الحضرية اقصر ـ عموماً من فترة الرضاعة لدى المرأة الريفية. وأيضاً يعزى اختلاف الخصوبة الريفية ـ الحضرية إلى تفاوت استعمال وسائل تحديد النسل. فالنساء الحضريات أكثر استعمالاً لوسائل تحديد النسل من النساء الريفيات.

تركز إحدى النظريات المفسرة لاختلاف الخصوبة الريفية ـ الحضرية على دور الخصائص البنيوية المختلفة للأفراد كالتعلم، والمهنة، والحالة العملية والدخل ـ فالمرأة الحضرية أفضل تعليماً من المرأة الريفية، وغالباً ما تعمل في القطاع الاقتصادي الحضري الحديث. والمرأة الحضرية المتعلمة تسيطر سيطرة أكبر على الوقت المخصص للإنجاب وتربية الأولاد. ومن الأرجح أن تستخدم وسائل منع الحمل وأن تكون أسرتها أصغر حجماً. يفترض هذا التفسير أن النساء اللواتي أمضين شطراً طويلاً من حياتهن في بيئة حضرية ـ صناعية قد تكونت لديهن اتجاهات تميل نحو تفضيل حجم الأسرة الأصغر بسبب التعرض لطراز الحياة الحضرية والضغط المتزايد ووسائل الاتصال المختلفة. ومن جانب أخر، فالنساء المهاجرات حديثاً إلى المدينة وأمضين فترة قصيرة فيها ربما لم تتوافر لديهن فرص كافية لتغيير اتجاهاتهن نحو الخصوبة المنخفضة. إن الآثار الضعيفة للمحيط الحضري الملاحظ في عدة دراسات يمكن أن تعزى لحد ما إلى قصر فترة الإقامة في المدينة بخصوص النساء المهاجرات إلى المدن.

إن مستويات الخصوبة الأعلى لدى النساء الريفيات يُعتقد أنها تعود جزئياً إلى طبيعة الأحوال الريفية بحد ذاتها لان الحياة الريفية تنطوي على مدى واسع من القيم الاجتماعية والمعايير والمتغيرات التي تقود إلى تفضيل الأسرة الأكثر حجماً لما يترتب على ذلك من فوائد اقتصادية واجتماعية كما ذكرنا سابقاً.

٢- الطبقة الاجتماعية - الاقتصادية والخصوبة:

من الصعب جداً تحديد الاختلافات في الخصوبة الموجودة بين مختلف الطبقات الاجتماعية في المجتمع ، وذلك بسبب قلة الدراسات المتعلقة بهذا الموضوع . فالشائع ديمغرافياً هو القول المأثور عن أن : "الأغنياء يزدادون ثراءاً والفقراء يزدادون أطفالاً" وبعبارة أخرى توجد علاقة عكسية بين المكانة الاجتماعية والخصوبة، ولذلك فإن معدل المواليد يقل كلما أرتفع المركز الاجتماعي والاقتصادي للأسرة (سميث، ١٩٦٣: ٣٩٠).

توضح بعض البيانات أن معدل التكاثر لدى أصحاب المهن أو الوظائف العليا (الأكثر طلباً، والأعلى أجراً والأصعب التحاقاً) أقل من معدلات التكاثر بين أصحاب المهن الدنيا، (سميت: ١٩٦٣) .

تعتبر المكانة الاجتماعية-الاقتصادية هامة في تفسير اختلافات الخصوبة الحالية والماضية، يقترح هاولي (Hawley,1950:114) وجود ثلاث مراحل في هذه العلاقة . كانت الخصوبة خلال المرحلة الأولى متشابهة إلى حد كبير بين أعضاء الطبقات، أو ربما كانت هناك علاقة موجبة بين المكانة والخصوبة .

أما المرحلة الثانية التي بدأت في مطلع القرن التاسع عشر فقد تميزت بانخفاض معدلات الخصوبة بين الطبقات الاجتماعية العليا، وبالتالي أصبحت العلاقة سالبة بين المكانة الاجتماعية والخصوبة. وتميزت المرحلة الثالثة والأخيرة بوجود علاقة موجبة بين معدل الخصوبة والطبقة الطبقة الاجتماعية. ربما يُعزى التفسير الرئيسي في تغير مستويات الخصوبة إلى انتشار وسائل تحديد النسل من الطبقة الاجتماعية العليا إلى الطبقة الوسطى، ومنها إلى الطبقة الدنيا ، بحيث أصبحت عملية تحديد النسل شائعة بين أبناء الطبقات الاجتماعية كافة، بخاصة لدى البلدان المتقدمة.

٣- العلائق بين التعليم والخصوبة:

للتعليم تأثير شديد في تقليص الخصوبة، على المستويين الفردي والمجتمعي معاً... تتأثر كثيراً أفضليات الخصوبة والسلوك الإنجابي للرجال والنساء بواسطة التحصيل التعليمي. على العموم ، تؤدي زيادة التعليم إلى انخفاض الخصوبة.

يعتبر تعليم المرأة بمثابة عامل هام في تخفيض الخصوبة، حتى بعد الأخذ بنظر الاعتبار عوامل أخرى ذات صلة بالموضوع كتعليم الزوج والخصائص الاجتماعية والاقتصادية للأسرة، بخاصة في البلدان النامية.(Jejeebhoy,1995;U.N.1995)

العوامل المحددة للعلاقة بين التعليم والخصوبة ليست بيولوجية فحسب ، إنما كذلك نفسية وسلوكية وربما يمكن أن توصف باستخدام الإطار المركب لايسترلن.(Easterlin and Crimmis,1985) بحسب هذا الإطار تُحدد ثمرة الخصوبة بواسطة عرض الأطفال والطلب عليهم ، وأخيراً تكاليف استعمال وسائل تحديد النسل. (U,N.1995) يشير عرض الأطفال إلى عدد الأطفال أو الأطفال الأحياء الذين يتمكن الزوجان من إنجابهم (بيولوجياً)، في سياق الأعراف السائدة المؤثرة في الزواج والسلوكيات الأخرى التي يمكن أن تؤثر في الخصوبة، يمكن أن يؤثر التعليم في الخصوبة سلباً أو إيجاباً.

عندما يكون أحد الأقطار في المراحل المبكرة للتحول الديمغرافي (أي عندما لا تكون هناك سيطرة مقصودة على التكاثر) ، تعمل كمية قليلة من التعلم على زيادة الطلب على الأطفال لأنها تزيد من القدرة على الإنجاب من خلال تغذية أفضل وتحسن الصحة الإنجابية للأم والطفل. كما أنها تعمل أيضاً على التقليل من أهمية الممارسات التقليدية التي تحد من الخصوبة مثل الامتناع عن الاتصال الجنسي بعد الولادة، والرضاعة الطويلة من الثدي ومن جانب آخر، قد يقلل التعليم عرض الأطفال، بتأخر الزواج أو المعايشة بصفة زوجية الذي يفضي إلى تقلص طوال الفترة الزمنية للحمل لدى المرأة، و/أو وتأخير زمن الولادة الأولى . ويشير الطلب على الأطفال إلى عدد الأطفال الذين

ترغب الزوجات في إنجابهم. النساء الأفضل تعليماً يفضلن عموماً الأسر الأصغر حجماً لان التعليم يشكل ويغير قيمهن، واتجاهاتهن ومعاييرهن، فضلاً التكاليف المقدرة لإنجاب الأطفال وتنشئتهم. أخيراً تُشير كلـف تحديد النسل إلى المعوقات المتوقعة والحقيقة لاستخدام وسائل تحديد النسل لتنفيذ أفضليات الخصوبة. يميل التعليم إلى تقليل هذه التكاليف لأنه يزيد الـوعي، الوصول والقدرة على تحمل نفقات واستخدام وسائل تحديد النسل. أكـدت الأبحـاث وجـود علاقـة موجبـة بـين التعليم واستعمال وسائل تحديد النسل(Castro, 1995). النساء الأفضل تعليماً أكثر احتمالاً في استخدام وسائل تحديد النسل الحديثة، لأنهن أكثر رغبة في تكوين عوائـل صغيرة، وأفضـل معرفـة بوسائل منع الحمـل، وأخـيراً أكبر مقدرة في الوصول إلى الخدمات الصحية المتعلقة بالصحة الإنجابية للأم .

٤- تأثير عمل المرأة المتزوجة خارج المنزل في الخصوبة:

أكدت عدة دراسات وجود علاقة سالبة بين درجة إسهام المرأة المتزوجة في النشاط الاقتصادي الكاسب وحجم الأسرة، بمعنى أن متوسط عدد الأطفال الـذين تلدهم النساء المساهمات في القوى العاملة يقل عـن نظيره لـدى بقيـة النساء المتزوجات المتفرغات للأعمال المنزلية (Vostrikova,1979:1) .

تتجلى صورة هذه العلاقة لدى الأقطار المتقدمة على نحو أوضح مـن الأقطار النامية، وفي المناطق الحضرية عـلى نحو أقـوى مـن المناطق الريفية. يضاف إلى ذلك أن النساء العاملات لقاء أجر كانت خصوبتهن أقل مـن النساء غير العاملات. (Jaffe, 1960:52)

يظل تفسير هذه الاختلافات الملاحظة في مستويات الخصوبة مثار شك وجدل، لأنه لا توجد علاقة سببية بين عمل المرأة المتزوجة والخصوبة.

٥- الدين والخصوبة:

يُعد اختلاف الخصوبة بين الطوائف الدينية ظاهرة عامة فالمسلمون والهندوس والبوذيون يتمتعون بخصوبةعالية،إذتشددجميع هذه الأديان على الزواج المبكر والإكثار

من الذرية، ومع ذلك لا يمكن فصل تأثير الدين في الخصوبة عن تأثير العوامل الاجتماعية والاقتصادية الأخرى. (Thomlinson, 1965:178) .

أظهرت بعض الدراسات في المجتمعات الغربية أن مستوى الخصوبة بين الكاثوليك أعلى من نظيره بين البروتستانت واليهود، بيد أن التفاوت بدأ بالانحسار في معظم هذه البلدان، بغض النظر عن معتقداتها الدينية. وأظهرت بعض الدراسات في مصر- (رزق، ١٩٥٩؛ وياوكي .Yaukey, 1961) في لبنان وغيرها أن الخصوبة بين المسلمين أعلى من نظيرتها بين المسيحيين بخاصة في المناطق الحضرية.

ب- العوامل الفسيولوجية:

نظراً لان الحمل لا يتم إلا عن طريق الاتصال الجنسي بين رجل وامرأة، أصبحت العوامل الفسيولوجية المؤثرة في الخصوبة أمراً ضرورياً لتفسير اختلافات الخصوبة. بحث ديفز وبليك (Davis and Blake, 1956) المتغيرات الوسيطة التي تعمل من خلالها العوامل الاجتماعية للتأثير في الخصوبة البشرية، ومن بين العوامل ذات الصلة بالموضوع: العقم التام أو الجزئي خلال فترة محدودة ، تكرار الاتصال الجنسي، الانفصال الطويل أثناء الزواج أو الطلاق.

ويستند هذا التصور إلى الفكرة القائلة بأنه لا يمكن أن يحصل حمل أو ولادات حية مالم تتوافر الشروط الآتية:

١-   حصول اتصال جنسي بين رجل وامرأة.

٢-   وأن ينتج عنه حمل

٣-   وأن تتم الولادة بصورة طبيعية.

واستناداً إلى هذا المنظور التصوري ، فقد توصلا إلى وضع قائمة تضم احد عشر- متغيراً يمكن أن تؤثر مباشرة في الخصوبة.

وفيما يلي استعراض موجز لهذه المتغيرات الوسيطة.

أولاً / العوامل المؤثرة في التعرض للاتصال الجنسي:

أ- العوامل المؤثرة في الزواج والطلاق خلال فترة الإنجاب:

١- العمر عند الزواج الأول

٢- العزوف المستمر عن الزواج.

٣- طول فترة الانسال المنصرفة بعد الزيجات أو بينها وذلك حين ينتهي الزواج بالطلاق أو الانفصال أو موت أحد الزوجين.

ب- العوامل التي تؤثر في الاتصال الجنسي أثناء الزواج .

١- التقشف الجنسي الإرادي.

٢- التقشف الجنسي اللاإرادي (بسبب العجز الجنسي والمرض والانفصال).

٣- تكرار الاتصال الجنسي (باستثناء فترات التقشف الجنسي) .

ثانياً/ العوامل المؤثرة في التعرض للحمل:

١ – القدرة على الانسال أو عدمها لأسباب لاإرادية

٢- استخدام أو عدم استخدام وسائل تحديد النسل

٣- القدرة على الانسال أو عدمها لأسباب اختيارية كالتعقيم أو العلاج الطبي.

ثالثاً/ العوامل المؤثرة في الحمل والولادة التامة

١- وفيات الأجنبية لأسباب لاإرادية .

٢- وفيات الأجنة لأسباب اختيارية كالإجهاض المقصود.

هـ - التخطيط الأسري

تُعد خدمات التخطيط الأسري من العوامل الهامة للعناية بالصحة الإنجابية وقد انقذت حياة الملايين من النساء والأطفال وحافظت على صحتهم. كما أن استخدام موانع الحمل يُعد عاملاً مساهماً هاماً في تمكين النساء وكأساس هام للتمتع بالحقوق الأخرى. يحدد النظام الجنساني للمجتمع عادة مستوى المقبولية السائد، للوصول إلى موانع الحمل واستخدامها (Hardon,1995) عل ى صعيد الأسرة ، تؤثر الفوارق الجنسية

كذلك في عملية اتخاذ القرار المتعلق باستخدام موانع الحمل، بتحديد القواعد الواضحة المتعلقة بعملية الاتصال والحوار بين الزوجين، فقد وجد أن استقلال النساء وسلطة اتخاذ القرار داخل الأسرة يزيدان من رغباتهن وقدراتهن على استخدام موانع الحمل. (Morgan and Nirania,1995)

على الرغم من أن قرار استخدام موانع الحمل يقع على عاتق الزوجين، تميل النساء إلى تحمل معظم المسئولية بالنسبة لمنع الحمل وذلك لان معظم طرق منع الحمل الحديثة تخص النساء أكثر من الرجال.

أظهرت تقديرات للأمم المتحدة أن ٥٨% من جميع المتزوجين يستخدمون وسائل منع الحمل على المستوى العالمي؛ وإن بين هؤلاء الأزواج، يعتمد أقل من الثلث على طريقة تتطلب مشاركة الزوج أو تعاونه. الاعتماد على الطرق الخاصة بالرجال أكثر انتشاراً في الأقاليم المتقدمة، حيث تمثل حوالي ٥٠% من جميع الموانع المستخدمة، من الأقاليم النامية، حيث تمثل ٢٠% فقط. تعود هذه الاختلافات لحد ما إلى الاستخدام الأكبر لفترة الأمان والعزل (القذف الخارجي) في الأقاليم المتقدمة بخاصة في أوروبا الشرقية والجنوبية وهناك اختلافات كبيرة في انتشار معدلات استخدام موانع الحمل ضمن البلدان النامية، تتراوح من ٢٠ بالمائة في إفريقيا إلى ٦٠ بالمائة في آسيا و٦٦ بالمائة في أمريكا اللاتينية والكاريبي ومع ذلك ، فإن الوزن النسبي للطرق الخاصة بالرجال متماثلة كثيراً فيما بين الأقاليم المتخلفة. (United Nations, 2001: 261)

تشير الاتجاهات الحالية إلى ازدياد استخدام موانع الحمل في معظم المناطق النامية منذ عام ١٩٨٠ على الرغم من هذا الاتجاه المتصاعد، يظل عدم تلبية الطلب على موانع الحمل كبيراً الأمر الذي يعبر عن الفجوة بين الدافع نحو السيطرة على الخصوبة والاستخدام الفعلي لموانع الحمل. بالرغم من أن الوصول إلى الخدمات يظل مشكلة لعدم استخدام الموانع وتعود الأسباب الرئيسية إلى قلة المعرفة بوسائل تحديد النسل؛ المخاوف الصحية والمعوقات الاجتماعية - الاقتصادية والأسرية.

(Bongaarts and Bruce, 1995)

وتشير الدراسـات الاستقصـائية الديمغرافيـة والصـحية إلى أن اسـتخدام موانع الحمل يزيد مع ارتفاع مستوى تعليم النساء في جميع البلدان، كـما أنـه يرتبط بالمكانة الاجتماعية والحالة العملية، والرغبة في الأبناء الذكور، فضلاً عن الحالة الصحية للنساء.

وسائل تنظيم الأسرة

هناك وسائل كثيرة ومنوعة لتحديد النسل، منها ما يخص النسـاء فقـط وأخرى تخص الرجال ومنها مشتركة بين الزوجين ، وفيما يلي شرح موجز لكـل طريقة مع بيان مدى فعاليتها وأعراضها الجانبية.

١- الوسائل الرحمية (اللولب): Intrauterine Device (IUD)

اللولب المانع للحمل عبـارة عـن جهـاز صـغير مصـنوع مـن البلاسـتيك طوله حوالي ٣,٦ سم يوضـع في داخـل الـرحم مـن قبـل الطبيبـة في آخـر أيـام الدورة للتأكد من عدم وجود حمل.

لقد أصبح استعمال اللولب واسع الانتشار بين نسـاء العـالم، بخاصـة في الدول المتقدمة والنامية. وقـد اعتمدتـه عـدة دول في برامجهـا لتنظـيم الأسرة كأفضل وسيلة وأسهلها لمنع الحمل. كما اهتمت بـه منتظمـة الصحة العالميـة وشجعت النساء في البلدان ذات الكثافة السكانية العالية على استعماله.

يعتبر اللولب ذو فعالية عالية، قد تصل إلى ٩٩% وقد تسـتمر فعاليتـه لمدة تتراوح ما بين ٦ إلى ٨ سنوات.

وقد يتسبب بالأعراض الجانبية الآتية: جعل الدورة الشهرية أطول مـن المعتاد وكمية الدم أكثر غزارة، وقد يتخلل الدورة الطمثية نزف متقطـع يـزول تدريجياً مع مرور الزمن وقد يصاحب ذلك ألم في الظهر أو أسفل الـبطن، وقـد تزداد نسبة حدوث الالتهابات المهبلية.

٢- الوسائل الهرمونية:

أ- حبوب منع الحمل (الأقراص): (Pills)

وهي عبارة عن مركبات هرمونية تؤخذ عن طريق الفم بمعدل حبة واحدة يومياً طوال ٢١ يوماً وتؤدي إلى كبح المبيض ومنع الاباضة وبالتالي منع الحمل دون أن يؤثر ذلك في انتظام الدورة الطمثية.

لكي يصبح مفعول الحبوب مؤكداً، يتعين على المرأة الراغبة في منع الحمل أن تبدأ بتناول الحبوب ابتداءاً من اليوم الخامس من الدورة الشهرية حتى إذا لم ينقطع الدم تماماً خلال هذه المدة، لأن الانقطاع عن تناول الحبوب لمدة يوم واحد على الأقل أو أسبوع على الأكثر، سيدفع بالمبيض إلى إنضاج البويضة وإطلاقها دون أن تشعر المرأة بذلك. وإذا ما نسيت المرأة تناول حبة كل مساء فعليها تناولها في صبيحة اليوم التالي (فاخوري، ١٩٧٢) ويفضل تناولها بنفس الساعة كل مرة وبدون فترة انقطاع طوال فترة تناول هذه الوسيلة.

وتتكون الحبوب إما من هرمون واحد أو مركبة من هرمونين وإذا ما أخذت الحبوب المركبة بطريقة صحيحة فسوف تصل فعاليتها إلى ١٠٠%. أما فعالية الحبوب أحادية الهرمون فقد تصل إلى ٩٥% . بخصوص الأعراض الجانبية الشائعة فهي الشعور بالغثيان والقيء والدوار وآلام الثدي وزيادة الوزن والنزف ما بين فترات الطمث وينصح في مثل هذه الحالات استخدام وسيلة أخرى أكثر أماناً. يمكن إعطاء الحبوب أحادية الهرمون للمرأة المرضع وللسيدات المعرضات لمضاعفات التجلط الشرياني وللسيدات ما بعد سن ٣٥ سنة.

ب- حقن منع الحمل: (Inject able)

تحتوي هذه الحقن على هرمون بروجستيرون الذي يؤدي إلى كبح الاباضة وتقليص قوام مخاط عنق الرحم وتكوين بطانة ضامرة لجدار الرحم. ويمتد مفعولها ما بين ٣-٦ أشهر ومن أعراضها الجانبية احتمال حصول نزف بين الدورات الطمثية وعدم

انتظـام الطمـث وربمـا انقطاعـه، بالإضافة إلى زيـادة الـوزن والقـيء والصداع والاكتئاب . لذلك فقد بات من الضروري إجراء التقييم الطبي الكامل وإعطاء المشورة الصحيحة قبل أعطاء هذا النوع من وسائل تنظيم الأسرة.

جـ- غرسات النوربلانت: (Norplant)

وهي من الوسائل الهرمونية الحديثة طويلة الأمـد وعالية الفعاليـة- وتحتوي على هرمون مصنع على شكل كبسولات مرنة طولها ٣٤ملم وقطرهـا ٢,٤ ملم يتم غرسها تحت الجلد في الجهة الداخلية للعضد مـن قبـل الطبيبـة المؤهلة وتحت تأثير مخدر موضعي ولا تستغرق عملية زرع الغرسات أكثر من ١٥ دقيقة، كما أن مفعولها يبدأ بعد ساعات قليلة من غرسها ويبلغ عدد هذه الغرسات ست غرسات وتوفر حماية من الحمل لمدة خمس سنوات .

إن أفضل الأوقات لزرع هذه الغرسات هو خـلال السـبعة أيـام الأولى من بداية الحيض أو خلال الأيام السبعة التي تلي الإجهاض أو بعد ستة أسابيع من الولادة. ولها أعراض جانبية شبيهة بأعراض حقن منع الحمل . ولكن هذه الإعراض لا تضر بالصحة العامة وتخف تدريجياً مع مرور الزمن.

٣- وسائل الحجز:

تؤدي وسائل الحجز إلى سد الطريق أمام السائل المنـوي أو شـل حركـة الحيوانات المنوية بمنعها من الوصول إلى التجويف الرحمي لتضمن بذلك عدم حصول الحمل – وليست هناك موانع جانبيـة خطيـرة بيـد أن درجة فعاليتها تكون متدنية بالمقارنة مع وسائل منع الحمل الأخرى. وتعتمد درجة فعاليتها على إتباع إرشادات الاستعمال بدقة . ومن وسائل الحجز ما يلي .

أ- الواقي الذكري: Condom

الغمد هو غشاء مصنوع من مادة المطاط، يتم وضعه حول القضيب المنتصب ويمنع دخول المني إلى المهبل ، ويتميز الواقي الذكري بمعدل فعالية معتدلة في منع الحمل، وتكمن أهميته في وقاية الزوجة من انتقال الأمراض التناسلية الجنسية مثل مرض الايدز أو السفلس أو الزهري وفي وقاية المرأة من سرطان عنق الرحم.

ب-الحاجز المهبلي الأنثوي: (Vaginal method)

وهو غشاء مصنوع من المطاط على هيئة فنجان أو قبة ويتم إدخاله في المهبل قبل عملية الاتصال الجنسي ويتم وضع مرهم مبيد للحيوانات المنوية داخل القبة قبل إدخال الحاجز ويزال بعد مضي ثمان ساعات من الاتصال الجنسي.

ج- مبيدات الحيوانات المنوية:

وهي مواد كيمائية تقوم بشل حركة الحيوانات المنوية لمنعها من الوصول إلى البويضة داخل الرحم وتكون هذه المواد على شكل دهون أو مادة هلامية أو حبوب فوارة تنتج رغوة عندما تتندى، لتغطى فوهة الرحم وتمنع دخول الحيوانات المنوية إلى الرحم. ولزيادة الفعالية أيضاً، يفضل استعمال الواقي الذكري من قبل الزوج.

٤- الوسائل الفسيولوجية الطبيعية:

أ- الرضاعة الطبيعية(Breast Feeding)

وهي تعتمد على إرضاع الطفل بصورة متواصلة حيث يؤدي هذا إلى ارتفاع نسبة هرمون البرولاكتين الذي يؤدي بدوره إلى كبح الاباضة وتعتبر الرضاعة الطبيعية وسيلة فعالة لمنع الحمل إذا توفرت الشروط الثلاثة الآتية :
١- الرضاعة المتواصلة. ٢- انقطاع الطمث. ٣- عمر المولود أقل من ستة شهور.
وفي حالة عدم توافر أحد هذه الشروط الثلاثة، ولكي تضمن المرضعة عدم الحمل يمكنها استعمال وسيلة مساندة لا تتعارض مع الرضاعة.

ب- فترة الأمان:(periodic abstinence)

تعتمد هذه الطريقة على الامتناع عن الاتصال الجنسي خلال فترة الاباضة. وتعتمد على فكرة بسيطة وهي أن البويضة تكون قابلة للتلقيح خلال فترة معينة من الدورة الطمثية ، فإذا ما تم وصول الحيوان المنوي إلى البويضة داخل الرحم خلال هذه الفترة، فسوف يحصل الحمل. أما الأيام السابقة لهذه الفترة أو التي تليها فتعتبر أيام عقم فسيولوجي للمرأة . وتعتمد هذه الطريقة على حساب وتحديد أيام الخصوبة للسيدة والامتناع عن الاتصال الجنسي خلال هذه الفترة.

جـ- القذف الخارجي(العزل): Withdrawal

الجماع المقطوع هو سحب القضيب قبل حدوث القذف وإفراز السائل المنوي خارج المهبل. وتعتبر هذه الوسيلة غير فعالة وغير مأمونة بسبب وجود الحيوانات المنوية في السائل الذي يسبق القذف ويعتبر الجماع المقطوع من أكثر وسائل منع الحمل خطورة على صحة الإنسان. فهو يضعف ذاكرة الرجل ويرهق أعصابه ويحط من قواه العقلية والجسدية، كما يفقده نشاطه الجنسي ويسبب له الارتخاء والعنانة وسرعة القذف أما بالنسبة للمرأة، فهو يحدث عندها تهيجاً محلياً واحتقاناً في الحوض مما يؤثر في صحتها. كما أن الجماع المقطوع يولد لدى المرأة، مع مرور الزمن بروداً جنسياً لعدم وصولها النشوة الجنسية ونشوة الاستمتاع بالجماع. لذلك فإن هذه الطريقة تشكل خطراً على الحياة الزوجية وتهدد الحياة الأسرية بالتفكك.

٥- التعقيم لدى المرأة أو الرجل:

التعقيم هو أحد وسائل منع الحمل الذي يهدف إلى قطع الدرية عند الجنسين طوال الحياة، دون التعرض إلى وظيفة الأعضاء التناسلية الهرمونية أو التسبب بفقدان الرغبة الجنسية والتحفيز الجنسيـ . وتتم العملية عن طريق إجراء عملية جراحية لقطع القناتين النطفتين (عند الذكر) لمنع صعود الحيوان المنوي من الخصيتين إلى القضيب ؛

وقطع الأنبوبين (لدى الأنثى) لمنع مرور البويضة المؤنثة من المبيضين إلى مكان تلقيحها في الرحم. (فاخوري، ١٩٧٢)

٦- الإجهاض:

ويعني الوفيات المبكرة للأجنة المستحثة بضمنها تلك القانونية وغير القانونية. في الاستخدام الطبي، الإجهاض يعني إخراج الجنين الدائم، بخاصة في أي وقت قبل أن يكون قادراً على مواصلة الحياة. (Shryock, 1976)

الإجهاض ثلاثة أنواع:

١- **الإجهاض الطبيعي**: وهو الذي يحدث بصورة تلقائية من دون تدخل أحد حيث يخرج الجنين من جوف الرحم بعد توقفه عن النمو بسبب ضعف إفرازات المبيض الهرمونية أثناء الحمل، وبسبب بعض الإمراض التي قد تصيب أعضاء الجسم أثناء الحمل.

٢- **الإجهاض الطبي**: وهو الإجهاض الشرعي – القانوني المصرح به الذي يجربه طبيب في العيادة في بعض الحالات المرضية كالإصابة بالروماتزم وأمراض القلب والرئتين والكليتين لانقاد حياة الأم أو لأسباب أخرى منها منع تطور الحمل.

٣- **الإجهاض المفتعل**: وهو الإجهاض السري، غير الشرعي الذي تقوم به الحامل بنفسها أو تجريه قابلة غير مأذونه.

وتختلف نظرة الشعوب إلى الإجهاض. فمن جهة، تكون بعض الأقطار أكثر مرونة في نظرتها إلى الإجهاض وتبيح استخدامه – كوسيلة من وسائل تحديد النسل- على نطاق واسع، بخاصة الدول الغربية واليابان. ومن جهة أخرى تعارض بعض الشعوب ممارسة الإجهاض وتحرمه المجتمعات الإسلامية كافة.

ويعتبر الإجهاض في كثير من البلدان الغربية أحد وسائل تحديد النسـل بين الشابات غير المتزوجات كالسويد. وقد أصبحت قـوانين الإجهـاض في هـذه البلدان أكثر استخداماً من ذي قبل.

الخلاصة:

الطرق الرئيسية التـي أدت إلى انخفاض الخصوبة يمكـن تصـنيفها إلى الأسباب التقريبية والمحددات الاقتصادية والاجتماعية الأكثر أهمية التي تعمل من خلالها . من بين الأسبـاب التقريبيـة يمكـن أن نـذكر أكثرهـا أهميـة وهـي استخدام وسائل تحديد النسل للحد من الولادات أثناء الزواج حـالات الاقتران الأخرى، بخاصة المعايشه بصـفة أزواج. كـما أن الإجهـاض المتعمـد لعـب دوراً هاماً في تخفيض الخصوبة بالنسبة للأقاليم المتقدمة، وكذلك بالنسـبة لبعض البلدان النامية.

تم تخفيض الخصوبة عن طريق تقليل عدد الأولاد. عـدم القـدرة عـلى الإنجاب لم يلعب دوراً كبيراً حتى الآن في تفسير الخصوبة المنخفضة في الأقاليم المتقدمة، ربما سيلعب ذلك في المستقبل.

في البلدان النامية، أدى انخفاض الوفيـات دوراً هامـاً في تمهيـد الطريـق نحو انخفاض الخصوبة. الإقبال الشديد على التعليم لدى جميع الأقاليم الناميـة يمكن أن يولد ضغوطاً متواصلة على معدلات الخصوبة في أي جيل معين، يـرتبط الطلب على التعلم مع زيادات في كُلف ووقت الوالدين (والمال) المبذولـة عـلى إنجاب الأطفال وتربيتهم، وعادة ما يؤدي هذا إلى استبدال الرغبة في عـائلة كبيرة بالرغبة في عائلة صغيرة الحجم . الآثار المقللة للخصوبة تعمل أيضاً عـبر الأجيـال كما أظهرت عـدة دراسـات، الوالدون الحاصلون عـلى تعليم مرتفع يُـرجح أن ينجبوا أطفالاً أقل عدداً ولكن أكثر تعليماً: تتجلى كلف الفرص الضـائعة عـلى أنجاب الأطفال بوضوح بواسطة ظهور أعمال أكثر دخلاً بالنسبة للنساء في مهـن خارج المنزل، التي كثيراً ما تتعارض مع العناية بالأطفال. كما أن نمو الدخل يمكـن أن يدعم الرغبة في عوائل أصغر، فضلاً عن انتشار أفكارٍ جديدة حول مسؤوليات

الوالدين المناسبة في أنجاب الأطفال، أهمية التعليم وقبول الوسائل الحديثة لتحديد النسل.(Castirline,2001).

بين البلدان المتقدمة كانت الدوافع الرئيسية لانخفاض الخصوبة مشابهة لأسباب انخفاض الخصوبة في البلدان النامية ذات الخصوبة العالية سابقاً : ارتفاع تكاليف الوقت والمال لإنجاب وتربية الأبناء . التوتر بخاصة بالنسبة لنساء ، بين الأدوار الوالدية وكل من الفرص التعليمية ومكان العمل، وإحراز كثير من الرضا النفسي – الاجتماعي المقترن بإنجاب الأولاد من خلال تجربة إنجاب طفل أو طفلين. كما أدت بعض هـذه العوامـل إلى التراجع عـن الزواج واستبداله بأنواع الاقتران الأخرى في البلدان ذات الخصوبة الواطئة أمـا بخصوص المستقبل فقد بات من المتوقع أن تنخفض مستويات الخصوبة لأول مرة في الأقاليم النامية دون ٢٫١ أطفال للمرأة الواحدة في وقت ما في القرن الحادي والعشرين؛ وبذلك ستقترب مستويات الخصوبة في البلدان النامية من نظيراتها في البلدان المتقدمة للمرة الأولى في تاريخ البشرية وستعاني جميعا من نقص في القوى العاملة.

الفصل السادس
الصحة والوفاة

مقدمة:
أ- قياس الوفيات
ب- الاتجاهات الماضية والمستقبلية للوفيات
١- الاتجاهات الماضية للوفيات .
٢- تحول الوفيات في النصـف الثـاني مـن القرن العشرين
٣- دليل اختلاف الوفيات
٤- الحياة المتوقعة في المستقبل
ج- وفيات الأمهات
د- اختلاف الوفيات
١- الاختلافات العمرية
٢- الفـروق في الحيـاة المتوقعـة حسـب الجنس
٣- الوفيات والحالة الزوجية
٤- الوفيات ومحل الإقامة
٥- التباين الطبقي للوفيات
هـ- أسباب الوفيات
١- تحول أسباب الوفيات
٢- التأثير الديمغرافي لوباء الايدز (نقـص المناعة المكتسبة)
الخلاصة:

الفصل السادس

الفصل السادس
الصحة والوفاة

مقدمة:

أدت الوفيات في الماضي دوراً هاماً في الحد من نمو السكان فقـد رافـق الثورتين الصناعية والزراعية في الغرب في منتصف القرن الثامن عشر ـ انخفـاض متواصل في معدل الوفيات لدى الأقطار المتقدمـة حاليـاً في أوربا ومن ثـم في البلدان التي استوطنها الأوربيون عبر البحار بينما ظلت معدلات الولادة عالية نسبياً مما أسهم في زيادة معدل النمو السكاني بصورة تدريجية.

وفي منتصف القرن العشرين انخفضت معدلات الوفيـات بسـرعة لـدى البلدان النامية بينما حافظت معدلات الـولادة علـى مسـتوياتها العاليـة فأدى ذلك إلى "الانفجار السكاني" في هذه البلدان كذلك. وبعد أن أصبحت معدلات الوفيات الآن معتدلة في أغلب البلدان النامية قل دور الوفيات بينما زاد دور الخصوبة أهمية في الحد من نمو السكان. وبالإضافة إلى دور الوفيات في تحديد عدد السكان فأنها تؤثر كـذلك في التركيـب العمـري للسكان، رغـم أن تأثيرهـا بهذا الخصوص اقل بكثير من تأثير الخصوبة.

رغم ارتباط الحالة الصحية للسكان بالوفيات فإن تحليـل الحالـة الصحيـة للسكان لم يلق الاهتمام الكاف من لدن الباحثين الـديمغرافيين وذلك بسـبب قلـة البيانـات الضـرورية وقلـة تطور أسـاليب التحليـل المسـتخدمة في قيـاس الأحوال الصحية للسكان. (Linder, 1959)

تتأثر الحالة الصحية للأفراد والجماعـات وبالتـالي مسـتويات الوفيات للسكان بعـدد كبـير ومنوع مـن العوامـل المتداخلـة مثـل العوامـل البيولوجيـة، الاقتصـادية، الاجتماعية، والحضارية والثقافية. وغالباً ما يتم التميز بين العوامل البيولوجية والعوامـل البيئية. وهذه الدراسة منصبة بصورة أساسية على العوامل الأخيرة ولا تهتم إلا نادراً

بدراسة عامل التركيب الوراثي للسكان والاختبار الطبيعي لأنها تقع خارج نطاق الديمغرافيا الاجتماعية.

تهتم هذه الدراسة بالأحرى بدراسة العلاقات المتبادلة بين العوامل الديمغرافية، الاقتصادية، الاجتماعية والثقافية من جهة، وبين مستويات الوفيات واتجاهاتها ، من جهة أخرى. ومن بين العوامل الديمغرافية المؤثرة في الوفيات : التركيب العمري والجنسي للسكان ، وذلك لان معدل الوفيات الخام يتأثر بنسبة صغار السن وكبار السن إلى جانب تأثره بنسبة الجنس.

أما العوامل الاقتصادية والاجتماعية المؤثرة في مستويات الوفيات فهي كثيرة ومتنوعة، نذكر منها على سبيل المثال لا الحصر؛ مكان الإقامة، الحالة الزوجية، المكانة الاجتماعية الاقتصادية (مثل المهنة، معرفة القراءة والكتابة، المستوى التعليمي حجم المكان، الخصائص العنصرية والاثنية، الدين، القومية وما شابه ذلك)، وتختلف الوفيات كذلك باختلاف خصائص الجماعة والمحيط الجغرافي. هذه الخصائص تشمل المناخ نوعية الخدمات الصحية والطبية، الظروف البيئية مثل نوع إمداد المياه، درجة التلوث البيئي، وكمية ونوعية المواد الغذائية المتوافرة. (Shryock, 1976:224)

تساعدنا البيانات المتعلقة بمستويات الوفيات واتجاهاتها في مختلف أقاليم العالم ومناطق وبلدانه وبين مختلف الفئات والطبقات الاجتماعية في التوصل إلى استنتاجات حول العوامل المؤثرة في معدلات الوفيات، فضلاً عن معرفة أصناف الأمراض وأسبابها.

أ- قياس الوفيات

طبيعة إحصاءات الوفيات واستخدامها:

الوفاة حادثة حيوية رئيسية وهي ثانيـة العمليات الحيويـة كـما أنهـا ثانية العوامل الرئيسية الثلاثة (الولادات والوفيات والهجرة) التي تؤثر في عـدد السكان وتوزيعهم وتركيبهم . يمكن على وجه العمـوم القـول أن هنـاك حاجـة ماسة إلى إحصـاءات الوفيـات لأغـراض الدراسـات الديمغرافيـة ولإدارة الصحة العامة الاستخدامات الأكثر أهمية لإحصاءات الوفيات تتضمن:

١- تحليل الحالة الديمغرافية الراهنة للسكان فضلاً عن إمكانيات نموهم؛

٢- تلبية حاجة وكالات الصحة العامة في مجـال تطـوير وإدارة وتقـويم بـرامج الصحة العامة؛

٣- تحديد السياسة الإدارية ودورها في مجـال بـرامح الوكـالات الحكوميـة غـير تلك المعنية بالصحة العامة؛

٤- تلبية الحاجة إلى معلومـات عـن التغـيرات السـكانية بالنسـبة إلى مختلـف الأنشـطة المهنيـة والتجاريـة. إحصـاءات الوفيـات ضروريـة مـن أجـل تحليـل التغيرات السـكانية الماضـية اللازمـة لعمـل الإسـقاطات السـكانية والخصـائص الديمغرافية الأخرى. والأخيرة تُستخدم في تطوير خطـط الإسـكان والتسـهيلات التعليمية وإدارة بـرامج الضـمان الاجتماعـي، وإنتـاج وتـوفير خـدمات وسـلع لمختلـف الجماعـات السـكانية . تحليـل إحصـاءات الوفيـات أسـاسي لـبرامج السيطرة على الأمراض.(Shryock, et.al, 1976:221) .

قـد تـوفر التعـدادات السـكانية والمسـوحات العينيـة بيانـات مفصـلة تسمح بـإجراء تحليـلات إحصـائية كاملـة للوفيـات وأسـباب الأمـراض . تُنشرـ إحصـاءات الوفيـات عـادة في كتـاب السـكان السـنوي للأمـم المتحـدة أو في مجلدات خاصة بالإحصاءات الحيوية.

عوامل هامة في التحليل:

تختلف الوفيات كثيرا بخصوص بعض السـمات المميـزة للمتـوفى والحـدث هذه الخصائص المتعلقة بالحدث والمتوفى تحدد الخصائص الرئيسية ذات الأهميـة في التحليل الديمغرافي للوفيات.

نظراً للعلاقة القوية بين العمر وخطر الموت ، يمكن أن يعتبر العمر من أهم المتغيرات الديمغرافية في تحليل الوفيات. وهنـاك بعـض العوامـل الأخرى التي تفوق العمر في أهميتها مثل فتـرة العجـز بالنسبة للأشخاص المعوقين، سبب المرض بالنسبة للراقدين في المستشفى. الخصائص الأخرى للمتوفى ذات الأهمية الرئيسية تشمل عمره، وجنسه ومحل إقامته الاعتيادي. أمـا بخصـوص العناصر الأساسية للحـدث فتضـم سـبب الوفـاة مكـان وقوع الوفاة وتاريخ حصول الوفاة وتسجيل الوفاة.

الخصائص الأخرى للمتوفى ذات الأهمية في تحليل الوفيات هي الحالـة الزواجية، المكانة الاجتماعية- الاقتصادية (أي، التعليم والدخل والمهنة، ومكـان الإقامة وما إلى ذلك). كما تختلف الوفيات بحسب الظروف البيئية.

مصادر بيانات دراسات الوفيات:

أصبح عمل سجلات للوفيات من الوظائف الأساسية للحكومـات في الـدول العصرية وقيمة هذه البيانات بالنسبة لمكافحة الأمراض المعدية والوقاية منهـا قـد تكون وحدها كافية لتبرير عمل مثل هذه السجلات وما تتطلبه من جهد ونفقـات ويتم تدوين الصفات الرئيسية للمتوفى (كالعمر، والجنس والحالة الزواجية والمهنة، وما شابه ذلك) ثم تشخيص دقيق لسبب الوفاة. ومن المعلوم أن أسـباب الوفاة لا تزال تفتقر إلى التحديد العلمي الدقيق في البلدان النامية كافة.

إن نظام سجل الإحصـاءات الحيويـة كالوفيـات يحتمـل أن يكـون غـير دقيق في البلدان المتخلفة، مما يتطلب الاهتمام بمصادر أخرى لقياس الوفيات. المصادر البديلـة الرئيسـية هـي: التعـدادات السكانية والمسـوحات العينيـة والسجلات الدائمة.

مقاييس الوفيات:

يمكن أن يُعبر عن مستويات الوفيات واتجاهاتها وتوقعاتها باستخدام بعض المؤشرات التي تعبر عن هذه الظاهرة أصدق تعبير، وهي تضم المقاييس الآتية:

١- معدل الوفاة الخام:

وهو عبارة عن عدد الوفيات خلال سنة واحدة لكل ١٠٠٠ من السكان في منتصف السنة أي أن :

$$\text{معدل الوفاة الخام} = \frac{\text{عدد الوفيات خلال السنة}}{\text{عدد السكان في منتصف السنة}} \times ١٠٠٠$$

يستخدم عدد السكان في منتصف السنة كتقدير لمتوسط عدد السكان المعرضين لخطر الوفاة خلال السنة وذلك لعامين متعاقبين من اليوم الأول لشهر كانون الثاني.

ونظراً لتأثير معدل الوفاة الخام بالتركيب العمري للسكان، فيفضل استخدام الحياة المتوقعة عند الولادة بدلاً من ذلك.

٢- الحياة المتوقعة عند الولادة:

هي عدد السنوات التي من المتوقع أن يحياها طفل حديث الولادة في حالة استمرار أنماط الوفيات السائدة عند ولادته على ما هي عليه طوال حياته.

٣- معدل وفيات الأطفال الرضع:

هو عدد وفيات الأطفال الذين لم تتجاوز أعمارهم سنة واحدة في سنة ما مقسوماً على مجموع الأحياء في تلك السنة مضروباً في ١٠٠٠,

٤- معدل وفيات الأطفال دون سن الخامسة:

هو عدد وفيات الأطفال دون سن الخامسة خلال سنه ما مقسوما على عدد سكان الفئة العمرية المناظرة في منتصف السنة مضروباً في ١٠٠٠.

٥- معدل الوفيات النفاسية (الأمهات):

هو عدد وفيات النساء في مرحلة النفاس لأسباب مرتبطة بمضاعفات الحمل والولادة لكل ١٠٠،٠٠٠٠ مولود حي سنويا.

ب- الاتجاهات الماضية والمستقبلية في الوفيات

١- الاتجاهات الماضية للوفيات:

كانت الحياة المتوقعة في أوربا خلال القرنين السادس عشر والسابع عشر نادراً ما تتجاوز (٣٠-٤٠) سنة وتقلبت معدلات الوفيات كثيراً من سنة إلى أخرى؛ بحسب مجلس البحث القومي. ,National Research Council) (2000 وعندما اتجهت معدلات الوفيات في الغرب نحو الانخفاض ، مرت بعدة مراحل؛ المرحلة الأولى، الظاهرة للعيان في شمال غرب أوربا حوالي ١٧٠٠ إلى ١٨٠٠، تميزت بقلة التذبذب في الوفيات. أدى تحسن وسائل خزن الغذاء والنقل، بالإضافة إلى بداية التكامل الإقليمي للأسواق إلى تقلص الوفيات الناجمة عن المجاعات (Lee,2003) وفي المرحلة التاريخية الثانية، الواضحة في مطلع القرن التاسع عشر، في إنكلترا وأربا الشمالية ، بدأت مستويات الوفيات ذاتها بالانخفاض . وعند نهاية القرن التاسع عشر، ارتفع مستوى الدخل وتحسنت التغذية، فضلاً عن تطور الخدمات الصحية العامة، مما أدى إلى المزيد من الانخفاض في الوفيات وفي مطلع القرن العشرين، بدأت المرحلة الثالثة وما صاحبها من سرعة انخفاض الوفيات، بخاصة انخفاض وفيات الرضع والأطفال وزيادة الحياة المتوقعة للراشدين الشباب. وأخيراً بدأت المرحلة الرابعة منذ حوالي ١٩٦٠، وقد تميزت بزيادة الحياة المتوقعة للسكان في الأعمار كافة.

أسباب الوفيات العالية في الماضي

قبل أن تبدأ الوفيات في الدول المتقدمة بالانخفـاض في القـرن التاسع عشر، كانت معدلات الوفيات في تلك الدول عالية جداً ويعود ارتفاع معدلات الوفيـات إلى أربعة عوامـل رئيسـية هـي: تفشي- المجاعات والـنقص المـزمن في الغذاء ، انتشار الأوبئة والأمراض كثرة الحروب ، تـدهور الظروف في المناطق الحضرية.

١- المجاعات ونقص الغذاء:

ظلت المجاعـات ونقـص الغـذاء في أوربا منتشرة حتـى أواخـر القرن التاسع عشر. ففي أوربا الغربية وحدها وقعت ٤٥٠ مجاعـة محلية ما بين ١٠٠٠ إلى ١٨٨٥. كما حدثت مالا يقل عن تسعة مواسم كسـاد في المحاصيل الزراعية في البلدان الأسكندنافية فيما بين ١٧٤٠-١٨٠٠ مما أدى إلى ارتفاع كبير في معدلات الوفيـات. وخـلال الفترة مـا بـين ١٨٤٦-١٨٥١، اجتاحت ايرلنـدة مجاعة خطيرة بسبب النقص في محصول البطاطا، الغذاء الشعبي آنذاك؛ فأدت إلى وفاة مالا يقل عن ٨٥٠ ألف شخصاً (Cousens ,1960). كما أن المجاعـات كانت منتشرة أيضاً في عدد من الأقطار النامية، ففـي الفـترة مـا بـين ١٠٨ قبـل الميلاد ز ١٩١١ ميلادية. وقعت في الصين ١٨٢٨ مجاعة (Thompson,1965): وفي الفترة مـا بـين ١٧٧٦-١٨٧٦، اجتاحـت شـمال غـرب الصـين موجـة مـن المجاعات أدت إلى وفاة ما بين ٩-١٣ مليون شخصاً. (Davis, 1951)

ويبدو أن المجاعات في مصر كانت متواصلة، كما جاء في القران الكريم قوله تعالى ((سَبْعِ بَقَرَاتٍ سِمَانٍ يَأْكُلُهُنَّ سَبْعٌ عِجَافٌ)) يوسف الآية ٤٦. ويقـدر ديفز عدد الوفيات في الهند الناجمة عن المجاعات بين ١٨٩١-١٩٠١ بحوالي ١٩ مليون نسمة. (Davis, 1951-39)

وفضلاً عن ذلك، كانت المجاعـات منتشرة في بلـدان أخـرى عديـدة في البلدان المتخلفة حتى الوقت الحاضر.

٢- الأوبئة والأمراض المعدية:

يذكر هانزسنر الأخصائي بعلم الأمراض، أن مجرى التأريخ البشري قد تعرض إلى فعل الأمراض المزمنة والأوبئة أكثر من تعرضه لأعمال مشاهير الرجال . لقد عانى الجنس البشري كثيراً من دمار الأمراض المعدية والأوبئة وكذلك أمراض الأطفال التي أدت إلى وفاة أعداد كبيرة من الناس حتى وقت قريب، بخاصة بين سكان القرى والمدن المزدحمة بالسكان. (Bogue, 1969)

يعتبر وباء الطاعون أكثر من بقية الأمراض الأخرى خطورة على الجنس البشري. فقد ذكرت الوثائق المدونة أن الموت الأسود الذي أصاب أوربا فيما بين ١٣٤٨-١٣٥٠، أدى إلى وفاة ٢٥ مليون نسمة أو ما يعادل ربع سكانها آنذاك، كما ذكر بأن إيطاليا فقدت نصف سكانها، وفقدت فرنسة وانكلترا ثلث سكانها.

(Thompson,1965:396-97)

وفي عام ١٦٠٣، أدى انتشار وباء الطاعون إلى القضاء على خمس سكان مدينة لندن، كما قضى على سدس سكانها في عام ١٦٢٥. وقبل نهاية القرن التاسع عشر ، أدى انتشار مرض الطاعون، الجدري والكوليرا إلى وفاة ملايين الناس.

(Unted.Nations.1953:52)

٣- الحروب:

رغم أن الحروب تعتبر من العوامل الهامة في ارتفاع مستويات الوفيات إلا أن تأثيرها الدقيق في الوفيات يصعب قياسه. تحدث وفيات بين أفراد القوات المسلحة أثناء المعركة أو بعد انتهائها بسبب الإصابات الخطيرة أو بسبب الأمراض والكوارث الأخرى الناجمة عن الحروب ، فضلاً عن الأضرار التي تصيب المدنيين العزل.

تشير بعض التقديرات الحديثة إلى أن الخسائر العسكرية والمدنية التي لحقت بسكان الدول التي اشتركت في الحرب العالمية الثانية بلغت حوالي ٥٠ مليون نسمة، ناهيك عن فقدان ملايين الأرواح في الحرب العالمية الأولى والحروب الإقليمية والمحلية. ومما تجدر الإشارة إليه في هذا الصدد هو أن التقدم العلمي زاد من فاعلية الطب في السيطرة على الإمراض وانقاد حياة ملايين البشر من خطر الموت المحتم؛ إلا أنه في الوقت ذاته زاد في خطورة الأسلحة الحديثة الفتاكة كالقنبلة الذرية والهيدروجينية وما شابه ذلك، التي يتعرض لها المقاتلون خلال الحروب المحلية، والنزاعات المسلحة.

٤- الظروف المتدهورة في المناطق الحضرية:

تشير الوثائق التاريخية إلى أن الأحوال الصحية لسكان الريف كانت أفضل من الأحوال الصحية في المدن الكبرى المكتظة بالسكان والمحتاجه إلى الخدمات الأساسية عموماً، في كافة البلدان الأوربية وأمريكا الشمالية قبل بداية القرن العشرين. وتعاني الأحياء المتخلفة في المدن الكبرى أكثر من غيرها من تفشي الفقر والبطالة والجهل وتدهور الأحوال الصحية حتى الوقت الحاضر.

وتعاني معظم هذه البلدان من انتشار وباء الايدز منذ منتصف الثمانينات مما أدى إلى زيادة معدل الوفيات لديها وبالتالي انخفاض الحياة المتوقعة.

وبالإضافة إلى وباء الايدز، لعبت الاضطرابات السياسية والاجتماعية والاقتصادية دوراً كبيراً في تخفيض الحياة المتوقعة . إن تفكك الاتحاد السوفيتي السابق وتراجع فوائد العناية الصحية المقدمة سابقاً بواسطة تلك الدولة، أدت إلى تدهور حقيقي في الحياة المتوقعة، بخاصة للرجال في معظم أرجاء أوربا الشرقية.

بالنسبة للبلدان المتخلفة، ما زال هناك مجال واسع أمامها لتخفيض معدلات وفيات الرضع والأطفال . وتلعب الزيادات في تعليم النساء ، توفير العناية الطبية الحديثة عند الولادة، توسيع نطاق التلقيح ضد الأمراض وتحسن التغذية دوراً كبيراً في هذا الشأن.

٢- تحول الوفيات في النصف الثاني من القرن العشرين:

أفادت تحسنات الوفيات في النصف الثاني مـن القرن العشـرين نسـبة كبيرة من سكان العالم، في مطلع الخمسـينات ، عـاش ٦٠ % مـن السـكان في العالم في بلدان كانت فيها الحياة المتوقعة منذ الـولادة اقل مـن ٥٠ سـنة. في ٢٠٠٠-٢٠٠٥، انخفضت هـذه النسـبة إلى ١٠% ، وفي غضـون ذلـك، ارتفعـت الحصة من سكان العالم المقيمين في بلدان لديها حياة متوقعة ٧٠ سنة أو أكثر من أقل من ١% في ١٩٥٠-١٩٥٥ إلى أكثر من ٥٠ % في ٢٠٠٠-٢٠٠٥. في الوقت الحاضر تستمر الأقاليم المتقدمة بالتمتع بحياة متوقعة أفضل في المتوسط مـن الأقاليم النامية. منـذ ١٩٥٠، اسـتمرت الحيـاة المتوقعـة في الأقـاليم المتقدمـة بالزيادة (جـدول ٨) حتـى بلغـت ٧٥,٦ سـنة في ٢٠٠٠-٢٠٠٥. الانخفاضـات السـريعة في مطلـع القـرن العشـرين كانـت تعـود بالدرجـة الأولى إلى تنـاقص الوفيات الناجمة عن الأمراض المعدية بين الأطفال والشباب. مـا إن أصبحت معدلات الوفيات لـدى الفئـات العمريـة الفتيـة واطئـة جـداً، حتـى أصبحت الزيادة الأكثر في الحيـاة المتوقعة ممكنة فقـط بسـبب التقدم في القضـاء علـى الأمراض المزمنة لكبار السن.

بعد ١٩٥٠، تحسنت الأحوال الصحية والمعاشـية علـى نحـو متزايـد في العالم فتمكنت الأقاليم النامية مـن تحقيق تقدم كبـير في تخفيض معدلات وفيات الأمراض المعدية ونتيجة لذلك، زادت الحياة المتوقعة على نحو أسرع في الأقاليم النامية عموماً. وبناء عليـه، تقلصت الفجـوة في الحيـاة المتوقعـة بـين الأقاليم النامية والمتقدمة من ٢٥ سنة في ١٩٥٠-١٩٥٥ إلى ١٢,٢ سنة في ٢٠٠٠-٢٠٠٥.(جدول ٨)

جدول (٨)

الحياة المتوقعة منذ الولادة حسب المجموعات الإنمائية والمناطق الرئيسية ، ١٩٥٠-١٩٥٥، ٢٠٠٠-٢٠٠٥ و٢٠٤٥-٢٠٥٠

المجموعة الإنمائية والمنطقة الرئيسية	الحياة المتوقعة منذ الولادة بالسنوات		
	١٩٥٠-١٩٥٥	٢٠٠٠-٢٠٠٥	٢٠٤٥-٢٠٥٠
العالم	٤٦,٦	٦٥,٤	٧٥,١
الأقاليم المتقدمة	٦٦,١	٧٥,٦	٨٢,١
الأقاليم النامية	٤١,١	٦٣,٤	٧٤,٠
أقل البلدان نمواً	٣٦,١	٥١,٠	٦٦,٥
بقية البلدان النامية	٤١,٩	٦٦,١	٧٦,٣
أفريقيا	٣٨,٤	٤٩,١	٦٥,٤
أسيا	٤١,٤	٦٧,٣	٧٧,٢
أمريكا اللاتينية	٥١,٤	٧١,٥	٧٩,٥
أمريكا الشمالية	٦٨,٨	٧٧,٦	٨٢,٧
الأوقيانوس	٦٠,٤	٧٤,٠	٨١,٢
أوربا	٦٥,٦	٧٣,٧	٨٠,٦

Source :Ibid. Table 1v.1,p,55.(2005)

الاتجاه العام الصاعد في الحياة المتوقعة يخفي تباينات داخل الأقاليم النامية. على سبيل المثال. بلغ متوسط الحياة المتوقعة منذ الولادة في أقل البلدان نمواً ٥١,٠ سنة في ٢٠٠٠-٢٠٠٥، أكثر من ١٥ سنة دون مستوى بقية البلدان النامية، في ١٩٥٠-١٩٥٥، كان الفرق بين هاتين المجموعتين ٦ سنوات فقط.

شهدت أسيا وأمريكا اللاتينية والكاريبي زيادة متواصلة في الحياة المتوقعة خلال النصف الثاني من القرن العشرين. حققت أمريكا اللاتينية والكاريبي المستوى الأعلى في الحياة المتوقعة بين المناطق الرئيسية في الأقاليم النامية ، من ٥١,٤ سنة في ١٩٥٠-١٩٥٥ إلى ٧١,٥ سنة في ٢٠٠٠-٢٠٠٥ . حدثت الزيادة الأكبر بين جميع المناطق الرئيسية في

أسيا، حيث ارتفعت الحياة المتوقعة مـن ٤١,٤ سـنة في ١٩٥٠-١٩٥٥ إلى ٦٧,٣ سنة في ٢٠٠٠-٢٠٠٥.

وبخلاف المناطق الرئيسية الأخرى في الأقاليم النامية بـدأت أفريقيـا تشهد انخفاضاً في الحياة المتوقعة منذ عام ١٩٨٠. بلغت الحياة المتوقعة في أفريقيا ٤٩,١ سنة فيما بين ٢٠٠٠-٢٠٠٥ بعد أن كانت ٥١,٥ سنة فيما بين ١٩٨٥-١٩٩٠ .

على الرغم من أن انخفاض الحياة المتوقعة في أفريقيا يعود إلى انتشـار وباء نقص المناعة المكتسبة (الايدز) ،إلا أن عوائـل أخـرى لعبـت دوراً في هـذا المجال، بضمنها الحروب الأهلية والركود الاقتصادي وانتشار بعض الأمـراض المعدية كالسل والملاريا الاستثناء الوحيد هي إفريقيا الشـمالية التـي اسـتمرت فيها الحياة المتوقعة بالزيادة.

أما بخصوص المناطق المتقدمـة، فقـد اتسعت الفجـوة الإجماليـة بـين أمريكـا الشـمالية وأوروبـا منـذ السـتينات في الفتـرة ١٩٦٠-١٩٧٠، تميـزت المنطقتان بتشابه الحياة المتوقعة التـي بلغـت ٧٠,٥ سـنة و٧٠,٦ سـنة في كـل منهما على التوالي ، إلا أن أمريكا الشمالية فيما بعد، حققت زيادة متواصلة في الحياة المتوقعة حتى وصلت إلى ٧٧,٦ سنة فيما بين ٢٠٠٠-٢٠٠٥ . أما أوربـا، من جانب أخر، فقد تعرضت إلى خطر انخفاض الحياة المتوقعـة منـذ أواخـر الستينات إلى التسعينات. ونتيجة لذلك، فقد وصلت الحياة المتوقعـة في أوربـا إلى ٧٣,٧ سنة فيما بين ٢٠٠٠-٢٠٠٥، وهي اقل من مسـتوى أمريكـا الشـمالية بحوالي ٤ سـنوات . الاتجـاه الراكـد في أوربـا عمومـاً تـأثر بشـدة بالانخفـاض الملحوظ للحياة المتوقعة في أوربا الشرقية، بخاصة في الاتحاد الروسي وأوكرانيا الأكثر سكاناً في الإقليم عـلى اثر انهيـار الاتحـاد السـوفيتي السـابق وتدهور الأحوال الصحية والمعاشية للسكان.

أما الأقاليم الأوربية الأخرى فقد كانت مستويات الحياة المتوقعة لـديها في ٢٠٠٠-٢٠٠٥ قريبة من مستوى أمريكا الشمالية أو تزيد عليه قليلاً. البلـدان الباقيـة الثلاثة في الأقاليم المتقدمة، أستراليازيلندةالجديدةواليابان لديهاحياةمتوقعة فيما بين

٢٠٠٠-٢٠٠٥ (٨٠,٢، ٧٩,٠ ، ٨٠,٥) على التعاقب،وهي أعلى من المعدلات في أوربا وأمريكا الشمالية.

إن التفاوتات الكبيرة للحياة المتوقعة داخل الأقاليم المتقدمة والنامية تمثل الفروق الواسعة التي تميز حالة الوفيات في العالم. في ٢٠٠٠-٢٠٠٥. تراوحت مستويات الحياة المتوقعة في الأقاليم المتقدمة من ٨١,٩ سنوات في اليابان ٨٠,٦ في ايرلندة، ٨٠,٤ في سويسرا إلى ٦٥,٤ سنة في الاتحاد الروسي ٦٦,١ في أوكرانيا . وهناك بعض البلدان الصناعية المتقدمة داخل الأقاليم النامية تتمتع بمستويات عالية جداً من الحياة المتوقعة. على سبيل المثال ، ٨١,٥ سنة هونك كونك ٨٠,٠ سنة في جزيرة مكاو التابعة للصين. ومن الجانب الآخر ، تنحدر مستويات الحياة المتوقعة كثيراً في بعض البلدان المتخلفة. ففي ٢٠٠٠-٢٠٠٥ ، بلغت ٣٢,٩ سنة في سوازيلند ٣٦,٦ سنة في بوتسوانا ، ٣٦,٧ سنوات في ليسوثو . ويعود السبب في انخفاض الحياة المتوقعة في هذه البلدان الثلاثة إلى تفشي وباء نقص المناعة المكتسبة.(U.N.2005:57)

٣- دليل اختلاف الوفيات

من أجل التقدير، على أساس مقارن ، للتغيرات الحاصلة في مختلف الأقاليم أو المناطق أو البلدان بخصوص الزيادات في الحياة المتوقعة، تم حساب "دليل انخفاض الوفيات" بواسطة مقارنة الزيادة في الحياة المتوقعة المسجلة بواسطة إقليم معين بين ١٩٥٠-١٩٥٥ و٢٠٠٠-٢٠٠٥ و الزيادة القصوى الممكنة . هذا "الأجراء يعنى إثبات الفرق بين الحياة المتوقعة القصوى التي بلغها قطر ما في ٢٠٠٠-٢٠٠٥ (بخاصة ٨٠,٥ سنة في اليابان) والمستوى المسجل بواسطة ذلك القطر" والإقليم الخاضع للدراسة في ١٩٥٠-١٩٥٥ بمعنى، إذا كانت الحياة المتوقعة للفترة الأولى $\ell_0(1)$ ومستوى الحياة المتوقعة للفترة الثانية $\ell_0(2)$، و $\ell_0(M)$ ترمز إلى الحياة المتوقعة القصوى المحتملة الوقوع ، فإن دليل انخفاض الوفيات يحسب على النحو الآتي:

$$\text{دليل انخفاض الوفيات} = \frac{100(\ell_0(1) - \ell_0(2))}{\ell_0(1) - \ell_0(M)}$$

بناءً عليه، يمثل الدليل الجزء من الزيادة القصوى المحتملة للحياة المتوقعة التي تم تحقيقها فعلاً، كلما ارتفع الدليل، أصبح الإقليم أو القطر أقرب إلى إحراز اكبر انخفاض محتمل للوفيات.

كما يوضح جدول (٩) يبلغ دليل انخفاض الوفيات في العالم ٥٥,٥ في المائة، ذلك المستوى المحدد إلى حد كبير بواسطة الأقاليم النامية (٥٦,٦ في المائة) نظراً لأنها تمثل ٨١% من سكان العالم. البلدان الأقل نمواً، بدليل ٣٣,٦ في المائة، مسؤولة إلى حد كبير عن النقص الذي تعرضت له البلدان النامية ككل. على الرغم من أن دليل انخفاض الوفيات لهذه التجمعات الواسعة واضح، فإنه يخفي اختلافات في الأقاليم الأصغر والبلدان المختلفة.

يشير دليل انخفاض الوفيات الموضح في جدول (٩)، إلى أن الأقاليم الإفريقية لا تتميز بانخفاض الحياة المتوقعة في ٢٠٠٠، ٢٠٠٥ فحسب وإنما بتحقيق تقدم متواضع بالنسبة إلى أقصى- زيادة محتملة. لم تحقق إفريقيا عموماً سوى ربع الزيادة القصوى المحتملة بين ١٩٥٠- ١٩٥٥ و ٢٠٠٠- ٢٠٠٥ (٢٥,٤ في المائة)، فقط إفريقيا الشمالية أحرزت أكثر من نصف تلك الزيادة المحتملة، بقيمة دليل ٥٩ %. (United. Nations; ٢٠٠٢:٦٦)

وعلى العكس من القارة الإفريقية تماماً، حققت بقية المناطق الأخرى في آسيا وأمريكا اللاتينية تقدماً كبيراً في تخفيض مستويات الوفيات، وبالتالي، زيادة الحياة المتوقعة. بلغ دليل انخفاض الوفيات في آسيا ٦٦,٢ في المائة، أي ما يعادل ثلثي تلك الزيادة المحتملة، بينما حققت أمريكا اللاتينية ٦٩,١ بالمائة من تلك الزيادة المحتملة جدول (٩).

في أوروبا حيث كانت الحياة المتوقعة مرتفعة تماماً في ١٩٥٠- ١٩٥٥، لم يتحقق سوى أكثر مـن نصـف تلـك الزيـادة المحتملـة، بـدليل قيمتـه ٥٤,٤ في المائة. ويذكر أن هناك تفاوتاً كبيراً بين إقليم وآخر من الأقاليم الأوروبية، حيث يـتراوح المـدى مـا بـين ٢٤,٥ في المائـة في أوروبـا الشرـقية إلى ٧٩,٦ في المائـة في أوروبا الجنوبية (٦٥: ٢٠٠٢. U.N)

جدول (٩)

الحياة المتوقعة منذ الولادة، بحسب المجموعات الإنمائية والمناطق الرئيسية لكلا الجنسين، ١٩٥٠- ١٩٥٥ و ٢٠٠٠- ٢٠٠٥، مع دليل انخفاض الوفيات

المجموعات الإنمائية والمناطق الرئيسية	كلا الجنسين (سنوات)		دليل انخفاض الوفيات
	١٩٥٠-١٩٥٥	٢٠٠٠-٢٠٠٥	
العالم	٤٦,٦	٦٥,٤	٥٥,٥
الأقاليم المتقدمة	٦٦,١	٧٥,٦	٦٥,٩
الأقاليم النامية	٤١,١	٦٣,٤	٥٦,٦
اقل البلدان نمواً	٣٦,١	٥١,٠	٣٣,٦
بقية الأقاليم النامية	٤١,٩	٦٦,١	٦٢,٧
إفريقيا	٣٨,٤	٤٩,١	٢٥,٤
آسيا	٤١,٤	٦٧,٣	٦٦,٢
أمريكا اللاتينية	٥١,٤	٧١,٥	٦٩,١
أمريكا الشمالية	٦٨,٨	٧٧,٦	٧٥,٢
الاوقيانوس	٦٠,٤	٧٤,٠	٦٧,٧
أوروبا	٦٥,٦	٧٣,٧	٥٤,٤

Source: U.N. World population prospects: The 2004 Rivision 2005, vol. III, The Analytical Report, and the 2000 Rivision, 2002.

وحققت أمريكا الشـمالية والأوقيـانوس زيـادات كبـيرة نسـبياً، حيـث أحرزت كل منهما ٧٥,٢ و ٦٧,٧ في المائة على التوالي من أقصى زيادة محتملة في الحياة المتوقعة. (جدول 9)

٤- الحياة المتوقعة في المستقبل:

يتوقع أن تكون الزيادات في الحياة المتوقعة خلال نصف القرن القادم أقل من تلك المحرزة في نصـف القرن المـاضي عمومـاً، يتوقع أن تزيد الحيـاة المتوقعة في العالم ٩,٧ سنوات فيما بين 2005 - ٢٠٥٠، مقارنة بحوالي 18.8 سنة للفترة ما بين ١٩٥٠- ١٩٥٥ و ٢٠٠٠- ٢٠٠٥. (جدول ٨)

ومن المتوقع أن تحقق الأقاليم المتقدمـة زيادة ٦,٥ سـنوات في 2005- ٢٠٥٠، لتصل إلى مستوى ٨٢,١ سنة. في الأقاليم النامية يتوقع أن تكون الزيادة ١٠,٦ سـنوات، لتصل إلى ٧٤,٠ سـنة في ٢٠٤٥- ٢٠٥٠، وهكذا فقد بـات مـن المتوقع أن تتقلص الفجوة في الحياة المتوقعة بين الأقاليم المتقدمة والنامية من ١٢,٢ سـنة في ٢٠٠٠- ٢٠٠٥ إلى ٨,١ سـنوات في ٢٠٤٥- ٢٠٥٠. داخـل الأقـاليم النامية، ستستمر اقل البلدان نمواً بـالتميز في ارتفـاع الوفيـات أكـثر مـن بقيـة البلدان النامية. ومع ذلك، فمـن المتوقع أن تحقـق زيـادة قـدرها ١٥,٥ سـنة، لتصل الحياة المتوقعة فيها إلى ٦٦,٥ سنة في عام ٢٠٥٠، سـنة وهـي أعـلى مـن المتوسط العالمي في ٢٠٠٠- ٢٠٠٥. (جدول 8)

جـ- وفيات الأمهات

تُعد المضاعفات المتعلقة بالحمل والولادة من بين الأسباب الرئيسية للوفاة للنساء في سن الإنجاب في أجزاء عديدة من البلدان النامية. بحسب تقدير حـديث لمنظمة الصحة العالميـة WHO، توفيـت حـوالي نصـف مليـون امـرأة مـن أسـباب مرتبطة بالحمل في ١٩٩٨، مع حدوث ٩٩ % من تلك الوفيـات في بلـدان منخفضـة ومتوسطة الدخل. (World Heath Organization, 1999:98)

تختلف مخاطر وفيات الأمهات كثيراً عبر الأقاليم، تتراوح تقديرات ١٩٩٠ من متوسط ٩٧٩ وفاة لكل ١٠٠,٠٠٠ ولادة حية في أفريقيا جنوب الصحراء الكبرى إلى ١١ وفاة لكل ١٠٠,٠٠٠ ولادة حية في أمريكا الشمالية.

(WHO and UNICEF 1999)

أسباب وفيات الأمهات متشابهة حول العالم، ٨٠% مـن هـذه الأسبـاب انما ناجمة عن مضاعفات الولادة. على الرغم من أن كل امـرأة حامـل معرضـة لمخاطر عن المضاعفات. فالنساء المراهقات أكثر عرضة مـن النساء الأكبر سنـاً للمضاعفات المرتبطة بالحمل وهن أكثر احتمالاً في التعرض إلى الحمـل غـير المرغوب فيه والإجهاض غير الأمن.

السبب المباشر للمضاعفات المرتبطـة بالحمل، الاعتلال الصحي، والوفـاة يعود في معظم الأحيان للعناية غير المناسبة بالمرأة خلال الحمل والوضع. والعوامل الأخرى التي تسهم في ارتفاع وفيات الأمهات تشمل المكانة التابعة للنساء، الصحة العليلـة والتغذيـة غـير الكافيـة كـما أن العمـر الـذي تبـدأ فيـه النسـاء في الحمـل والتوقف عن الولادة، العدد الكلي لحالات الحمل خـلال فـترة الانسـال، والأحـوال الاجتماعية والثقافية والاقتصادية التي تعيش فيها النساء تـؤثر جميعـاً في اعـتلال ووفيات الأمهات. ومع ذلك فإن العامل الأكثر أهميـة في تحديد صحة و شفاء الأمهات هو مدى وصول النساء إلى خدمات الرعاية الصحية ذات النوعية العاليـة واستخدامهن لهذه الخدمات بصورة مناسبة.

كما أن انعدام التعليم والثقافة والمعلومات الدقيقة والمناسبة حول مظاهر المضاعفات خـلال الحمل تسهـم كـذلك في ارتفـاع وفيـات الأمهات لـدى البلـدان النامية. إن قلة التعليم قد تحد مـن قـدرة المـرأة أو أسرتها في السـعي مـن أجـل الحصول على الرعاية الصحية ذات النوعية العاليـة واستخدامهن لهـذه الخدمـات بصورة مناسبة.

فالنساء المتعلمات أفضل قدرة على السعي مـن أجل الوصول إلى التسهيلات الصحية الأفضل، كما إنهن أكثر احتمالاً في الحصول على معاملة أفضل من لـدن القائمين على الرعاية الصحية. كما أن التعليم قد يعمل بصورة غير مباشرة على تخفيض

وفيات الأمهات من خلال ارتباطه الوثيق بالخصوبة الواطئة وقلة عدد الأطفال وتمتعهم بصحة أفضل من غيرهم.

على الرغم من عدم توفير بيانات كافية ودقيقة إلا أن هناك معلومات تشير إلى انخفاض وفيات الأمهات في عدة بلدان.

مؤشرات الأمومة المأمونة للرعاية السابقة للولادة والرعاية أثناء الوضع

" الأمومة المأمونة" هو اصطلاح يستخدم للإشارة إلى "قدرة المرأة على الحصول على حمل ووضع مأمونين وصحيين". (الأمم المتحدة، المرأة في العام ٧١:٢٠٠٠)

قام أصحاب السياسات بتحديد جملة من الخدمات المتكاملة التي يتعين توفيرها لضمان الأمومة المأمونة. وتشمل هذه الخدمات ما يلي: تثقيف النساء في المجتمعات المحلية بشأن الأمومة المأمومة ، والرعاية والمشورة السابقة للولادة، بما في ذلك تحسين تغذية الأمهات وتقديم المساعدة الماهرة أثناء الوضع، والرعاية اللازمة لمضاعفات الولادة، بما في ذلك الحالات الطارئة؛ والرعاية اللاحقة للولادة، وتدبير مضاعفات الإجهاض ؛ والرعاية للإجهاض؛ وتقديم الخدمات المأمونة اللازمة لوضع حد للحمل ، حيثما لا يكون الإجهاض مخالفاً للقانون؛ وتقديم المشورة والمعلومات والخدمات المتعلقة بتنظيم الأسرة، وتوفير التثقيف والخدمات المتعلقة بالصحة الإنجابية للمراهقين (الأمم المتحدة، المؤتمر الدولي للسكان والتنمية ١٩٩٤).

الرعاية السابقة للولادة:

تعتبر الرعاية السابقة للولادة أمراً أساسياً للتعرف على المضاعفات التي يمكن أن تنشأ أثناء الحمل وتشخيصها وعلاجها بسرعة فضلاً عن تقديم المشورة للحوامل حول طرق كفالة صحة ورفاه للأم والطفل (منظمة الصحة العالمية ١٩٩٦). ويقتضي تقديم الرعاية المناسبة السابقة للولادة، وفقاً لمبادرة الأمومة، توفير حد أدنى من الزيارات التي

تقوم بها الحوامل لأحد العاملين الصحيين المهرة وتوفير عدد أكبر من الزيارات للنساء اللاتي تظهر لديهن مضاعفات .

الرعاية أثناء الوضع:

يعتبر وجود مولدة ماهرة أثناء الوضع أمرا أساسياً لضمان حصول الولادة بسلام بالنسبة للام والطفل وتعتبر إمكانية الوصول إلى أحد المرافق الصحية أمراً ضرورياً وفي بعض المناطق تقل النسبة المئوية للحوامل اللاتي يلدن بإشراف مولد ماهر بكثير عن النسبة المئوية للنساء اللواتي يتلقين بعض الرعاية السابقة للولادة. وتوجد أقل النسب المئوية للنساء اللواتي يتلقين مساعدة من مولد ماهر أثناء الولادة في جنوب أسيا (٣٦% وسطياً). حيث تتراوح النسبة المئوية لتغطية الولادات من ٨% في أفغانستان ونيبال إلى ٩٤% في سري لانكا. وتتلقى النساء الحوامل الرعاية الماهرة أثناء الولادة نحو الثلثين وسطياً في جنوب شرق أسيا وشمال أفريقيا والجنوب الأفريقي وأمريكا الوسطى، ويتلقى جميع النسوة تقريباً الرعاية الماهرة أثناء الولادة في شرق ووسط أسيا وفي منطقة الكاريبي، باستثناء هايتي حيث تنحدر النسبة إلى ٢٠% وسطياً. (الأمم المتحدة المرأة في العام ٧٤:٢٠٠٠)

الإجهاض من مشاكل الصحة العامة الرئيسية:

تشير التقديرات الحديثة إلى أن نسبة ٦٢% من جميع النساء يعشن في بلدان يُسمح فيها بالإجهاض دون أي قيد أو في ظل جملة واسعة من الشروط (أي عند الطلب، وللحفاظ على الصحة البدنية و/أو العقلية للمرأة أو لأسباب اجتماعية اقتصادية). وفي معظم بلدان العالم الأخرى، لا يُعتبر الإجهاض عملاً مشروعاً قانونياً إلا لإنقاذ حياة المرأة. والإجهاض، سواء أجرى بصورة قانونية أو غير قانونية، يُعتبر مشكلة خطيرة من مشاكل الصحة العامة. ويقترح برنامج عمل المؤتمر الدولي للسكان والتنمية أنه يتعين أن يكون الإجهاض، في البلدان التي تسمح به شرعياً وقانونياً ، مأموناً ، وأن تتمتع المرأة كذلك بإمكانية الحصول على الخدمات الصحية لمعالجة المضاعفات التي تنشأ عن

الإجهاض (الأمم المتحدة: ١٩٩٤) . وفي كثير من بلدان المناطق النامية يقدر الخطر الإجمالي للوفاة بسبب الإجهاض بحوالي ١ في كل ٢٥٠ عملية، بالمقارنة مع ١ في كل ٣٧٠٠ من المناطق المتقدمة. (الأمم المتحدة، المرأة في العام ٢٠٠٠)

وتُعتبر حالات الإجهاض المستحث عادة نتيجة لحالات الحمل غير المرغوب فيه الناجمة عن إهمال استعمال منع الحمل أو فشل موانع الحمل ويعود انتشار الإجهاض في بعض البلدان إلى عدم توفر المعلومات والتثقيف عن الصحة الإنجابية ومنع الحمل ، فضلاً عن صعوبة الحصول على موانع الحمل الفعالة بثمن معقول.

الآثار الاجتماعية للعقم:

العقم الذي يشكل عنصراً أساسياً من برامج تنظيم الأسرة، يشير إلى الجهود المبذولة لكفالة تمكين الأفراد الراغبين في أنجاب الأطفال من القيام بذلك. يصيب العقم كلاً من الرجال والنساء في جميع مناطق العالم، وتترتب على الإصابة بالعقم في معظم الأحيان أثار عميقة بالنسبة للأفراد المعنيين وقد تعرضهم لضغوط أسرية واجتماعية شديدة. وتشير تقديرات منظمة الصحة العالمية إلى أن نسبة تتراوح من ٨ إلى ١٢% من جميع الأزواج يصابون بأحد أشكال العقم خلال حياتهم الإنجابية و يقدر عددهم ما بين ٥٠ إلى ٨٠ مليون شخصاً في أنحاء العالم كافة (منظمة الصحة العالمية : العقم ، ١٩٩٨).

ويُعتقد أن أغلبية حالات العقم (٥٥%) تعزى إلى أثار الالتهابات المنقولة بالاتصال الجنسي- التي لم تعالج و خاصة السيلان وداء المتعضيات اللذان يؤديان إلى الإصابة بمرض التهاب الحوض وإلى المضاعفات التي تم التعرض لها بعد ولادة الطفل الأول أو بعد الإجهاض، وخاصة الإجهاض المستحث بصورة غير قانونية. (منظمة الصحة العالمية، العقم ،١٩٩٨)

وفي كثير من البلدان النامية قد تترتب على عقم النساء عواقب وخيمة ، فحيثما ترتبط هوية المرأة ومكانتها الاجتماعية ارتباطاً قوياً بدورها الإنجابي، فإن عدم القدرة على الوفاء بتوقعات الأسرة والجماعة قد يؤدي إلى الطلاق أو الهجر من جانب الأزواج

أو الوالدين، والعار والنبذ والعنف على يدي الأزواج. ويذكر أن أوجـه التقـدم في تكنولوجيات الصحة الإنجابية قد تزود الأزواج، بخاصة في المناطق المتقدمة، بفرصة أفضل لمعالجة العقم، وحمل الأطفال على النحو المرغوب فيه.

تعرض المرأة للالتهابات الناجمة عن الاتصال الجنسي:

تعتبر المرأة أكثر تعرضاً للالتهابات المنقولـة بالاتصـال الجنسيـ، ومـا يترتـب عليها من عواقب أكثر خطورة مـن الرجـل والالتهابـات الرئيسـية الأربعـة المنقولـة بالاتصال الجنسي (باستثناء فيروس نقص المناعـة البشرـية) هـي : التهـاب المهبـل ، وداء المتعضيات والسيلان والزهري. وقد تبين من الدراسات الاستقصائية للأوبئة إن الإصابة بالالتهابات المنقولة بالاتصال الجنسي وانتشـارها تختلـف كثـيراً بـين بلـدان مختلف الأقاليم والمناطق وداخل الفئات والطبقات الاجتماعية المختلفة.

ويشير ذلك إلى ما للعوامل الاجتماعية والثقافية والاقتصادية، فضلاً عن اختـلاف إمكانيـات الحصـول عـلى العـلاج، مـن تـأثير في الإصابة بالالتهابـات المنقولـة بالاتصـال الجنسيـ وانتشـارها. وتميـل الالتهابـات المنقولـة بالاتصـال الجنسي، إلى أن تكون أكثر شيوعاً فيما بين الأشخاص الذين يعيشون في المناطق الحضرية أو فيما بين الشباب والأفراد غـير المتـزوجين (غيروبـاس،ك.غ، ١٩٩٨). كما أن من الأرجح من الناحية البيولوجية أن تصاب المرأة بالالتهابات المنقولـة بالاتصال الجنسي أكثر من الرجل(الأمم المتحـدة،١٩٩٦)،إلا أن المـرأة ، لا تعـاني في معظم الأحيان من الأعراض المبكرة للالتهابـات المنقولـة بالاتصـال الجنسيـ، ولذلك فإنها تلتمس العلاج بصورة متأخرة، مما يسفر عن عواقب صحية أخطر ومضاعفات في الأجـل الطويـل كـما يسـهم إبطـاء المـرأة في الـتماس العـلاج في انتشار الالتهابات المنقولة بالاتصال الجنسي.

وقد يؤدي عدم معالجة السيلان وداء المتعضيات إلى مرض التهـاب الحـوض، وإلى آلام مزمنة في الحوض ، والإصابة بخرّاج في قناة المبيض، والحمـل خـارج الـرحم والعقـم، كما يؤدي عدم معالجة الالتهابات المنقولة بالاتصال الجنسي لدى الحوامل إلى انخفاض

وزن الأطفال عند الولادة وإلى إصابة الأطفال الرضع بمشاكل في العين أو الرئتين أو يؤدي إلى وفاة الجنين (منظمة الصحة العالمية.١٩٩٨).

د- اختلاف الوفيات:

يـرتبط اخـتلاف الوفيـات بمجموعـة كبـيرة ومتداخلـة مـن العوامـل الديمغرافية والاقتصادية والاجتماعية والبيئة والثقافية والوراثية وغيرها وفيما يلي استعراض موجز لهذه العوامل.

١- الاختلافات العمرية:

على الصعيد العالمي ، أدى انخفاض الوفيات السـريع منـذ عـام ١٩٥٠، وانخفاض الخصوبة منـذ عـام ١٩٧٥ إلى أحـداث تغيـرات رئيسـية في توزيـع الوفيات حسب العمر. وتبعاً لذلك ، فقد حدثت ٤٢% مـن مجموع الوفيات قبل سن الخامسة، بينما حدثت ٢٦% فوق سن الستين، فيما بـين ١٩٥٠-١٩٥٥ في حين حدثت ٢١% من جميع الوفيات عند سن الخامسـة و٥٠% فـوق سـن الستين فيما بين ٢٠٠٠-٢٠٠٥.

الوفيات بين الصغار:

يعتبر معدل وفيات الرضع ومعدل وفيات الأطفال دون سـن الخامسـة مؤشران هامان للتنمية ولرفاهية الأطفال. أثرت التحسـينات في وفيـات الرضع والأطفال في الحياة المتوقعة وأصبحت مسؤولة عن معظم الزيادة في الحيـاة المتوقعة حول العالم.

خلال الخمسين سنة الماضية، حدث الجزء الأكبر لانخفاض الوفيات بـين السكان أثناء فترة الطفولة. تتحدد المستويات الإجمالية للحيـاة الواقعة بقـوة بواسطة الوفيات أثناء فـترة الطفولة بخاصـة حـين تكـون مسـتويات الوفيـات عالية. ونتيجة لذلك فإن الزيادات المطردة في الحياة المتوقعة مـا بـين ١٩٥٠-٢٠٠٥ على المستوى العالمي ، تعكس ، إلى حد كبير الانخفاض السـريع لوفيـات الرضع والأطفال دون سن الخامسة.

جدول رقم (١٠)

وفيات الأطفال الرضع والأطفال دون سن الخامسة، حسب المناطق والأقاليم الرئيسية للفترات: ١٩٥٠-١٩٥٥ و ٢٠٠٠-٢٠٠٥ و ٢٠٤٥-٢٠٥٠

المجموعات الإنمائية أو المنطقة الرئيسية	معدل وفيات الأطفال الرضع بالألف			معدل وفيات الأطفال دون سن الخامسة بالألف	
	١٩٥٠ - ٢٠٥٠			٢٠٠٠ - ٢٠٥٠	
	١٩٥٠-١٩٥٥	٢٠٠٠-٢٠٠٥	٢٠٤٥-٢٠٥٠	٢٠٠٠-٢٠٠٥	٢٠٤٥-٢٠٥٠
العالم	١٥٧,٢	٥٤,٥	١٩,٤	٧٨,٩	٢٤,٩
الأقاليم المتقدمة	٥٩,١	٧,٨	٤,٥	٩,٧	٥,٦
الأقاليم النامية	١٨٠,٢	٥٩,٤	٢٠,٩	٨٦,١	٢٦,٩
أقل البلدان نمواً	١٩٦,٧	٩٢,٢	٢٨,٨	١٦٠,٤	٣٩,٤
بقية الأقاليم النامية	١٧٧,٩	٤٧,٦	١٧٤	٧٤,٠	٢١,٣
أفريقيا	١٨١,١	٩١,٠	٢٦,٢	١٣٨,٣	٣٧,١
أسيا	١٨٢,٤	٥٤,٠	١٩,٥	٧٠,٦	٢٣,٣
أمريكا اللاتينية	١٢٦,٢	٣٢,٠	٩,٩	٤٠,٣	١٣,٣
أمريكا الشمالية	٢٨,٦	٦,٧	٤,٤	٨,١	٥,٤
الاوقيانوس	٦٠,٣	٢٤,٣	٨,٤	٣٢,٥	١٠,٢
أوربا	٧٢,٤	٩,٤	٤,٩	١١,٧	٦,٣

Source : United Nations, world population prospects, the 200٠ Rivision, volume III; Analytical Report, 200٢.

على الرغم من التقدم الكبير منذ الخمسينات في تقليل وفيات الأطفال إلا أن أكثر من ١٠ ملايين طفل دون سن الخامسة يموتون سنوياً حول العالم. إن تخفيض الوفيات بين الأطفال الصغار يشكل احد العناصر الرئيسية في أهداف التنمية العالمية.

على المستوى العالمي توفى ٥٤,٥ من مجموع ١٠٠٠ طفلاً مولودين أحياء قبل بلوغهم السنة في ٢٠٠٠-٢٠٠٥. هذايمثل انخفاضاكبيراً في معدل وفيات الأطفال

الرضع منذ ١٩٥٠-١٩٥٥؛ حين كان المعدل ١٥٧,٢ بالألف ورغم ذلك ظلت هناك فجوة واسعة بين البلدان الغنية والفقيرة. من بين ١٠٠٠ مولود حي في البلدان الأقل نمواً في ٢٠٠٠-٢٠٠٥، يموت ٩٢ قبل وصولهم السنة الواحدة، بالمقارنة مع ٨ أطفال في المناطق المتقدمة. (جدول ١٠)

وعلى صعيد المناطق الرئيسية في العالم، تبذل أفريقيا سعيها البطيء في تخفيض وفيات الرضع..في مطلع الخمسينات كانت مستويات وفيات الرضع متشابهة في كل من أفريقيا وأسيا، بحدود ١٨٠ وفاة لكل ١٠٠٠ ولادة حية أما في ٢٠٠٠-٢٠٠٥ ، فقد انخفضت وفيات الرضع في أسيا إلى ٥٤ لكل ١٠٠٠، أو ما يعادل أكثر من الثلثين- حققت أفريقيا أيضاً انخفاضاً كبيراً في وفيات الرضع، غير أن التحسن كان أبطأ بكثير من أسيا. في أفريقيا انخفضت وفيات الرضع، بأقل من النصف فيما بين ١٩٥٠-١٩٥٥ و ٢٠٠٠-٢٠٠٥، إلى ٩١ لكل ١٠٠٠ مولود حي مقارنة مع ٤٧ في بقية الأقاليم النامية. الانخفاضات المتوقعة في وفيات الرضع والأطفال دون الخامسة تعتمد على التقدم المتواصل في القضاء على كثير من المخاطر التي تهدد صحة الأطفال .

وفيات الأطفال دون سن الخامسة

يُعتبر معدل وفيات الرضع ومعدل وفيات الأطفال دون سن الخامسة مؤشران هامان للصحة العامة لأنهما يعكسان وصول الأطفال والجماعات إلى الخدمة الأساسية للصحة كالتلقيح، العلاج الطبي للأمراض المعدية وإلى التغذية المناسبة ما زالت وفيات الأطفال دون سن الخامسة عالية في البلدان النامية، وبخاصة في أقل البلدان نمواً. حيث أن ١٦٠ بين ١٠٠٠ طفلاً مولود حي لا يصلون إلى عمر ٥ سنوات مقارنة بحوالي ٧٤ لكل ١٠٠٠ في بقية البلدان النامية و١٠ لكل ١٠٠٠ في الأقاليم المتقدمة. الاتجاهات حسب المناطق الرئيسية شبيهة بتلك المتعلقة بوفيات الأطفال الرضع، مع حصول تقدم طفيف في أفريقيا (جدول ١٠). ويعود السبب بذلك إلى تأثر الأطفال دون سن الخامسة بالإصابة بمرض الإيدز على نطاق أوسع من الأطفال الرضع.

الانخفاضات المتوقعة في وفيـات الرضـع والأطفـال دون سـن الخامسـة تعتمد على التخلص المتواصل من كثير من المخاطر التي تهدد صحة الأطفـال. سيعتمد التقدم تجاه هذه المخاطر على التحسينات في تعليـم النسـاء المـرتبط بتوقعات تنشئة الأطفال على نحو أفضل ، عـلى توسـيع نظـم الصحـة لتشـمل الفقراء وبقية المعرضين للخطـر، وعـلى الالتزامـات الوطنيـة والدوليـة بتوسـيع برامج التلقيح ضد الأمراض المختلفة. (United. Nations, 2005.62)

الوفيات بين الراشدين:

تُحلل وفيات الراشدين عـادة باسـتخدام مقياسـين الأول: يقـدر تجربـة وفيات الشباب والراشدين باستخدام مقياس يُدعى بواسـطة الـديمغرافيين (٤٥ q ١٥)، الاحتمال بأن شخصاً عمرة ١٥ سنة سيعيش إلى ٦٠ سنة. الثاني ، يقـيس الوفيات بين الكبار بواسطة (٢٠ q ٦٠) الاحتمال بـأن شخصـاً عمـره ٦٠ سـنة سـيعيش إلى ٨٠ سـنة ويـذكر أن بيانـات مبـاشرة عـن وفيـات الراشـدين غـير متوافرة عن معظم البلدان النامية والأقل نمواً.

في ظل ظـروف الوفيـات للفـترة مـا بـين ٢٠٠٠-٢٠٠٥، الاحـتمال بـان احـد الأشـخاص في سـن ١٥ سـنة سـيعيش إلى سـن ٦٠ كـان ٨١% بالنسـبة للعـالم لكـن التباينات في الصحة والرفاهية بين البلدان ذات الـدخل المـنخفض والمرتفـع تسـتمر حتى أعمار الراشدين. الأشخاص في عمر ١٥ سنة في الأقاليم المتقدمة لديهم احتمال أكبر للعيش، ٨٧% من أولئك في الأقاليم النامية،٧٩% بينما ينخفض احـتمال البقـاء على قيد الحياة حتى سن ٦٠ سنة إلى ٦٣% في الأقاليم الأقل نمواً.

يرتفع احتمال البقاء حتى سن ٦٠ في أمريكا الشمالية إلى ٨٩% و ٨٤% في أوربا فيما بين ٢٠٠٠-٢٠٠٥. كان المستوى الأوربي مماثلاً تقريباً لمستوياته في أسيا وأمريكا اللاتينية، على الرغم من الحياة المتوقعة الأطوال في أوربا ؛ وذلـك بسبب انخفاض احتمال مستوى البقاء في أوربا الشرقية البـالغ ٧٥% فـيما بـين ٢٠٠٠-٢٠٠٥.

الأقاليم النامية في أفريقيا لديها أدنى المستويات لاحتمال بقاء الراشدين ، البالغ ٥٧% في نفس الفترة المذكورة أنفاً. ومن المتوقع أن يرتفع مستوى احتمال بقاء الراشدين على قيد الحياة في العالم من ٨١% في ٢٠٠٠-٢٠٠٥ إلى ٨٨% في ٢٠٤٥-٢٠٥٠. وعلى النقيض من ذلك، يوجد مجال اكبر للتحسن في بقاء كبار السن، الذي بدأ تاريخياً على اثر تحسن صحة الأطفال والراشدين.

فيما بين ٢٠٠٠-٢٠٠٥، كان احتمال العيش من ٦٠ إلى سن ٨٠ سنة ٤٨% بالنسبة للسكان في العالم. وفي الأقاليم المتقدمة بلغ هذا المؤشر لبقاء كبار السن ٥٦% بينما وصل في الأقاليم النامية إلى ٤٣%. من المتوقع حصول تقدم كبير في بقاء كبار السن خلال نصف القرن القادم؛ على الصعيد العالمي، يتوقع أن يرتفع إلى ٦١% بين ٢٠٤٥-٢٠٥٠ إلى ٧٠% في الأقاليم المتقدمة وإلى ٥٩% في الأقاليم النامية. (United. Nations, 2005, 62-64)

٢- الفروق في الحياة المتوقعة حسب الجنس:

في جميع بلدان العالم تقريباً تبلغ الحياة المتوقعة عند الولادة للإناث أطول من الحياة المتوقعة للذكور. على الصعيد العالمي، النساء لديهن حياة متوقعة مقدارها ٦٧,٧ سنة في ٢٠٠٠-٢٠٠٥، بالمقارنة مع ٦٣,٢ سنة للذكور (جدول ١١). أفضلية الإناث في الأقاليم المتقدمة، ٧,٤ سنوات في ٢٠٠٠-٢٠٠٥، اكبر نسبياً من أفضلية ٣,٥ سنوات للإناث في الأقاليم النامية. الفجوة في الحياة المتوقعة بين الذكور والإناث ضيقة على نحو الخصوص في أقل البلدان نمواً (١٩ سنة)، وذلك لان تأثير الايدز في الوفيات بين الإناث أكثر خطورة من الذكور. في ٢٠٤٥-٢٠٥٠ من المتوقع أن يبقى الفرق بين الذكور والإناث في الحياة المتوقعة بالنسبة للعالم قريباً من ٥ سنوات لصالح الإناث. أما بين المناطق الرئيسية، فيكون التفاوت الجنسيـ في الحياة المتوقعة كبيراً بخاصة في أوربا، عند ٨,٨ سنوات في ٢٠٠٠-٢٠٠٥. التفاوت الجنسيـ المرتفع جداً في بلدان الاتحاد السوفيتي السابق، بمستوى ١٣ سنة في الاتحاد الروسي ، له تأثير قوى في المتوسط الأوربي.

أسيا، التي كان لديها تاريخياً تفاوت جنسي منخفض جـداً في الحيـاة المتوقعـة، شهدت زيادة تفاضل الإناث في العقود القلائل الماضية.

جدول (١١)
الحياة المتوقعة عند الولادة للسكان حسب المجموعة الإنمائية والمناطق الرئيسية، ١٩٢٠-١٩٥٥ و ٢٠٠٠ -٢٠٠٥

إناث (سنوات)		ذكور (سنوات)		الأقاليم والمناطق الرئيسية
٢٠٠٠-٢٠٠٥	١٩٥٠-١٩٥٥	٢٠٠٠-٢٠٠٥	١٩٥٠-١٩٥٥	
٦٧,٧	٤٧,٩	٦٣,٢	٤٥,٢	العالم
٧٩,٣	٦٨,٦	٧١,٩	٦٣,٦	الأقاليم المتقدمة
٦٥,٢	٤١,٨	٦١,٧	٤١,٢	الأقاليم النامية
٥٢,٠	٣٦,١	٥٠,١	٣٥,٠	أقل البلدان نمواً
٦٨,٠	٤٢,٧	٦٤,٢	٤١,٠	بقية الأقاليم النامية
٥٢,٤	٣٩,٢	٥٠,٣	٣٦,٥	إفريقيا
٦٧,٤	٤٢,١	٦٤,٣	٤٠,٧	آسيا
٧٢,٦	٥٣,١	٦٦,١	٤٩,٧	أمريكا اللاتينية
٧٩,٦	٧١,٩	٧٣,٨	٦٦,١	أمريكا الشمالية
٧٦,١	٦٣,٥	٧١,٠	٥٨,٥	الأوقيانوس
٦٩,١	٦٨,٠	٦٩,١	٦٣,١	أوروبا

Source :

U .N. World population prospects. The 2004 Revision, Vol. 3. Analytical Report, 2005.

يعود التباين الجنسي في الحياة المتوقعة لدى الأقاليم المتقدمة بالدرجة الأولى إلى اختلاف اتجاهات وفيات الراشدين وكبار السن؛ ذلك لان مستويات الوفيات واتجاهاتها بين الرضع والأطفال دون سن الخامسة من العمر في هـذه الأقاليم لم يُعد لها تأثير كبير في الحياة المتوقعة منذ فـترة زمنيـة طويلـة وذلـك لتقارب مستوياتها.

وهناك اختلاف كبير في الحياة المتوقعة للذكور والإناث داخل المناطق المختلفة في الأقاليم النامية. فقد بلغت الحياة المتوقعة للإناث في أمريكا اللاتينية حوالي ٧٣ سنة مقابل ٦٦ سنة للذكور فيما بين ٢٠٠٠- ٢٠٠٥. وعلى النقيض من ذلك، تنخفض الحياة المتوقعة لكل من الجنسين في إفريقيا إلى ٥٣ سنة للإناث مقابل ٥٠ سنة للذكور. كما تزيد فجوة الجنس في الحياة المتوقعة بين القارتين، حيث بلغت في أمريكا اللاتينية ٧ سنوات مقابل ٢ سنة في إفريقيا.

وتحتل آسيا مكانة وسطى بين القارتين المذكورتين، بواقع ٦٧,٤ سنوات للإناث و٦٤,٣ سنوات للذكور.

وُجدت التباينات الأصغر في جنوب وسط آسيا، حيث تزيد الحياة المتوقعة للإناث في المتوسط، على نظيرتها لدى الذكور بفارق ١,١ سنة. ومن جانب آخر، توجد أكبر التباينات في أمريكا الجنوبية وإفريقيا الجنوبية حيث تبلغ الفجوة بين الجنسين ٦,٥ و٦,٠ سنوات في كل منهما على التوالي، وهي قريبة من التباينات الموجودة في أوروبا وأمريكا الشمالية واستراليا وزيلندة الجديدة.

وعلى المستوى القطري، تتوقع النساء أن يعشن حوالي ٣ سنوات في المتوسط أطول من الرجال في بلدان جنوب وسط آسيا، باستثناء كازخستان، قيرغستان كاجكستان، وتركمانستان، أوزباكستان، فضلاً عن سري لانكا، حيث تزيد الحياة المتوقعة للإناث على الذكور ما بين ٤,٥ إلى ٨,٦ سنوات.

يعزى التفاوت الجنسي للوفيات إلى جملة من العوامل السلوكية، كالتدخين، تعاطي المخدرات، التعرض لمخاطر المهن الشاقة فضلاً عن العوامل الوراثية التي على ما يبدو تؤثر في النساء على نحو أقل خطورة من الرجال. ورغم ذلك فإن أفضلية الإناث في الوفيات طوال دورة الحياة الكاملة لم تكن ظاهرة شاملة. ففي جنوب - وسط أسيا، مثلاً ظلت الحياة المتوقعة للرجال أطول من النساء حتى أواخر السبعينات . وظلت وفيات الإناث في بعض أجزاء المدى العمري شائعة حتى النصف الأول من القرن العشرين. (Tabutin and Willems, 1998)

وفي السـنوات الحاليـة سُجل وضـع غـير مـوات للإنـاث في الوفيـات في بلدان كثيرة من الأقاليم النامية. (United. Nations, Secretarial,1998)

٣- الوفيات حسب الحالة الزواجية

تكون معدات الوفيات بين المتزوجين من كـلا الجنسـين أدنى مـن بقيـة الفئات الزوجية الأخرى، ويعزى هذا الفرق عموماً إلى الاختيار الطبيعي للزواج الذي يتركز على الأشخاص الأوفـر صـحة . هنـاك أدلـة تشـير إلى أن المتـزوجين يتمتعون بدرجة أعلى من الصحة البدنية والنفسـية والعقليـة وتقـدير للـذات من غير المتزوجين.

ويذهب كوكران (Cochran, 1996) في تفسير ذلك إلى القول بـأن الـزواج قد يعمل على حماية المرء من الاضـطرابات النفسـية مـن جـراء الإحسـاس بالأمـان والعلاقة الحميمة والعشرة القائمة بـين الـزوجين ومـا يحققـه الـزواج مـن رغبـة في تكوين أسرة ومتعة في إشباع للغريزة الجنسية وما إلى ذلك .وقـد يسـهم الـزواج في الصحة النفسية والوقاية من القلق والتوتر النفسي لمـا يـوفره مـن دعـم اجتماعـي لكلا الزوجين في أوقات الشدة والأزمات. يضاف إلى ذلك أن الحياة الأسريـة تسـاعد على الاستقرار والتكيف من النواحي البدنية والاجتماعية والنفسية.

ومن جانب آخر، يتميز الأشخاص المطلقون والأرامـل بمعـدلات وفيـات أعلى من المتزوجين، وربما يعود هذا لحد ما إلى طبيعة الأحـوال الصـحية التـي يعيشون في ظلها، كما ويعزى إلى ارتفاع نسبة الذين ارتكبوا أخطاء بـين هـؤلاء عند اختيار شريك الحياة من ناحية الصحة والمزاج. (تومسون ١٩٦٩: ٥٦)

٤- الوفيات ومحل الإقامة:

لم تكـن المـدن الغربيـة في السـابق أمـاكن صـحية. ورغـم ذلـك، فقـد تحسنت أحوالها الصحية بسرعة في نهاية القرن التاسع عشر.

أما في الوقت الحاضر، فقد اقتربـت معـدلات الوفيـات في المنـاطق الريفيـة والحضرية من بعضها كثيراًلذلك يمكن القول عموماًبأنه لاتوجداتجاهات واضحة في

الوقت الحاضر ولا علاقة عامة بين مستويات الوفيات في الريف والحضر ـ ففي بعض الحالات نجد اختلافات ريفية ـ حضرية كبيرة وفي حالات أخرى تختفي هذه الاختلافات. ومن الجدير بالذكر أن هذه الاختلافات مرتبطة بعوامل أخرى: جغرافية، اقتصادية، اجتماعية وبيئية. وغيرها.

أما بالنسبة لاختلاف مستويات الوفيات واتجاهاتها بين الريف والحضر في الأقاليم النامية، فيصعب علينا، على أساس البيانات القليلة المتوافرة التوصل إلى أي استنتاج بهذا الخصوص. وكل ما يمكن ذكره بهذا الصدد هو أن تركيز معظم الخدمات الطبية والتسهيلات الصحية في المدن الكبرى وارتفاع المستوى المعاشي والثقافي لسكانها أدى إلى انخفاض معدلات الوفيات في هذه المدن على نحو أسرع من المناطق الريفية التي ما يزال سكانها محرومين من معظم هذه الخدمات والتسهيلات الصحية والعلاجية. فقد أشارت بعض الدراسات التي أجريت في بلدان مختلفة في آسيا وأفريقيا إلى أن معدلات الوفيات بين سكان الريف أعلى من مثيلاتها بين السكان الحضر ـ (:United. Nations.1973 135-136)

٥- التباينات الطبقية للوفيات

تضم الطبقة الاجتماعية ـ الاقتصادية متغيرات ذات صلة بتفسير ظاهرة الوفيات، كالتعليم، المهنة، الدخل....الخ.

يعتبر التعليم أحد المؤشرات الهامة للأحوال الصحية والوفاة لدى الأفراد وأسرهم في البلدان المتقدمة والنامية على حد سواء. فقد أظهرت البيانات المتوافرة عن أوروبا الشرقية، بخاصة روسيا أن الجماعات ذات التعليم المنخفض لديها مستويات وفيات أعلى من الجماعات ذات التعليم المرتفع. (U.N.2005:101)

وفي دراسة أخرى، في الولايات المتحدة الأمريكية وجد أن الأفراد الفقراء الحاصلين على تعليم منخفض كانت معدلات الوفيات لديهم أعلى من الأغنياء الحاصلين على تعليم مرتفع. وفي البلدان النامية وجد كليلند (Cleland, 1998) اختلافات

كبيرة في وفيات الأطفال بحسب المستوى التعليمي للأم إذ كلما ارتفع المستوى التعليمي للأم قل مستوى الوفيات بين أطفالها والعكس صحيح .

ويقترن اختلاف الوفيات باختلاف مستويات المعيشة. فقد أدى ارتفاع مستوى المعيشة العام للسكان المصاحب للثورة الزراعية في الغرب إلى انخفاض معدلات الوفيات السريع. وأظهرت إحدى الدراسات التي أجريت في إنكلترا والولايات المتحدة ، أن الوفيات بلغت حدها الأقصى ـ بين أصحاب الفئات المهنية الدنيا. وفي دراسة أخرى في انكلترا والولايات المتحدة ووجد أن أصحاب الدخل المرتفع يتمتعون بأدنى المستويات للوفيات، في حين أن أصحاب الدخل المنخفض يتمتعون بأعلى المستويات (U.N.1973:139) .

هـ- أسباب الوفيات

١- تحول أسباب الوفيات

نتيجة للتحول في طبيعة انتشار الأمراض، تعرض السكان في العالم إلى تغير جوهري في حالة الاعتلال والوفيات السائدة فيه، من حالة سيطرت فيها الأمراض الطفيلية والمعدية إلى حالة أخرى تسهم فيها الأمراض غير المعدية (المزمنة) بالنصيب الأعظم في وفيات كل من الرجال والنساء.

في منتصف القرن العشرين، حلت الأمراض غير المعدية، بخاصة أمراض الدورة الدموية والسرطان، محل الأمراض المعدية كأسباب رئيسية للوفيات في البلدان المتقدمة. على الرغم من حدوث هذا التحول في وقت متأخر في البلدان النامية. فقد بات من المتوقع أن تصبح الأمراض غير المعدية كالكآبة، أمراض القلب والسرطان والحوادث بمثابة الأسباب الرئيسية للوفيات في عام ٢٠٢٠: (W HO,1999:14) .

يتميز التحول الحالي في انتشار الأمراض باختلاف تعرض الذكور والإناث للإصابة بالاعتلال أو الوفيات الناجمة عن أسباب معينة . ويفسر هذا الاختلاف معظم الفروق الجنسية في الحياة المتوقعة المذكورة في الأجزاء السابقة من هذا الفصل. يستعرض القسم الحالي الفروق الجنسية والعوامل المرتبطة بها.

يوضح جدول (12) توزيع الوفيات بين أسباب مختارة في العالم لكل من الذكور والإناث في ١٩٩٨. على الرغم من عدم وجود اختلاف كبير بين الذكور والإناث في أسباب الوفيات الناجمة عن الأمراض السارية، توجد فروق جنسية هامة في الوفيات عبر الأمراض في هذه المجموعة بالنسبة للأمراض المعدية والطفيلية، التي تشكل أكثر من نصف الوفيات من الأمراض السارية، تُعد نسبة وفيات الذكور إلى الإناث (١,١١) أعلى من نسبة الأمراض السارية كافة (١,٠١).

السل وحده يفسر زيادة ٢٨٨,٠٠ وفيات للذكور على الإناث في ١٩٩٨، مع وفاة ١٤٨ ذكراً لكل ١٠٠ أنثى. (World Health Oranization, 1991) بين الأمراض غير السارية (المزمنة)، تأتي أمراض القلب والأورام الخبيثة في مقدمة أسباب الوفيات بالنسبة لكل من الذكور والإناث. ويشير (جدول ١٢) إلى أن ٣٢% من الذكور أكثر من الإناث يموتون بسبب الأورام الخبيثة. يجب ملاحظة أن سرطانات الثدي والجهاز التناسلي للأنثى ـ تفسر ـ عدداً كبيراً من الوفيات حوالي 844,000 في ١٩٩٨. هذا يزيد كثيراً عن ٢٣٩,٠٠٠ وفاة ناجمة عن سرطان البروستات.

جدول (١٢)
الوفيات حسب الجنس وأسباب مختارة العالم ١٩٩٨.

نسبية الجنس (ذكر /أنثى)	الوفيات بالالف		سبب الوفاة
	إناث	ذكور	
١,١٢	٢٥,٤٢٠	٢٨,٥١٠	جميع الأسباب
١,٠١	٨,١٦١	٨,٢٨٦	١- الأمراض السارية
١,١١	46,649	٥١,٧٨٠	الأمراض المعدية والطفيلية
١,٠٧	١٥,٣٠٨	١٦,٤٠٩	٢- الأمراض غير السارية
١,٣٢	٣,١١٣	٤,١١٥	الأورام الخبيثة
٠,٩٣	٨,٦٣٩	٨,٠٥١	أمراض القلب
١,٩٦	١,٩٥٠	٣,٨١٥	الحوادث
١,٩٨	١,١٧٠	٢,٣٢٣	غير متعمدة
١,٩١	٧,٨٠	١,٤٩١	متعمدة

Source :

World Health Organization .The world Health Report, 1999 :Making a difference. (Geneva, 1991, annex Table 2)

يزيد عدد الوفيات الناجمة عن أمراض القلب بين النساء على نظيره لدى الذكور. ويبدو أن هذا لا يخلو من تناقص في ضوء عدد كبير من الأدلة التي تشير إلى وجود عوامل وراثية وبيولوجية من شانها أن تقلل من خطر الإصابة بأمراض القلب بين النساء. (Waldron, 1985)

المصدر الرئيسي لزيادة وفيات الإناث يعود إلى الأشخاص البالغين ٧٠ سنة فأكثر، حيث تزيد وفيات الإناث على وفيات الذكور بمقدار ٣٦% وعلى النقيض من

ذلك، عند أعمار ٣٠-٥٩ سنة تزيد وفيات الذكور على وفيات الإناث من أمراض القلب بأكثر من ٥٠% هذا يدل على أن أمراض القلب أصبحت السبب الأولي للوفاة بين الإناث لان مزيداً منهن يبقين على قيد الحياة إلى الأعمار التي تصبح فيها أمراض القلب الأسباب الرئيسية للوفاة. (,U.N. population Monitoring 2000,2001)

الحوادث سبب هام للوفيات بين الذكور. من بين ٥٬٧٦٥ مليون وفاة بسبب الحوادث في ١٩٩٨، يمثل الذكور ٣٬٨١٥ مليون أو حوالي الثلثين. (جدول١٢)

يصل عدد الذكور الذين يموتون بسبب حوادث المرور أكثر من ضعف عدد الإناث، (Who, 1999). كما أن عدد الوفيات الناجمة عن الانتحار والعنف بين الذكور تبلغ حوالي أربعة أضعافها بين الإناث. وتعد الوفيات الناجمة عن الحريق بين الإناث هي الفئة الوحيدة من الأضرار التي تزيد على نظيرتها بين الذكور.

تدل الأنماط الإقليمية على وجود اختلافات هامة في أدوار الأسباب المختلفة في الإسهام في الوفيات عبر المناطق الجغرافية.

في جميع الأقاليم في العالم تزيد وفيات الذكور على وفيات الإناث في مجموعة الأسباب الثلاثة. عبر الأقاليم تعود الأسباب الجنسية الأكبر للذكور في الوفيات إلى حوادث مرور الطرق، والعنف. يحتمل أن يموت الذكور من حوادث مرور الطرق أكثر من ضعف الإناث في جميع الأقاليم، أما الوفيات المرتبطة بالعنف بين الذكور فتزيد حوالي ستة أضعاف نظيرتها بين الإناث. في أفريقيا جنوب الصحراء الكبرى وأمريكا اللاتينية والكاريبي . كان العنف السبب الرئيسي للوفيات بين الشباب الذكور ١٥-٢٩ سنة من العمر في كلا الإقليمين في ١٩٩٠ كما أن خطر الانتحار بين الذكور أكبر من الإناث في جميع الأقاليم باستثناء الصين.

العوامل التي تفسر تفوق وفيات الذكور على الإناث في الوفيات الناجم عن معظم الأمراض السارية غير معروفة تماماً، الفروق الجنسية المتأصلة في الطبيعة

البايولوجية، المدعومة بالفروق في التنشئة لكل من الـذكور والإنـاث تسـهم في الفروق الجنسية. (Waldron,1985: 79)

بالنسبة للأمراض المزمنة والحوادث، يوجد دليل قوى يشـير إلى أهميـة العوامــل الســلوكية في الإســهام بــالفروق الجنســية في الوفيــات والاعتلال. (Himes,1994)

ويذكر أن التدخين مسـؤول عـن تسـعة أضـعاف وفيـات الـذكور عـلى الإناث. على الرغم من أن الأنماط الحالية تدل على أن الآثار السـلبية للعوامـل السلوكية وطراز الحياة في الوفيات تعمل عموماً ضد الذكور وهي أكـثر شـيوعاً في بلدان أوربا الشرقية ، إلا أن هذه المؤشرات أصبحت أكـثر انتشـاراً مـن ذي قبل كما أن هناك دليل أيضاً على أن الفجوة بين وفيات الذكور والإناث تضـيق في عدد من البلدان مع تطور حياة النساء في إطار عملية التنمية.

٢- التأثير الديمغرافي للإيدز. (نقص المناعة المكتسبة)

يشهد العالم منذ ١٩٨١ انتشار اخطر الأوبئة في التاريخ الحديث، نقـص المناعة المـزمن. في نهايـة ٢٠٠٥ كـان ٤٠,٣ مليـون فـرداً في العـالم يعـانون مـن الإصابة بفيروس نقص المناعة المزمن، (WHO,2005) و لقد أصبح وباء الايدز السبب الأساسي للوفاة بالنسبة للأشخاص الذين تتراوح أعمارهم ما بين ١٥-٥٩ سنة في العالم (WHO,2004). الوفاة المبكرة للشباب والكهول في سـن العمـل تقود إلى عواقب وخيمة كثيرة بالنسـبة للأجيـال الأصـغر عمـراً؛ في ٢٠٠٣، بلـغ عدد الأطفال الأيتام ما بـين ٠-١٧ سـنة ١٥ مليـون طفـلاً وذلـك بسـبب مـرض الايدز. (UNAID,2004)

الأثر الخطير لوباء الايدز يـتجلى عـلى نحـو أوضـح في البلـدان الناميـة، حيث أن حوالي ٩٢ % من أولئك المصابين بالايدز عاشـوا في نهايـة ٢٠٠٣. تعـد إفريقيا جنوب الصحراء الكبرى من أكثر بقاع العالم تعرضاً للإصابة بهذا المـرض، حيث بلغ عدد المصابين ٢٥,٨ مليون فرداً من كافة الأعمار.(UNAIDS,2005)

ورغم ذلك، فإن عدد الناس المصابين وعدد البلدان المتأثرة ازداد في أسيا وأمريكا اللاتينية ومنطقة الكاريبي. في نهاية ٢٠٠٥، قدر عدد المصابين في شرق أسيا، جنوب شرقها وجنوبها بحوالي ٨,٥ مليون فرداً بالإضافة إلى ٢,١ مليون عاشوا في أمريكا الجنوبية ومنطقة الكاريبي . وتتعرض أوربا الشرقية واسيا الوسطى إلى زيادة سريعة في عدد المصابين بهذا المرض حيث قدر العدد بأكثر من ١,٦ مليون فرداً في ٢٠٠٥. (UNAIDS,Who,2005).

وقد أظهر تنقيحات تقديرات السكان عام ٢٠٠٤ أن عدد البلدان المعرضة للوباء في أفريقيا بلغ ٤٠ قطراً وفي أسيا ٥ وفي أمريكا اللاتينية والكاريبي ١٢ وفي أوربا ٢ وفي أمريكا الشمالية قطراً واحداً فقط. (U.N.2005:67)

أ- التأثير في الوفيات:

إن تأثير الايدز في الوفيات سيستمر بالزيادة في السنوات القادمة. الحياة المتوقعة في البلدان الأكثر إصابة في أفريقيا، تظهر انخفاضاً سريعاً. في الـ٤٠ قطراً إفريقيا المعرض للإصابة، انخفضت الحياة المتوقعة من ٤٨,٢ سنة في ١٩٩٠-١٩٩٥ إلى ٤٥,٧ سنة في ٢٠٠٠-٢٠٠٥ . في المناطق الجغرافية الأخرى المصابة بمرض الايدز. لم يتسبب المرض في انخفاض الحياة المتوقعة.

على المستوى القطري، يختلف تأثير الايدز في الوفيات كثيراً. في بتسوانا" حيث قدر انتشار الوباء بحوالي ٣٦,٢% من السكان الراشدين في ٢٠٠٣، انحدرت الحياة المتوقعة من ٦٥,١ سنة في ١٩٨٥-١٩٩٠ إلى ٣٦,٦ سنة في ٢٠٠٠-٢٠٠٥، وبالمثل انخفضت الحياة المتوقعة في جنوب أفريقيا من ٦٢,٠ سنة في ١٩٩٠-١٩٩٥ إلى ٤٩,٠ سنة في ٢٠٠٠-٢٠٠٥، ١٨ سنة أقل مما ستكون عليه الحال في غياب الايدز.

التباينات الجنسية في تأثير الايدز في الوفيات تختلف بحسب توزيع الإصابات بين الرجال والنساء. في أفريقيا جنوب الصحراء الكبرى، ٥٧% من الراشدين المصابين بالمرض هم من النساء (UNAIDS,2005). يضاف إلى ذلك أن النساء يُصبن في أعمار

أبكر، في المتوسط، من الرجال. ونتيجة لذلك، فإن للايدز تأثير في الحياة المتوقعة للنساء أكبر من الرجال .كما أن الايدز يؤثر كذلك في التوزيع العمري للسكان.

ب- التأثير في حجم السكان ونموهم:

الأعداد المتزايدة للوفيات بسبب الايدز يتوقع أن تفضي- إلى انخفاض نمو السكان، وفي بلدان قليلة -بوتسوانا، ليسوتو سوازيلاند- في تقليل حجم السكان. في معظم البلدان النامية الأخرى المعرضة للإصابة بالمرض ، سيستمر نمو السكان بصورة إيجابية لان مستوى الخصوبة لديها يوازي ارتفاع الوفيات.

جـ- التأثير في التركيب العمري للسكان:

إن تركيز وفيات الايدز بين الراشدين في سن العمل سيقود إلى إعادة تشكيل التركيب العمري للسكان في البلدان الأكثر عرضة للإصابة، مثل زمبابوي.

إن نسبة الرجال إلى النساء في هذه الفئات العمرية ستزداد لان عدد وفيات النساء من الايدز يزيد على عدد نظيره من الرجال في زمبابوي ، وأنهن يتوفين في أعمار أصغر. إن إعادة تشكيل تركيب السكان بسبب الايدز ستكون له أثار عميقة في تركيب الأسرة ، القوى العاملة والمظاهر الأخرى للمجتمع. (U.N.2005:72-80)

الخلاصة:

شهد العالم انخفاضاً استثنائياً في الوفيات خلال القرن العشرين. في النصف الثاني من القرن العشرين وحده ازدادت الحياة المتوقعة منذ الولادة في العالم من ٤٦,٥ سنة في ١٩٥٠-١٩٥٥ إلى ٦٥,٤ سنة في ٢٠٠٠ -٢٠٠٥. في الأقاليم المتقدمة، ازدادت الحياة المتوقعة منذ الولادة ٩,٥ سنوات منذ مطلع عام ١٩٥٠، مرتفعة من ٦٦,١ إلى ٧٥,٦ سنة. وعلى العكس، فإن معظم البلدان في الأقاليم النامية لم تبدأ بالتعرض إلى انخفاض الوفيات حتى بعد عام ١٩٥٠؛ ورغم ذلك، كان تحولها فيما بعد أكثر سرعة، فقد قفزت الحياة المتوقعة في الأقاليم النامية ٢٢,٣ سنة ، من ٤١,١ سنة في ١٩٥٠-١٩٥٥ إلى ٦٣,٤ في ٢٠٠٠-٢٠٠٥ . حتى بين البلدان الأقل نمواً، زادت الحياة المتوقعة ١٤,٩ سنة ، من

٣٦٫١ إلى ٥١٫٠ سنة. في الأقاليم المتقدمة أفضى انخفاض الوفيات الناجمة عن الأمراض المعدية والطفيلية إلى زيادة إسهام الأمراض غير السارية (المزمنة) في الاعتلال والوفيات عموماً . وفي الأقاليم النامية، ظلت الأمراض المعدية والطفيلية مصدر هاماً للوفيات والاعتلال على الرغم من زيادة مفعول الأمراض غير السارية.

يعزى الانخفاض السريع للوفيات في الأقاليم إلى ارتفاع مستويات المعيشة وتحسين التغذية، فضلاً تحسن الأحوال الصحية والاقتصادية للسكان ككل.

أما في الأقاليم النامية، فقد لعبت برامج الصحة واستخدام التكنولوجيا الجديدة في الوقاية من الأمراض ومكافحتها دوراً كبيراً في هذا الميدان.

على الرغم من أن معظم العوامل المؤثرة في تخفيض الوفيات خلال القرن العشرين قد ارتبطت بتحسن ظروف المعيشة لكلاً الجنسين، إلا أن الحياة المتوقعة للنساء زادت أسرع من الرجال في أنحاء العالم كافة، ونتيجة لذلك، فإن الحياة المتوقعة للاناث الآن تفوق الحياة المتوقعة للذكور في كل قطر تقريباً . كما تختلف مستويات الوفيات عموماً بحسب العمر، والحالة الزواجية، والتعليم، المهنة، مكان الإقامة و والأحوال البيئية وغيرها.

أما من حيث أسباب الوفيات، فيبدو بوضوح أن الأمراض المزمنة بدأت تلعب دوراً هاماً في انتشار الوفيات. والاعتلال بخاصة بين كبار السن، في كل من المناطق المتقدمة والنامية. ويُعتبر انتشار وباء نقص المناعة المكتسبة (الايدز) من اخطر أسباب الوفيات في البلدان النامية في الوقت الحاضر.

الفصل السابع

الفصل السابع
الهجرة

مقدمة:

أولاً: الهجرة الداخلية.

العوامل المؤثرة في الهجرة:

1- الهجرات الداخلية الرئيسية في العصر الحديث

2- اختلافات الهجرة

3- نظريات الهجرة

ثانياً: الهجرة الدولية والتنمية.

أ- قياس الهجرة الدولية

ب- الاتجاهات الحالية للهجرة الدولية

جـ- نظريات الهجرة الدولية

١- المدخل الاقتصادي

٢- المدخل السوسيولوجي

٣- المدخل السياسي

د- الأسباب الرئيسية للهجرة الدولية

هـ- تأثير الهجرة الدولية في عملية التنمية لدى البلدان الأصلية

و- هجرة الطلبة لأغراض العمل والدراسة

الخلاصة:

الفصل السابع
الهجرة

مقدمة:

الهجرة هي العامل الأساسي الثالث المؤثر في تغير سكان منطقة معينة. العاملان الآخـران، الـولادات والوفيات، عولجا في فصلين سـابقين، أدرك الديمغرافيون منذ فترة طويلة أهمية الهجرة في التأثير في زيادة وقلة السكان وفي تغير الخصائص الديمغرافية للمناطق الأصلية والمناطق المقصودة.

الهجرة عامل هام في نمو السكان والقوى العاملة لمنطقة ما، إن معرفة عدد الأشخاص الداخلين إلى منطقة معينـة والخـارجين منها وخصائصهم أمر ضروري في بيانـات التعـداد السكاني والإحصـاءات الحيويـة مـن أجـل تحليل التغيرات في تركيب السكان والقوى العاملة لمنطقة معينـة. إن قياس وتحليل الهجرة أمران ضروريان في إعداد تقديرات السكان والإسقاط السكاني لشعب معين أو لجزء من ذلك الشعب. إن البيانات المتعلقة بعمر المهاجر إلى منطقة معينة وجنسه، وجنسيته، ولغته الأم، فـترة الإقامة، والمهنة، إلـخ......، تسـهل فهم طبيعة وحجم مشكلة التمثيل والتكيف الاجتماعي والثقافي التي غالباً مـا تحدث في مناطق ذات هجرة واسعة النطاق.

يهتم علـماء الاجـتماع بالآثار الاجتماعيـة والنفسـية للهجـرة عـلى المهاجرين وعلى السكان في المناطق المرسلة للمهاجرين والمستقبلة لهم. وعـلى تثاقف وتكيـف السكان المهاجرين وينصب اهتمام الاقتصادي عـلى علاقـة الهجرة بالـدورة الاقتصادية، وعرض العمال المـاهرين وغير المـاهرين، ونمـو الصناعة والحالة العملية والمهنية للمهاجر، ويهتم كـل مـن المشرـع والسياسي بوضع السياسات وتشريع القـوانين المتعلقة بـالهجرة، وبدرجـة اقل، بـالهجرة الداخلية، والسلوك الانتخابي للمهاجرين. (Shryock, et.al,1976:340)

أما من الناحية الاجتماعية، فتؤثر الهجرة في العمليات والبنى الاجتماعية، وفي شخصيات الأفراد، ففي الجماعات المستقرة يتسبب الانتقال من مكان إلى أخر في قطع الصلات والروابط الاجتماعية، في حين أن قدوم مهاجرين من الخارج كثيراً ما يُدخَل عناصر غير متجانسة ثقافياً وحضارياً مع الجماعات المستقرة التي قدموا إليها. ولذلك فإن الهجرة تتطلب تكيفاً اجتماعياً، هذا علاوة على التكيف الشخصي للأفراد المهاجرين. وعندما تنطوي الهجرة على الانتقال بين جماعات أو حضارات مختلفة كثيراً، فقد يصبح التكيف الكامل أمراً مستحيلاً بالنسبة إلى المهاجر أو حتى إلى أولاده على المدى القريب . ففي أحسن الأحوال تكون عملية الاندماج بطيئة وشاقة (سميت،١٩٦٣: ١٤٩٨).

تعريف الهجرة:

الهجرة شكل من التحركية الجغرافية، أو الاجتماعية المتضمّنة تغيراً للمسكن الاعتيادي بين وحدات جغرافية واضحة المعالم. ومع ذلك فبعض تغيرات محل الإقامة المؤقتة لا تتضمن تغيرات في المسكن الاعتيادي؛ هذه تُستبعد عادة من "الهجرة". فهي تتضمن رحلة قصيرة لغرض الزيارة، العطلة أو العمل ، حتى عبر الحدود الوطنية. تغيرات أخرى في المسكن، مع أنها دائمية، إلا أنها حركات لمسافة قصيرة، ولهذا السبب، تُستبعد من "الهجرة" أيضاً. من الناحية العملية، اقتصرت عبارة الهجرة في الاستعمال العام على التغيرات الدائمية نسبياً في المسكن بين مناطق سياسية أو إدارية محددة أو محل السكن. (Shryock, et.al,1976:349). لأغراض ديمغرافية، يمكن التميز بين نوعين محددين للهجرة الهجرة الدولية والهجرة الداخلية تشير الأولى إلى حركات عبر الحدود الدولية. وهي تدعى بالنزوح (Emigration) من بلد إلى أخر والوفود (Imigration) في حالة القدوم إلى بلد معين. إن مصادر البيانات، أنواع البيانات المتوافرة، وأساليب التقديرات والتحليل مختلفة تماماً بالنسبة للهجرة الدولية والداخلية، مما يتطلب معالجة منفصلة لهذين النوعين من الهجرة لهذا السبب، فقد خُصص قسمان للهجرة، الأول الدولية والثاني للهجرة الداخلية.

أولاً: الهجرة الداخلية

إن انتقال الناس داخل حدود بلد معين لم تلق الاهتمام المبكر كالهجرة الدولية، ولكنها أصبحت موضوعاً للدراسة المتزايدة في العقود القلائل الماضية. من بين جميع مكونات تغير السكان، تُعد الهجرة الداخلية أكثرها صعوبة في القياس. ومع ذلك، فقد طُورت طرق مباشرة وغير مباشرة للقياس فأصبح بالإمكان الاختيار من بينها.

لقد تضمن اهتمام الـديمغرافيين بـالأمور الآتيـة: ١- الهجرة كعامـل في تغير السكان ومـن ثم في قياسـات أو تقديرات الهجـرة للاستخدام في إجراء التقديرات أو الإسقاطات (التنبـؤات) السكانية الحالية؛ ٢- الهجرة باعتبارها العامل الأول في إعادة توزيع السكان بـين المناطق الجغرافيـة أو أنـواع أماكن السكن؛ ٣- التفاوت في الحركة القصيرة والهجرة والانتقائية في هـذين النـوعين من الحركة.

تعريفات:

يعتمد تحليل الهجرة على مفاهيم أساسية إلى جانب بعـض المفاهيم الفرعية:

أولاً: في حالة الهجرة الداخلية:

١- **الهجرة إلى الخارج**: (Out migration) وهي مغـادرة منطقة أو وحدة إدارية إلى مكان أخر.

٢- **الهجرة نحو الداخل**: (in-migration) وهي المجيء من مكـان أخـر إلى منطقة أو وحدة جغرافية مقصودة.

٣- **صافي الهجرة**: (net- migration) هي الوزن الصافي بين عـدد المغادرين لمكان معين وعدد القادمين إليه ويكون صافي الهجرة موجباً إذا كان عـدد القادمين إلى مكان معين يفوق عدد المغادرين منه، ويعتبر سالباً إذا كان عدد المغادرين يفوق عدد القادمين إليه.

٤- **إجمالي الهجرة**: وهو مجموع الهجرة للداخل و الهجرة للخارج.

٥- **تيار الهجرة**: مجموعة مـن المهـاجرين الـذين تجمعهـم أصـول أو أمـاكن مقصودة مشتركة في فـترة هجـرة معينـة. ويمكـن اسـتخدام تيـار الهجـرة لوصف الحركة بين نوعين من محل الإقامة مثل الانتقال من قلب المدينة إلى الضواحي. الحركـة المضـادة لتيـار الهجـرة تـدعى بـالهجرة المعاكسـة ويدعى الشخص العائد إلى مكان إقامته الأصلي بالمهاجر العائد.

العوامل المؤثرة في الهجرة:

العوامل المؤثرة في اتخاذ القرار المتعلق بالهجرة كثيرة ومعقدة نظراً لان الهجـرة عمليـة انتقاليـة تـؤثر في الأفـراد الـذين يتميـزون بـبعض الخصـائص الاقتصـادية والاجتماعيـة والديمغرافيـة، والتعليميـة لـذلك فالتـأثير النسـبي للعوامل الاقتصادية وغير الاقتصادية ربما يختلـف لا بـين الشـعوب والأقـاليم فحسب وإنما ضمن مناطق جغرافية محددة وفئات سكانية معينة كذلك. فإن معظم البحوث المبكرة عن الهجرة تركزت عـلى عوامـل اجتماعيـة، وحضـارية ونفسية أكثر من العوامـل الاقتصـادية. ويمكـن حصر أهـم العوامـل المختلفـة المؤثرة في الهجرة بالمجالات الآتية.

١- العوامل الاجتماعية، بضمنها رغبة المهاجرين في التخلص من القيود المحلية.

٢- عوامـل طبيعيـة، بضـمنها المنـاخ أو الفيضـانات أو الجفـاف والعواصـف والزلازل والبراكين.

٣- عوامل حضارية بضمنها بقاء العلاقات العائليـة الممتـدة ومغريـات المدينـة الثقافية والخدمية.

٤- عوامل ديمغرافية بضمنها انخفـاض معـدلات الوفيـات وبالتـالي ارتفـاع نمـو السكان في الريف.

٥- عوامل اتصال بضمنها تحسن وسائل النقل والاتصال وتأثير التحديث.

٦- عوامل اقتصادية: وهي تتضمن ليس فقط العوامل الدافعة من الريف حيث اقتصاد الكفاف وفائض القوى العاملة وإنما العوامل الجاذبـة المتمثلـة في الأجـور الحضريـة

المرتفعة نسـبياً وكـذلك العوامـل الدافعـة بـالعودة نحـو المناطق الريفيـة بسبب ارتفاع معدل البطالة في المدن.

الهجرات الداخلية الرئيسية في العصر الحديث

١- حركات الهجرة الرئيسية:

لعل في مقدمة الخصائص المميزة للهجرة الداخليـة في الوقت الحـاضر هي زيادة أهمية الهجرة من الريف إلى المدن في جميع البلدان النامية تقريباً، في حين قلت أهميتها في المناطق المتقدمة النمو. يمكن على وجه العموم القول إن الهجرة من الريف إلى المدن خلال العقود الماضية اكتسبت أهمية خاصة في البلدان النامية كافة تقريباً ، وذلك لدورها الهـام في تعجيـل حركـة التحضرـ في هذه البلدان. فقد أصبحت ظاهرة التحضر السريع من المعالم المميزة للتطور الديمغرافي الحالي في البلدان النامية، وستبحث هذه الظاهرة مفصلاً في الفصـل القادم.

تعتبر حركات السكان داخل الولايات المتحدة من أكبر حركـات الهجـرة الداخلية في العالم المعاصر والحديث. ويمكن تميز ثلاثة تيارات رئيسية للهجـرة الداخلية هي الهجرة نحو الغرب، الهجرة من الريف إلى المدن، وهجرة الزنوج من الجنوب نحو الأقاليم الشمالية والغربية من البلاد.

وربما يصح تشبيه حركة الناس في الاتحاد السـوفيتي السـابق، مـن الجانـب الأوربي إلى الجانب الأسيوي، بحركة انتقال السكان في أمريكا من الشرق إلى الغرب، ومن الخصائص الديمغرافية البارزة في التطور السكاني للاتحاد السوفيتي هي النمـو السريع للمدن بسبب الهجرة من المناطق الريفية.

وحدثت خلال القرن التاسع عشر حركة هجرة واسعة النطاق مـن الأقاليم الريفية إلى المناطق الحضرية في البلدان الأوربية كافة. ومع ذلك، فقد توقفت حركات

الهجرة من الريف إلى المدن في معظم البلدان الأوربية في الستينات واشتد تيار الهجرة المعاكسة على نحو متزايد تبعاً لتغير الظروف والأحوال الاقتصادية والاجتماعية.

٢- اختلافات الهجرة:

هي دراسة الاختلافات في معدلات الهجرة بين الفئات الديمغرافية والاقتصادية والاجتماعية في السكان. عند دراسة اختلاف الهجرة ، تتم المقارنة عادة بين المهاجرين وسكان المكان الأصلي أو بين المهاجرين وسكان المكان المقصود. يختلف المهاجرون عن غيرهم من الفئات الأخرى في مجموعة من الصفات مثل الجنس، العمر، الحالة الزوجية، والمهنة، والوضع الثقافي وغيرها من السمات الأخرى.

الخصائص الديمغرافية للمهاجرين:

توصل الديمغرافيون منذ فترة زمنية طويلة إلى أن المهاجرين داخل القطر أو بين قطر وأخر هم في الأعم الأغلب من الشباب الذين تتراوح أعمارهم ما بين (١٥-٢٤) سنة من العمر وتنخفض نسبة المهاجرين بعد سن الخامسة والعشرين تدريجياً مع التقدم بالعمر.

من المعروف أن اغلب الشباب يسعون وراء الحصول على عمل كاسب، بعد إكمالهم مرحلة التعليم الثانوي أو الجامعي. كما أنهم يفتشون عن شريكة حياة وتأمين الحياة الأسرية المستقرة. أضف إلى ذلك، أنه تسهل عليهم الحركة والتنقل خلال هذه المرحلة العمرية المفعمة بالحيوية والنشاط والطموح العالي، مقارنة بمراحل العمر المتقدمة. يتفوق الرجال على النساء في الهجرات التي تتطلب قطع مسافات طويلة، بينما تسود النساء في الهجرات القصيرة وفي السنوات الماضية زادت نسبة النساء المهاجرات بسبب توفر فرص أفضل للتعليم ، بخاصة في أمريكا اللاتينية وشرق أسيا. يوجد نوعان من هجرة النساء : الهجرة الأسرية والهجرة الانفرادية، وقد ازداد النوع الثاني من الهجرة بسرعة في كل من أمريكا اللاتينية واسيا وذلك بسبب ما تتمتع به الفتيات المهاجرات من حرية دون التقيد بالأهل مما شجعهن على الهجرة دون صحبة الأهل.

(Briggs, 1971)

الخصائص الاجتماعية:

لعل من ابرز نتائج دراسات الهجرة الداخلية هي وجود علاقـة موجبـة بين المستوى الدراسي والدافع نحو الهجرة. فالأشخاص الأكـثر تعلـيماً هـم أكـثر احتمال في الميل نحو الهجرة من أولئك الأقل تعليماً. يعود السـبب في ذلـك إلى أن الأفراد الحاصلين على مستويات تعليمية جيدة يمكنهم الحصول على العمل في المدن المقصـود أكـثر مـن غـيرهم. ويتميـز المهـاجرون الشـباب عـن سـكان المناطق التي غادروها بأنهم أكثر طموحاً ، كما ويتحلون بـروح المبـادرة. يميـل أصحاب المهن الفنية والعلميـة إلى الهجـرة أكـثر مـن العـمال المـاهرين وشـبه الماهرين، كما يميل العاطلون عن العمل إلى الهجـرة أكـثر مـن العـاملين وذلـك سعياً وراء العمل.(Thomlinson, 1965)

أما بخصوص الحالة الزوجية للمهاجرين ، فقد كانت نتـائج الدراسـات متضاربة. فقد أظهرت إحدى الدراسـات أن أغلـب المهـاجرين مـن الريـف إلى المدن كانوا من فئة العزاب ومن جهة أخرى، كشفت بعض الدراسـات أن كثـير من المهاجرين إلى المدن في أسيا وأفريقيا من فئة المتزوجين الذين يـذهبون إلى المدن بصحبة أفراد أسرهم أو يتركونهم وراءهـم ثـم يعـودن إلـيهم بعـد فـترة محددة. (United Nations, 1957)

الخصائص الاقتصادية:

ظلت النسبة الأعظم للمهـاجرين الحضرـ طـوال عـدة سـنوات تتكـون عموماً من الفقراء المحرومين من الأرض والعمال الزراعيين غير المـاهرين ممـن لا تتوفر أمامهم فرص للعمـل الكاسـب في الريـف . ورغـم ذلـك فقـد تغـيرت الحال بمرور الزمن بسبب ظهور القطاع الصناعي الحـديث في معظـم المنـاطق الحضرـية في البلـدان الناميـة فصـار يجـذب إليـه المهـاجرين المنحـدرين مـن مختلف الطبقات الاجتماعية والاقتصادية.

٣- نظريات الهجرة:

تعـد دراسـة رافنشـتاين، Ravenstein لحركـة السـكان الداخليـة في بريطانيا وبعض البلـدان الأوربيـة الأخـرى أول محاولة جديـة لصياغة بعض الفرضيات المتعلقة بالهجرة، وهي تشتمل على الفرضيات الآتية:

١- تمثل الهجرة الصافية نسبة صغيرة من إجمالي الهجرة بين منطقتين.

٢- كل تيار هجرة يقابله تيار معاكس يماثله من حيث الحجم تقريباً.

٣- سكان المدن أقل رغبة بالهجرة من سكان الريف .

٤- يقطع أغلب المهاجرين مسافة قصيرة فقط.

٥- تكون الهجرة من الريف إلى المدن على مراحل

٦- تجرى تيارات الهجرة الرئيسية مـن الريـف إلى البلـدان الصغيرة ومنها إلى المدن الكبرى.

٧- يقصد المهاجرون المراكز الصناعية والتجارية الكبيرة بالدرجة الأولى

٨- الإناث أكثر ميلاً للهجرة من الذكور

٩- يقطع المهاجرون إلى المدن الكبرى مسافات طويلة.

١٠ يزيد التطور التكنولوجي من معدلات الهجرة.

١١- رغم تعدد دوافع الهجرة، تأتي رغبة الناس في تحسين أحوالهم المعاشية في المقدمة.

أما جورج زيف(Zipf, 1946) فقد افترض أن عدد المهاجرين بين جماعتين يتناسب مع حاصل ضرب مجموع سكان الجماعتين مقسوماً عـلى أقصر مسافة تفصل بينهما.

النظريات الاقتصادية للهجرة من الريف إلى الحضر:

حاول تـودارو تطويـر نظريـة الهجرة مـن الريـف إلى الحضر- لتفسير ظاهرة للهجرة المتصاعدة مـن الريف إلى الحضر- في سياق ظاهرة البطالة الحضرية المتزايدة.(Todaro,1976:138-148).

تنص نظرية تودارو على أن الهجرة تنشأ استجابة للفروق الريفية - الحضرية في الدخل المتوقع بدلاً من الأموال المكسوبة (ربحاً كانت أم أجراً).

القضية الأساسية هـي أن المهاجرين يأخـذون بنظر الاعتبـار مختلـف فرص العمل المتوافرة لديهم في القطاعين الريفي والحضري ويختارون تلك التي تزيد إلى الحد الأقصى مكاسبهم المتوقعة. وتقاس المكاسب المتوقعـة بـاحتمال حصول العمال الجدد على عمل حضري فضلاً عن الفرق في الأجور الحقيقة في الريف والحضر ـ ويهـاجرون إذ كانـت المـدخولات المتوقعـة في المدينـة تفـوق متوسط المدخولات السائدة في الريف.

ثانياً : الهجرة الدولية والتنمية

مقدمة:

الهجرة الدولية ظاهرة اجتماعية شديدة التعقيد، فهـي تحـدث ضـمن سباق العلاقات الدولية الاقتصادية، السياسية والثقافية القائمة، وهـي تـؤثر في عملية التنمية كما تتأثر بها على حـد سـواء. مـن المحتمـل أن تختلـف طبيعـة العلاقة المتبادلة بين الهجرة الدولية والتنمية تبعاً لمرحلة التنمية التي تمـر بهـا البلدان أو الجماعـات المعنيـة بـالأمر. نظـراً لاخـتلاف الطـرق التـي تتفاعـل بواسطتها الهجرة الدولية والتنمية، ونظراً لاقتصار البحث عـلى معالجـة بعـض مظاهر التفاعل المتبادل فقط، فقد ظلت المعرفة الحالية المتعلقـة بالتفـاعلات بين الهجرة والتنمية غير شاملة. وبناء على ذلك فقد أصبح من الصعب التوصل إلى تعميمات شاملة. يتناول هذا القسم المواضيع الآتية:

أ- قياس الهجرة الدولية.

ب- الاتجاهات الحالية للهجرة الدولية

جـ- نظريات الهجرة الدولية

د- أسباب الهجرة الدولية

هـ- تأثير الهجرة الدولية في تنمية البلدان الأصلية.

و- هجرة الطلبة لأغراض العمل بالخارج.

أ- قياس الهجرة الدولية:

تعد الهجرة الدولية عملية ديمغرافية أكثر تعقيداً وصعوبة في القياس من الولادات والوفيات. لما تتطلبه دراسة أنماطها واتجاهاتها ورصد حدوثها عبر الزمان والمكان. بما أن الهجرة الدولية تتضمن اجتياز حدود، فإن تعريفها وقياسها يعتمدان على الوسائل والمفاهيم المستخدمة في مختلف نظم جمع البيانات القومية المعتمدة.

تحدث الهجرة الدولية عندما يغادر الناس البلد الأصلي للذهاب إلى بلد أخر. مثالياً، يتعين تسجيل البيانات المتعلقة بهذه الحركة في كلا المكانين، بضمنها معلومات عن البلد الأصلي في حالة الوفود Immigration والبلد المقصود في حالة النزوح Emigration، ومع ذلك لا تتوافر معلومات مفصلة إلا عن بلدان قليلة في الغالبية العظمى من الحالات. لا تسجل تيارات الهجرة بصورة دقيقة. لا تقوم الدوائر الإحصائية الوطنية إلا بتسجيل العدد الكلي للوافدين والنازحين ولذلك يتعذر إجراء دراسة عن أنماط الهجرة واتجاهاتها، فضلاً عن أسبابها الرئيسية. وهكذا يصعب رصد الاتجاهات الدولية وتعيين أهميتها بسبب عدم توافر البيانات اللازمة. يضاف إلى ذلك توجد مشكلات النوعية والقابلية للمقارنة والاتساق في البيانات عبر الزمان والمكان.

بسبب هذه القيود البيانية، لا يمكن تقدير أهمية الهجرة الدولية ودراستها إلا على صعيد الهجرة الصافية- الفرق بين عدد الوافدين والنازحين إذا كان عدد المهاجرين الداخلين إلى قطر معين يفوق عدد النازحين منه خلال فترة زمنية محددة تكون الهجرة الصافية موجبة، وإن البلد يكسب سكاناً من خلال الهجرة. وعلى العكس من ذلك إذا كان عدد النازحين يفوق عدد الوافدين إلى قطر معين يكون صافي الهجرة سالباً وأن البلد يخسر سكاناً بسبب الهجرة. في هذه الدراسة نطلق على صافي الهجرة الموجب "بالوقود الصافي" وصافي الهجرة السالب "بالنزوح الصافي".

ب- الاتجاهات الحالية للهجرة الدولية:

في العقود الحالية، أصبح سكان الأقاليم المتقدمة يملون نحو الزيادة بسبب صافي الهجرة الموجب (الوفود الصافي) بينما أخذت الأقاليم النامية تخسر الكثير من سكانها بسبب صافي الهجرة السالب (النزوح الصافي) . ظلت أعداد الهجرة الصافية تزداد على نحو متواصل في الأقاليم المتقدمة وبلغت ذروتها البالغة ٢,٦ مليون سنوياً بين ١٩٩٠-٢٠٠٠. وخلال الخمسين سنة القادمة يتوقع أن يبلغ عدد المضافين إلى سكان الأقاليم المتقدمة حوالي ٢,٢ مليون نسمة سنوياً(United. Nations, 2005,84).

تضمنت معظم الهجرة الصافية في البلدان الأقل نمواً أعداداً كبيرة من اللاجئين، كما أن النزوح من هذه البلدان إلى الأقاليم المتقدمة يتضمن كذلك أعداد من اللاجئين الساعين إلى حياة أفضل من حالة الحرمان والجوع التي يعيشون تحت ضغوطها الوخيمة.

أمريكا الشمالية وأوربا هما المنطقتان الرابحتان الأكبر حالياً بسبب الوفود الصافي، في حين أن أفريقيا واسيا وأمريكا اللاتينية والكاريبي هي المناطق الخاسرة لا من حيث عدد السكان النازحين، بل في أغلب النواحي الاجتماعية والاقتصادية والثقافية. للفترة ما بين ١٩٥٠-٢٠٠٠، كانت أمريكا الشمالية والاوقيانوس هما المنطقتان الوحيدتان اللتان أضافتا سكاناً بسبب الهجرة الدولية. ومن جانب أخر فإن أفريقيا، أمريكا اللاتينية والكاريبي، فقدت سكاناً. وكانت الحالة بالنسبة لأسيا مختلفة تماماً فقد كانت الهجرة الصافية لديها إيجابية خلال الخمسينات والستينات ، تلتها هجرة صافية سالبة من المتوقع أن تستمر.

هذه الأنماط العامة تخفي تباينات كبيرة. داخل أمريكا الشمالية، التي كانت تضيف حوالي ١,٣ مليون شخصاً سنوياً إلى سكانها منذ ١٩٩٠، تُعد الولايات المتحدة الأمريكية القطر المستقبل بالدرجة الأولى- حيث تمثل أكثر من ٨٠% من جميع الهجرة الصافية في أمريكا الشمالية منذ ١٩٥٠. وفي أعقاب تعديل قانون الهجرة والتجنس في

١٩٦٥ زادت أعداد المهاجرين إلى الولايـات المتحـدة القـادمين مـن أسـيا ومـن أمريكا اللاتينية والكاريبي فضلاً عن إفريقيا.

ظل النزوح الصـافي مـن أمريكـا اللاتينيـة والكـاريبي يـزداد مـع مـرور الزمن. بين ١٩٩٠-٢٠٠٠، خسرت أمريكا اللاتينية حوالي ٨٠٠,٠٠٠ شخصاً سنوياً بسبب الهجرة الصافية ويعود السـبب في زيـادة أعـداد المهـاجرين إلى تـدهور الأحوال الاقتصادية في كثير من بلدان أمريكا اللاتينية.

بخصوص أفريقيا، تشمل تيارات النزوح إلى المنـاطق الرئيسـية الأخـرى العمال وأسرهم من شمال أفريقيا إلى أوربا وإلى الدول المنتجة للنفط في غـرب أسيا. في التسعينيات هاجرت أعداد كبيرة من النازحين من عدد من البلـدان في أفريقيا جنوب الصحراء الكبرى إلى أوربا ، واسـتراليا وكنـدا والولايـات المتحـدة. فضلاً عن أعداد كبيرة من اللاجئين القادمين من هذه القارة.

خلال الخمسينات والستينات، كانت أوربـا تعـاني مـن نقـص شـديد في أعداد العمال غير الماهرين. نتيجة لـذلك، فقـد هـاجر العـمال العـاطلون مـن البلدان المستعمرة سابقاً إلى أوربا الغربية سعياً وراء العمل. مثّل هؤلاء العمال المهاجرون فائدة كبـيرة بالنسـبة للصـناعيين ولحكومـاتهم واقتصـادياتهم. لقـد شجعت الحكومات المرسلة للمهاجرين هجرة العمال هذه لأنها سـاعدت عـلى أبطاء نمو السكان الحضر، وزيـادة العائـدات مـن العملـة الصـعبة مـن خـلال التحويلات المالية إلى بلـدانهم، وكـانوا يـأملون تـدريب بعـض عمالهـم لغـرض الاستفادة منهم عند عودتهم.

كان تدفق العـمال الأجانـب إلى أوربـا سريعـاً ومركـزاً لدرجـة كبـيرة. في أواخـر الستينات استقبلت ألمانيا الغربية وفرنسا سوية نحو ستة ملايين عامل أجنبي، تركـزوا في المدن الصناعية في الأعمال اليدوية في الأعم الأغلب. جنت البلدان المرسـلة فوائـد قليلـة مقارنة مع خسارتها. وفي السبعينات أدى الركود الاقتصادي المتزايـد إلى إجبـار الأوربيـين في معظم البلدان على تشديد قوانين الهجرة لديها من أجل تقليل د خول العمال

المهاجرين، ومازالت هـذه السياسـة سـارية المفعـول حتـى الوقـت الحـاضر ، ويستثنى من ذلك العمال الماهرون وأصحاب الكفاءات الذين يلقـون تشـجيعاً في الدخول إلى مختلف البلدان الغربية، كما زادت إعداد اللاجئين إلى العواصـم والمدن الأوربية.

أما بخصوص أسيا، فقد بدأت الهجرة منها إلى أجـزاء أخـرى مـن العـالم بالزيـادة في السـتينات (Castles and Miller,2003) وتحولـت أسـيا مـن مستقبلة للمهاجرين إلى مرسلة لهم في السبعينات. حاليـاً، تخسر أسـيا حـوالي ١,٢ مليون شخصـاً سـنوياً بسـبب النـزوح الصـافي. أدت قـوانين الهجـرة الأكـثر تساهلاً في الولايات المتحدة الأمريكية، كندا واستراليا، فضلاً عن زيادة الـروابط العسكرية والاقتصادية والسياسية إلى تصاعد حركة الهجرة إلى هذه البلدان.

ومنذ عهد قريب، أدى النمو الاقتصادي السريع في عدة بلـدان أسـيوية إلى إعادة توزيع المهاجرين دولياً داخل أسيا ومنها . كانت هناك حركـة هجـرة للعمال الأسيويين الذاهبين إلى البلدان المنتجـة للـنفط في غـرب أسيا، وهجـرة العـمال الأتـراك إلى أوربـا بالدرجـة الأولى إلى ألمانيـا الغربيـة؛ والهجـرة مـن المستعمرات السابقة (بصورة رئيسـية الهنـد باكسـتان اندونيسـيا وفيتنـام) إلى المملكة المتحدة، هولندة، وفرنسة. وهكذا فإن البلدان المنتجة للنفط في غـربي أسيا ظلت تكسب سكاناً بسبب النزوح الصافي . وبظهور أسـواق عمـل عالميـة أمام أصحاب الكفايات العالية، أصبحت أسيا الآن مصـدراً رئيسـياً لمثـل هـؤلاء العاملين المنتشرين في مختلف بقاع العالم.

الأوقيانوس، بخاصة أستراليا وزيلندة الجديـدة أضـافت ٨٦٠٠٠ شخصـاً سنوياً من خلال الهجـرة الصـافية. خـلال الفـترة ١٩٩٠-٢٠٠٠. فضـلت قـوانين الهجرة الاسترالية المهاجرين البريطانيين على غيرهم . كـما أن زيلنـدة الجديـدة فضلت المهاجرين من المملكة المتحـدة طـوال عـدة عقـود وتسـتخدم زيلنـدة الجديدة الآن معايير المهارة والالتحاق بالأسرة لقبول الوافدين إليها . كـما أنهـا تشجع قبول المهاجرين الراغبين في استثمار المال لديها.

خلال الخمسين سنة القادمة، يتوقع أن تتغير أنماط الهجرة الدولية على مستوى المناطق الرئيسية قليلاً جداً. من المتوقع أن تبقى أفريقيا وأمريكا اللاتينية والكاريبي مرسلة للمهاجرين الدوليين ، في حين أن أمريكا الشمالية ، وأوربا والاوقيانوس ستظل المناطق الرئيسية المستقبلة للمهاجرين من للبلدان النامية.

جـ- نظريات الهجرة الدولية:

تعتبر الهجرة الدولية، أسبابها ونتائجها، موضوعاً لعدة علوم اجتماعية، قدم كل منها بعض التفسيرات حول طبيعة نشوء وتطور أنواع معينة من الهجرة الدولية. الأطر التفسيرية مفيدة في توضيح المسلمات الأساسية أو الافتراضات المقدمة حول طبيعة الهجرة الدولية والمساعدة على اشتقاق فرضيات قابلة للاختبار.

النظريات المختلفة المذكورة لاحقاً تختلف عن بعضها الآخر لا من حيث العلم الذي يشكل الأساس لها فحسب وإنما كذلك بخصوص تركيزها على المهاجرين كأفراد أو على الهجرة كظاهرة ذات مستوى كلي يخضع إلى أنظمة تتجاوز الفرد. إن توضيح هذه الاختلافات يُعد خطوة أولية ضرورية في دراسة الأساس النظري بالنسبة لمختلف أنواع العلائق بين الهجرة الدولية والتنمية.

١- المدخل الاقتصادي:

من وجهة النظر الاقتصادية، تعد الهجرة الدولية عاملاً لإعادة توزيع القوى العاملة. وتبعاً لذلك، فإن النظريات الاقتصادية ترمي إلى تفسير هجرة العمال، بمعنى، الحركة الدولية للأفراد النشيطين اقتصادياً. تعد نظرية ادم سميث(Smith 1776) هي الأقدم لتفسير حدوث هجرة العمال. يقترح ادم سميث واقتصاديون آخرون من نفس الفترة أن هجرة العمال تنشأ من اختلافات في عرض العمال والطلب عليهم في مناطق مختلفة. لذلك، فقد دعا إلى إزالة العوائق أمام حركة العمال من أجل أن يتيح المجال للعمال بالانتقال من مناطق ذات أجور واطئة إلى مناطق ذات أجور عالية وبالتالي

تسهيل التقدم الاقتصادي للمنطقة الأصلية والمنطقة المقصودة على حد سـواء فضلاً عن تقدم العمال أنفسهم. في الواقع، دافع ادم سميث عن التحرر الكامل لانتقال رأس المال، السـلع والعـمال عـبر الحـدود الدوليـة وذلـك مـن أجـل أن تحقق قوى السوق أقصى تقدم اقتصادي وتقليص الفقر.

وضع علماء عصريون (Sjaastad,1962: Harris and Todaro,1970, and todaro,1976) النظرية التقليدية الجديدة للهجرة، التـي تـنص عـلى أن البلدان ذات الأعـداد الكبـيرة مـن العـمال بالنسـبة إلى رأس المـال سـتميل لأن يكون لديها مستوى منخفض في أجور السوق، في حين أن البلدان ذات الأعـداد القليلة من العمال بالنسبة إلى رأس المال، ستميل لأن تكون لديها أجـور سـوق عالية. يعزى فرق الأجر إلى انتقال العمال من البلدان ذات الأجر المـنخفض إلى البلدان ذات الأجر المرتفـع. نتيجـة لهـذه الحركـة، فـإن عـرض العـمال يـنقص والأجور ترتفع في البلدان الأصـلية ويـزداد عـرض العـمال وتـنخفض الأجـور في البلدان المقصودة، مفضية في النهاية إلى توازن جديد حيث تعكس فقط فروق الأجور وتكاليف الهجرة. عند تلك المرحلة، تتوقف الهجرة الدولية.

إلى جانب النظريات الاقتصادية الكلية، توجد نظريات اقتصادية جزئية انصبت على المهاجرين الأفراد باعتبارهم فاعلين عقلانيين ممن يقررون الهجرة على أساس حسابات الربح والخسارة. Harris and Todaro,1970,Todaro, (1976)

حيث ينظر إلى الناس على أنهم يقررون الهجرة إلى الأماكن التـي يتوقعـون أن يحققوا فيها أعظم إنتاجية في ضوء مهاراتهم المفترضة.

أما نظرية اقتصاديات الهجرة الجديدة فتقوم على الافتراض بـأن النـاس يعملون بصورة جماعية، نموذجياً ضـمن أسر، لا إلى زيـادة الـدخل المتوقـع إلى أقصى حد ممكن فحسب بل إلى تقليـل المخـاطر وتخفيـف الضـغوط المقترنـة بأنواع مختلفة من مشاكل السوق الشائعة لدى البلدان النامية.

تبعاً لهذا المنحـى، تحـاول الأسر تقليل المخـاطر على رفاهها الاقتصادي بإرسال بعض أعضائها للعمل في بلد آخر حيث الأجور وظروف العمل مستقلة عـن الظروف الاقتصادية المحلية. الهجرة الدولية والحوالات التي تولدها يمكن أيضاً أن تسمح للأسر في الحصـول على رأس المال المطلوب لزيادة إنتاجيـة الأصـول في الجماعة الأصلية.

المنظور الرابع لتفسير أسباب الهجرة الدولية يستند إلى أفكار كارل ماركس بخصوص وظيفـة الرأسمالية الدولية المعروف بالنموذج التاريخي-البنيوي لنظرية النظم العالمية أو نماذج التبعية الدولية .يصور هـذا النماذج بلدان العالم الثالث على أنها تعاني من الركود الاقتصادي والسياسي والمؤسساتي المحلي والدولي معاً بسبب من ارتباطها بعلاقات التبعية مع البلدان المتقدمة .

يفترض هـذا المنحنى أنـه يمكـن إرجـاع أصول الهجرة إلى الاختلالات المؤسساتية والقطاعية التي سببتها الشركات الدولية في النظام الرأسمالي العالمي-ينظر إلى العمال في العالم على أنهم منقسمون جغرافياً إلى ثلاثة أقاليم متمايزة: المركز، شبه الأطراف والأطراف. تبعاً لطبيعة الاعتماد السياسي والاقتصادي المتبادل بين الأقاليم الثلاثة، فضلاً عن اتجاه وطبيعة انسياب المال والسلع تنظم أنماط حركات العمال بين الأقاليم.

(Petras, 1981;Sassen,1988;Portes,1995)

في بلدان المركز يكـون الطلب على العمال المهاجرين غـير منتظم لأنـه يعكس عادةً الندرة النسبية للأفراد المستعدين للعمل لقاء أجور منخفضة. يظهر الطلب على العمل الرخيص في قطاعات كالزراعة، كما أنه مرتبط بالتحول العـام لاقتصاديات بلدان المركز من قطاع الصناعة إلى قطاع الخدمات. في بلدان الأطراف يقـود تتجير الإنتاج الزراعـي عمومـاً إلى تعزيز أهميـة الأرض، حلـول المحاصيل النقدية محل اقتصاد الكفاف، الاستخدام الموسع للمدخلات الحديثة لإنتاج محاصيل عالية الجودة، الميكنة، والانخفاض التالي في الطلب على العمال. تفضي ـ هذه التغيرات إلى تنحية العمال عن الأرض. وزيادة الهجرة من الريف إلى المدينـة التي تسهم في إنتاج فائض في القوى العاملة في المناطق الحضرية.

إن القوى العاملة الحضرية المتزايدة بسرعة لا يمكن استيعابها بالكامل بواسطة إيجاد فرص عمل حضرية جديدة، مما يؤدي إلى انتشار البطالة والبطالة المقنعة المقترنة بزيادة أعداد الأشخاص في القطاع غير الرسمي ومهن قطاع الخدمات ذات الأجر المنخفض، وهكذا تُهمش كثير من الأسر، حتى خلال فترات النمو الاقتصادي السريع، وتزداد الفوارق في المدخولات. إن تواجد مثل هذه التطورات مع عدم تلبية الطلب على العمل الرخيص في بلدان المركز تعود إلى الهجرة الدولية للعمال من الأطراف، تلك الهجرة التي تسهل بواسطة الروابط الثقافية والأيديولوجية معاً بين بلدان المركز وبلدان معينة في الأطراف وبواسطة تطور وسائط النقل والاتصال فيما بينها، تلك الروابط والاتصالات تشجع توغل الرأسمالية إلى الأطراف بواسطة بلدان المركز.

بحسب نظرية النظم العالمية، فإن الهجرة أكثر احتمالاً في الحدوث بين القوى الاستعمارية السابقة وإحدى مستعمراتها وقد يُسّرت بواسطة الصلات الثقافية اللغوية، الإدارية، وروابط النقل والاتصالات القائمة بين الاثنين. داخل بلدان المركز، تركزت إدارة الاقتصاد العالمي داخل عدد قليل نسبياً من المراكز الحضرية حيث الصيرفة، التأمين، الخدمات المهنية والبنية التحتية ذات التكنولوجية الرفيعة. نظراً للطلب المتزايد على العمال غير الماهرين وانخفاض الإنتاج الصناعي الثقيل في تلك المدن، المقترن بالتطور السريع لوسائط النقل والاتصالات مع بلدان الأطراف فمن المحتمل أن تجذب نسبة كبيرة من المهاجرين العابرين للحدود.(Sassans, 1991)

٢- المدخل السوسيولوجي:

على الرغم من أهمية العوامل الاقتصادية في قرارات الهجرة، غالباً ما يُنظر إلى النظريات الاقتصادية للهجرة الدولية على أنها ضيقة المنظور لأنها لا يمكن أن تفسر حركات مستحثة بواسطة اعتبارات أخرى، بضمنها الحاجة إلى التخلص من التهديدات، الرغبة في الانتقال إلى مناخ أفضل والرغبة في التفتيش عن شريك حياة في سوق زواج أفضل. إن إدراك أهمية مدى أوسع من العوامل المتعلقة بالموضوع في تفسير قرارات

الهجرة وحقيقة أن الهجرة ليست اختيارية دائماً، تشكل الأساس للمنظور المقترح بواسطة لي. (Lee, 1966)

بحسب لي تعود الهجرة إلى كل من العوامل الايجابية في منطقة معينة من الأماكن المقصودة والعوامل السالبة في مكان الأصل أو السكن الحالي، بمعنى أن المناطق الأصلية والمقصودة تتميزان معا بجملة من العوامل الايجابية أو قوى الجذب (عوامل جاذبة) وعوامل سالبة أو عوامل الطرد (العوامل الدافعة). كلما زاد الفرق الملاحظ في صافي قوى الجذب (العوامل الايجابية ناقصاً العوامل السالبة) بين أماكن الأصل والمقصودة، زاد احتمال حدوث الهجرة.

يفترض لي (١٩٦٦) أن الاختبار سيكون إيجابياً بالنسبة لبعض المهاجرين وسالباً للبعض الأخر. إذا ما أخذنا جميع المهاجرين سوية يميل الاختبار حسب التعليم أو المهنة لان يكون ثنائي المنوال (bimodal)، مع تركيز الغالبية العظمة من المهاجرين في المجموعات الأدنى والأعلى. يعتمد مدى الانتقائية على عدة عوامل. فهي تتأثر بواسطة المسافة (البعد) من البلد المقصود؛ كلما زادت المسافة، ارتفعت كلف الهجرة ومجازفاتها، وزاد الميل نحو الاختيار الايجابي. الانتقائية يمكن أن تعتمد أيضاً على الخصائص المميزة للبلد الأصلي مقارنة بالبلد المقصود.

لتفسير الاختلاف الكبير في التعليم بين المهاجرين من مختلف بلدان العالم إلى الولايات المتحدة، يقترح بورجاس (Borjas, 1994) أن اختلاف حجم الدخل بين البلد الأصلي والمقصود يؤثر في طبيعة المهاجرين. إذا كان حجم الدخل أكبر في البلد المقصود، سيكون موقفهم إيجابياً، فالأفراد أصحاب المهارات التي تفوق المعدل سيكون لديهم حافز نحو الهجرة لان العائدات الناجمة من التعليم ستكون أكبر في البلد المقصود، مع تساوي الأشياء الأخرى. إذا كان حجم الدخل أكبر في البلد الأصلي، سيكون موقف المهاجرين سلبياً. ورغم ذلك، فإن الخصائص الاقتصادية للبلدان المرسلة والمستقبلة ليست المحددات الوحيدة لأصول المهاجرين ومهاراتهم . فالصلات التاريخية بين بلدان أو أقاليم معينة

تلعب دوراً كذلك في الأصل الوطني للمهاجرين وخصائصهم. الهجرة بخاصة هجرة العمال، تحدث على الأرجح بين دولة استعمارية سابقة ومستعمراتها في الماضي، كهجرة العمال من المغرب والجزائر إلى فرنسا مثلاً. (Sassen, 1988)

أخيراً، فإن محددات الطلب على المهاجرين (بخاصة سياسات قبـول المهاجرين الوطنية) ذات تأثير كبير في حياة المهاجرين.

(United Nations:2005, World Population Monitoring 2003.)

أستند لي في أفكاره هذه إلى عمـل سـتوفر (Stouffer, 1940) الـذي اقتـرح بأن الهجرة تعود إلى الجاذبية النسبية الملاحظة في المناطق الأصلية والمقصودة، وأن تيارات الهجرة تتأثر بواسطة وجود فرص معترضة ومعوقات، حيث تزداد كل منهما تبعاً للمسافة الفاصلة بين المكان الأصلي والمقصود. في الواقع، بالرغم مـن انخفـاض تكاليف السفر، مازال البعد يعتبر عاملاً هاماً في تقليل الدافع نحو الهجرة. كما هـو الحال بالنسبة للنظريات الاقتصادية، شددت النظريات السوسيولوجية على أهميـة دور الأسرة، سواء من ناحية كونها وحدة لاتخاذ القرار أو كمؤسسـة تـوفر الـدعم الضروري لحدوث الهجرة .يضاف إلى ذلك، غالباً ما تتضمن الهجرة جماعات أسريـة وليس "عمالاً" فقط. قد تنتقـل الوحـدات الأسريـة سـوية أو عـلى مراحـل، وذلـك بمغادرة أحد أعضاء الأسرة أولاً ويتبعه آخرون.

تقرر سياسات الهجرة للبلدان المستقبلة للمهاجرين قبول هجرة الأسرة من عدمها فضلاً عن الطريقة التي تحدث فيها الهجرة. هناك أدلة عـلى أن المهاجرين كثيراً ما يعتمدون على قريب استقر فعلاً في البلد المقصود للحصول على المؤن، إيجاد عمل، أو الدعم المالي وأنواع المساعدات الأخرى خـلال الفـترة الأولى من قدومه، مما يشير إلى أن الروابط القرابية بين المهاجرين المحتملين في البلد الأصل والمقيمين في البلد المقصود قد تقلـل مـن صـدمة الهجـرة، بخفـض المخاطر المتضمنة وزيادة مكاسب الهجـرة. إن مفهـوم "شبكة الهجـرة" الـذي يشتمل على جميع العلاقات التي تـربط المهاجرين، المهاجرين سابقاً" وغير المهاجرين في منطقتي الأصل والوصول يوفر دعماًلمفهوم الروابط الجماعية لأن

الروابط الاجتماعية لا تقتصر على تلك القائمة على أساس القرابة، وإنما تشتمل الصداقة والأصول الجماعية المشتركة. (Gurak and Caces,1992)

يمكن أن تعتبر شبكة العلاقات بمثابة رأس مال اجتماعي الذي يعتمد عليه الناس للحصول على المعلومات المتعلقة بالمكان المقصود إضافة إلى الدعم المادي والنفسي من أجل تسهيل الهجرة وعملية التكيف. كما أن شبكة الهجرة تدعم الروابط بين المهاجرين المقيمين فعلاً في المنظمة المقصودة والأفراد الباقين في منطقة الأصل.

٣- المدخل السياسي:

تقوم النظرية السياسية على تفسير العوامل المؤثرة في الهجرة الدولية في سياق مدى توافق المصالح الفردية والمجتمعية أو تضادها مع بعضها الأخر، بالإضافة إلى معرفة مصالح الدولة المقصودة والدولة الأصلية والمجتمع الذي تمثله كل منها.

بخصوص هجرة العمال، يتركز هذا المنظور على المصالح المتضاربة للمجتمعات المستقبلة- في زيادة عرض العمال إلى أقصى درجة ممكنة وفي المحافظة على سلامة الثقافة المحلية عن طريق فرض معوقات ضد اندماجهم في المجتمع. تشمل هذه المعوقات العزلة المكانية للمهاجرين بحصرهم في مناطق معينة، القيود القانونية على مدة إقامتهم أو على الأعمال التي يحصلون عليها؛ والقيود على الالتحاق بالأسرة، القيود على الخدمات الاجتماعية الحاصلين عليها، الموانع على التجنس، والإجراءات القانونية الأخرى التي تتضمن وضع قيود اجتماعية ضمن الحدود الجغرافية للمجتمع المستقبل.

أما بخصوص الهجرة القسرية، فإن منظري الهجرة لم يولوها إلا اهتماماً قليلاً، على الرغم من كثرة عددهم في الوقت الحاضر وتعقيد مشاكلهم. اللاجئون عموماً هم حصيلة عملية تكوين الأمة، التي تحاول الدول أن تعمل بواسطتها وفق نموذج الدولة القومية الذي تمثل الدولة بموجبه مجتمعاً متجانساً وثقافة موحدة سائدة. تواجه المجتمعات غير المتجانسة ثقافياً أو قومياً أو اثنياً أو دينياً مشكلة ضرورة زيادة تجانسها من أجل تعزيز الوحدة الوطنية في البلاد. ولذلك يصبح التجانس الثقافي غاية بحد ذاتها . ربما يتطلب

تحقيقها تحويل الأفراد من خلال، على سبيل المثال، اعتناق دين جديد، أو التمثل اللغوي. في حالة فشل عملية التحويل هـذه، يمكن أن تلجـأ الـدول إلى تغريب الأفراد المعنيين أو عزلهم عن بقية أفراد المجتمـع. (Zelberg, 1981) بما أن هذه الإجراءات التي تقوم بها الدولة، تعد بمثابة اضطهاد، فإن الأشخاص المستهدفين يصبحون بطبيعة الحال لاجئين.

ما زالت الهجرة غير الموثقة مستمرة بلا كابح. ونظراً لافتقار مـن يهاجرون بطرق غير قانونية إلى الوثائق اللازمة فإنهم يواجهون تمييزاً فضلاً عن حرمانهم مـن حقوق الإنسان وكثيراً ما يضطرون إلى قبول أجور وشروط عمل لا تستوفي المعايير الدنيا لدى بلدان أخرى. وقد أصبحت عمليات نقل المهاجرين تجارة مزدهـرة تـدر على المشتغلين بها بلايين الدولارات.(الأمم المتحدة: ١٩٩٩: ٢٣)

د- الأسباب الرئيسية للهجرة الدولية:

كما يوحي العرض السابق، تـوفر النظريـات الحاليـة للهجـرة الدوليـة بعض التوجيه لتحديد الأسباب الأساسية. بحسب النظرية الاقتصادية التقليدية الجديدة، يُعد فائض القـوى العاملـة بالنسبة إلى رأس المال السبب الرئيسي- لانخفاض الأجور في بلدان الأصل. بالقدر الـذي يكون فيه هـذا نتيجـة لنمو السكان السريع غير المقترن بالنمو الاقتصادي، ربما يُعتبر نمـو السكان سبباً أساسياً للهجرة. بالمثل ، تقترح الاقتصاديات الجديدة للهجرة الدولية أن الهجرة تحـدث بسبب رغبـة الأسر في الانخـراط في أعمـال متباينـة أو، مـن خـلال التحويلات المالية، الحصول على دخل لتمويل استثمارات مربحة في الـوطن أو مسقط الرأس. الهجرة ضرورية في كلتا الحالتين بسبب فشل المؤسسات المحلية في توفير ضمان ضد المجازفة برأس المال المستخدم، تبعاً لذلك، يمكن أن يعـزى السبب الأساسي للهجرة إلى عدم وجـود المؤسسـات الماليـة الملائمـة في البلـدان النامية.

في المنظور السياسي، تعتبر الأسباب الرئيسية للهجرة الدولية بمثابة انعكاس للخصائص المميزة للبلدان الأصلية التي تشمل نمو السكان السريع، التدهور البيئي، الفقر، فقدان التنمية واختراق حقوق الإنسان وفيما يلي عرض موجز لكل منها:

١- نمو السكان السريع

الـرأي الشـائع حـول أسـباب الهجرة الدوليـة هـو أن المهاجرين الـدوليين ينزحون بصورة رئيسية من البلدان النامية إلى البلدان المتقدمة وأن البلدان النامية التي تشهد نمواً سكانياً سريعاً هي المصادر الرئيسية للمهاجرين الـدوليين. وهكـذا، في سياق الاختلالات الديمغرافية الموجودة بين البلدان المتقدمة والنامية واحتمالات استمرارها في المستقبل المنظور، فقد تم الافتراض بان الهجرة من البلدان النامية إلى المتقدمة ستزداد بالضرورة عندما تصبح البلدان النامية غير قادرة على نحو متزايد عـلى تـوفيـر فـرص عمـل كافيـة للزيـادات الكبـيرة المتوقعـة للقـوى العاملة.(Emmeriy.L, 1993; Golini etal.1993).

ومع ذلك فإن الهجرة الدولية تعـود إلى اعتبـارات اقتصادية سياسـية وثقافية، وتميل إلى عدم الارتباط تماماً مع متغيرات ديمغرافية في البلد الاصلي؛ بعبارة أخرى، فإن البلدان النامية التـي تشهد النمـو السـكاني الأسرع لم تكن المصادر الرئيسية للهجرة إلى البلدان المتقدمـة، ولا تلـك البلـدان ذات الأعـداد الأكبر من السكان ورغـم ذلك، تشـير بعـض الدراسـات إلى أن حجم السكان والموقع الجغرافي (البعد) يعتبران أكثر أهمية في تحديد أعداد المهـاجرين مـن مؤشر معدل نمو السكان. (Kritz, 1981; Yang,1995)

٢- التدهور البيئي:

من المعترف به أن التدهور البيئي يمكن أن يسبب النزوح بواسطة تأثيره في الظروف الاقتصادية في منطقة الأصل. توجد طريقتان لتصوير تـأثير التغير البيئي في الهجرة. الأولى تتعلق بالتدهور على اعتبار أنه أحد الأسباب الرئيسية للهجرة وهكـذا، فإن التغير البيئي يمكن أن يدفع إلى الهجرة عمومـاً خلال فترة طويلة من جراء الآثار

الاقتصادية (بتقليل متوسط الـدخل)، أو بواسطة الآثار الاجتماعيـة (بجعل البيئة أقل قبولاً أو اقل صحياً). (Bilsborrow,1991)

الطريقة الثانية تعتبر العوامل البيئية بمثابة أسباب ثانوية للهجرة، كما هو الحال بالنسبة للحوادث الخطيرة كالعواصف والـزلازل والبراكين والفيضانات والكوارث الطبيعية الأخرى أو النزاعات أو الحروب. في كل حالة، ربما تتفاعـل العوامل البيئية مع العوامل البشرية الأخرى لتنتج أثار ضارة لها القدرة عـلى إحداث تيارات كبيرة من المهاجرين الدوليين.

(International Organization for Migrtion,1996)

٣- الفقر

الفقر عامل أخر كثيراً ما يذكر كأحد الأسباب الرئيسية للهجرة الدوليـة. يمكن أن يُفسر الفقر بطريقتين: بأنه نتيجة لانعدام التنمية أو في ضوء المكانـة الاقتصادية النسبية للمهاجرين في المجتمع الأصلي. يقتصر القسـم الحـالي عـلى التفسير الثاني ، ما دام انعدام التنمية سيُعالج فيما بعد على انفراد.

يوجـد ١,٢ مليـار نسـمة يعيشـون في فقـر مطلـق في العـالم في الوقـت الحـاضر، معظمهـم في البلـدان الناميـة، بخاصـة في المنـاطق الريفيـة في أسـيا وأفريقيا وأمريكـا اللاتينيـة بحسـب دليـل الفقـر البشـري مـا زال ربع سـكان البلدان النامية يفتقرون إلى بعض أهم خيارات الحيـاة الأساسـية وهـي البقـاء على قيد الحياة بعد سن الأربعين، والوصول إلى المعرفـة والحصـول عـلى الحـد الأدنى من الخدمات الخاصة والعامة.

(United Nations, 1999)

ولقد استمر أتساع الفجوات في الدخل بين الأفقر والأغنى من أناس وبلدان على السواء ، كما أن الفجوات أخذه في الاتساع بين البلدان وداخلها كذلك.(U.N.1999)

كما هو الحال بالنسبة للهجرة من الريف إلى المدن، يهاجر الفقراء إلى بلدان أخرى سعياً وراء الرزق من اجل حياة أفضل لأنفسهم ولأفراد أسرهم.

إن أتساع الفجوات في الدخل بين البلدان الغنية والفقيرة وبين البلدان النامية أيضاً يُعد بمثابة أحد العوامل الدافعة نحو الهجرة إلى بلدان أخرى وهكذا، فإن الفقر الشائع يقود إلى الهجرة الدولية.

٤- التنمية وفقدان التنمية:

إن مفهوم فقدان التنمية مرتبط بقوة بفكرة أن الفقر الشاسع يقود إلى الهجرة، لان تلك البلدان التي تعثرت فيها عملية التنمية هي الأكثر فقراً. البلدان الأقل نمواً تقع في الأعم الأغلب في هذه الفئة . ومع ذلك فهي ليست بالضرورة مصادر هامة للمهاجرين، بخاصة بالنسبة للمهاجرين الذاهبين إلى البلدان المتقدمة لأسباب اقتصادية.

٥- خرق حقوق الإنسان:

الحكم الجيد يتطلب احترام حقوق الناس كافة داخل حدود القطر. خرق الحقوق الإنسانية قد يقود إلى الهجرة القسرية لبعض المواطنين الذين يقع عليهم الظلم. في محاولة لتقدير تأثير خرق الحقوق البشرية في نزوح اللاجئين، ربط شميدل (Schmeidl,1995) العدد السنوي للاجئين حسب البلد الأصلي خلال الفترة ١٩٧١-١٩٩٠ والتغيرات السنوية في ذلك العدد بمؤشرين لخرق الحقوق البشرية: الأول يتضمن مدى ضمان الحقوق السياسية والحريات المدنية في بلد معين والثاني : حصول اضطهاد سياسي أو إبادة جماعية. وتبعاً لذلك فقد وجد أن خرق الحقوق الإنسانية، يعتبر بمثابة احد الأسباب الرئيسية في نزوح ملايين اللاجئين من البلدان النامية إلى البلدان المتقدمة.

هـ- تأثير الهجرة الدولية في عملية التنمية لدى البلدان الأصلية:

يمكن أن تؤثر الهجرة الدولية في التنميـة الاقتصادية للبلدان الأصلية بتخفيض البطالة والبطالة المقنعة، بالإسهـام في زيـادة الأجـور الحقيقيـة، وفي أحداث خسائر في أصحاب الكفاءات العالية الذين تعتبر خبراتهم ضروريـة مـن أجل التنمية، وبتمكين المهاجرين من ادخار جزء مـن مـدخولاتهم في الخارج وتحويله لغرض استثماره في البلد الأصلي والخبرة والمهارات المكتسبة مـن عملهم في الخارج قد تثبت فائدتها في تعجيل عمليـة التنميـة. الأقسـام الآتيـة تدرس كلاً من الآثار المحتملة للهجرة الدولية في التنمية.

١- العمال والأجور:

بحسب النظرية الاقتصادية التقليدية الجديدة، يُتوقع أن تكون الهجـرة الدولية للعمال مفيدة للبلدان الأصلية لأنها تتيح الفرصة لهـا للتخلص مـن فائض القوى العاملة خارج حدودها والحصول عـلى العملـة الصعبة مـن خـلال تحويـل الأموال.

إن تحقيق تلك النتائج يسهل التنمية بواسطة تخفيف الضغوط عـلى سوق العمـل للبلـدان الأصليـة، وزيـادة متوسـط الأجـور، وتحسـين المستوى المعاشي لأسر المهاجرين.

٢- هجرة أصحاب الكفاءات العالية:

من بين الآثار المحتملة للهجرة الدوليـة، التـي تثير قلقـاً شـديداً، هـي نـزوح أصحاب الكفـاءات العاليـة، بخاصـة أولئك الأشـخاص الحاصلـين عـلى المهارات الإدارية، الفنية والعلمية اللازمة لاكتساب التكنولوجيا واستخدامها .. تعاني معظم البلدان النامية مـن نقص شـديد مـن أصحاب المهـارات العاليـة ويصعب سد هـذا النقص. ويـذكر أن هجرة العمـال الدولية لا تقتصرـ عـلى الذهاب من البلدان النامية إلى البلدان النامية إنما بين البلدان المتقدمة كذلك كما هو الحال بالنسبة لهجرة العمال الفنيين والخبراء إلى بلدان الخليج العـربي في فترة السبعينات.

كما توجد أيضاً حركـة هجـرة لأصحاب المهـارات العاليـة مـن البلـدان المتقدمة إلى البلدان النامية وهكذا، فإن البلدان النامية المحتاجـة إلى الخـبرات الفنية لدفع عملية التنمية إلى الأمـام أصـبحت معتمـدة عـلى الخـبراء الفنيـين الأجانب، في الأغلب من البلدان المتقدمـة كحـل مؤقـت للـنقص مـن أصـحاب الخبرات الفنية العالية. يضاف إلى ذلك أعدت كثير من البلـدان الناميـة بـرامج لإرسال المواطنين إلى الخارج من أجل إكمال دراساتهم العليا أو لغرض التدريب في العلوم أو الهندسة من أجل زيـادة قـدرات سـكان الـبلاد في هـذه الميـادين الحيوية ونتيجة لذلك، فقد زاد عدد الطلاب الأجانـب المسـجلين في الجامعـات الغربية بسرعة فائقة كما سنوضح فيما بعد. على الرغم من أن البلدان الناميـة قد تخسر كثيراً من مواطنيها أصحاب المهـارات العاليـة بإرسـالهم للتـدريب أو الدراسـة في الخـارج، إلا أن اسـتمرار الانفتـاح للدراسـة الدوليـة هـام لتعزيـز التبادل الفكري والثقافي الضروري لـدعم التقـدم التكنولـوجي لـبعض البلـدان النامية.

من المهم أن نذكر بان السوق العالمية لأصحاب الكفاءات العالية أصبحت الآن أكثر اندماجاً ، وتتسم بكثرة التنقل فيها وبأجورها الموحدة. أما سوق العمال غير المهرة فتقيدها بشدة الحواجز الوطنية، على الرغم من أنها تمثل نسبة كبيرة من الهجرة الدولية. فقد أعدت كل من استراليا وكندا والولايات المتحدة برامج خاصة ترمي إلى اجتذاب المهاجرين المهرة، مما أدى إلى استنزاف الكفاءات العالية من البلدان النامية. ونظراً لفرض القيود الصارمة على حركة العمال غير المهرة، فقد أصبحت الهجرة غير الموثقة تزداد بسرعة فائقة بلا كابح.

ونظراً لافتقار المهاجرين غير الشرعيين إلى الوثائق اللازمة فقد أصبحوا يواجهون تمييزاً وحرماناً من الحقوق البشرية وكثيراً ما يُجبرون على قبول أجور دنيا وشروط عمل قاسية. (United Nations, 1999:33)

٣- الحوالات النقدية

إحدى الآثار الرئيسة للهجرة الدولية، بخاصة التي تشتمل أفراداً فعالين اقتصادياً، على البلدان الأصلية هي توليد الحوالات، بمعنى الجزء من مكاسب العمال المهاجرين المرسل. من البلد المستقبل إلى البلد المرسل على المستوى العالمي تشكل الحوالات النقدية عادة مصدراً رئيسياً من مكاسب التحويلات الأجنبية بالنسبة للبلدان الأصلية، وفي بعض الحالات تسهم بحصة كبيرة من الناتج المحلي الإجمالي.

كمصدر للعملة الصعبة ساعدت التحولات النقدية على تخفيض النقص الشديد في ميزان المدفوعات الذي أحاط بالعديد من البلدان النامية. كما أنه يمكن استخدام التحويلات النقدية أيضاً في استيراد السلع الرأسمالية والمدخلات الأساسية اللازمة لتعزيز الاستثمار واستخدام الطاقة، بتلك الوسيلة يتم تعجيل عملية التنمية. علاوة على ذلك، عندما تودع الحوالات النقدية في المصارف المحلية، فإنها يمكن أن توفر رأس مال لرجال الأعمال: لقد كانت للتحويلات النقدية في المصارف المحلية أثار إيجابية في جميع البلدان المصدرة للقوى العاملة في جنوب أسيا والشرق الأوسط، فقد أسهمت كثيراً في نمو الناتج الإجمالي المحلي.(Knerr, 1996)

ورغم ذلك، فإن الآثار الإيجابية للحوالات قد تعرضت إلى الشك على أسس أنها تولد اعتماداً متزايداً على الواردات وتعزز المستويات العالية للاستهلاك التي قد تفضي إلى ضغوط تضخمية إذا كان الإنتاج لا يجاري الطلب المتزايد.
(Kritz and Keely, 1981; Keely, 1995)

٤- الهجرة المعاكسة:

تعـود نسـبة كـبيرة مـن المهـاجرين في الخـارج في نهـاية المطـاف إلى أوطانهم الأصلية لأسباب كثيرة، كالترحيل والتغريب، تغيرات في قوانين الهجرة، المرض، غلق المصانع، البطالة، الركود الاقتصادي في البلد المضيف والحرب. العودة بسبب هذه الظروف أقل احتمالاً لأن تقـود إلى نتائـج إيجابيـة دائميـة بالنسبة للمهاجرين، وأسرهم والجماعة الأصلية.

كما أن العودة الاختيارية بعد فترات قصيرة نسبياً في الخارج المستحثة باعتبارات أسرية وعدم القدرة على التكيف للظروف الجديدة، يحتمل كذلك أن لا تقود إلى نتائج إيجابية مستمرة إلا قليلاً بالنسبة للمهاجر وأسرته والجماعة الأصلية.

إن إمكانية أن تكون لعودة المهاجرين أثار إيجابية على التنمية تعتمد على قدرة البلد الأصلي على توفير ظروف اجتماعية واقتصادية ملائمة من أجل الاستخدام المنتج لمهارات وإدخارات المهاجرين العائدين. وهكذا فإن الظروف في البلد الأصلي، بخاصة مستوى البطالة في الاقتصاد المحلي أو الوطني، لها أن تؤثر كثيراً في قرار العودة.

إضافة إلى مدخراتهم في الخارج، يجلب المهاجرون العائدون معهم كذلك خبراتهم، ومهاراتهم، وأفكارهم وطراز حياتهم التي اكتسبوها أثناء معيشتهم في الخارج، بخاصة في الدول المتقدمة. ومع ذلك، فإن الأفكار الجديدة هذه قد لا تلقى قبولاً حسناً من لدن الجماعات الأصلية. يضاف إلى ذلك، أن المهارات المكتسبة في الخارج قد لا تكون مناسبة لحاجات البلد الأصلي.

باختصار، على الرغم من أن المهاجرين العائدين كثيراً ما يكونون في حال أفضل من نظرائهم غير المهاجرين إلا أن نجاحهم طويل المدى لا يمكن ضمانه على الإطلاق. في معظم الأحوال، يظهر المهاجرون ميلاً حيال الاستهلاك بدلاً من الاستثمار المنتج، ونحو الاستثمار في التجارة أو الخدمات بدلاً من الصناعة. كثيراً ما يجد المهاجرون العائدون صعوبة في إيجاد العمل المناسب في البلد الأصلي. وربما يفضلون تأسيس المشاريع الخاصة الصغيرة فيكسبون مكانة أكثر احتراماً في المجتمع.

أما العائدون من أصحاب الكفاءات العالية، فيؤدون دوراً أساسياً في تنمية المجتمع من خلال توغلهم في مختلف المؤسسات الإدارية والاقتصادية والثقافية الجوهرية في البلاد على الرغم من قلة أعدادهم.

و- هجرة الطلبة لأغراض الدراسة والعمل في الخارج:

قبل بضعة عقود، كان ينظر إلى الهجرة لغرض الدراسـة كفرصـة متاحـة في الأعم الأغلب أمام أبنـاء الصفوة المختـارة للحصـول عـلى المـؤهلات العلميـة والثقافية والإدارية المطلوبة لإشغال الوظائف عند عودتهم إلى بلدانهم . علاوة على ذلك، ذهب كثيرون إلى البلدان الأجنبية عـن طريـق الزمـالات التعليميـة. وعلى أية حال فإن هجرة الطلبة مهدت الطريـق مـؤخراً عـلى نحـو متزايـد للاستقرار الدائم والانخراط في صفوف القوى العاملة الأجنبية الماهرة.

من حيث المبدأ تمثل هجرة الطلبة حركة ذات طبيعة مؤقتة: يتوقع أن يعود الطلبة الأجانب إلى بلدانهم الأصلية عند إكمالهم دراساتهم وعدم البقـاء في البلد المضيف. ومع ذلك، بسبب من المغريـات الكثيرة في البلدان المضيفة وقلة فرص العمل، وانخفاض المرتبات وتدني مستوى المعيشة في البلد الأم، فقد فضل كثيرون البقاء في البلدان الأجنبيـة لغرض الإقامـة الدائمـة لاسيما وأنهـم يلقون التشجيع الدائم والحوافز المادية من حكومـات الـدول المضيفة. ففي الولايات المتحدة وجد أن نسبة كبيرة من الطلبة الأجانب الحاصلين على شهادة الدكتوراه قرروا البقاء في البلد، على وجه الخصـوص الغالبيـة العظمـى - ٧٠% على الأقل – من الصين والهند وبيرو، والمملكة المتحدة.

إن الحجم المتزايد لأعداد الطلبة الأجانب في عدة بلدان خلال السنوات الحالية يدل على زيادة الحراك الدولي للطلبة ففي أوربا، بلـغ متوسـط معـدل الزيادة السنوية للطلبـة الأجانـب ١٤% مـا بـين ١٩٩٠-١٩٩٨، أمـا في الولايات المتحدة فقد بلغ المعدل ٣٦%. (U.N.2005:142).

وبين الطلبة الأجانب المسجلين في المعاهد العليا ، الذكور أكثر عدداً من الإناث، على الرغم مـن قلـة الفـرق. وعـلى العكـس في البلـدان الاسكندينافية (الدانمرك والسويد والنرويج) عدد الطالبات يفوق عدد الطلاب .

إن تواجد الطالبات المتزايد بين الطلبة الأجانب اتجاه جديد ظهر في كثير من البلدان المستقبلة للطلبة وبخاصة الولايات المتحدة.

البلدان الأصلية للطلبة الأجانب:

يأتي الطلبة الأجانب للدراسة من بلدان مختلفة غالباً ما ترتبط بعلاقات جغرافية، وتاريخية أو ثقافية مع البلدان المضيفة. تعتبر الولايات المتحدة المضيف الأكبر للطلبة الأجانب في العالم، ويشكل القادمون من بلدان آسيوية حوالي الثلثين.

كما أن عدداً كبيراً من الطلبة الآسيويين يذهبون للدراسة في أستراليا، وفي اليابان وفي بعض البلدان الأخرى. إن معظم الدول المستقبلة للطلبة في إفريقيا وآسيا تجذب الطلبة في الغالب من داخل الإقليمين.

وأوربا أيضاً تجذب الطلبة عموماً من نفس الإقليم، وهم يمثلون النسبة الأكبر من مجموع الطلبة الأجانب.

مع حلول الاقتصاد القائم على المعرفة والتقدم الملحوظ في نهاية القرن العشرين، أصبحت كثير من البلدان المتقدمة تعاني من نقص في القوى العاملة ذات المستوى الرفيع، بخاصة أصحاب المهن الفنية والعلمية وتكنولوجيا المعلومات ولقد أصبح ضمان الموارد البشرية في العلوم والتكنولوجيا بمثابة البرنامج الرئيسي بالنسبة لصناع القرار والقادة الصناعيين. ولهذا السبب، فقد صار ينظر إلى الطلبة الأجانب في العلوم والتكنولوجيا من جانب البلدان المضيفة بمثابة احتياطي بالنسبة للقوة العاملة المهاجرة المؤهلة مستقبلاً. ولقد اتخذت بعض البلدان فعلاً إجراءات لأغراء الطلبة الأجانب وسهلت حصولهم على الهجرة الدائمة أو المؤقتة وحثتهم على البقاء بتقديم شتى أنواع المغريات المادية وغير المادية. ففي منتصف ١٩٩٩ غيرت الحكومة الاسترالية سياستها السابقة بخصوص قانون الهجرة وأصبح بمقدور الطلبة الحاصلين على شهادات في تكنولوجيا المعلومات أو بعض الحقول الفنية الأخرى الحصول على تأشيرة إقامة دائمة في البلاد. المملكة المتحدة أيضاً تتبع سياسة لجذب أصحاب الكفاءات الأفضل والأبرع في العالم . إن برنامج الهجرة المسن

بواسطة الحكومة في كانون الثاني ٢٠٠٢، مصمم لتمكين الأشخاص مـن ذوي المهارات الشخصية النـادرة مـن المجـيء إلى المملكـة المتحـدة والعمـل فيهـا. (Government of the United Kingdom, 2002)

وتعرض الولايات المتحدة تأشيرات دخول خاصة للمهاجرين المهنيين لتزويد صناعات التكنولوجيا الرفيعـة بما يلزمهـا مـن عـاملين مهـرة. (تقريـر التنمية ١٩٩٩: ٣١). ويمنح كثير من الطلبة الأجانب تخويلاً بالعمل المؤقت بموجب تأشيرة دخول(H-IB) ويحصلون في النهاية على أعمال ثابتة.

والحالة مماثلة في بلدان أخرى، في النمسا ، وفرنسة، وجمهوريـة كوريـا الطلبة الأجانب المنخرطين في حقل تكنولوجيا المعلومات يمكنهم الآن تغير نوع تأشيرة الدخول والوصول إلى سوق العمل وتقديم طلب لغرض الإقامة الدائمة . (Organization for Economic Co- operation and Development, 2001)

وفي ألمانيا يوجـد تشريع جديد أيضاً يسمح للطلبة الأجانب بتغير وضعية إقامتهم عند اجتيازهم بنجاح امتحان تأهيلي خاص.

سياسات الهجرة الدولية والتعليم:

بالسعي إلى تشجيع أنواع معينة من الهجرة ووضع القيود أمام أخرى. تؤثر سياسات الوفود في مهارات المهاجرين. التعليم هـو احـد العوامـل التي تؤخذ بالاعتبار بواسطة البلدان التي تطبق قبولاً انتقائياً. بعض البلدان ليست لديها سياسات بخصوص الانجاز الدراسي بحـد ذاتـه، ولكـن لـديها سياسـات تفضيل وافدين لديهم مهارات معينة، تتطلب عموماً تدريباً متقدماً .

منذ النصف الثاني من التسعينات، سنت كثير مـن البلـدان المتقدمـة قوانين تؤكد كثيراً على مهارات المهاجرين. ونتيجة لذلك، فإن حصة الوافدين المقبولين تحت فئة قاعدة المهارة ازدادوا في هذه البلدان.

الخلاصة:

الهجرة هي العامـل الأسـاسي الثالـث المـؤثر في تغـير سـكان منطقـة او إقليم معين، فهي تؤثر في زيادة أو قلة السكان وفي تغير الخصائص الديمغرافية والاقتصادية والاجتماعية للمناطق الأصلية والمناطق المقصودة.

والهجرة نوعان: داخلية وخارجية.تحدث الهجـرة الداخليـة ضـمن قطـر معـين بدوافع كثيرة كما أنهـا تسـفر عـن نتـائج مختلفـة. تـوثر الهجـرة الداخليـة في عملية التنمية كما أنها تتأثر بها. أما الهجرة الخارجية فهي التي تحدث بانتقال الناس من بلد إلى أخر، أي عبر الحدود الدولية. والهجـرة الدوليـة تـؤثر كـذلك كما أنها تتأثر بعملية التنمية الاقتصادية والاجتماعية.

النظريات القائمة للهجرة تسلط الضوء على العوامـل المحـددة للهجـرة وتـوفر إطـاراً لتحليـل علاقتهـا بالتنميـة، كـما أنهـا تسـاعد أصـحاب السياسـة والمخططين على رسم السياسات والبرامج المتعلقة بالهجرة.

الباب الرابع
تركيب السكان

تتضمن دراسة تركيب السكان مجموعة الخصائص الديمغرافية والاجتماعية والاقتصادية للسكان تضم الخصائص الديمغرافية أربع صفات هـي: سـكان الريـف والحضر (التحضر)، التركيب العمري، التركيب الجنسي، والتركيب العنصري والاثني. أما الخصائص الاجتماعيـة، فتشـتمل عـلى ديمغرافيـة العائلـة (الخصائص الزوجيـة والمجموعات العائلية والأسرية) فضلاً عن الخصائص التعليمية ويضم الوضع المهني الخصائص الاقتصادية للسكان.

يدرس الفصل الثامن الخصائص الريفية والحضرية، ويتناول الفصل التاسـع دراسة التركيب العمري والجنسي ويختص الفصل العاشر بدراسة التركيب العنصري والاثني ويدرس الفصل الحادي عشر ديمغرافية الأسرة. ويعالج الفصل الحادي عشر الخصائص التعليمية ويهتم الفصل الثالث عشر بدراسة الخصائص الاقتصادية.

الفصل الثامن

الفصل الثامن
الخصائص الريفية والحضرية
التحضر ونمو المدن في العالم

مقدمة:

الفروق الريفية - الحضرية.

مفهوم التحضر:

أ- حجم ونمو سكان الحضر والريف.

١- مستويات واتجاهات التحضر في العالم.

٢- معدل نمو السكان الحضر.

٣- حجم ونمو سكان الريف.

ب- العوامل المؤثرة في النمو الحضري.

- الهجرة من الريف إلى الحضر.

- نتائج التحضر.

جـ- نظريات التحضر والتنمية الاقتصادية:

١- المدخل التنموي.

٢- التحيز الحضري والتخلف.

٣- نظرية التبعية.

د- أصول المدن وتطورها:

هـ- نظريات الأصوال الحضرية:

١- الفائض الزراعي.

٢- العوامل المتعلقة بالري

٣- الضغوط السكانية

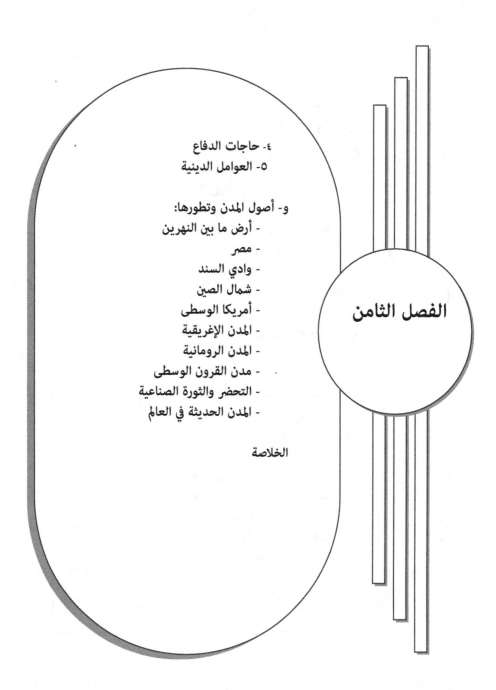

الفصل الثامن

٤- حاجات الدفاع
٥- العوامل الدينية

و- أصول المدن وتطورها:
- أرض ما بين النهرين
- مصر
- وادي السند
- شمال الصين
- أمريكا الوسطى
- المدن الإغريقية
- المدن الرومانية
- مدن القرون الوسطى
- التحضر والثورة الصناعية
- المدن الحديثة في العالم

الخلاصة

الفصل الثامن
الخصائص الريفية والحضرية
التحضر ونمو المدن في العالم

المقدمة:

يعد إجراء البحث عن الخصائص الريفية والحضرية هاماً مـن عـدة نـواحٍ. فالمعلومـات المتعلقـة بمسـتويات واتجاهـات نمـو السـكان الحضـرـ والريف تمكّن القائمين بالتخطيط ورسم السياسات من تشخيص الأنماط المنتظمـة وبالتالي فهـم عملية التنمية على أفضل وجه. هذه البيانات ضرورية أيضاً بالنسبة لصناع القـرار في مساعدتهم على توقع ظهور المشكلات المرتبطة حتماً بتحولات اجتماعية رئيسية مثل التحضر ونمو المدن الكبرى كالازدحام والضوضاء، والمناطق المتخلفة في المدينة، والاعـتلال الصـحي، وإدمـان المخـدرات والجريمـة والانحـراف، والشـعور بالعزلـة، والاغتراب، والتهميش، ومظاهر القلق والاضطراب الاجتماعي والنفسي ، فضلاً عـن تلوث البيئة.

العوامل الدافعة للزيادة في مستوى التحضر ـ في إقليم أو بلـد معيـن ونمـو المدن الكبرى إنما هي اجتماعية- اقتصادية ، حضارية، سياسية بالإضافة إلى كونهـا ديمغرافية.

يحلل هذا الفصل الخصائص الريفيـة - الحضـرية في العـالم. يبحـث الجـزء الأول من الفصل مستويات التحضر والاتجاهات المستقبلية بالنسبة لسكان الحضرـ والريف في العالم؛ الأقاليم المتقدمة والنامية. أمـا القسم الثاني ؛ فيـدرس العوامـل المـؤثرة في النمـو الحضـري . ويحلـل القسـم الثالـث نظريـات التحضرـ والتنميـة الاقتصادية. ويختص القسم الرابع باستقصـاء أصـول المـدن وتطورهـا منـذ نشـأتها حتى الوقت الحاضر ويعـالج القسـم الخـامس: نظريـات الأصـول الحضـرية، وهـو يصف المدن الكبرى وتوزيعها الجغرافي، عمليـة التركيـز، والتحضرـ المضـاد. وأخـيراً توزيع المدن والسكان بحسب أصناف حجم المدن.

الفروق الريفية - الحضرية:

يُعد مكان إقامة الإنسان في الريف أو الحضر من بين أهم العوامل المؤثرة في طراز حياته، وسلوكه، ونمط تفكيره، فسكنى المدينة أو الريف يُحدد بشكل عام نوع المهنة التي يزاولها ، ومستوى معيشته والقيم والمعايير الاجتماعية التي يؤمن بها.

فالمجتمع الريفي يختلف كثيراً عن المجتمع الحضري في نواح متعددة. فمن مميزات المجتمع الريفي سيادة حرفة الزراعة والأنشطة المتعلقة بها وانخفاض الكثافة السكانية وصغر حجم المستوطنات الريفية؛ فضلاً عن درجة التجانس الكبيرة بين السكان من النواحي الاثنية والثقافية والاقتصادية. أما بخصوص الاختلافات الديمغرافية بين سكان الريف والحضر ، فتتعلق بالتوزيع العمري والجنسي ـ للسكان والدخول والموارد الاقتصادية، والحالة الزوجية، الخصائص التعليمية، بالإضافة إلى الصحة والوفاة والسلوك الإنجابي.

مفهوم التحضر:

يشير لمبارد (Lampard, 1965) إلى وجود ثلاثة مفاهيم متداولة الآن في العلوم الاجتماعية للتحضر ـ: السلوكي، والبنائي والديمغرافي. يدرس الأول تجارب الأفراد وأنماط السلوك، ويتعلق الثاني بالأنشطة الاقتصادية للسكان، أما الثالث فيهتم بدراسة حجم السكان وتركيزهم. فالمفهوم الأول لعملية التحضر ـ هو اجتماعي- سلوكي ويتضمن العملية التي يكتسب بواسطتها الفرد غير الحضري الأدوار، أنماط المعيشة، الرموز ، أنواع التنظيم الاجتماعي ، المظاهر الحضارية المميزة لسكان المدينة، ويشاركهم في المعاني، القيم، المعايير والأفكار الخاصة بهم(Gist,1967) وتسري عملية التحضر على الأشخاص الذين يعيشون في المدن والذين مازالوا يقطنون الريف أو البادية ولكنهم واقعون تحت تأثير الحياة الحضرية بحكم تفاعلهم مع سكان المدن بصورة مباشرة أو غير مباشرة.

أما المفهوم الثاني فهو اقتصادي ويرتكز على تحول نمط معيشـة الجماعـات من الاعتماد الرئيسي على الزراعة والمهن الأخرى المرتبطة بها إلى جماعـات صناعية حضرية تعتمد في معيشتها على ممارسـة الصناعة التحويلية والخدمات "وتكـون مكاسبها أنما وارفه من أهل [الريف] لأن أحوالهم زائدة علـى الضرـوري ومعاشـهم على نسبة وجدهم. (ابن خلدون ١٩٩٨: ١٢٢).

ويقوم هذا المفهوم على دراسة العلاقة بين التنمية الاقتصادية والتحضر.

أمـا المفهـوم الثالـث لعمليـة التحضرـ فهـو ديمغرافي. تعـرّف الـدرج (Eldridge:1956) التحضرـ بأنه عمليـة تركيـز السكان التـي تجري بطريقتين: تضاعف مواقع التركيز والزيادة في حجم المراكز المنفردة ونتيجة لهاتين العمليتين، تزداد نسبة السكان القاطنين في مراكز حضرية.

ما دام اهتمامنا منصباً على تحليـل مفهـومي الريـف والحضر ـ في النظريـة الديمغرافية، فسيكون تركيزنا علـى المفهـوم الـديمغرافي للتحضر ـ مـع عـدم إهمـال للجوانب الأخرى للتحضر. يختلف مفهوم السكان المصـنفون حضراً لدرجـة كبيـرة من قطر إلى أخر. إن وصـف المنـاطق "بالحضر ـ أو الريف " غالبـاً مـا يسـتند إلى اعتبارات ، سياسـية، إداريـة، حضـارية، إلى جانب المعاييـر الديمغرافيـة (Hauser, 1965). كما جاء في كتاب الديمغرافية السنوي للأمم المتحدة، يضم تعريف الحضر ـ الأشكال الآتية:

١- تصنيف الأقسام المدنية الصغرى علـى أسـس معينـة تشـمل (أ) نـوع الحكومـة المحلية، (ب) عدد السكان المقيمين في المستوطنة، (ج) نسبة العـاملين بالمهن غـير الزراعية.

٢- تصنيف المراكز الإدارية للأقسام الريفية الثانوية إلى حضر ـ ومـا عـدا ذلـك إلى الريف.

٣- تصنيف المراكز ذات الحجم المعين (المدن وضواحيها) إلى حضر ـ، بغض النظر عن الحدود الإدارية. (United. Nations, 1955)

أ- حجم ونمو السكان الحضر والريف:

١- مستويات واتجاهات التحضر في العالم:

يمكن تقييم اتجاهات التحضر في قطر ، إقليم أو منطقة على أفضل وجه باختبار درجة التحضر في ضوء مؤشرات مثل النسبة المئوية للحضر، معدل التحضر ومعدل نمو السكان الحضر.

مما لا شك فيه أن القرن العشرين هو قرن "الانفجار الحضري" في عام ٢٠٠٠، ازداد السكان الحضر في العالم حوالي أربعة أضعاف عما كانوا عليه في عام ١٩٥٠ (٢,١ مليار نسمة) وفي الأقاليم المتقدمة تضاعف عدد سكان المدن خلال الفترة نفسها، من ٤٤٦ إلى ٩٠٣ مليون نسمة، أما في الأقاليم النامية ، فقد كانت الزيادة أكبر   (من ٣٠٤ إلى ١٩٨٦ مليون نسمة) أي ما يعادل تسعة أضعاف تقريباً . (جدول رقم ١٣)

جدول (١٣)
توزيع السكان الحضر في العالم ، الأقاليم المتقدمة والنامية
١٩٥٠-٢٠٣٠

التوزيع النسبي			السكان الحضر بالملايين			الأقاليم الرئيسية
٢٠٣٠	٢٠٠٠	١٩٥٠	٢٠٣٠	٢٠٠٠	١٩٥٠	
١٠٠,٠	١٠٠,٠	١٠٠,٠	5,117	2,889	٧٥٠	العالم
٢٠	٣١	٦٠	1,015	٩٠٣	٤٤٦	الأقاليم المتقدمة
٨٠	٦٩	٤٠	4,102	1,986	٣٠٤	الأقاليم النامي

Source :United Nations, World urbanization prospects, the 1999 Revision (2000).

تشير التقديرات المنقحة للتحضر في العالم عام ٢٠٠٠ إلى أن مستوى التحضر بلغ حوالي ٣٠ % عام ١٩٥٠، ثم وصل إلى ٤٧,٤% عام ٢٠٠٠، ومن المتوقع أن يرتفع إلى ٦١% عام ٢٠٣٠. وهناك اختلاف كبير في مستويات التحضر بين الأقاليم المتقدمة

والنامية. ففي عام ١٩٥٠، بلغ مستوى التحضر في الأقاليم المتقدمة حوالي ٥٥% مقارنة بحوالي ١٨% بالنسبة للأقاليم النامية وفي عام ٢٠٠٠ ، بلغت النسبتان ٧٦ و ٤٠,٥% على التوالي. ومن المتوقع في عام ٢٠٣٠ أن تبلغ النسبتان ٨٤ و ٥٧% لكل منها على التوالي حيث ستقل الفجوة عما كانت عليه سابقاً. (جدول ١٤)

جدول (١٤)

النسبة المئوية للسكان المقيمين في مناطق حضرية في العالم، الأقاليم المتقدمة والنامية، ١٩٥٠-٢٠٣٠.

	١٩٥٠	١٩٧٥	٢٠٠٠	٢٠٣٠
العالم	٢٩,٧	٣٧,٨	٤٧,٤	٦١,١
الأقاليم المتقدمة	٥٤,٩	٦٩,٩	٧٦,١	٨٣,٧
الأقاليم النامية	١٧,٨	٢٦,٧	٤٠,٥	٥٧,٣
البلدان الأقل نمواً	٧,١	١٤,٣	٢٥,٤	٤٤,٠
إفريقيا	١٤,٦	٢٥,٢	٣٧,٨	٥٤,٣
آسيا	١٧,٤	٢٤,٦	٣٧,٦	٥٥,٢
أمريكا اللاتينية	٤١,٤	٦١,٢	٧٥,٤	٨٣,٢
أمريكا الشمالية	٦٣,٩	٧٣,٨	٧٧,٢	٨٤,٤
الأوقانيوس	٦١,٦	٧١,٨	٧٠,٠	٧٤,٥
أوروبا	٥٢,٤	٦٧,٢	٧٤,٩	٨٢,٩

Source: U.N(2000) World population prospect as Assessed in, 1999 .

المؤشر الأخر لوصف تحضر السكان هو معدل التحضر يعرف معدل التحضر بأنه متوسط معدل تغير السكان الحضر السنوي وهو مساوٍ للفرق بين معدل النمو الحضري والعالمي للسكان الخاضع للدراسة. خلال الخمسينيات بلغ معدل التحضر في الأقاليم النامية ١,٩% سنوياً ومن المتوقع أن ينخفض إلى ٠,٩ % فيما بين ٢٠٢٥-٢٠٣٠.

من ناحية ثانية بلغ معدل التحضر في الأقاليم المتقدمة في ١٩٥٠ أدنى من نظيره لدى الأقاليم النامية (١,١% سنوياً) ومن المتوقع أن ينخفض إلى ٠,٣٠% في نفس التاريخ السابق . نظراً لاختلاف أنماط التحضرـ في العالم ككل أظهر معدل التحضر ميلاً نحو الانخفاض من ١,٢% سنوياً في ١٩٥٠ إلى ٠,٦% ما بين ١٩٧٠-١٩٧٥ ومن المتوقع أن يصل إلى ٠,٧% فيما بين ٢٠٢٥-٢٠٣٠. (United. Nations, 1996:2-30)

نظراً لاختلاف سرعة التحضر بين الأقاليم المتقدمة والنامية فقد تغيرت حصة كل منهما من السكان الحضر ومن المتوقع أن يستمر التغير بصورة جوهرية. في ١٩٥٠ اشتملت الأقاليم النامية على ٤٠% من السكان الحضر في العالم وفي عـام ٢٠٠٠، بلغت النسبة ٦٩% .

وفي ٢٠٣٠ـ يتوقع أن تزداد حصة الأقاليم النامية مـن السكان الحضرـ في العالم إلى ٨٠%، بينما ستنخفض حصة الأقاليم المتقدمة إلى ٢٠% في نفس التاريخ. (جدول ١٣)

٢- معدل نمو السكان الحضر:

هذا التوزيع المتغير للسكان الحضر بين الأقاليم المتقدمة والنامية يعكس اختلاف معدلات التحضر في كل إقليم. إن معدل نمو السكان الحضر في العالم الذي يعرف بأنه المعدل السنوي لتغير السكان الحضرـ ظل حوالي ٣,٠ % سنوياً بين ١٩٥٠ و ١٩٦٥. ومال إلى الانخفاض، بعد ذلك، ليصل إلى ٢,٤ بالمائة سنوياً ما بين ١٩٩٠-١٩٩٥. ومن المتوقع أن ينخفض أكثر ليصل إلى ١,٦ % سنوياً ما بين ٢٠٢٥-٢٠٣٠ وفي الأقاليم النامية، بلغ معدل النمو الحضري ذروته عند ٤,٢% سنوياً فيما بين ١٩٦٠-١٩٦٥. وبدأ بالانخفاض منذ ١٩٨٥ حتى وصل إلى ٣,٤ % سنوياً فيما بين ١١٩٠-١٩٩٥، ومـن المتوقـع أن يـنخفض أكـثر إلى ١,٩% ، بـين ٢٠٢٥-٢٠٣٠ . (United, Nations, 1999)

على الرغم من انخفاض معدل نمو السكان الحضرـ فإن متوسط الزيادة السنوية للسكان الحضر في العالم استمر بالارتفاع. في حين أن الزيادة السنوية فيما بين ١٩٥٠- ١٩٧٥،بلغت ٣٢ مليون نسمةفقدقُدرت بحوالي ٥٢مليون بين ١٩٧٥-١٩٩٥. ومن

المتوقع أن يصل هذا العدد إلى ٧٦ مليون سنوياً فيما بين ٢٠٢٥-٢٠٣٠ من بين الـ ٣٢ مليون نسمة المضافين سنوياً إلى سكان الحضر في العالم خلال ١٩٥٠-١٩٧٥ ، تُعزى ٦٤% إلى الأقاليم النامية . ومن المتوقع أن تبلغ ٩٨% فيما بين ٢٠٢٥-٢٠٣٠، بمعنى أن جميع السكان الحضر المضافين إلى سكان العالم سيأتون من البلدان النامية في ذلك التاريخ. (United, Nations,1999)

على صعيد المناطق، أصبحت أسيا (باستثناء اليابان) تضم ٦٣,٣ % من السكان الحضر في ٢٠٠٠ تليها أمريكا اللاتينية والكاريبي ٢١% وأفريقيا ٦٢% . في ٢٠٣٠ يتوقع أن ينخفض نصيب أمريكا اللاتينية والكاريبي من السكان الحضر إلى ١٥% في حين أن حصة أفريقيا ستصل إلى ٢١% .(U.N. 1999)

٣- حجم ونمو سكان الريف:

شهد القرن العشرون تغيرات جذرية في انتقال السكان في العالم من المناطق الريفية إلى الحضرية. فقد عاش ٦٦% من السكان في العالم في مناطق ريفية في ١٩٦٠، إلا أن تلك النسبة انخفضت إلى ٥٣% في عام ٢٠٠٠. نظراً لبداية التحضر في وقت مبكر وبصورة سريعة في الأقاليم المتقدمة وفي أمريكا اللاتينية، فقد عاش ربع سكان كل منهما في مناطق ريفية في عام ٢٠٠٠. وعلى النقيض من ذلك، مازال يعيش حوالي ٦٣% من السكان في مناطق ريفية في كل من آسيا وإفريقيا. على الرغم من تقلص سكان الريف فإن الزيادة السريعة لسكان العالم ما بين ١٩٦٠- ٢٠٠٠، تضمنت زيادة هامة لسكان الريف، من ٢,٠ مليار نسمة في ١٩٦٠ إلى ٣,٢ مليار نسمة في ٢٠٠٠. تعود هذه الزيادة كلياً إلى النمو في الأقاليم النامية، لأن سكان الريف في الأقاليم المتقدمة قد تقلص خلال الفترة. حصلت زيادات كبيرة على وجه الخصوص في آسيا التي زاد سكان الريف فيها من ١,٣ مليار إلى ٢,٣ مليار فيما بين ١٩٦٠- ٢٠٠٠، وفي إفريقيا التي أزداد فيها سكان الريف من ٢٢٥ مليون إلى ٤٨٧ مليون (جدول ١٥) خلال الثلاثين سنة القادمة يتوقع ألا تحصل أية زيادة في سكان الريف لدى الأقاليم المتقدمة.(United Nations, 2001)

يتركز معظم سكان الريف في العالم في عدد قليل من البلدان بخاصة الصين (٨٦٨ مليـون) والهنـد (٧٢٥ مليـون)، اندونيسـيا (١٢٥ مليـون)، بـنغلاديش (٩٨ مليون).

جدول (١٥)

سكان الريف، معدل النمو في العالم ١٩٦٠- ٢٠٣٠

المجموعات الإنمائية	السكان (بالملايين)			النسبة المئوية			معدل النمو السنوي	
المناطق الرئيسية	١٩٦٠	٢٠٠٠	٢٠٣٠	١٩٦٠	٢٠٠٠	٢٠٣٠	١٩٦٠-٢٠٠٠	٢٠٠٠-٢٠٣٠
العالم	٢،٠٠٥	٣،٢١٠	٣،٢٢٣	٦٦,٤	٥٣,٠	٣٩,٧	١,١٨	٠,٠١
الأقاليم المتقدمة	٣٥٣	٢٨٥	٢٠٠	٣٨,٦	٢٤,٠	١٦,٥	٠,٥٤-	١,١٩-
الأقاليم النامية	١،٦٥٢	٢،٩٢٥	٣،٠٢٣	٧٨,٤	٦٠,١	٤٣,٨	١,٤٣	٠,١١
إفريقيا	٢٢٥	٤٨٧	٦٤٠	٨١,٥	٦٢,١	٤٥,٥	١,٩٣	٠,٩١
آسيا	١،٣٤٨	٢،٣٣١	٢،٢٧٢	٧٩,٢	٦٣,٣	٤٦,٦	١,٣٧	٠,٠٩-
أمريكا اللاتينية	١١١	١٢٨	١٢٢	٥٠,٧	٢٤,٧	١٦,٨	٠,٣٢	٠,١٨-
أمريكا الشمالية	٦١	٧١	٥٨	٣٠,١	٢٢,٨	١٥,٦	٠,٣٥	٠,٦٥-
الأوقيانوس	٥	٩	١١	٣٣,٦	٢٩,٨	٢٥,٦	١,٣٥	٠,٥١
أوربا	٢٥٤	١٨٤	١٢٠	٤٢,٠	٢٥,٢	١٧,٤	٠,٨١-	١,٤٢-

Source: United Nations, World Urbanization Prospects, 1999 (2000).

إن التحول المتواصل للسكان من المناطق الريفية إلى المناطق الحضرية مـن خلال توسع الأقاليم الحضرية، ونزوح المهاجرين مـن الريـف إلى المـدن فضلاً عـن انخفاض نمو السكان ستقود جميعاً إلى تقلص حجم سكان الريف في جميع المناطق الرئيسية باستثناء أفريقيا والاوقيانوس. (U.N.2000: 421)

ب- العوامل المؤثرة في النمو الحضري:

تختلف العوامل المؤثرة في هذا النوع من النمـو الحضري بـين البلـدان والأقاليم في مختلـف أنحـاء العـالم. علـى النقيـض تمامـاً مـن تجربـة الأقاليم المتقدمة في العالم، حيث كان التحضر إلى حد كبير، نتيجة للتنمية الاقتصادية، حدث التحضر في البلدان النامية والمتخلفة نتيجة للنمو الديمغرافي الـذي سبق التنمية الاقتصادية كثيراً.

ففي أعقاب الحـرب العالميـة الثانيـة أدى انخفـاض معدلات الوفيـات السريع في البلدان النامية مع بقاء معدلات الولادة عالية، إلى الانفجار السكاني الذي سبق ذكره، وذلك قبل قيام حركة التصنيع والتنميـة الريفيـة علـى نطـاق ملموس في الأقاليم الريفية، مما أدى إلى سرعة نمو السكان في المناطق الريفيـة التي تواجه فعلاً مشكلات متزايدة تتعلـق بعرقلة الجهـود المبذولـة في إطار التنمية الزراعية وأسفرت زيادة حجم الأسرة وتفتت الملكيـة الزراعيـة بسبب نظام الإرث الذي يقضي بتوزيع الأرض على الأبناء الورثة بعد وفاة رب الأسرة، مما أدى إلى تقليص وحدات الملكيات الزراعية بحيث لا يكفي النـاتج الزراعـي لسد حاجة أفراد الأسرة من المواد الغذائية الضـروريـة الأمـر الـذي دفع بعـض أفراد الأسرة القادرين على العمل إلى التفتيش عـن فرص عمـل في مكان آخر وخاصة المدن فتوسعت حركة الهجرة من الريف إلى المدن.

الهجرة من الريف إلى الحضر:

الهجرة من الريف إلى المدن تُعد استجابـة طبيعيـة لنـزوح الكثير مـن سكان الريف الفقراء إلى البلدان والمدن الكبرى سعياً وراء حياة أفضـل. فهم مدفوعون بالرغبة القوية في الحصول علـى العمـل الكاسـب والأجـور الأفضـل، وظروف العمل الأنسب فضلاً عـن توقع الحصـول علـى التعليم، والصحة، والسكن الملائم وأنواع التسهيلات والخدمات الاجتماعية الأخرى غـير المتـوافرة في الأعم الأغلـب في معظم المناطق الريفية في البلدان النامية والمتخلفة.

تدفق المهاجرون الريفيون إلى المدن الكبرى، بخاصة العواصم، في أرجاء المناطق النامية والمتخلفة كافة بدافع اليأس وخيبة الأمل بدلاً من توقع الحصول على الأعمال الكاسبة والفرص الثمينة.

ونظراً لعدم توافر فرص عمل كافية في قطاع الصناعة الناشئ فقد تكدس جيش العمال الكادحين القادمين من الريف في القطاع غير الرسمي، الذي توجد فيه نسبة عالية من البطالة الإجمالية.

وبالنسبة لكثير من المهاجرين من الريف إلى المدن يتمثل الخيار الوحيد في العمالة الذاتية التي تكون عادة أقل أمناً من العمالة المأجورة، وأولئك الموجودون في أسفل السلم الاجتماعي يجدون صعوبة في سد احتياجاتهم المعيشية. ويعيش معظم المهاجرين من الريف في المناطق المتخلفة التي لا تتوافر فيها أبسط مقومات الحياة التي تليق بكرامة الإنسان العصري.

ولعل من أخطر المشكلات التي تواجه المهاجرين على المدى البعيد هي مشكلة التكيف لظروف الحياة الحضرية في المدن الكبرى المختلفة تماماً عن الظروف السائدة في المناطق الريفية التي تعاني عادة من الإهمال من لدن السلطات بل والاستغلال الاقتصادي أحياناً من جانب الإقطاعيين ورجال الأعمال والعسكر في المدن.

وتسهم الهجرة من الريف، من جانب آخر، في ارتفاع مستوى الخصوبة بين سكان المدن لكثرة أعداد الشباب في تيارات الهجرة. فقد رافق عملية الهجرة من الريف إلى المدن ارتفاع معدلات الزيادة الطبيعية للسكان الحضر ـ في البلدان النامية حيث تعزى حوالي ٦٠% لنمو السكان الحضر في البلدان النامية في المتوسط إلى الزيادة والباقي إلى الهجرة الداخلية. الأحوال السياسية والبيئة يمكن أن تعزز النمو الحضري. أدت الحروب إلى هروب ملايين اللاجئين إلى العواصم بسبب التصحر وإزالة الإحراج في نزوح كثير من الناس إلى المدن بعد أن تعرضت قرى بكاملها إلى اجتياح الرمال .

تدرك الحكومات في معظم البلدان النامية صعوبة (أو استحالة) وقـف تيار الهجرة من الريف إلى الحضر ـ أو مجرد الحد بدرجة ملموسـة مـن نـمـو المناطق الحضرـية. وإزاء حتميـة اتسـاع نطاق المناطق الحضرـية، يحـاول المخططون الآن تطوير وتنمية المناطق الريفية وزيادة كفاءة إدارة المدن لتسهيل عملية التنمية الاجتماعية والاقتصادية.

ومنذ الخمسينات حاولت عدة حكومات تحسين أحوال معيشة النـاس والحد من هجرتهم إلى المدن ولكن بـدون جـدوى نظراً لأن قـوة الجـذب إلى المناطق الحضرية وقوة الطرد من المناطق الريفية قـد زادت كثيراً مـن سرعـة اتساع نطاق المناطق الحضرية. وعلاوة عـلى ذلـك، فإن السياسـات الحكوميـة تعنـي محابـاة ضـمنية لتنميـة الحضر ـ عـلى حساب الريـف نظراً للمعاملـة التفضيلية للمـدن مـن حيث التنمية الصناعيـة، وسياسـات تحديـد الأسعار والاستثمار في مرافق البنيـة الأساسـية، والخدمات الاجتماعيـة، ودعـم أسعـار الأغذية وغيرها من أشكال الدعم الحكومي.

وكان المقصود من التنميـة الريفيـة المتكاملـة رفع الإنتاجيـة الزراعيـة وإغراء سكان الريف على البقاء في مزارعهم.

وكان الخلل الرئيسي لهذه المشروعات هو أنها لم تصل بالدرجة المناسبة إلى سكان الريف لوقف هجرتهم. ولم تستفد مـن مشـروعات الاستيطان الجديدة إلا نسبة ضئيلة من فقراء الريف بحيث لم تستطع كبح جماح الهجرة مـن الريف إلى الحضر، ناهيك عن فشل معظم مشروعات الإصلاح الزراعـي في تحقيـق الأهداف الطموحـة المرجوة منهـا لأنها كانت تفتقـر إلى الخبراء القائمـين عـلى تخطيطهـا وتنفيذها بكفاءة.

واهتمت بعض الحكومات في البلدان النامية بإزالة الأحياء السكنية العشـوائية الجديـدة، مـع التسـامح مـع سـكان الأحيـاء العشـوائية القديمـة وإعطائها وضعاً قانونيـاً، بـل وتـوفير الخدمات الضرورية أحيانـاً إلا أن هـذه الجهود باءت بالفشـل لأن تأثيرهـا الـدائم ضئيل في إيقاف تيار الهجرة مـن الريف.

وعلى الرغم من الجهود المبذولة ،تستمر الهجرة الداخلية من الريف إلى الحضر رغم جهود السلطات لأن المهاجرين يرون فيها فائدة لأنفسهم ولأسرهم التي تركوها وراءهم في المناطق الريفية. وطالما بقيت الفروق قائمة بين المناطق الريفية والحضرية، سيهاجر الناس لغرض الاستفادة من فرص العمل والتعليم والصحة والخدمات الاجتماعية الأفضل، ومن فرص الدخل الأعلى، ومن أشكال النظم الثقافية وأنماط الحياة الجديدة، والأفكار المبدعة، والمهارات والابتكارات التكنولوجية والانفتاح على العالم الخارجي، وتكاد تنحصر جميع هذه المزايا في المدن الكبرى، بخاصة العواصم الوطنية أو الإقليمية.

نتائج التحضر:

منذ أواخر القرن الثامن عشر، ظل التحضر عاملاً جوهرياً في عملية التحديث والتنمية في العالم، تضاعف نمو السكان الحضر خلال مرحلة التحول الديمغرافي في أوربا مرتين أو ثلاث مرات بالمقارنة مع ستة إلى عشرة أضعاف بالنسبة للبلدان النامية المعاصرة.(MicNicoll, 1984; 181).

من الواضح، أن هناك نتائج حتمية للتحضر بالنسبة لنظم النقل والاتصال، التجارة والتبادل، التخصص وتقسيم العمل. يضاف إلى ذلك، إن سكان الريف يستفيدون من نمو قطاع الحضر بسبب زيادة الطلب على المنتجات الزراعية، وكثير من الابتكارات التقنية التي طُورت في المناطق الحضرية ومن اقتصاد السوق الناجم عن التحضر. (Bairoch, 1981:65)

كما أن إنتاجية العمل تميل إلى الزيادة في المدن وأن نمو المدن يولد أيضاً طريقة حياة متمايزة عبر عنها لويس ويرث (Wirth, 1938). بعبارته المشهورة "الحضرية كطريقة للحياة" المتمثلة في زيادة حجم المدينة وارتفاع الكثافة السكانية وعدم التجانس السكاني، ويقود التحضر حتماً إلى زيادة تقسيم العمل في المجتمع حيث تزداد نسبة القوى العاملة خارج الزراعة بصورة متواصلة مع تقدم عملية التحول الديمغرافي.

على الرغم من سرعة عملية التحضر في البلدان النامية في الوقت الحاضر،فإن المشكلة الحرجة بالنسبة للكثير منها تتمثل في ظاهرة "الإفراط في التحضر" المتجسد في نمو سكان الحضر بوتيرة تزيد كثيراً على وتيرة توفير فرص العمل المناسبة، ناهيك عن عدم قدرة الحكومات المختلفة على تقديم الخدمات الاجتماعية الضرورية، (بخاصة التعليم، الصحة، السكن) وغير ذلك.

جـ- نظريات التحضر والتنمية الاقتصادية:

تاريخياً وُجدت علاقة بين التحضر والتنمية الاقتصادية: البلدان ذات المستويات العالية من التحضر تميل لان تكون لديها مستويات عالية من التنمية الاقتصادية، إلا أنه لم يثبت حتى الآن ما ذا كانت هذه العلاقة المتبادلة سببية أم لا.

أجريت محاولات مختلفة خلال الخمسين سنة الماضية للكشف عن هذه العلاقة وتفسير أسباب التحضر والتخلف في الأقاليم النامية والتي يمكن تصنيفها إلى ثلاث مداخل رئيسية وهي:

١- المدخل التنموي

في الخمسينات كانت الأفكار المتعلقة بتنمية البلدان النامية قائمة على استقصاء التجربة الأوربية. فرض هذا الاتجاه التنموي تحولاً اقتصادياً قائماً على التقدم المتواصل من مجتمع تقليدي ريفي إلى مجتمع صناعي حضري حديث. ولقد سار المنحى التنموي على نماذج مثل مراحل النمو الاقتصادي عند روستو (Rostow : ١٩٦٠). يوضح هذا النموذج المراحل الخمسة المتعاقبة التي ينتظر أن تمر من خلالها البلدان النامية لكي تحرز التقدم الاقتصادي الذي حققته البلدان المتقدمة من قبل ، على حد تعبير روستو.

أولاً: مرحلة المجتمع التقليدي:

يتميز المجتمع التقليدي بانخفاض إنتاجية الفرد وعدم توافر تكنولوجيات الإنتاج الحديثة والتركيز على إنتاج المواد الأولية، وسيطرة النظام الطبقي الإقطاعي وجمود حركة التنقل الاجتماعي وسيادة الأعراف والإيمان الشديد بالقضاء والقدر.

ثانياً: مرحلة الاستعداد للانطلاق:

ويحدد روستو السمة الأساسية لما قبل الانطلاق في توافر الظروف الاقتصادية والاجتماعية والثقافية لتحويل المجتمع التقليدي نحو الانطلاق إلى مرحلة جديدة.

ثالثاً: مرحلة الانطلاق:

وفيها يتم التخلص من القيم والعوامل المعوقة للنمو، ويأخذ ناتج الفرد في التزايد من خلال التغيير الجذري في الفنون الإنتاجية التي تقودها فئة أصحاب الأعمار القادرين على تحمل المسؤولية. يذهب روستو إلى أن منطلقات هذه المرحلة قد تكون ثورة سياسية أو ثورة تكنولوجية علمية.

وبالمثل ، فإن فكرة ميردال (Myrdal,1957) عن السببية التراكمية صورت نمو أقاليم الأطراف سائرة على أنماط التحضر التي مّر بها إقليم المركز الأوربي خلال الثورة الصناعية. النمو الاقتصادي في أحد الأقاليم سيحدث طلباً شديداً على الغذاء، السلع الاستهلاكية والمنتجات الصناعية الأخرى التي لا يتمكن المنتجون المحليون من توفيرها . هذا الطلب سيولد الفرصة للمستثمرين في أقاليم الأطراف لتأسيس القدرة المحلية لتلبية الطلب؛ سيستغل رجال الأعمال فرصة الأرض القوى العاملة الأرخص في أقاليم الأطراف هذه. فإذا كان مفعول التساقط هذا من القوة بما فيه الكفاية، فأنه سيمكن أقاليم الأطراف من تطوير السببية التراكمية المتصاعدة الخاصة بها.

ويقضي مفعول التساقط بان تزايد ثراء الأغنياء سيقضي- تدريجياً على ظاهرة الفقر لان الغني المتزايد يعني تزايد الاستثمار وخلق أعداد متصاعدة من فرص العمل بحيث تنحصر البطالة وما يترتب عليها من فقر، وهذا ما يمكن أن يعالج بفعل اعمال

الخير، أي ما يتبرع به الأغنياء. وفي هذا الإطار المفهومي ليس للدولة دور فيما عدا حفظ الأمن والنظام. (عبدالله:٢٠٠١).

٢- التحيز الحضري والتخلف

في عام ١٩٧٧، ابتكر مايكل لبتون عبارة "التحيز الحضري" في التنميـة العالميـة (Lipton, 1977) يعنـي التحيـز الحضري ميـل الصـفوة الحضريـة في بعض البلدان النامية إلى تنفيذ سياسات توزيع الموارد في البلاد لمنفعة المدن .

نظراً لتركيز الموارد في المناطق الحضـرية، فإن معـدل التحضر ـ يتصاعد وتتعرقل بذلك التنمية الاقتصادية في البلاد في الأعـم الأغلب. ونتيجـة لـذلك، تزداد الفوارق الريفيـة- الحضـرية وذلك لان معظـم النـاس الفقـراء مـا زالـوا يعيشون في المناطق الريفية على الرغم من تزايد حركة الهجرة مـن الريـف إلى الحضر . يؤخذ على فكرة التحيز الحضري أنها أهملت القيود الدولية المفروضة على التنمية- الاقتصادية في أقاليم الأطراف ، الأمـر الـذي أكدت عليـه نظريـة التبعية.

٣- نظرية التبعية

اهتم اقتصاديو أمريكا اللاتينيـة اهتماماً خاصاً بآليـة تأثير القلب في التخوم، ووضعوا نظرية التبعية. وقد كتب فيها عدد غير قليل مـن المشاهير، ويطلق عليها اسـم "مدرسة التبعيـة". وفي مقدمتهم دوس سـانتوس وجنـدر فرنك و أ.ف كاردوزو. يذهب أصحاب نظريـة التبعيـة إلى القـول بـأن الرخـاء الاقتصادي للبلدان المتقدمة أعتمد كثيراً على التخلـف في الأجـزاء الأخرى مـن العالم. فقد حُجم دور البلدان الأقـل تقدماً وأخضع بقوة للقـوى الاقتصادية والسياسية في البلدان المتقدمة فلم يعد بإمكانـه مواصلة التجربة التاريخيـة للبلدان المتقدمة.

في الحقيقة، أدى النظام العالمي للتبادل غير المتكافئ واستغلال القـوى العاملة وجني الأرباح الطائلة إلى جعل البلدان المتخلفـة أكـثر فقـراً بـدلاً مـن تخلصها من الفقر والعازة.

تعد نظرية فرنك مثالاً حياً لنظرية التبعية المؤثرة في تفسير الأنماط العالمية للتنمية والتخلف، حيث تنص النظرية على أن التنمية المستقلة مستحيلة لأن التنمية في أحد البلدان تفضي إلى التخلف في البلد الآخر. (Frank, 1967:47)

في نظريته المشهورة الموسومة بالنظام العالمي، حدد ولرشتاين ثلاثة مجموعات متمايزة في النظام العالمي (Wallerstein, 1989) شعوب المركز(الولايات المتحدة، شعوب أوربا الغربية واليابان) سيطرت على هذا النظام العالمي، لا بسبب قوتها السياسية والفكرية فحسب بل بسبب التبادل غير المتكافئ.

شعوب التخوم أو الأطراف (في الغالب مستعمرات سابقة) احتلت مواقع هامشية في النظام العالمي. لقد باعت بعض المواد الخام للشعوب الغنية واشترت منها السلع المصنعة وكان سكانها في الأعم الأغلب يعملون في زراعة الكفاف واعتمدت حكوماتهم على المساعدات والاستثمارات الخارجية في النظام العالمي فقد وُضعت بلدان التخوم في مكانتها التابعة للخارج.

إن موقع أي شعب في النظام العالمي لا يحدد فقط رفاهه الاقتصادي وإنما كثيراُ من مظاهر تركيبه الداخلي على سبيل المثال يميل أعضاء الطبقة العليا لدى شعوب الأطراف إلى التوجه نحو شعوب المركز: فهم يشترون السلع ويقلدون طراز الحياة لهذه الشعوب، يعملون مع الشركات الأجنبية ويأملون بالهجرة إليها في المستقبل ، ويعتمدون على المساعدات والاستثمارات الأجنبية من أجل التنمية المحلية.وكلما زاد اعتماد الحكومة على الاستثمار الأجنبي تعاظم دور الأجانب في تشكيل الاقتصاد الوطني. (عبد الله،٢٠٠١ :١٥٠)

وحتى إذا استبعدنا التمويل الأجنبي يبقى ما هو أخطر، "التبعية التكنولوجية" فمعظم البلدان النامية والمتخلفة تتبنى سياسة استيراد التكنولوجيا أو نقلها.

إن مشتري المصنع في أحسن الأحوال يتعلم تقنية تشغيل ولكنه لا يحصل بأية حال على هندسة الآلات، أي التركيب الهندسي القائم على معرفة نظريته وطبيعته التي

صـممت الآلات في ضـوئهما.(عبـد الله :١٥٠). وهـذا مـا يعبـر عـن التبعيـة التكنولوجية للغرب أصدق تعبير.

المنظور التاريخي للتحضر الاستعماري:

اعتمـدت التنميـة الاقتصاديـة والتحـديث في بلـدان المركز كثيراً عـلى استغلال أقاليم الأطراف أو التخوم يقول باران بهـذا الصـدد: تنـزع الامبرياليـة جزءاً من الفائض الاقتصادي بحيث تقصر جهود التنمية عن تحقيـق مـا يأملـه المواطنون، فجماع النهب الاستعماري بعد النهب المباشر للمواد الأوليـة تـدخل جميعاً في إطار التنمية الموجهة أساسـاً لخدمـة مصـالح خارجيـة عـلى حسـاب المصالح الوطنية للمجتمع.

إن تقسيم العمل الدولي الذي يحدد التبادل غـير المتكـافئ بـين المركز والتخوم أثر بصورة جوهرية في أنماط وعمليات التحضر ونمو المدن في التخوم. فقد شيدت القوى الاستعمارية مدناً جديدة وطورت المـدن القائمة مـن أجـل فرض السيطرة الإدارية والاقتصادية والسياسية على المناطق الداخلية في البلاد. وتوسعت بسبب وفود العمال إليها للاشتغال في قطـاع الخدمـات الاجتماعيـة عموماً.

كما أن التراث الاستعماري ترك بصماته في قوانين البناء والتخطيط العمراني وحتى طراز الحياة لدى أعضاء الطبقة العليا.

على الرغم من أن هذه الأنواع من النماذج التنمويـة أفـادت السياسيـة العامة والممارسة (العملية) في الماضي إلا أنها تعتبر الآن نماذج بسيطة جداً. فالفكرة المطروحة وهي أن جميـع البلـدان والأقاليم الناميـة - عـلى اختلاف خصائصها السياسية والحضارية والتكنولوجية والسمات الأخرى- تسير عـلى نهج المجتمعات الصناعية الحضرية لم تثبت صحتها حتى الآن ، وذلك لان النمو الحضري لدى البلدان النامية لم يفضِ إلى النتائج المتوقعة في التنميـة الاقتصادية بسبب فشل سياسات التنمية في معظم الأحيان.

د- أصول المدن وتطورها:

هذا القسم يدرس تطور المدن منذ أقدم أصولها حوالي ٥٥٠٠ سنة قبـل الميلاد عبر الثورة الصناعية التي بدأت في إنجلترا في منتصف القرن الثامن عشر. خلال هذه الفترة الطويلة من التطور الحضري، ساعدت التغيرات في العمليـات الاجتماعية والحضارية، الاقتصادية، السياسية التكنولوجية والبيئية على تعزيـز النمو والتغير الحضري. إن تأثيرات هذه التغيرات يمكن أن تُلاحظ في التركيـب الداخلي للمدن وأنماط استخدام الأرض داخل المدن، وفي تطور النظم الحضرية الإقليمية، والعالمية.

تشير عبـارة النظام الحضـري إلى المجموعـة الكاملـة للمسـتوطنات الحضرية ذات الأحجام المختلفة التي توجد داخل إقليم معين.

سنحاول استعراض العوامـل البيئيـة والديمغرافيـة والظروف المسبقة الأخرى اللازمة لظهور المدن. ثم نقدم بعد ذلك مختلف نظريات أصول الحياة الحضرية التي تفسر ـ سوية ـ أسباب ظهور المـدن. تطورت البلـدات والمـدن بصورة مستقلة في مختلف أقاليم العالم التي حصل فيها فائض في النتاج الزراعي. خمسة أقاليم توفر أقدم الأدلة على التحضر ـ: بلاد مـا بين النهرين (العراق) ومصر وشمال الصين، ووادي السند وأمريكا الوسطى.

انتشر التحضر مـن هـذه الأقاليم الخمسـة ذات الأصول الحضـرية حتى ظهرت في عـام ١٠٠٠ ميلاديـة أجيـال متعاقبـة مـن دويلات المـدن بضـمنها الإمبراطورية الإغريقية، والرومانية والبيزنطية كان التوسع الحضري عملية غير قائمة على أساس وطيد ومتفاوتة، لم يظهر التخصص الإقليمـي وأنماط التجارة بعيدة المدى حتى القرن الحادي عشر مما وفر الأسس لتطـوير جديد مـن التحضـر ـ قائم على الرأسمالية التجارية، الحركة الاستعمارية والتوسـع التجاري حول العالـم مـما مكن الأوربيين في النهايـة مـن تشكيل اقتصاديات العالم والمجتمعات الحضرية. ولدت الثورة الصناعية فيما بعد أنواعاً مختلفة مـن المـدن الجديدة. خلف الاستعمار الأوربي والثورة الصناعية سوية تجمعات كبيرة مـن النـاس في المـدن لم

يسبق لها مثيل من قبل وكانت مرتبطة مع بعضها الأخر بعلاقـات قائمـة عـلى التبادل غير المتكافئ.

تعريف المدينة :

يعرف سجوبرج (Sjoberg, 1965) المدينة بأنها جماعـة كبـيرة الحجـم عاليـة الكثافـة السـكانية التـي تضـم مجموعـة منوعـة مـن الأخصـائيين غـير الزراعيين، بضمنهم صفوة متعلمـة. حـاول جـوردون تشـايلد (Childe,1950) وصف الخصائص المميزة للمدن كالأتي:

- الحجم، كانت المستوطنات كبيرة الحجم السكاني.
- تركيب السكان . التخصص المهني في الإدارة والحرفي
- تشييد المباني العامة الهياكل وظهور المعماريين المتفرغين لهذا العمل.
- السجلات والعلوم البحتة، دعت الحاجة إلى حفظ السجلات باسـتخدام النصوص المكتوبة والرياضيات.
- التجارة، انتعشت الحركة التجارية كثيراً بين مختلف البلدان المتجاورة.

هـ- نظريات الأصول الحضرية:

توجد تفسيرات مختلفة لأسـباب ظهـور المـدن عـلى الـرغم مـن أنـه لا توجد نظرية واحدة لتقديم تفسير كامل ، إلا أن كل نظرية تسلط الضوء عـلى دور بعض العوامل المختلفة في تعزيز التحضر المبكر. (Knox, etal.2005)

١- الفائض الزراعي:

يؤكـد علـماء الآثـار ، بضـمنهم جـوردون تشـايلد (childe, 1965) وسـيرليونارد وولي(Whooley, 1963) عـلى أهميـة الفـائض الزراعـي في ظهـور المـدن عنـدما أصـبح المزارعون قادرين على إنتاج ما يزيد عن حاجتهم وحاجة أسرهـم الخاصـة مـن الغـذاء، تمكنوا من دعم، سكان متزايدين مستقرين. دعت الحاجة إلى استخدام الفائض الزراعي

لمزيد من البنى المركزية للتنظيم الاجتماعي الموجود في المدن. وظهرت الحاجة إلى التدرج الاجتماعي والمؤسسات لتحديد الحقوق على الموارد . انتزاع الجزية وفرض الضرائب، ومعالجة الملكية الخاصة، وإدارة تبادل السلع. شجعت جماعات الصفوة على التطور الحضري لأنها استخدمت ثرواتها لتشييد القصور الفخمة والميادين والساحات والنصب التذكارية تتطلب تشييد المباني درجة كبيرة من التخصص المهني في الأنشطة غير الزراعية، كالفنون الهندسية والإرادية، التي يمكن أن تنظم بصورة فعالة في المحيط الحضري فقط.

٢- العوامل المتعلقة بالري:

أشار كارل وتفوجل (Wittfogle, 1957) إلى أن كثيراً من المدن القديمة ظهرت في مناطق زراعية اعتمدت في تطورها على الري والسيطرة على فيضانات الربيع المنتظمة، فأكد بأن مشاريع الري المتطورة تطلبت تقسيمات جديدة للعمل، التعاون على نطاق واسع، وتكثيف الزراعة من أجل زيادة إنتاجية الأرض. هذه المطالب تعمل على تحفيز التطور الحضري بتعزيز التخصص المهني، التنظيم الاجتماعي المركزي، والنمو السكاني المعتمدة على أنتاج الفائض الزراعي.

٣- الضغوط السكانية:

تختلف العوامل المؤدية إلى النمو الحضري في العالم من إقليم إلى أخر ففي المناطق المتقدمة يعد التحضر استجابة للتنمية الاقتصادية. أما في الأقاليم النامية، فقد جاء التحضر نتيجةللنمو السكاني السريع الذي سبق عملية التنمية الاقتصادية.

في أعقاب الحرب العالمية الثانية، أدى انخفاض الوفيات السريع مع بقاء معدلات الولادة عالية إلى الانفجار السكاني في البلدان النامية قبل ظهور عملية التصنيع والتنمية الريفية على نطاق ملموس ، أدى نمو السكان السريع في المناطق الريفية إلى زيادة المشكلات المتعلقة بالتنمية الزراعية. بدأ الناس يهاجرون إلى المدن سعياً وراء العمل وفرص التعليم ومستويات معيشة أعلى. يظهر بوضوح من تجارب الدول النامية والمتخلفة أن معدل الهجرة من الريف إلى الحضر يفوق كثيراً إمكانيات توفير فرص العمل

المناسبة في المدن. علـى الـرغم مـن أن التحضر- انعكـاس للتنميـة الاقتصاديـة والاجتماعيـة الجاريـة، فـإن المعـدلات السـريعة للنمـو الحضـري – بخاصـة في الأقاليم النامية- تحد من قدرة الحكومات المحلية والإقليمية في توفير الحاجات الأساسية كالماء والكهرباء والمجاري والخدمات الاجتماعية الأخرى .

٤- حاجات الدفاع:

يؤكد بعض الباحثين ، بضمنهم مـاكس فيبـر (Weber,1958) أن المـدن أُنشئت بسبب الحاجة إلى تجمع الناس مـن أجـل الحمايـة داخـل الـدفاعات العسكرية الأمنة. أشار وتفوجـل (Wittfogel, 1957) إلى ظهـور الحاجـة إلى نظام الدفاع الشامل لحماية نظم الري ذات القيمة الكبيرة من الهجوم ، ولكـن على الرغم من انتشار الأسوار والحصون في المدن القديمة لم تكن جميـع المـدن محصنة.

وكما أعترف ويتلي على الرغم من أنها لم تكن بالضرورة السبب الأول لتطوير المدن، فإن الحرب كانت قد أسهمت كثيراً في معظم الأحيـان في تعزيـز التطور الحضري بالحث على تجميع المسـتوطنات لأغـراض الـدفاع وبتشـجيع التخصص المهني (Wheatley, 1971).

٥- أسباب دينية:

إن وجـود المعابـد والأضرحـة تعكس أهميـة الـدين في حيـاة النـاس المقيمين في المدن القديمة. أقترح سجوبرج (Sjoberg. 1965) أن السيطرة علـى تقديم النذور بواسطة رجال الدين أعطتهم قوة اقتصادية وسياسية فسـاعدت هذه الجماعة على التأثير في التغيرات الاجتماعية التي أدت إلى تشجيع التطـور الحضري . أكد ويتلي (Wheatley, 1971) بأن الحاجة اقتضت بنـاء مؤسسـات هامـة كالـدين لتعزيـز التغـيرات في التنظيم الاجتماعـي المقترنـة بـالتحولات الاقتصادية، والتكنولوجية والعسكرية الداخلة في النمو الحضري القديم .

تفسيرات أكثر شمولية:

حصل مؤخراً إجماع على أن فهمنا لأصول المدن يجب أن يقوم على توحيد هذه العوامل التفسيرية المترابطة كما عبر "ويتلي" عن ذلك بقوله : من المشكوك فيه أن يكون هناك عامل سببي واحد كافٍ لتفسير التحولات الاجتماعية، الاقتصادية والسياسية التي أدت إلى ظهور الأنماط الحضرية.(Wheatly.1971).

و- أصول المدن وتطورها:

تطورت البلدات والمدن القديمة بصورة مستقلة في أقاليم العالم التي حدث فيها تحول إلى الإنتاج الزراعي للغذاء. على الرغم من ظهور بعض المدن المشهورة منذ القدم إلا أن الطابع الريفي ظل مخيماً على حياة الناس في المستوطنات الحضرية حتى وقت قريب . ولم تستوعب المدن نسبة كبيرة من السكان لغرض الإقامة والعمل حتى القرن التاسع عشر، وقد أقتصر الأمر على مناطق معينة في العالم. لهذا السبب، فإن التقسيم المتميز للسكان إلى ريف وحضر لم يكتسب أهميته الديمغرافية حتى العصر الحديث.

شهد المجتمع البشري ثلاث تحولات كبرى في نمط وتنظيم المستوطنات البشرية وهي:

١- مرحلة الانتقال من الصيد إلى الزراعة المستقرة في العصر- الحجري في أعقاب التحولات الجذرية في الإنتاج الزراعي.

٢- ظهور المدن القديمة في وادي الرافدين، ومصر- ونهر السند وشمال الصين وأمريكا الوسطى.

٣- وأخيراً قامت الثورة الصناعية الحديثة في أوروبا في منتصف القرن الثامن عشر.

توفر خمسة أقاليم أقدم الأدلة على التحضر والحياة الحضرية. مع مرور الزمن، ولدت هذه الأقاليم أجيالاً متعاقبة من الإمبراطوريات المتحضرة في العالم.

أرض ما بين النهرين:

يقدم وادي الرافدين، أرض ما بين نهري دجلة والفرات، الـدليـل الأقـدم على التحضر في العالم- منذ حوالي ٣٥٠٠ سنة قبل الميلاد.

إن النمو الهام في الحجم لبعض القرى الزراعيـة الواقعـة عـلى السـهـول الفيضية كان الأساس لظهور دويلات المدن المستقلة للإمبراطورية السـومـرية منذ حوالي ٣٠٠٠ سنة قبل الميلاد، لقد شملت مدينـة أور في جنوب العـراق، أريدو، أوروك وإربل. ضمت دويـلات المدن المحصنة هـذه عشـرات الآلاف وشكلت تـدرجاً اجتماعياً مكوناً مـن طبقـات دينيـة، سياسيـة، وعسكريـة، وتكنولوجيا مبتكرة تشمل مشاريع ري ضخمة وحركة تجارية واسعة .

مصر:

مـا بـين ٢٠٠٠ و١٤٠٠ قبـل المـيلاد، ظهـرت بعـض العواصـم المصـريـة القديمة مثل طيبة، اختاتن (تل العمارنة). وقد ابتكر المصريون القدامى تحنيط جثث ملوكهم واشتهروا ببناء الأهرام والمعابد.

وادي السند:

منـذ حـوالي ٢٥٠٠ قبـل المـيلاد، ظهـرت في وادي السـند في باكسـتان الحديثة جماعات حضرية كبيرة نسبياً عاشت في السهول الفيضية الخصبة، كما شُيدت مشاريع السدود على السهول النهرية.

كان يحكم هذا الإقليم حاكم واحد ولديه عاصمتان هـما: حرابا في الشمال وموهنجو- دارو في الجنوب. وقد امتدت شبكة المواصـلات التجاريـة حتى الإمبراطورية السومرية في وادي الرافدين.

شمال الصين:

طـورت سلالة شـانج في السـهـول الخصبة للنهر الأصـفرمنذ حوالي ١٨٠٠ قبـل الميلادبعض المستوطنات الحضرية اعتمدت المدن الصينية القديمة ،كما هو الحال بالنسبة

للهلال الخصيب ووادي السند، على السدود الزراعية. هناك دليل على التـدرج الاجتماعي والتخصص المهني، بضمنه تدرج في السلطة يضم الصفوة المحاربـة ذات السلطة المطلقة على الفلاحين الزراعيين.

أمريكا الوسطى:

تعود المستوطنات الحضرية المبكرة في أمريكا الوسطى إلى حـوالي ٥٠٠ قبل الميلاد. قامت حضارة الزبوتك (Zapotec) في المكسيك. كانت هذه المدينة محاطة بسور وتضم أهراماً ومعابد. وكانت مدينة Teotihuacan قرب مدينـة المكسيك الحديثة وضمت حوالي ٢٠٠,٠٠٠ شخصاً.

تعود بعض المدن المايانية مثل تيكال Tikal إلى حوالي ١٠٠ قبل الميلاد. كانت المدن المايانية واقعة في مناطق منخفضـة بـالقرب مـن مدينـة المكسيك الحالية، بضمنها شبه جزيرة يوكتان Yukatan، بالإضافة إلى غـواتيمالا. وصـل حجم السكان في البعض منها إلى ٥٠٠٠٠ نسمة. كانت هذه المستوطنات مراكز لدويلات صغيرة كونت فيما بينها إتحاداً كونفدرالياً هشاً.

وكانت المـدن خاضـعة لحكـم جماعـات دينيـة وعسكرية. اعتمـدت الزراعة في هذا الإقليم على الذرة التي لم تتطلب زراعتها معدات زراعيـة معدنية، ونظم ري واسعة. وعند وقوع الغزو الاسباني في القرن السادس عشرـ أخـذت بالتـدهور طـوال عـدة قـرون بسـبب الجفـاف، الحـروب، والضـغوط السكانية.(Gilbert. et al. 1992).

التوسع الحضري من أقاليم الأصول الحضرية:

تضمن انتشار التحضر إلى الخارج من أقاليم الأصول الحضرـية تطـوراً غير منتظم. كان التوسـع الحضري عمليـة غير مسـتقرة أسـفرت عـن تراجـع المستوطنات الحضرية وتحولها إلى تجمعات ريفية ثم انتعاشها من جديد.

ساعد الفرس على انتشار المدن من وادي الرافدين إلى آسـيا الوسطى. والى الشمال، شيد الآشوريون عدة مدن امتدت غرباًمن عاصمتهم آشور،إلى سوريا وآسيا

الصغرى. وفي حوالي ١٧٠٠ قبل الميلاد حـل الحتيـون محـل الأشـوريين وأنشـأوا مـدنهم الخاصـة. وفـيما بـين ١٤٠٠-١١٠٠ قبـل المـيلاد ، شـيد المسـينيون (Mycenaeans) في جنوب اليونان عدة مدن أشهرها مدينة مسّيني القديمـة. وفي ٢٠٠٠ قبل الميلاد، شيد الكنعانيون دويلات مدن صغرى مثل صور، بيروت، جرش ، وغزة ودمشق. وإلى جهة الغرب ، ساعد الفينقيون عـلى نشرـ التحضرـ عبر البحـر إلى إسـبانيا. وإلى جهـة الشرـق فـيما يعـرف الآن بالهنـد وباكسـتان وجدت المدن الهندية ، ومنذ نهاية القرن الرابع قيل الميلاد شيدت الإمبراطورية الماؤورية مدناً في عمـوم الهنـد ووضـعت الأسـس للحيـاة الحضرـية في أرجـاء جنوب شرق أسيا وعند الفتح الإسلامي في القرن الثامن الميلادي، وبداية الحكم الإسلامي شيدت مدن مثال لاهور وأصبحت مدينة دلهي مركزاً إدارياً وثقافياً هاماً.

وفي الصين تطورت المستوطنات الحضرية فيما بين القرن الثالث قبل الميلاد والقرن الثالث الميلادي في أرجاء شرق أسيا، بضمنها مستوطنات على امتداد طريـق السلك. الفترة اللاحقة للتحضر في الصين جاءت عقب الاحتلال المغولي وبناء المـدن. وامتد التحضر فيما بعد إلى كوريا واليابان من خلال تأثير الصينيين.

بدأ التحضر في اليابان مع إيجاد أوسـاكا في ٤٠٠ ميلاديـة، أعقـب ذلـك تشييد مجموعة من العواصم الملكية في القرنين السابع والثامن ، وتوج هذا في القرن التاسع بمدينة كيوتو التي ظلت عاصمة طوال ألف عام وفي أواخر القرن الرابع عشر تم إنشاء مدن القلاع ، بضمنها أيدو (طوكيو) التي أصـبحت فـيما بعـد مركـزاً حضرـياً ضـخماً. في أمريكـا الوسـطى اهـتم المـانيون والجماعـات المجاورة، بضمنها زيوتكس، وفيما بعد الازتك Aztec في أعمار المدن.

أدى الاستعمار الأوربي العـدواني الـذي ابتـدأ بـالغزو الاسـباني في القـرن السادس عشر إلى إلحاق الخراب والتدمير في هذه المدنيات الحضرية.

لقي النمو والتوسع الحضرـي مـن أقـاليم الأصـول الحضرـية دعـماً بسـبب الابتكارات الهامة، بخاصة في التكنولوجيا والتنظيم الاقتصادي المقترن بـالتغيرات في

التنظيم الاجتماعي ، كما أن الانتكاسات الديمغرافية الناجمة عن انتشار الأوبئة والحروب كان لها تأثير في تراجع التحضر.

المدن الإغريقية:

استقى الإغريق معلوماتهم بخصوص بناء المدن من الهلال الخصيب بعد انتشارها إلى إقليم البحر المتوسط . في ٨٠٠ قبل الميلاد، شيد الإغريق مدنهم مثل أثينا اسبارطة وغيرها.

انعكست أهمية الدين ، والتجارة ، الإدارة والدفاع في بنية دويلات المدن الإغريقية، التي كانت وحدة مستقلة مكونة من المدينة وضواحيها المباشرة. المنطقة الخلفية تزود سكان المدينة بالغذاء لغرض الاستهلاك وبعض المنتجات الأخرى مثل زيت الزيتون لغرض التصدير . كانت المدينة والأراضي الزراعية المحيطة بها مكتفية ذاتياً وكانت الأساس للبنية السياسية لعالم الإغريق القديم وكانت المدينة محصنة بسور دفاعي.

كانت كثير من المدن الإغريقية القديمة واقعة على امتداد سواحل البحر معبرة عن أهمية التجارة بعيدة المدى لهذه المرتبة الحضرية. أدى النمو السكاني مع قلة مساحة الأرض الصالحة للزراعة على امتداد السواحل إلى قيام حركة الاستعمار عبر البحار وإقامة نظم المدن الإغريقية . أنشأت مجموعات من المستعمرين مع أفراد أسرهم دويلات امتدت من بحر أيجه إلى البحر الأسود، حول البحر الادرياتيكي وعلى امتداد البحر المتوسط غرباً حتى شمال أسبانيا .

طورت دولة المدينة الإغريقية أشكالاً جديدة من الحكومة انعكس تأثيرها في أنواع الحكم الحضري الديمقراطي والتشاركي اللاحقة في أنحاء العالم كافة. تكمن السلطة السياسية في جمعية تشريعية من الرجال الذين ينتخبون قادة المدينة. على الرغم من استمرار إدارة الحياة المدنية الإغريقية في سياق ديني، لم تعد القوانين والقرارات السياسية تُعرض كأوامر إلهية مطلقة. كما كانت في وادي الرافدين ومصر. ويُذكر أن المدن الإغريقية ظلت صغيرة الحجم تماماً بموجب المعايير الحالية . على الرغم من أن أثينا

وصلت إلى حوالي ١٥٠٠٠٠ نسمة، إلا أن معظم المدن الأخرى تراوحت مـا بـين ١٠٠٠٠ إلى ١٥٠٠٠ نسمة.

المدن الرومانية:

حلت الإمبراطورية الرومانية محل الإمبراطورية اليونانية خلال القـرنين الثاني والأول قبل الميلاد، وفي القرن الثاني الميلادي شيد الرومانيون مدناً عـبر أوربا الجنوبية ووضعوا الأساس للنظام الحضري في أوربا الغربية. على الـرغم من أن سكان روما العاصمة بلغ المليون نسـمة في ١٠٠ ميلاديـة ضمت المـدن الرومانية الكبيرة عادة حوالي ١٥٠٠ إلى ٣٠,٠٠٠ نسمة.

احد الاختلافات الهامة بين المـدن الرومانيـة والإغريقيـة هـو أن المـدن الرومانية لم تكن مستقلة كما هو الحال بالنسبة للمـدن الإغريقيـة. فقـد أدت وظائفها ضمن إمبراطورية منظمة جيداً تتبع إلى روما.

لقد حقق الرومان عملاً جباراً في الهندسة المدنية. كانت معظم المـدن الهامة مرتبطة مباشرة مع بعضها البعض ومع روما بشـبكة مواصـلات عظيمـة سهلت الاتصالات الإستراتيجية والعسكرية والتجارية. كانت البنية التحتية مـن شبكة مجاري وإمدادات مياه قد أسهمت في تحسين الأحوال الصـحية لدرجـة كبيرة بحيث وضعت المعايير للمدن اللاحقة. كثير من المدن الأوربيـة الحديثـة تعود أصولها إلى الإمبراطورية الرومانية، بضمنها لنـدن، بـاريس، فينـا، صـوفيا، وبلغراد.

وفي القـرن الخـامس المـيلادي ، أسـس الرومـان نظـام حضـري متكامـل وشبكة نقل امتدت من إنكلترا في الشمال الغربي حتى بابـل في الشرق ومـع ذلك، فقد بدأ سكان الإمبراطورية بالتناقص مسبباً نقصاً في القـوى العاملـة، فأصبحت الحقول مهجورة والمدن تعاني مـن قلـة السـكان ممـا شجع عـدوان القبائـل البربريـة القادمـة مـن الأراضي الألمانيـة في شرق – أواسـط أوربـا ممـا ساعدت على سقوط الإمبراطورية.

مدن القرون الوسطى:

كانت العصور المظلمة في أوربا الغربية فترة ركود اقتصادي وتدهور في حياة المدينة. بعد انهيار الإمبراطورية الرومانية حتى حوالي ١٠٠ ميلادية. بالطبع، استمرت الحياة الحضرية بالانتعاش في أجزاء من العالم، بضمنها تشيد المدن الذي بدأ مع انتشار الإسلام منذ بداية النصف الثاني من القرن السابع الميلادي في القرون اللاحقة انتعشت الحياة الحضرية في مدن مثل مكة ، المدينة ، بغداد ودمشق ، كما شيدت مدن جديدة مثل طهران في إيران، البصرة، الكوفة، الموصل وكربلاء في العراق والقاهرة وطنجة في شمال أفريقيا وإلى الجنوب من الصحراء الكبرى شيدت مدينة تنباكتو في مالي الحديثة وكانو في نيجيريا وغيرها. (Knox. Etal.2005)

انتعشت الحياة الحضرية في أجزاء من أوربا خاصة في أسبانيا بتأثير النفوذ الإسلامي. مثل قرطبة، شيدت مدينة بيزنطية (اسطنبول الحالية) تحت حكم البيزنطيين باعتبارها عاصمة الإمبراطورية البيزنطية ما بين ٣٠٠-٦٥٠ ميلادية، بموقعها الاستراتيجي للتجارة بين أوربا وأسيا، نمت المدينة لتصبح من أكبر المدن في العالم آنذاك، بسكانها البالغ عددهم نحو نصف مليون نسمة.

خلال القرون الوسطى ، كانت الغالبية العظمى من المدن من ناحية ثانية، صغيرة الحجم لا يزيد عدد سكانها على ١٠٠٠٠ نسمة.

التحضر والثورة الصناعية

بدأت الصناعات الكبيرة في إنكلترا في منتصف القرن الثامن عشر. كانت الثورة الصناعية حافزاً قوياً للنمو الحضري لأنها سببت تغيرات جذرية في الإنتاج الصناعي. فقد أصبح التنظيم الاقتصادي للمجتمع يعتمد في المقام الأول على الصناعة الآلية. وقد نمت المستوطنات الحضرية حول المصانع الجديدة.

وقد تزامن النمو السريع للمدن وتعدد أشكالها مع ظهور الثورة الصناعية. تمكنت المدن في المجتمعات الصناعية المتقدمة من تغير فرص العمل اللازمة للمهاجرين

الريفيين الذين جاءوا إلى المناطق الحضرية سعياً وراء أعمال أفضل، أجور أعلى وظروف عمل أحسن. تتشابه المدن في هذه المجتمعات لدرجة كبيرة في تركيبها الداخلي . تضم المنطقة الحضرية المدينة المركزية التي يقطنها في الأعم الأغلب عدد قليل من أفراد الطبقة العليا الذين يحيط بهم عـدد كبير مـن الفقراء. تحاط المدينة المركزية عموماً بالضواحي، مناطق سكنية بالدرجة الأولى نمت وتوسعت حـول المدينـة المركزيـة. تـدعى المنطقـة المشـتركة- بالحاضرة (Metroplis) ، وهـي تشـكل وحـدة اقتصاديـة وجغرافيـة منتشـرة في عـدة مجتمعات صناعيـة متقدمـة كالولايات المتحـدة وإنكلترا ، توسعت الحـواضر المتجاورة فاندمجت مع بعضها مكونة مدينة ضخمة (Metroplis)، منطقـة حضرية تضم مدينتين مركزيين أو أكثر مع الحواضر المحيطة بها.

المدن الحديثة في العالم:

المشكلة الحاليـة لكثير من المـدن في البلدان الناميـة هـي ليسـت قلـة النمو الحضري، بل بالأحرى عملية التحضر المفرط، التي تنمـو بموجبها المـدن وسكانها أسرع من الأعمال والمساكن التي يمكنها توفيرها. ارتبطت معدلات التحضر غير المسـبوق بنمـو المـدن الضخمة (Mega polis) .يمكن أن تتميـز المدن الكبيرة بحجمها الكبير.

تتميز هذه المـدن الضخمة عـادة بالأولويـة (في الترتيـب أو المنزلـة أو الأهمية) وبدرجة عالية من المركزية داخل نظمها الحضرية الوطنيـة. الأولويـة والمدن الأولى تحدث عندما يكون السـكان في المدينـة الأكبر في نظام حضري كبيراً على نحو غير متكافئ مع المدينتين الثانية والثالثة الأكبر في ذلك النظام. تشير المركزية إلى الهيمنة الوظيفية للمدن داخـل نظـام حضري معين. المـدن التي تتمتع بحصة كبيرة من الأنشـطة الاقتصاديـة، السياسـية والثقافيـة تتميـز بدرجة عالية من المركزية داخل نظامها الحضري.

توزيع المدن والسكان الحضر حسب مرتبة حجم المدينة:

يمكن دراسة البنية الحضرية لبلد ما أو إقليم برصد توزيع السكان الحضر على مختلف مراتب حجم المدينة بالإضافة إلى أهمية المدينة التي تحتل منزلة عالية، يمكن تصنيف المدن بحسب حجمها إلى خمسة أقسام:

المدن التي تضم ١٠ ملايين نسمة أو أكثر، المدن التي يتراوح عدد سكانها ما بين ٥ إلى ١٠ ملايين، ومن ١ إلى ٥ ملايين، من نصف مليون إلى مليون نسمة ومدن ذات أقل من نصف مليون نسمة.

المدن ذات الملايين العشرة أو أكثر:

بين ١٩٥٠ إلى ١٩٩٥، زاد عدد المدن ذات ١٠ ملايين نسمة أو أكثر من ١ إلى ١٤ مدينة من بينها ٤ مدن في الأقاليم المتقدمة و ١٠ مدن في الأقاليم النامية.

مدن يتراوح عدد سكانها ما بين ٥ إلى ١٠ ملايين:

ازداد عدد المدن من المرتبة الثانية، من ٥ إلى ١٠ ملايين نسمة، من ١٩ في ١٩٥٠ إلى ٢٣ في ١٩٩٥ ومن المتوقع أن تصل إلى ٣٨ في ٢٠١٥. في ١٩٩٥ كانت ٦ منها واقعة في الأقاليم المتقدمة و١٧ مدينة في الأقاليم النامية.

المدن التي يتراوح عدد سكانها ما بين ١ إلى ٥ مليون:

زاد عدد هذه المدن من ٧٥ في ١٩٥٠ إلى ٣٢٧ في ١٩٩٥ وفي ٢٠١٥، يتوقع أن يصل عدد هذه المدن إلى ٤٦٣ مدينة. على المستوى الإقليمي، في ١٩٩٥، كانت ١٥٩ مدينة واقعة في الأقاليم النامية. وفي ٢٠١٥، ٣٤٥ من مجموع ٤٦٣ مدينة (٧٥ %) يتوقع أن تكون موجودة في الأقاليم النامية والباقية ١١٨ (٢٥%) في الأقاليم المتقدمة. وتمثل هذه المدن ٢٢ في المائة من السكان الحضر في العالم عام ١٩٩٥ ومن المتوقع أن تصل إلى ٢٤ في المائة عام ٢٠١٥.

مدن ما بين نصف مليون إلى ١ مليون:

يوجد عدد من المدن في هذا الصنف أكثر من أي صنف آخر بين ١٩٥٠ و١٩٩٥. فقد تضاعف عددها من ١٠٦ بين ١٩٥٠ و ١٩٩٥. ومن المتوقع أن يرتفع هذا العدد إلى ٤٠٧ مدينة في ٢٠١٥. تصل النسبة المئوية للسكان المقيمين في هذه المدن إلى ٩ في المائة من مجموع السكان الحضر.

مدن ذات أقل من نصف مليون نسمة:

يقطن الآن أكثر من نصف السكان الحضر في العالم في مدن تضم أقل من نصف مليون نسمة. كانت هذه المدن موطناً لحوالي ٦٤ في المائة من السكان الحضر في العالم ومن المتوقع أن يتناقص نصيبها بصورة بطيئة في المستقبل.

وفي ٢٠١٥، من المتوقع أن يظل نصف السكان في كل من الأقاليم النامية والمتقدمة ساكنين في هذه المدن. (United. Nations. 1996)

ظاهرة التحضر المضاد:

ظاهرة التحضر المضاد تعني من حيث الجوهر تناقص الحجم والكثافة السكانية. شهدت كثير من التجمعات الحضرية الكبرى في الأقاليم المتقدمة ظاهرة النمو البطيء أو السالب لسكانها خلال السبعينات والثمانينات مثل الدانمرك، فرنسا، ألمانيا، ايطاليا، واسبانيا والمملكة المتحدة وايرلندة الشمالية، الولايات المتحدة واليابان. بالإضافة إلى الأقاليم المتقدمة، فقد شهدت بعض المدن الكبرى في الأقاليم النامية تناقصاً سريعاً في نمو سكانها، برغم أن معدلات نموها السنوي ظلت موجبة تبعاً لذلك توجد أسباب للاعتقاد بأن عملية التحضر المضاد ربما لا تقتصر على الأقاليم المتقدمة فقط.

هناك عدة أسباب تفسر التراجع مع مرور الزمن في درجة تركيز السكان وتوزيعهم (Champion, 1989) حيث، يفضل البعض التجمع في مدن كبيرة وأقاليم أكثر تحضراً، على سبيل المثال، تزايد الخدمات التجارية تقود إلى زيادة التجمع في المدينة. من جانب آخر تعمل عوامل أخرى على المدى البعيد باتجاه اللامركزية.

الخلاصة:

في عام ٢٠٠٠، عاشت ٤٧% من السكان في العالم في مناطق حضرية في ٢٠٠٥، ولأول مرة في التاريخ، سيفوق عدد السكان الحضر نظيره في الريف. ينمو السكان الحضر ثلاث مرات أسرع من نظيره الريفي، ومن المتوقع أن يعيش ثلاثة من خمسة أشخاص في مناطق حضرية في ٢٠٣٠ كما تظهر الدراسة أيضاً أن الفجوة بين الأقاليم المتقدمة والنامية بخصوص مستوياتها من التحضر قد تقلصت منذ 1975. بلغ مستوى التحضر في الأقاليم المتقدمة ٧٦% في ٢٠٠٠، مقارنة بحوالي ٤١% لدى الأقاليم النامية في نفس التاريخ، ومن المتوقع أن تبلغ نسبة السكان الحضر في الأقاليم المتقدمة ٨٤% عام ٢٠٣٠ بالمقارنة مع ٥٧% لدى الأقاليم النامية. في عام ٢٠٠٠، عاشت ٧٥% من السكان في أمريكا اللاتينية والكاريبي في مناطق حضرية وفي أوربا، وأكثر من ٧٧ % في أمريكا الشمالية، أما في أفريقيا وفي أسيا ، فقد بلغت النسبة حوالي ٣٨% لكل منها، على الرغم من أن هذا العدد يخفى تباينات هامة بين البلدان.

يضاف إلى ذلك، يوجد اتجاه متواصل نحو زيادة أحجام المدى الكبرى وتعدد أصنافها وتعقد الحياة فيها .

إن ظاهرة التوسع الحضري من المدن العظمى إلى مناطق الضواحي أو المدن الأصغر تُعرف بالتحضر المعاكس ، وهي لا تقتصر على المدن الكبرى في الأقاليم المتقدمة فحسب بل تشمل المدن الكبرى في البلدان النامية أيضاً، حيث أن بعض هذه المدن تشهد تباطؤاً في نمو سكانها . كما أن كثيراً من هذه المدن تتميز بدرجة كبيرة من الأولوية - حصة هامة من السكان الحضر في القطر يعيشون في مدينة واحدة. هناك بعض العوامل المؤثرة في حركة التحضر تأتي في مقدمتها الموقع الجغرافي للمدن، مخطط الأقاليم الوطني والسرعة الحالية للنمو الاقتصادي للبلدان.

الفصل التاسع
التركيب العمري والجنسي

أولاً: التركيب العمري

مقدمة:

أ- التركيب العمري للسكان في العالم

١- اتجاهـــات التركيـــب العمـــري للسكان.

٢- العمر الوسيط.

٣ نسبة الإعالة أو الاتكال.

ب- تعمير السكان.

١- زيادة أعداد كبار السن.

٢- المظــاهر الديمغرافيـــة والاقتصـــادية والاجتماعية للتعمير.

٣- الأبعاد الاقتصادية والاجتماعية للتعمير.

٤- المكانة الاقتصادية والاجتماعية

٥- القوى العاملة والتقاعد.

٦- الاعتلال والعجز.

٧- التعليم.

٨- الحالة الزوجية.

٩- ترتيبات المعيشة.

١٠- نظم الدعم الرسمية وغير الرسمية.

الفصل التاسع

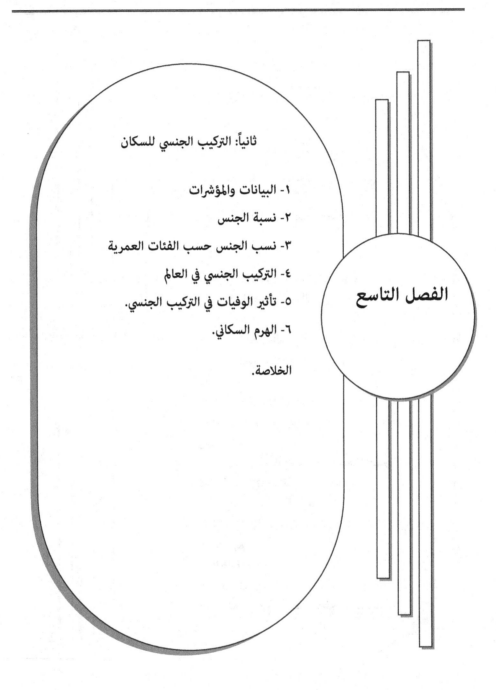

الفصل التاسع

ثانياً: التركيب الجنسي للسكان

٤- التركيب الجنسي في العالم

٥- تأثير الوفيات في التركيب الجنسي.

الفصل التاسع
التركيب العمري والجنسي للسكان

أولاً: التركيب العمري

مقدمة:

إن معرفة التوزيع العمـري للسكان أمـر أسـاسي في جميع التحليـلات السكانية تقريباً ذات الصـلة بوصف وتحليل الأنـواع الأخـرى مـن البيانـات الديمغرافية.

يهتم علماء الاجتماع من مختلف الاختصاصاتُ كثيراً بدراسـة التركيب العمري للسكان، لان السن أهم صفات الفرد الخاصة المتعلقـة بـنمط تفكيره والعمل الذي يزاوله وتحديد احتياجاته المختلفة فجميع هذه القضايا مرتبطـة ارتباطاً قوياً بعمـر الإنسـان يضاف إلى ذلك، أن العلاقـات الاجتماعيـة داخـل الجماعة تتأثر لدرجة كبيرة بواسطة الأعداد النسبية لكل فئة عمرية أو جيل . وكثير من أنواع التخطيط، بخاصة تخطيط مؤسسات المجتمع المـدني وخدماتـه تتطلب بيانات عن التركيب العمري. والعمر عامل هام لقياس إمكانية السكان الدارسين، وقوة العمل، والخدمة العسكرية والمصوتين. كما أن بيانات العمـر ضرورية في إعداد تقديرات السكان الجارية والإسقاطات السكانية، فضلاً عـن تقدير المتطلبات الأساسية المتعلقـة بأعداد المـدارس والمعلمين أو المدرسـين، والمؤسسات الأخرى كافة والخدمات الصحية والإسكان والغذاء وما إلى ذلك.

إن نسبة كبار السـن(٦٥ سـنة فـأكثر) إلى السـكان في سـن العمـل (١٥-٦٤ سنة) قضية أساسية في نظم التقاعد العامة ،ويرتبط النفـوذ السـياسي أيضاً بنسـب السكان في كل فئة عمرية (preston,1984). والسـابق عـلى كـل مـا تقـدم هـو أن العمر من أكثر المتغيرات الديمغرافية أهمية في دراسة الخصوبة، الوفيـات، والحالـة الزواجية، والهجرة وما إلى ذلك. (Shryock.et.al.1976: 113)

تعريفات وتصنيفات

تعريف العمر:

يُحدد عمر فرد ما في تعداد السكان عموماً في ضوء عمر الفرد في عيد ميلاده الأخير. يفضل خبراء الأمم المتحدة الأسلوب الأتي الذي يعرف العمر بالفترة الزمنية المقدرة أو المحسوبة بين تاريخ الميلاد وتاريخ التعداد، المعبر عنها بالسنوات الشمسية.(United Nations, 1970)

الحصول على البيانات وتصنيفها:

يمكن الحصول على البيانات المتعلقة بالعمر إما بالسؤال المباشر عن العمر أو السؤال عن تاريخ الميلاد أو الاثنين معاً. ويمكن تبويب بيانات العمر في سنوات منفردة أو فئات عمرية خماسية ٠-٤، ٥-٩) أو فئات واسعة (٠-١٤)، (١٥-٦٤)، (٦٥ فأكثر). وهناك تصنيفات أخرى للعمر تلبي بعض الاحتياجات الخاصة كالقيد بالمدارس (٦-١١)، (١٢-١٧)، (١٨-٢٣)، والقوى العاملة والحالة الزواجية حيث يتم التميز بين السكان دون سن الزواج (أقل من ١٥ سنة) والسكان في مرحلة الزواج (١٥ سنة فأكثر وبالنسبة لتحليل الخصوبة يتطلب الأمر معرفة العمر الكلي للنساء في سن الإنجاب (١٥-٤٩ سنة).

تحليل التركيب العمري

طبيعة التوزيع العمري:

تُبوب وتُطبع البيانات عن العمر في الأعم الأغلب في فئات خماسية (٠-٤، ٥-٩ إلخ) هذا الأسلوب كافٍ لتوفير مؤشر عن شكل التوزيع العمري ولخدمة معظم أعراض التحليل المختلفة وربما تظهر حاجة إلى سنوات منفردة لبعض أنواع التحليل الأخرى.

توزيعات النسب المئوية:

في ابسط أنواع تحليل بيانات العمر تتم مقارنة مقادير الأعداد المطلقة مع بعضها الأخر. إذا كانت الأعداد المطلقة الموزعة حسب فئات الأعمار الخماسية قد حُولت إلى نسب مئوية فإنه يمكن الحصول على دليل أوضح للمقادير النسبية للإعداد في التوزيع. فالتحويل إلى نسب مئوية أمر ضروري إذا كانت التوزيعات العمرية لمختلف البلدان ذات الأحجام المختلفة خاضعة للمقارنة العددية أو بالرسم البياني، كما في المثال الأتي الـذي يوضح التوزيع السكاني حسب العمر في كل من غانة والولايات المتحدة سنة ١٩٦٨.

جدول رقم (١٦)

المجموع	أقل من ٥	٥-١٤	١٥-٢٤	٢٥-٣٤	٣٥-٤٤	٤٥-٦٤	٦٥
١٠٠٫٠ غانة	١٩٫٣	٢٥٫٢	١٦٫٨	١٦	١٠٫٢	٩٫٤	٣٫١
١٠٠٫٠ الولايات المتحدة	١١٫٣	١٩٫٨	١٣٫٤	١٢٫٨	١٣٫٥	٢٠٫٢	٩٫٢

حيث يلاحظ في الجدول أن نسبة صغار السـن الأقـل مـن ٥سنوات في غانة تمثل ١٩٫٣ % من مجموع السكان بالمقارنة مع ١١٫٣% بالنسبة للولايات المتحدة ومن جهة أخرى نلاحظ أن نسبة كبار السـن (٦٥ سـنة فأكثر في غانـة تمثل ٣% في حين أنها تمثل٩% في الولايات المتحدة أي ما يعادل ثلاثة أضعاف .

العمر الوسيط:

يمكن تحليل التوزيع العمري للسكان باستخدام العمـر الوسيط الـذي يقسم التوزيع إلى مجموعتين متساويتين في الحجم أحداهما أصغر مـن العمـر الوسيط والأخرى أكبر منه.

نسب الإعالة العمرية:

عند حساب نسبة الإعالة العمرية ، تؤخذ الاختلافات في نسب الصغار والكبار والسكان في سن العمل بنظر الاعتبار.

هناك ثلاثة أنواع من نسب الإعالة:

١- نسبة الإعالة الكلية

٢- نسبة الإعالة الصغار (أقل من ١٥ سنة)

٣- نسبة الإعالة الكبار (٦٥ سنة فأكثر .

$$
\text{نسبة الإعالة الكلية} = \frac{\text{عدد الصغار} + \text{عدد الكبار}}{\text{عدد السكان في سن}} \times 100
$$

وبتطبيق هذه الصيغة على نتائج التعداد في ليبيا سنة ١٩٩٥ نحصل على

$$
\frac{17.14263 + 171432}{2.504044} \times 100 = 75.3\%
$$

$$
\text{نسبة الإعالة الصغار} = \frac{17.14263}{2504044} \times 100 = 68.5\%
$$

$$
\text{نسبة الإعالة الكبار} = \frac{17.1432}{2.504044} \times 100 = 6.8\%
$$

وتعني نسبة الإعالة الكلية أن كل ١٠٠ شخصاً في سن العمل (١٥-٦٤) مسؤول عن إعالة ٧٥ شخصاً من صغار السن وكبار السن معاً.

أ- التركيب العمري للسكان في العالم

تؤدي عملية التحول من وفيات وخصوبة عاليتين إلى مستوى منخفض للاثنين معاً إلى تغيرات كبيرة في التركيب العمري للسكان. في البداية، تشهد الوفيات العالية انخفاضاً شديداً في خطر الوفيات بالنسبة إلى صغار السن (اعتيادياً دون ٥ سنوات) ولذلك فإن الأثر المباشر لانخفاض الوفيات هو زيادة أعداد الأطفال في السكان. وتبعاً لذلك، تقود المرحلة الأولى للتحول الديمغرافي إلى توزيع عمري فتي أصغر من التوزيع السابق للتحول الديمغرافي.

بعدئذ، حين تنخفض الخصوبة، يبدأ معدل الزيادة في عدد الأطفال بالانخفاض لهذا السبب، يؤدي الانخفاض المتواصل للخصوبة إلى قلة عدد الأطفال نسبياً في السكان، ويفضي إلى تعمير السكان. إن عملية تعمير السكان الناجمة عن انخفاض الخصوبة تزداد سرعة بسبب انخفاض معدل الوفيات. ولهذا السبب فإن سكاناً ذا خصوبة واطئة ووفيات تميل نحو الانخفاض يحتمل أن يميلوا نحو التعمير بسرعة.

في ضوء ما تقدم، نلاحظ أن السكان في العالم في طريقهم نحو التعمير بسبب التغيرات في الخصوبة والوفيات التي حدثت خلال القرن العشرين وتلك المتوقعة في المستقبل.

١- اتجاهات التركيب العمري للسكان

يختلف التركيب العمري للسكان بين البلدان ويتغير عبر الزمن مسبباً مختلف أنواع العقبات الاقتصادية والاجتماعية والسياسية. في الخمسينات والستينات، انصب اهتمام الباحثين على النمو السريع للسكان الصغار في البلدان النامية كان النمو في عدد الأطفال أسرع من نمو الكهول الذين كانوا مسؤولين عن تنشئتهم ومعيشتهم ولذلك فقد اعتبروا تهديداً للتنمية الاقتصادية والاجتماعية. تظل هذه المشكلة قائمة في البلدان ذات الخصوبة العالية. وفي السنوات الأخيرة، أنصب اهتمام متزايد على دراسة تعمير السكان في بلدان عديدة، يُعتبر هذا الاتجاه الديمغرافي أيضاً ذو نتائج اقتصادية واجتماعية هامة،

بخاصــة بالنســبة للتقاعــد، حجـم القـوى العاملـة، العنايـة الطبيـة، خـدمات المشردين والمعوقين .بنية الأسرة والأنماط السكانية والتغذية وما إلى ذلك.

لغرض تحليل الاتجاهـات المختلفـة في التوزيـع العمـري ، مـن المفيد تصنيف البلدان من حيث توقيت بداية انخفاض الخصوبة لديها . ظل سكان البلدان التي لم يبدأ فيها انخفاض الخصوبة في ١٩٩٠ فتيـاً عـلى نحـو متزايداً خلال الفترة ما بين ١٩٥٠-١٩٩٠، لقد زادت نسبة السكان دون سـن ١٥ سنة من ٤٢% إلى ٤٦%، بينمـا انخفضت نسـبة كبـار السـن مـن ٣,٥% إلى ٢,٨%، وأنخفض العمر الوسيط من ١٩,١ إلى ١٧,٠ سنة ويتمثل هـذا الاتجاه في أقـل البلدان نمواً في أفريقيا، جنوب أسيا وغرب أسيا.

وأما البلدان النامية فقد تغير فيها التوزيع العمري منذ ١٩٧٠، حين بدأ انخفاض الخصوبة بين سكانها، فقد ازدادت نسـبة صغار السـن مـن ٣٧% في ١٩٥٠ إلى ٤٢ % في ١٩٧٠ وانخفضت بعدئذ إلى ٣٣% في ١٩٩٠، أما نسبة كبـار السـن، فقد ظلت عند٤,٠% في الخمسينات والستينات، ثم زادت إلى ٤,٩ % في ١٩٩٠. وبخصوص البلـدان المتقدمـة التـي بـدأ فيهـا انخفـاض الخصوبة قبـل ١٩٥٠، فقد تميزت بسرعة تعمير سكانها.

كانت نسبة صغار السن في تلك البلدان ٢٨% في ١٩٥٠، وهي أقل بكثير من البلدان النامية والمتخلفة وقد انخفضت إلى ٢١% في ١٩٩٠. وقد زادت نسـبة كبـار السـن بسرعة مـن ٨% في ١٩٥٠ إلى ١٢% في ١٩٩٠ وتبعـاً لذلك زاد العمر الوسيط من ٢٨ سنة في ١٩٥٠ إلى ٣٤ سنة في ١٩٩٠.

تقدر نسبية صغار السن في العالم بحوالي ٣٢ % في ١٩٩٠، ونسبة كبار السن ٧% وبلغ العمر الوسيط ٢٥ سنة، مما يدل على أن سكان العالم آنذاك ما زال فتياً بعض الشيء.

توجد اختلافات جغرافية واضحة في التوزيع العمـري للسكان عاكسة اختلاف مستويات واتجاهات الخصوبة والوفيات في الماضي،يوجد أصغر السكان عمراً في أفريقيا،

وأكبرهم عمراً في أوربا الشمالية والغربية ويحتل سكان أمريكا اللاتينية واسيا مكاناً وسطاً بين المجموعتين السابقتين (الأمم المتحدة ١٩٩٤).

ولغرض إعطاء فكرة واضحة عـن تغير التركيـب العمـري في الحاضر والمستقبل ، نقوم بتحليل ذلك للفترة فيما بين ٢٠٠٥و٢٠٥٠.

التركيب العمري فيما بين ٢٠٠٥-٢٠٥٠

يمكن تقويم التغيرات المتوقعة في التركيب العمري بطريقتين متلازمتين: بواسطة تقدير نسب مجموع السكان في مختلـف الفئـات العمريـة وبواسطـة مقارنة أحجام الفئات العمرية المختلفة. سينصب اهتمامنا هنا عـلى الفئـات العمرية العريضة: أقل مـن ١٥، ١٥- ٦٤، ٦٥ وأكثر. انظر جـدول (١٧) الـذي يوضح النسب المئوية للأشخاص في الفئات العمريـة الثلاثـة. كـما هـو متوقـع، توجد فروق شديدة الوضوح بين الأقاليم المتقدمة والنامية. في عام٢٠٠٥ بلغت نسبة كبار السن في الأقاليم المتقدمة ١٥,٣% مقابـل ٥,٥% في الأقاليم الناميـة ٣,٢% أقل البلدان نمواً. علاوة على ذلك، يتوقع أن تـزداد نسبـة كبار السـن في الأقاليم المتقدمة إلى ٢٥,٩% عـام ٢٠٥٠، مقابـل ١٤,٦ % في الأقاليم الناميـة. سوف تشهد الأقاليم النامية ارتفاعاً كبيراً في نسبة السكان في الفئـة العمريـة ١٥-٦٤ من ٥٣,٧% إلى ٦٤,٥%، في حين أن النسبة في الأقاليم المتقدمة سـوف تنخفض كثيراً من ٦٧,٧% في ٢٠٠٥ إلى ٥٨,٤ % عام ٢٠٥٠. وعلى العكس، فـإن نسبة الأطفال في الأقاليم المتقدمة سوف لا تتغير كثيراً (مـن ١٧,٠% في ٢٠٠٥ إلى ١٥,٦% في ٢٠٥٠، ولكنها سوف تنخفض في الأقاليم الناميـة مـن ٣٠,٧% إلى ٢٠,٩% خلال الفترة نفسها. (أنظر جدول ١٧)

جدول رقم (١٧)
التركيب العمري للسكان حسب المجموعات الإنمائية والمناطق الرئيسية ٢٠٠٥ و ٢٠٥٠.

المجموعات الإنمائية أو المنطقة الرئيسية	النسبة المئوية ٢٠٠٥			النسبة المئوية ٢٠٥٠		
	٠-١٤	١٥-٦٤	٦٥+	٠-١٤	١٥-٦٤	٦٥+
العالم	٢٨,٢	٦٤,٥	٧,٤	٢٠,٢	٦٣,٧	١٦,١
الأقاليم المتقدمة	١٧,٠	٦٧,٧	١٥,٣	١٥,٦	٥٨,٤	٢٥,٩
الأقاليم النامية	٣٠,٧	٥٣,٧	٥,٥	٢٠,٩	٦٤,٥	١٤,٦
أقل البلدان نمواً	٤١,٨	٥٥,٠	٣,٢	٢٨,٩	٦٤,٥	٦,٦
بقية البلدان النامية	٢٨,٩	٦٥,٢	٥,٩	١٨,٦	٦٤,٥	١٦,٩
أفريقيا	٤١,٥	٥٥,١	٣,٤	٢٨,٧	٦٤,٧	٦,٧
أسيا	٢٧,٨	٦٥,٨	٦,٤	١٨,٣	٦٤,٣	١٧,٥
أمريكا اللاتينية	٣٠,٠	٦٣,٩	٦,١	١٨,١	٦٣,٦	١٨,٤
أمريكا الشمالية	٢٠,٥	٦٧,١	١٢,٤	١٧,١	٦١,٨	٢١,١
الاوقيانوس	٢٤,٨	٦٥,١	١٠,٠	١٨,٠	٦٢,٧	١٩,٣
أوربا	١٥,٩	٦٨,٣	١٥,٩	١٥,٠	٥٧,٤	٢٧,٦

Source : United Nations, world population prospects, the 2004 Rivision, volume III; Analytical Report, 2005.

٢-العمر الوسيط:

يعتبر العمر الوسيط أحد المؤشرات المفيدة لقياس التركيب العمري للسكان. وهو القيمة التي ينقسم عندها التوزيع إلى مجموعتين، الأولى أقل منها والثانية أكبر منها. الاتجاه المتزايد للعمر الوسيط على المستوى العالمي يعبر عن تعمير السكان. ففي عام ١٩٥٠، بلغ العمر الوسيط في العالم ٢٣,٩ سنة، وأرتفع إلى ٢٨,١ سنة في ٢٠٠٥ جدول رقم (١٨) .في ١٩٥٠، كان العمر الوسيط للأقاليم المتقدمة ٢٩,٠ سنة فقط ولكنه أرتفع إلى ٣٨,٦ سنة في ٢٠٠٥ ، ومن المتوقع أن يبلغ ٤٥,٥ سنة في ٢٠٥٠. في أقل البلدان نمواً، حيث تسود معدلات خصوبة عالية، كان العمر الوسيط ٢٠ سنة في ١٩٥٠، ومن المتوقع أن لا يصل إلى ٣٠ سنة في ٢٠٥٠ وعلى العكس ، فإن بقية البلدان النامية ، التي بلغ

العمر الوسيط لديها في ١٩٥٠ أكثر بقليل من أقل البلدان نمواً يتوقع أن تحصل على عمر وسيط يزيد على ٣٩ سنة في عام ٢٠٥٠.

التباينات حتى أكثر وضوحاً بين المناطق الرئيسية فقد بلغ العمر الوسيط في أفريقيا دون ٢٠ سنة في عامي ١٩٥٠ و٢٠٠٥ ومن المتوقع أن يصل إلى ٢٧ سنة في ٢٠٥٠. وعلى العكس من ذلك تماماً فقد بلغ العمر الوسيط في أوربا ٣٩,٩% سنة في ٢٠٠٥، ونتوقع أن يزداد إلى ٤٧,١ سنة في ٢٠٥٠.

على المستوى المتوسط، حصلت كل من أمريكا لشمالية والأوقيانوس على نمطين متماثلين حيث أرتفع العمر الوسيط من أقل من ٣٠ سنة في ١٩٥٠ إلى أكثر من ٤٠ سنة في ٢٠٥٠. ونلاحظ أقصى التغيرات تطرفاً في الأعمار الوسيطة في أمريكا اللاتينية والكاريبي وفي أسيا حيث الأعمار الوسيطة في ١٩٥٠ (٢٠,٢ و٢٢,٠ سنة) ويتوقع أن يتضاعفا تقريباً في ٢٠٥٠ واصلة إلى حوالي ٤٠ سنة (جدول ١٨).

جدول (١٨)
العمر الوسيط حسب المجموعة الإنمائية والمناطق الرئيسية، ١٩٥٠-٢٠٥٠.

	العمر الوسيط (سنوات)		المجموعات الإنمائية أو المنطقة الرئيسية
٢٠٥٠	٢٠٠٥	١٩٥٠	
٣٧,٨	٢٨,١	٢٣,٩	العالم
٤٥,٥	٣٨,٦	٢٩,٠	الأقاليم المتقدمة
٣٦,٦	٢٥,٦	٢١,٤	الأقاليم النامية
٢٧,٣	١٨,٩	١٩,٦	أقل البلدان نمواً
٣٩,٣	٢٦,٨	٢١,٧	بقية البلدان النامية
٢٧,٤	١٨,٩	١٩,٠	أفريقيا
٣٩,٩	٢٧,٧	٢٢,٠	آسيا
٣٩,٩	٢٥,٩	٢٠,٢	أمريكا اللاتينية
٤١,٥	٣٦,٣	٢٩,٨	أمريكا الشمالية
٤٠,٥	٣٢,٣	٢٨,٠	الاوقيانوس
٤٧,١	٣٩,٩	٢٩,٧	أوربا

Source: Ibid. Table 11.2, p.30

أما على الصعيد القطري، فقد بلغ العمر الوسيط في ١١ قطراً أكثر من ٤٠ سنة في ٢٠٠٥ تعود جميعها إلى الأقاليم المتقدمة. في ٢٠٥٠، من المتوقع أن يزيد العمر الوسيط في ٨٩ قطراً على ٤٠ سنة، حوالي نصفها ستكون في الأقاليم النامية.

من المتوقع أن يبلغ العمر الوسيط في ١٧ قطراً أكثر من ٥٠ سنة في ٢٠٥٠، مما يدل على تعمير السكان لدى الأقاليم المتقدمة، تلك الظاهرة التي ستصبح شائعة في البلدان النامية كذلك وستحدث خلال فترة زمنية أقصرـ مما في البلدان المتقدمة. بين البلدان العشرة ذات الأعمار الأطول في العالم في ٢٠٠٥، تقع جميعها في أوربا ما عدا اليابان، التي لديها عمر وسيط هو الأطوال في العالم (٤٢٫٩ سنة) .

في ٢٠٥٠ من المتوقع أن تكون خمسة مـن البلدان السـتة ذات الأعمار الوسيطة الأطول غير أوربية من المتوقع أن يبلغ العمـر الوسيط في جميع البلدان العشرة ذات العمر الوسيط الأطول أكثر من ٥٠ سنة في ٢٠٥٠ (United Nations 2005)

٣- نسبة الإعالة أو الاتكال:

تُعد نسبة الإعالة لدى سكان معين أكثر فائدة من العمر الوسيط في التعبير عن التوزيع العمري للسكان، وتقوم نسبة الإعالة عـلى الافتراض القائل أن جميـع أعضاء المجتمع إنما هم مستهلكون، غير أن المنتجين هم بعض أعضائه. فالبلد الذي ترتفع فيه نسبة السكان المنتجين للسلع والخدمات هو في وضع أفضل من الناحية الاجتماعية والاقتصادية من أخر تقل فيه هذه النسبة مع تساوي الأشياء الأخرى. (Thompson, 1965)

أخذ خبراء الأمم المتحدة بالافتراض القائل أن أصحاب الفئة العمرية (١٥-٥٩) أو (١٥-٦٤) سـنة يمثلون السـكان في سـن العمـل ويفـترض أن يكونوا في الأعم الأغلب ناشطين اقتصادياً ، بينما يمثل الأطفال (٠-١٥ سـنة) من العمر وكبار السن (٦٥ فأكثر) من العمر فئة العالة أو الإتكاليين الـذين يعتمـدون في عيشـهم عـلى غـيرهم مـن أفراد المجتمـع الفعالين اقتصادياً . بناء على ذلك يمكن تقدير العبء الملقى على عاتق السكان في

سن العمل باستخدام نسبة الاتكال ، وقد بينا سابقاً كيفية حسابها لكل من الصغار والكبار على إنفراد أو للاثنين معاً أو الإعالة الكلية.

ويمكن تمييز ثلاثة أنواع من الإعالة أو الاتكال:

١- الاتكال الكلي.

٢- اتكال كبار السن(٦٥ سنة أو أكثر)

٣- اتكال صغار السن (٠-١٥ سنة).

وفيما يلي عرض لمؤشرات الاتكال في العالم والأقاليم والمناطق المختلفة في العالم.

نسبة الإعالة الكلية:

على الصعيد العالمي يُتوقع أن لا يحدث تغير هام في نسبة الإعالة الكلية خلال الفترة ما بين ٢٠٠٥ و٢٠٥٠، حيث ستزداد من ٥٥,١ شخصاً اتكالياً لكل ١٠٠ شخصاً في سن العمل (١٥-٦٤)سنة إلى ٥٧,١ شخصاً لكل ١٠٠ شخصاً في سن العمل. أما على المستوى الإقليمي ، فقد بات من المتوقع أن ترتفع نسبة الإعالة الكلية كثيراً في الأقاليم المتقدمة من ٤٧,٧ إلى ٧١,٢ شخصاً عائلاً لكل ١٠٠ شخصاً في سن العمل، بينما ستنخفض نسبة الإعالة الكلية في البلدان الأقل نمواً بشدة، من حوالي ٨٢ إلى ٥٥ عائلاً لكل ١٠٠ شخصاً في سن العمل خلال الفترة ما بين ٢٠٠٥-٢٠٥٠ (جدول ١٩).

جدول (١٩)

مختلف أنواع نسبة الاتكال، حسب المجموعات الإنمائية والمناطق الرئيسية ٢٠٠٥و ٢٠٥٠.

المجموعات الإنمائية أو المنطقة الرئيسية	نسبة الاتكال (%) (٢٠٠٥)			النسبة الاتكال (%) (٢٠٥٠)		
	الكلية	الأطفال	كبار السن	الكلية	الأطفال	كبار السن
العالم	٥٥,١	٤٣,٧	١١,٤	٥٧,١	٣١,٧	٢٥,٤
الأقاليم المتقدمة	٤٧,٧	٢٥,١	٢٢,٦	٧١,٢	٢٦,٨	٤٤,٤
الأقاليم النامية	٥٦,٩	٤٨,٢	٨,٧	٥٥,٠	٣٢,٤	٢٢,٦
أقل البلدان نمواً	٨١,٨	٧٦,٠	٥,٩	٥٥,١	٤٤,٩	١٠,٢
بقية البلدان النامية	٥٣,٤	٤٤,٣	٩,١	٥٥,٠	٢٨,٩	٢٦,٢
أفريقيا	٨١,٣	٧٥,٢	٦,٢	٥٤,٧	٤٤,٤	١٠,٣
أسيا	٥٢,٠	٤٢,٣	٩,٨	٥٥,٦	٢٨,٥	٢٧,٢
أمريكا اللاتينية	٥٦,٤	٤٦,٤	٩,٥	٥٧,٣	٢٨,٤	٢٨,٩
أمريكا الشمالية	٤٨,٩	٣٠,٥	١٨,٥	٦١,٩	٢٧,٧	٣٤,٢
الاوقيانوس	٥٣,٥	٣٨,١	١٥,٤	٥٩,٥	٢٨,٧	٣٠,٨
أوربا	٤٥,٥	٢٣,٢	٢٣,٣	٧٤,٢	٢٦,٢	٤٨,٠

Source : Ibid.

ويذكر أن هذه الاتجاهات الإقليمية المتضاربة متأثرة إلى حد كبير بالاتجاهات السائدة في كل من أوربا وأفريقيا ففي كلتا الحالتين، تقوم الاتجاهات بقوة بتحويل زمر كبيرة من صغار السن إلى أعمار متقدمة.

ونتيجة لذلك تتميز أفريقيا عن بقية المناطق الأخرى بأعلى نسبة للإعالة (٨١,٣ %) ، في حين أن نسبة الإعالة في أوربا تنخفض إلى (٤٦,٥) عائلاً لكل ١٠٠ شخصاً في سن العمل. وفي المستقبل يتوقع أن تشهد إفريقيا انخفاضاً ملحوظاً إلى حوالي ٥٥ عائلاً لكل ١٠٠ شخصاً في سن العمل في ٢٠٥٠. وعلى العكس من أفريقيا تنخفض نسبة الإعالة الكلية في كل من أسياوأمريكااللاتينيةوتقترب النسبتان من بعضها بعض الشيء، فقد بلغت ٥٢ في أسياو٥٦,٤ في أمريكا اللاتينية، وستزداد

النسبتان قليلاً في ٢٠٥٠ ولكنهما ستظلان دون ٦٠ عائلاً لكل ١٠٠ شخص في سن العمل جدول (١٩).

نسبة الإعالة للكبار:

من المتوقع أن تتضاعف نسبة إعالة الكبار (٦٥ سنة) وأكثر في الأقاليم المتقدمة للفترة ما بين ٢٠٠٥-٢٠٥٠ حيث ستزداد من ٢٢٫٦ عائلاً لكل ١٠٠ شخصاً في سن العمل إلى ٤٤٫٤ عائلاً لكل ١٠٠ شخصاً في سن العمل أما في أوربا ، فالحالة أشد تطرفاً ، حيث يتوقع أن تتضاعف النسبة أكثر من مرتين ، من (٢٣٫٣% إلى ٤٨٫٠%) خلال نفس الفترة المذكورة، وذلك بسبب الانخفاض الشديد للخصوبة. وهذا يعني أن شخصين في سن العمل يحتاجان إلى إعالة شخص واحد عائل أو متقاعد، ومن الجدير بالذكر أن نسبة إعالة الكبار أنما هي مقياس ديمغرافي بحت للتركيب العمري للسكان ، ويجب أن يُستخدم بعناية شديدة حيث يوجد دليل على أن الكثير من كبار السن في مجتمعات عديدة يقدمون المساعدة لأولادهم ولأفراد أسرهم. أما في بقية الأقاليم النامية، فيتوقع أن تزداد نسبة إعالة الكبار أكثر من الضعف من (٩٫١ إلى ٢٢٫٦) فيما بين ٢٠٠٥-٢٠٥٠، نظراً لان بعض البلدان المزدحمة السكان كالصين والهند تقع ضمن هذا الأقاليم ويذكر أن التغير النسبي ينطوي على زيادة مطلقة كبيرة من كبار السن في هذا الإقليم.

نسبة اتكال الصغار:

من المتوقع أن تشهد البلدان الأقل نمواً انخفاضاً كبيراً في نسبة الإعالة الصغار فيما بين ٢٠٠٥-٢٠٥٠، من ٧٦ طفلاً أو فتياً لكل ١٠٠ شخصاً في سن العمل إلى حوالي ٤٥ عائلاً لكل ١٠٠ شخصاً في سن العمل. ويعزى ذلك إلى توقع انخفاض الخصوبة في هذا الأقاليم. في المستقبل القريب أما بالنسبة إلى الأقاليم النامية عموماً، فربما ستشهد انخفاضاً أقل بعض الشيء، من ٤٨٫٢% إلى ٣٢٫٤% خلال نفس الفترة المذكورة، ومن المتوقع ألا تشهد الأقاليم المتقدمة إلا ارتفاعاً طفيفاً في نسبة الإعالة الصغار خلال نفس الفترة الزمنية المذكورة من ٢٥% إلى ٢٧% أمابخصوص بقية المناطق المتقدمة، فقد

بات من المتوقع أن لا تشهد كل من أوربا وأمريكا الشمالية إلا تغيراً طفيفاً في مستوياتها المخصصة فعلاً. (جدول ١٩)

ب- تعمير السكان

أ- تعمير السكان وزيادة أعداد كبار السن:

يتقدم السكان في جميع أنحاء العالم بالسن ، نظراً لولادة عدد أقل من الأطفال ولان الناس يعمرون بصورة متزايدة. بالرغم من أن عدد كبار السن من النساء والرجال اقل بكثير من عدد الشباب ، فانه يتزايد بمعدل أسرع بكثير ففي عام ١٩٥٠، بلغت نسبة كبار السن ٥% من مجموع السكان في العالم، وزادت النسبة إلى أكثر من ٧% بقليل في عام ٢٠٠٥، ومن المتوقع أن تبلغ ١٦% في عام ٢٠٥٠. على الصعيد العالمي ، سوف يزداد حجم كبار السن أكثر من ثلاث مرات ، من ٤٧٦ مليون في ٢٠٠٥ إلى ١,٥ مليار نسمة في عام ٢٠٥٠.

وكانت نسبة النساء والرجال من كبار السن إلى مجموع السكان تتزايد بصورة رئيسية في المناطق المتقدمة، وذلك حتى فترة قريبة. وكان هذا النمو يعزى إلى الانخفاض الطويل الأجل في الخصوبة، الذي أدى إلى انخفاض نسبة صغار السن من مجموع السكان، وإلى زيادة العمر المتوقع نتيجة لأوجه التقدم الطبي، وزيادة توفر الرعاية الصحية وتحسين الأحوال الصحية للسكان. وتحدث الشروط نفسها حالياً في المناطق النامية.(الأمم المتحدة، المرأة في العالم،٢٠٠٠: ٣)

سوف تساهم المناطق الرئيسية في العالم في الاتجاه نحو تعمير السكان ولكن بمستويات مختلفة كثيراً. وبين عامي ٢٠٠٥-٢٠٥٠ من المتوقع أن تزيد نسبة كبار السن من سكان أوربا من ١٥,٩% إلى ٢٧,٦% وفي أمريكا الشمالية من ١٢,٤% إلى ٢١,١% وفي الاقيانوس من ١٠,٠% إلى ١٩,٣% ومن المتوقع أن تحدث أتسرع زيادة في نسبة كبار السن

في أمريكا اللاتينية ومنطقة البحر الكاريبي، من ٦,١% إلى ١٨,٤% وفي أسيا من ٦,٤% إلى ٧,٥% خلال نفس الفترة الزمنية المذكورة سابقاً.

وسيكون نصيب أفريقيا الأقل من الأفراد الكبار في سكانها ما بين ٢٠٠٥ و٢٠٥٠، حيث ستزداد نسبتهم من ٣,٤% إلى ٦,٧% وذلك بسبب ارتفاع مستويات الخصوبة لديها، مع توقع بقاء مستوى الخصوبة لدى كثير من البلدان الأفريقية فوق مستوى الإحلال حتى عام ٢٠٥٠.

(United Nations, world population prospects: the 2004 revision, 2005.p28.)

ويؤدي تعمير السكان إلى اختلال التوازن في أعداد المسنين والمسنات في أنحاء العالم كافة، ونظراً لان النساء يعمرن بوجه عام أكثر من الرجال ، فإن عدد النساء يفوق عدد الرجال من كبار السن، ويتزايد هذا الفرق بسرعة مع تقدم السن. وفي جميع أنحاء العالم هناك ١٢٣ امرأة لكل ١٠٠ رجل في سن الستين أو أكثر ، ١٨٩ امرأة لكل ١٠٠ رجل في سن الثمانين أو أكثر ، و٣٨٥ امرأة لكل ١٠٠ رجل في سن المائة أو أكثر ويقرر الكثير من العوامل الديمغرافية والاقتصادية والاجتماعية نوعية حياة كبار السن، وتمثل تحديات ويتيح مستويات متفاوتة جداً في القدرة الوظيفية والصحة في سن الشيخوخة.

ب- المظاهر الاقتصادية والاجتماعية والديمغرافية لتعمير السكان.

١- المضامين الاقتصادية والاجتماعية لتعمير السكان.

عندما يتحول التوزيع العمري للسكان، خلال عملية التعمير لا تتغير الأوزان النسبية لمختلف الفئات العمرية فحسب ، بل تتغير أيضاً علاقات معينة بين الفئات العمرية المختلفة تلك العلاقات التي يعتقد بأنها مفيدة في تقدير أهمية المضامين الاقتصادية والاجتماعية المحتملة من جراء التحول العام نحو أعمار متقدمة . التغيرات في التركيب العمري للسكان يمكن أن تؤثر في التطور الاقتصادي للمجتمع، كما يتمثل في مؤشرات مثل مستوى الدخل القومي للفرد الواحد ومعدل نموه. من المتوقع أن يزداد

الدخل الفردي للسكان عندما ينمو الدخل الفردي للفئة العمرية العاملة، أو عندما تزداد النسبة المئوية للسكان في سن العمل (١٥-٦٤سنة).وتبعاً لذلك فأن التركيب العمري للسكان ستفضي إلى تغيرات في معدل نمو الدخل الفردي ، مع بقاء الأشياء الأخرى ثابتة.

خلال العقود الخمسة القادمة، من المتوقع أن تشهد البلدان النامية زيادة ملموسة في نسبة السكان في سن العمل ، من حوالي ٥٤% في ٢٠٠٥ إلى حوالي ٦٥% في عام ٢٠٥٠. (جدول ١٧)

وبموجب الافتراضات السابقة، فقد بات من المتوقع أن ترتفع معدلات النمو الاقتصادي بسبب زيادة نسبة السكان في سن العمل، مع بقاء الأشياء الأخرى ثابتة. أما بالنسبة للأقاليم المتقدمة، فإن التغير الجوهري المتوقع، يسير باتجاه تناقص نسبة السكان في سن العمل (١٥-٦٤سنة) مع تزايد نسبة كبار السن. ويمكن التعبير عن هذه الفكرة بالنسبة المئوية حيث أن معدل اتكال الكبار سيرتفع من ٢٢,٦ شخصاً لكل ١٠٠ شخصاً في سن العمل في ٢٠٠٥ إلى ٤٤,٤ في ٢٠٥٠. وبحسب الافتراضات السابقة سيكون لهذا التحول في التركيب العمري للسكان أثار سلبية من الناحيتين الاقتصادية والاجتماعية جدول (١٩).

٢- المكانة الاجتماعية والاقتصادية:

بالنسبة لكثير من المسنين ، بخاصة في البلدان المتخلفة، بعد الفقر أكبر تهديد للحياة الكريمة. على الرغم من تحسن المكانة الاجتماعية والاقتصادية للأفراد الكبار لدى البلدان المتقدمة، وبعض البلدان النامية ذات الغطاء الكامل لبرمج الضمان الاجتماعي بسبب تطور برامج التقاعد، تظل النساء أكثر احتمالاً من الرجال لان يعانين من الفقر. نظراً لان من المرجح أن يترملن أكثر من الرجال وان يعشن لوحدهم ، الأمر الذي يتطلب استمرار الموارد و/أو الدعم الاقتصادي. وعلاوة على ذلك ونتيجة للتميز في أسواق العمل الذي يستمر طيلة العمر، فإن المرأة تكسب بوجه عام أقل من الرجل وتعمل في

الأغلب في الأنشطة غير الرسمية أو غير المأجورة، التي لا توفر الضمان الاجتماعي أو المعاشات التقاعدية. وهذه الظروف، إلى جانب العادات والقوانين (كقوانين الإرث التي تحابي البنين على البنات والأولاد على الزوجات) تجعل من المرجح أن ينتهي الأمر بالمرأة إلى الفقر في الشيخوخة أكثر من الرجال.

ومن الجانب الايجابي ، فإن كبار السن يقدمون لأفراد أسرهم وجماعاتهم المحلية موارد قيمة ومهارات ومعارف اكتسبوها على مر السنين. وفي كثير من البلدان، يعمل كبار السن في سبيل إعالة أنفسهم أو أداء مهام تطوعية هامة. رعاية أحفادهم وأزواجهم ووالديهم الطاعنين جداً في السن في معظم الأحيان.(الأمم المتحدة المرأة في العالم ٢٠٠٠).

٣- القوى العاملة والتقاعد:

تعد مشاركة النساء المسنات في القوى العاملة أقل من الرجال المسنين على المستوى العالمي، بلغت نسبة مساهمة الرجال المسنين ٤٢% من المجموع مقارنة مع ١٦% بالنسبة للنساء المسنات في ١٩٩٥. (International Labour Organization, 1996)

ويعزى هذا الفارق جزئياً إلى أن النساء في معظم البلدان يستحقن معاشات تقاعدية من الدولة قبل الرجال بفترة تتراوح بين ٢-٥ سنوات (Ibid)، كما أن تعريف النشاط الاقتصادية كثيراً ما يستبعد قسماً كبيراً من الأعمال المنجزة بواسطة النساء. (الأمم المتحدة، ١٩٩٥)

ويعتبر انخفاض معدلات النشاط الاقتصادي للمسنات والمسنين من دواعي القلق في كثير من البلدان المتقدمة حيث أن الاتجاه في هذه البلدان يسير نحو التقاعد المبكر أصبح تمويل نظم التقاعد موضع شك نظراً لأنه يتعين على السكان الناشطين اقتصادياً الذين يتناقص عددهم ، كما ذكرنا سابقاً، أن يعيلوا عدداً يتزايد باطراد من الأشخاص غير الناشطين اقتصادياً، بخاصة كبار السن في الحقيقة يعمل كثير من كبار السن من كلا الجنسين ما داموا قادرين على مواصلة العمل.

نظراً لانخفاض المستوى التعليمي وقلة المهارات لدى النساء المسنات، فأنهن يتركزن في القطاع غير الرسمي وفي المزارع العائلية والمنشآت الصغيرة التي لا توفر الضمان الاجتماعي المناسب ولا أمن العمل.

٤- الاعتلال والعجز:

قامت منظمة الصحة العالمية بإثارة الاهتمام بنوعية الحياة لدى المسنين. وقد أكدت المنظمة على أن زيادة طول العمر المتوقع دون زيادة نوعية الحياة إنما هي جائزة عديمة الفائدة، وان الصحة المتوقعة أهم من العمر المتوقع. (World Health Organization, 1991)

الحياة المتوقعة الأطول بالنسبة للنساء لا تعني بالضرورة أنهن يتمتعن بحياة صحية أفضل. قامت "شبكة العمر المتوقع في صحة جيدة" بجمع بيانات هامة عن عدد من البلدان لتقدير "الصحة المتوقعة" التي تُعرف بأنها العمر المتوقع في صحة جيدة (أي متوسط عدد السنوات التي يتوقع الفرد أن يحياها دون الإصابة بمرض موهن أو دون قيود على أنشطة الحياة اليومية) .

بالنسبة لمعظم البلدان التي شملتها الدراسة، كانت النساء المسنات يقضين سنوات يعانين فيها من العجز أكثر من الرجال المسنين. (الأمم المتحدة المرأة في العالم ٢٠٠٠ : ٩٧)، وفي هذه المرحلة المتقدمة من العمر، من الأرجح أن تكون المرأة معرضة بوجه خاص للإصابة بالأمراض المزمنة والمقعدة التي يمكن أن تقلل من قدرتها على الحركة وعلى إقامة علاقات اجتماعية وبالتالي من نوعية حياتها والمشاركة في الحياة العامة.

النساء أكثر عرضة من الرجال لظروف العجز المزمن مثل التهاب المفاصل وسلس البول أو الغائط، كما أن النساء يتعرضن للإصابة بمرض الزيهايمر بمعدل أعلى من الرجال. (Goubin and Wansch, 1999)

على الرغم من انخفاض معدلات الوفيات من أمراض القلب والجلطة الدماغية، تظل أمراض القلب السبب الرئيسي للوفاة والعجز بين كبار السن من الرجال والنساء في كل من البلدان المتقدمة والنامية.

أظهر تحليل دورة الحياة، بخاصة في بلدان ذات فروق جنسانية واسعة أن الحالة الصحية للنساء المسنات تمتد جذورها إلى التميز الذي يعانين منه خلال فترة الحياة السابقة، حين كن لا يتمكن من الوصول إلى الرعاية الصحية، التغذية والتعليم بدرجة مساوية للرجال.

(United Nations, (20001), world population monition, 2000,p75)

٥- التعليم:

يعتبر التعليم أحد الدعائم الأساسية لتمكين الأفراد وتزويدهم بالمعلومات والقدرات والخبرات الضرورية للمشاركة في الحياة وسوق العمل. لهذا السبب ، فقد أصبح تعليم الكبار من بين الأهداف الرئيسية لتوفير التعليم للجميع.

ويذكر أن كبار السن، بخاصة النساء، لديهن تحصيل دراسي اقل من بقية الفئات العمرية للسكان. كما أن معدلات معرفة القراءة والكتابة بين سكان الريف أقل من الحضر. ونتيجة لذلك، فإن الفرص المتاحة أمام الكبار من الجنسين في الحصول على الأعمال المناسبة والمدخولات الوافية أقل من الراشدين والشباب.

٦- الحالة الزوجية:

يتزوج معظم النساء والرجال في المجتمع ويعيشون مع شريك حياتهم خلال فترة من حياتهم أثناء مرحلة الرشد. في الأعمار المتقدمة، الرجال أكثر احتمالاً من النساء لان يكونوا متزوجين وأظهرت دراسة حديثة للأمم المتحدة ضمت ١٦٣ بلداً أن نسبة المتزوجين من المسنين الرجال بلغت ٧٩% بالمقارنة مع ٤٣% بالنسبة للنساء المتزوجات بيد أن ارتفاع معدلات الوفيات بين الذكور يدع كثيراً من النساء يعشن لوحدهن في السنوات الأخيرة من حياتهن ، بخاصة لان معظم النساء الأرامل لا يتزوجن من جديد. وبالمقابل ، فإن الرجال المسنين يعيشون بوجه عام مع زوجاتهم. يتزايد عدد الأرامل بسرعة في

معظم الأقاليم كما هو الحال بالنسبة لإعداد المسنات اللواتي لم يسبق لهن الزواج من قبل.

ويعتبر الترمل بالنسبة للنساء المسنات أكثر شيوعاً في شمال أفريقيا ووسط أسيا. ويعود السبب في ذلك إلى ميل الفتاة نحو الزواج من فتى أو شاب أكبر منها سناً ولان الزواج من جديد بعد الطلاق أو وفاة الزوج أقل شيوعاً مما هو في مناطق أخرى وذلك بسبب العادات والتقاليد التقليدية السائدة ويُعتبر ترمل النساء المسنات، من جانب أخر، أقل شيوعاً في أمريكا اللاتينية ومنطقة البحر الكاريبي. (الأمم المتحدة، المرأة في العالم ، ٢٠٠٠: ١٣٧)

٧- ترتيبات المعيشة:

على الرغم من أن زيادة الحياة المتوقعة للزوجين تنطوي على احتمال أكبر لظهور عوائل تضم عدة أجيال، فإن أعداد كبار السن الوحيدين زادت بسرعة منذ الستينات لدى البلدان المتقدمة- وتحدث التطورات نفسها لدى البلدان النامية الآن ولو على نطاق أضيق.

وتسير هذه الظاهرة جنباً إلى جنب مع تفكك العائلة التقليدية الممتدة وشيوع العائلة الذرية أو النواة التي تضم الوالدين والأولاد غير المتزوجين. ويعزى هذا الاتجاه إلى تضافر عدة عوامل ديمغرافية وغير ديمغرافية، بضمنها ضعف الروابط والالتزامات العائلية والقبلية التقليدية؛ التفكك العائلي بسبب التحضر والتصنيع؛ زيادة مشاركة المرأة في سوق العمل، وتوفير نظم الضمان الاجتماعي.

مع ذلك، تدل البيانات المتوافرة على أن نسبة كبار السن المقيمين بمفردهم لدى البلدان النامية أقل بكثير مما هي عليه لدى البلدان المتقدمة، وذلك بسبب مفعول معيار الطاعة الإلزامية للوالدين والعناية بهم حيث توجد أدلة على أن أعضاء العائلة ما زالوا يقدمون الدعم العاطفي ، والرعاية الاجتماعية والمساعدات المالية لكبار السن المقيمين معهم في نفس المنزل وحتى البعدين عنهم.(Tanpoo, 1999)

٨- نظم الدعم الرسمية وغير الرسمية:

الحالة الزوجية وترتيبات المعيشة للمسنين ذات أثار رئيسية بالنسبة لتوفير الإعالة الرسمية وغير الرسمية للمتقدمين بالسن. نظراً لقلة الاعتماد على الأقرباء بسبب انخفاض الخصوبة وقلة عدد المولودين إلى ما دون مستوى الإحلال (٢,١ أطفال لكل امرأة)، فقد ضعف الدعم العائلي للوالدين في البلدان المتقدمة وفي بعض البلدان النامية، مما أدى إلى زيادة الضغوط على نظم الدعم الرسمية.

تعتمد معظم المجتمعات النامية، حيث نظم الدعم الحكومية شبه معطلة أو معدومة، على العائلة الممتدة في تقديم الدعم والرعاية للمسنين في العائلة. ويظل عدد من النساء حتى سن الشيخوخة يتمتعن بالقدرة على رعاية أنفسهن والآخرين بما في ذلك أحفادهن وأفراد الأسرة الآخرين.

توجد اتجاه لدى البلدان التي لديها نظم دعم رسمية نحو تحويل مسؤوليات الرعاية بكبار السن من الدعم العام إلى العائلة، مما زاد من الضغط الواقع على أفراد الأسرة القائمين بالدعم المطلوب.

على الرغم من قلة نسبة الأفراد المسنين الموجودين في المؤسسات لدى البلدان المتقدمة، التي لا تزيد على ٥% من مجموع كبار السن إلا أن النسبة ترتفع إلى ما بين ٢٥ إلى ٣٠% في الفترة الأخيرة من حياة المسنين. ويذكر أن عدد النساء المسنات يزيد على عدد المسنين الرجال المودعين في هذه المؤسسات، ذلك لان النساء يعمرن أطول من الرجال.

ثانيا: التركيب الجنسي

تحتل الخاصية الشخصية للجنس مكانة هامة في الدراسات الديمغرافية فالبيانات المنفصلة للذكور والإناث مهمة بحد ذاتها، بالنسبة لتحليل الأنواع الأخرى من البيانات وبالنسبة لتقويم نوعية ودقة إحصاءات تعدد السكان.

هناك أنواع متعددة من التخطيط العام والخاص معاً، مثل التخطيط العسكري، تخطيط مؤسسات الجماعة وخدماتها، بخاصة الخدمات الصحية والتعليمية، وتخطيط البرامج التجارية وهي تتطلب بيانات سكانية منفصلة بالنسبة للذكور والإناث.

يهتم علماء الاجتماع والاقتصاد بهذه البيانات ذلك لان نسبة الذكور والإناث في الدولة أو الجماعة لها صلة مباشرة بمعدل الزواج، ومعدل الوفيات ومعدل المواليد وفضلاً عن ذلك، يؤثر التوازن بين إعداد الجنسين في العلاقات الاجتماعية والاقتصادية داخل جماعة معينة وربما تتأثر الأدوار الاجتماعية والأنماط الثقافية أيضاً على سبيل المثال، تعرض معدل المساهمة في القوى العاملة، والتوزيع المهني للنساء في عدة بلدان أوربية إلى تغير كبير وظهر نمط جديد من العلاقات الاجتماعية بين الجنسين. (Shryock,et.al 1976)

وعلى ذلك يمكننا القول باختصار أن مسيرة الحياة لدى أية جماعة تعتبر دالة لنسبة الذكور والإناث في السكان.

البيانات والمؤشرات

يقوم كل تعداد حديث بتحديد أعداد ونسب الذكور والإناث في السكان. إن تحديد الجنس وتصنيفه هو خاصية واضحة المعالم ويمكن الحصول على البيانات بسهولة.

أما المؤشرات المستخدمة في دراسة التركيب الجنسي للسكان فهي قليلة وبسيطة وسهلة الفهم. ويبدو منطقياً أن أياً من الأرقام النسبية أو المطلقة تصلح لهذا الغرض.

(١) النسبة المئوية للذكور في السكان، أو نسبة الذكور.

(٢) نسبة الجنس.

(٣) نسبة زيادة أو نقص الذكور إلى مجموع السكان.

نسبة الذكور:

هي مقياس للتركيب الجنسي المستخدم عموماً في الأبحاث غير الفنية، أما الصيغة فهي كالآتي:

$$\text{نسبة الذكور} = \frac{\text{عدد الذكور}}{\text{مجموع السكان}} \times ١٠٠$$

دعنا نطبق الصيغة على الليبيين في تعداد ٢٠٠٦ كالآتي:

$$\frac{٢٦٩٥١٤٥}{٥٣٢٣٩٩١} \times ١٠٠ = ٥٠٫٦\%$$

وتتعـرض نسـبة الـذكور في السـكان إلى الانخفـاض بسـبب الحـروب والهجرة إلى خارج البلاد.

نسبة الجنس:

وهـي المقيـاس الرئيسي ـ للتركيـب الجنسي ـ المسـتخدم في الدراسـات السكانية وهي عبارة عن عدد الذكور لكل ١٠٠ أنثى أو:

$$\text{نسبة الجنس} = \frac{\text{عدد الذكور}}{\text{عدد الإناث}} \times ١٠٠$$

ففي المثال السابق، نجد أن نسبة الجنس تساوي

$$\frac{٢٫٦٩٥١٤٥}{٢٫٦٢٨٨٤٦} \times ١٠٠ = ١٠٢٫٥ \text{ ذكور لكل ١٠٠ أنثى}$$

المائة هي نقطة التوازن بين الجنسين بحسب هذا المقياس. نسبة الجنس التي تزيد على ١٠٠ تدل على زيادة الـذكور، ونسـبة الجـنس دون ١٠٠ تـدل علـى زيادة الإناث. وتبعاً لـذلك، كلمـا كانـت زيادة الذكور أكبر، ارتفعت نسـبة الجنس، وكلما كانت زيادة الإناث أكبر انخفضت نسبة الجنس.

وقد تحسب نسبة الجنس بقسمة عدد الإناث على عدد الذكور وضرب الناتج في ١٠٠. إلا أن خبراء الأمم المتحدة يوصون باستخدام الصيغة السابقة لغرض توحيد القياس. وتتراوح نسبة الجنس عادة ما بين ٩٥-١٠٥.

المقياس الثالث للتركيب الجنسي، (الزيادة أو النقص) في عدد الذكور كنسبة مئوية من مجموع السكان، ويحسب وفق الصيغة الآتية:

الزيادة أو النقص في نسبة الذكور = <u>مجموع الذكور – مجموع الإناث</u>

مجموع السكان

عند تطبيق بيانات ليبيا على هذه الصيغة نحصل على:

$$\frac{٢٦٩٥١٤٥ - ٢٦٢٨٨٤٦}{٥٣٢٣٩٩١} \times ١٠٠ = ١٬٢٥\%$$

يدل هذا الرقم على أن زيادة الذكور تبلغ ١٬٢٥ % من مجموع السكان. نقطة التوازن للجنسين بحسب هذا المقياس، أو المعيار هي صفر، تدل القيمة الايجابية على زيادة عدد الذكور والقيمة السالبة تدل على تفوق عدد الإناث.

تحليل نسب الجنس المتعلقة بالفئات الفرعية للسكان:

بما أن نسبة الجنس تختلف كثيراً من فئة فرعية إلى أخرى، من المفيد دائماً أن نأخذ بالحسبان نسب الجنس بصورة منفصلة للعناصر الفرعية للسكان في أي تحليل مفصل للتركيب الجنسي للفئات السكانية.

يمكن أن تؤخذ هذه الاختلافات في تحليل المستوى الكلي لنسبة الجنس عند أي تاريخ، واختلاف نسبة الجنس من منطقة لأخرى. أو من فئة سكانية إلى أخرى.

التركيب الجنسي في مختلف أقاليم العالم:

يقل عدد النساء بصورة قليلة عن عدد الرجال في العالم- ١٠١ ذكراً لكل ١٠٠ أنثى. ويفوق عـدد الرجـال عـدد النسـاء في معظـم بلـدان آسـيا وشـمال إفريقيا. وتوجد أقل النسب المتوسطة بـين الجنسـين في غـرب آسـيا- ٩٢ امـرأة لكل ١٠٠ رجلاً- وفي أوقيانوسيا وجنوب آسيا حيث تبلغ النسـبتان المتوسـطتان ٩٥ و ٩٦ على التوالي . ومن البلدان أو المناطق الـ ٢٢ في العالم التي يوجد فيهـا ٩٥ امرأة لكـل ١٠٠ رجـلاً فـإن جميعهـا باسـتثناء واحـد منهـا تقـع في آسـيا و أوقيانوسيا (الأمم المتحدة، ٢٠٠٠: ٦).

والمظهر الآخر المميز للتوزيع الجنسي للسكان هو عدم وجود تـوازن في التوزيع الجنسي بين الفئات العمرية الرئيسية الثلاث. تشير البيانـات المتـوافرة إلى زيادة عدد الذكور على نظيره لدى الإناث في الأعمار الصغيرة (٠-١٤ سـنة) وإلى تساوي النسبتان تقريباً في الأعمار الوسطى (١٥-٥٩)سنة بينما يزيد عـدد الإناث على نظيره لدى الذكور في الأعمار المتقدمة جدول (٢٠).

جدول(٢٠)

نسبة الجنس حسب الفئات العمرية الرئيسية ، المجموعات الإنمائية والمناطق الرئيسية.

المجموعات الإنمائية أو المنطقة الرئيسية	نسبة الجنس(عدد الذكور لكل ١٠٠ أنثى)		
	٠-١٤	١٥-٥٩	٦٠+
العالم	١٠٥,٦	١٠٣,٣	٨١,٢
الأقاليم المتقدمة	١٠٥,١	١٠٠,٥	٧٠,٧
الأقاليم النامية	١٠٥,٧	١٠٤,٠	٨٨,٤
أفريقيا	١٠١,٩	٩٩,٨	٨٥,١
آسيا	١٠٧,٢	١٠٥,٦	٨٨,٨
أمريكا اللاتينية	١٠٣,٧	٩٧,٧	٨١,٧
أمريكا الشمالية	١٠٤,٩	١٠١,١	٧٦,٠
الاوقيانوس	١٠٦,٢	١٠٢,٨	٨٤,٥
أوربا	١٠٥,١	١٠٠,١	٦٧,٤

الأمم المتحدة: توقعات السكان في العالم ١٩٩٨.

يلاحظ من بيانات الجدول (٢٠) أن نسبة الجنس تميل نحو الانخفاض التدريجي مع التقدم بالعمر بالنسبة لجميع المناطق في العالم .

تختلف نسبة الجنس اختلافاً كبيراً بين كبار السن، بسبب طول الحياة المتوقعة للإناث ، ويتراوح المدى ما بين ٧١ رجلاً لكل ١٠٠ أنثى في الأقاليم المتقدمة إلى ٨٨ رجلاً لكل ١٠٠ امرأة في الأقاليم النامية (جدول ٢٠) . وتؤثر كل من الحروب والهجرة الخارجية في اختلاف نسبة الجنس، فالبلدان التي تعرضت للحرب كالاتحاد السوفيتي السابق، بلغت نسبة الجنس فيه ٨٧ رجلاً لكل ١٠٠ امرأة في عام ١٩٧٥، وذلك بسبب الخسائر البشرية الكبيرة التي منى بها خلال الحرب العالمية الثانية.(U.N, 1979)

أما البلدان التي يزيد فيها عدد الوافدين كثيراً على عدد النازحين، فترتفع فيها نسبة الجنس ، ففي عام ١٩٧٠، بلغت نسبة الجنس في قطر ١٨٢ رجلاً لكل ١٠٠ أنثى، وفي الإمارات العربية المتحدة ١٦٤، وفي الكويت ١٣٢.

تأثير الوفيات في التركيب الجنسي:

في الأقطار التي لم يتعرض سكانها للحرب أو الهجرة الخارجية الواسعة يقتصر تأثير التركيب الجنسي- على الولادات والوفيات فقط. تتراوح نسبة الجنس عند الولادة في الأقطار الصناعية المتقدمة ما بين ١٠٥ إلى ١٠٦ ذكر لكل ١٠٠ أنثى. وبما أن معدلات الوفيات بين الذكور تزيد على نظيراتها لدى الإناث في المراحل العمرية كافة فقد صارت نسبة الجنس بعد الولادة تميل إلى الانخفاض التدريجي حتى تصل إلى التعادل (١٠٠) فيما بين (٤٠-٥٠) سنة من العمر ، وتتراوح نسبة الجنس ما بين (٩٤-٩٧) بالنسبة إلى مجموع السكان في مثل هذه الأقطار المتقدمة. أما في الأقطار النامية فإن ارتفاع معدلات الوفيات بين الأمهات، خلال فترة الانسال ، يؤدي إلى ارتفاع نسبة الجنس التي تقترب من ١٠٠ في مجموع السكان.

الهرم السكاني:

بحثنا التركيب العمري والجنسي للسكان على إنفراد ، ولكي نحصل على صورة أوسع، نقوم بعرض الموضوعين بصورة مشتركة عن طريق الهرم السكاني ، فالهرم السكاني إنما هو رسم بياني يمثل التوزيع العمري والجنسي للسكان وتمثل قاعدته أصغر الأعمار بينما يميل جانباه نحو التقلص التدريجي حتى ينتهيان في القمة حيث توضع فئات الأعمار بالترتيب على مقياس راسي ، على أن توضع أصغر الفئات العمرية في أسفل الشكل، وأكبر الفئات في أعلاه. وبذلك توضع الفئة العمرية من (صفر-٤ سنوات) عند قاعدة الهرم، تليها مباشرة إلى أعلى الفئة من (٥-٩، ١٠-١٤) وهكذا حتى نتتهي إلى فئة ٧٥ سنة فأكثر التي تحتل قمة الهرم السكاني وتدون على المحور الأفقي من مجموع السكان مع ملاحظة وضع الجزء الممثل لقطاع الذكور إلى يسار الخط الفاصل المركزي والممثل لقطاع الإناث إلى يمينه ثم نقوم بتحويل هذه النسب المئوية إلى أعمدة تمثل حصة كل من الذكور والإناث من المجموع الكلي للسكان في كل فئة عمرية وبذلك تحصل على هرم العمر والجنس أو الهرم السكاني ويمثل الهرم المجموع الكلي، بمعنى ١٠٠% وعند استخدام الهرم لأغراض المقارنة ، ربما يكون من الأفضل استخدام الأرقام المطلقة بدلاً من النسب المئوية في تركيب الهرم السكاني ويمثل الهرم السكاني تأريخ أي قطر من قرن من الأحداث التي شهدها المجتمع.

يستطيع الخبير في الأحوال السكانية أن يقرأ في صورة التوزيع العمري والجنسي للسكان كثيراً من الأحداث الهامة التي وقعت أثناء القرن السابق على إجراء التعداد السكاني الذي يدرس صورته في الهرم السكاني ، فالحروب والمجاعات والأوبئة والهجرات تترك بصماتها الواضحة على الهرم السكاني .

أنواع السكان السكانية:

يمكن تصنيف الأهرام السكانية للمجتمعات البشرية إلى خمسة أصناف وهي:

أ- الهرم المخروطي:

يمتاز هذا الهرم بقاعدته العريضة وانحدار جوانبه بصورة معتدلة. وهو يمثل جميع الأقطار ذات المواليد والوفيات العالية. وتكون السن الوسطى عادة منخفضة ونسب العالة عالية.

ب- الهرم المخروطي المقعر:

وقاعدته أعرض بقليل من قاعدة الهرم السابق. وينحدر الجانبان بدرجة أشد. ويمثل هذا الهرم البلاد التي ينمو فيها السكان بسرعة بسبب انخفاض معدلات الوفيات مع بقاء معدلات الولادة عالية. ويدخل ضمن هذه الفئة معظم البلدان النامية بضمنها البلاد العربية. وتهبط الأعمار الوسطى في مثل هذه الأهرام بينما ترتفع نسب العالة الكلية والعالة الصغار إلى أعلى المستويات في العالم.

جـ- الهرم الخلوي:

يشبه هذا الهرم خلية نحل من الطراز القديم. ويمتاز بقاعدته الضيقة بسبب انخفاض معدلات الولادة وارتفاع جانبيه بصورة رأسية بسبب انخفاض معدلات الوفيات ويمثل هذا الهرم معظم سكان أوروبا الغربية. ويتركز السكان في فئات الأعمار الوسطى حيث يتميز بأعلى سن وسيطة واقل نسب العالة في العالم.

د- الهرم الجرسي

ويمثل جماعة سكانية استطاعت أن ترفع من معدل الخصوبة مع استمرار معدلات الوفيات بالانخفاض. وتميل السن الوسطى فيها إلى الانخفاض. ويمثل هذا الطراز الانتقالي من الأهرامات في الولايات المتحدة وكندا والاتحاد السوفيتي سابقاً.

هـ- ويمثل الشكل الأخير للهرم السكاني جماعة تعرضت إلى الهبوط السريع في معدلات الولادة وانخفاض معدل الوفيات. ويمثل هذا الهرم سكان اليابان وسكان معظم البلدان الغربية في الثلاثينات (انظر شكل ٢).(Thompson, 1965)

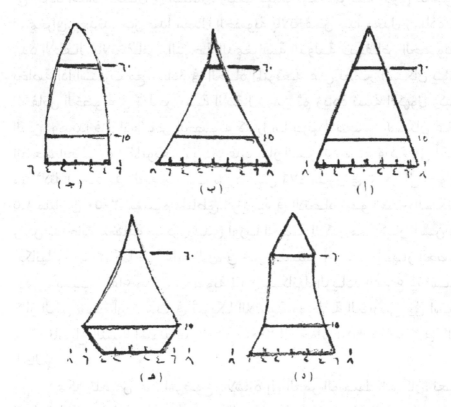

شكل (٢)
خمسة نماذج من الأهرام السكانية
المصدر واين ثومسون ودافيد لويس: مشكلات السكان ١٩٦٥ ص ١٦٧

الخلاصة:

تـؤدي عمليـة التحـول مـن وفيـات وخصـوبة عـاليتين إلى مسـتويات منخفضة للاثنين معاً إلى أحداث

تغيرات في التركيب العمـري للسـكان. في البدايـة، تتضـمن انخفاض الوفيـات العالية انخفاضاً شديداً في خطر الوفيات بين صغار السن (٠٠-١٤ سنة) مما يؤدي

إلى زيادة أعداد الأطفال في السكان. وتبعاً لذلك نبدأ المرحلة الأولى للتحول الديمغرافي. بعدئذٍ، حين يبدأ معدل الخصوبة بالانخفاض يبدأ معدل الزيادة في عدد الأطفال بالانخفاض. النتيجة الديمغرافية الدولية لانخفاض الخصوبة، بخاصة إذا استمرت مع زيادة في الحياة المتوقعة هي تعمير السكان يؤثر انخفاض الخصوبة في تقليص نسبة الأطفال، ومن ثم زيادة نسبة الكهول وكبار السن. وهكذا فإن انخفاض الخصوبة كثيراً ما يرتبط بتعمير السكان على الصعيد العالمي، من المتوقع أن يزداد عدد كبار السن ٦٥ سنة وأكثر إلى أكثر من ثلاثة أضعاف في الحجم، حيث سيزداد من ٤٧٦ مليون في ٢٠٠٥ إلى حوالي ١,٥ مليار في ٢٠٥٠. ستسهم المناطق الرئيسية في الاتجاه نحو تعمير السكان ولكن بدرجات مختلفة سيكون لدى أوربا الحصة الأكبر من كبار السن في سكانها في ٢٠٥٠، كما هي عليه الآن، في حين ستستمر أفريقيا بإظهار الحصة الأدنى ، بسبب ارتفاع معدل الخصوبة لدى سكانها. الزيادة الأسرع في نسب كبار السن ،توقع أن تحدث في أمريكا اللاتينية ومنطقة الكاريبي وفي أسيا، وذلك بارتفاع النسبة المئوية من ٦% في ٢٠٠٥ إلى حوالي ١٨% في ٢٠٥٠ في كلتا الحالتين.

يمكن تلخيص هذا الموضوع بالإشارة إلى العمر الوسيط للسكان. تعبر الزيادة في العمر الوسيط عن تعمير السكان. في ١٩٥٠، كان العمر الوسيط للسكان في الأقاليم المتقدمة ٢٩,٠ سنة، ولكن يتوقع أن يزداد إلى ٤٥ سنة في ٢٠٥٠. في البلدان الأقل نمواً، حيث سادت معدلات خصوبة عالية، كان العمر الوسيط في ١٩٥٠ اقل من ٢٠ سنة، ومن المتوقع ألا يزيد على ٣٠ سنة في ٢٠٥٠. الفروق أكثر وضوحاً بين المناطق الرئيسية.

يُعتبر تعمير السكان ذو نتائج اقتصادية واجتماعية هامة، بخاصة بالنسبة للتقاعد، حجم القوى العاملة، الرعاية الصحية، خدمات المعوقين، بنية الأسرة والأحوال السكنية، وما شابة ذلك.

الفصل العاشر

الفصل العاشر

التركيب العنصري والاثني

مقدمة:

أ- العنصر والجماعة الأثنية:

١- المفهوم الاجتماعي للعنصر.

٢- الجماعات الاثنية.

٣-أنماط العلاقات العنصرية والاثنية.

ب- الجنسية القانونية أو المواطنية

جـ- اللغة

- أهمية اللغة

د- الدين.

الخلاصة

الفصل العاشر
التركيب العنصري والاثني

مقدمة:

العنصر- فصيلة من البشر- تتميز عن غيرها من الفصائل الأخرى بالتكوين الجسماني والمتوارثات البيولوجية، وذلك بالرغم من وجود فروق فردية في نطاق هذه المجموعة. والخصائص المميزة للفصائل العنصرية كثيرة ومتعددة ، بعضها بسيط وظاهري مثل لون البشرة وشكل الشعر ولونه وشكل الأنف ولون العينين وطول القامة وقصرها، والبعض الآخر دقيق ويحتاج إلى أجهزة قياس خاصة مثل تركيب عظام الرأس والفكين والبناء البدني لبعض أعضاء الجسم. والنظرة الأكثر شيوعاً بين علماء الانثروبولوجيا الطبيعية ، أن الإنسان وحيد النشأة ، وان الجنس البشري انحدر من أصل واحد ، وأنه كان متحد الصفات، فلما انتشر في أرجاء العالم حيث تسود بيئات متنوعة وظروف طبيعية ومناخ اجتماعي خاص أخذت كل مجموعة تتكيف للظروف البيئية والمناخ الاجتماعي الذي تعيش فيه وتنصهر في بوتقته، ومن ثم اكتسبت كل مجموعة صفات متمايزة ورسبت في تكوينها وانتقلت عبر العصور من الأصول إلى الفروع (الخشاب ، في مذكور ، ١٩٧٥: ٤٣).

يوجد عدد قليل من العناصر الإنسانية فقط - من ثلاثة إلى خمسة حسب تصنيف علماء الانتروبولوجيا - ولكن عدة عناصر فرعية أو جماعات عرقية أو أثنية . وهذه المجموعات العنصرية الكبرى هي كالآتي:

أ- مجموعات القوقازيين ويدخل في نطاقها الجنس الالبي وجنس البحر المتوسط وجنس الهندوس.

ب- مجموعة المغول وتشمل مغول شرق أسيا، والملايو وجزر الهند الشرقية والهنود الحمر في أمريكا الشمالية.

جـ- مجموعـات الأجنـاس الزنجيـة ويدخل في نطاقها زنـوج إفريقيا وغينيـة الجديدة وملانيزيا وبولونيزيا وفصائل الأقزام (الخشاب، في مدكور، ١٩٧٣: ٤٤)

هذه الجماعات تتميز بتوزيعات جغرافية مختلفة وخصائص ديمغرافية متفاوتة. وتبعاً لـذلك فإن هـذه الجماعـات غالبـاً مـا تـدخل في الإحصاءات الديمغرافية.

كما أن جماعـات أثنيـة معينـة أيضـاً غالبـاً مـا تـذكر عـلى انفـراد في تعدادات السكان أو نظم التسجيل بسبب التميز الذي يمارس ضدها في حالات أخرى ، كما في بعض بلدان أمريكا اللاتينية إزاء سكان القبائل الهندية لـديها، يوجد اعتراف بالحاجة إلى معرفة أحوال الجماعات المستضعفة مـن أجل رفـع مستوى معيشتها ودمجها في المجتمع والاقتصاد الوطني. في الولايات المتحدة ، ظهرت كثير من المطاليب مـن قبـل الهيئـات المضـادة للتميـز ومـن جماعـات الأقليـة نفسـها بضـرورة عمـل تبويبـات سـكانية خاصـة بالبيانـات المتعلقـة بالجماعات الاثنية. هذه الوكالات مهتمة بمعرفة التباينات السائدة (في السكن ، التعليم ، العمل، الدخل إلخ..) وفي القضاء عـلى المعوقات. يجمع علـماء الانثربولوجيا الطبيعية على اعتبار مفهوم العنصر- كوسيلة للتصنيف أو إطار ترتب داخله المجموعات البشرية المختلفة (سليم، ١٩٨١: ٧٩٦)، ومـن طريقـه يمكـن تسـهيل الدراسـات المتعلقـة بتطـور الجنـس البشري، إن المجموعـات العرفيـة، الدينيـة، اللغويـة والجغرافيـة والحضـارية لا تتطابق بالضرورة مـع الجماعات العنصرية، وإن السـمات الحضـارية لهـذه الجماعات لا علاقة لهـا بالسمات العنصرية.

الخصائص العنصرية والاثنية
والعلائق القائمة فيما بينها

إن تعريف العنصر والعناصر العرقية أو الأثنية إنما هو من اختصاص علماء الانتروبولوجيا الطبيعية.. فهم يعتبرون معظم الجماعات الاثنية ذات أصول عنصرية متداخلة ، وإن خليطاً عنصرياً جديداً يظهر للوجود ، تبعاً كذلك.

أما علماء الديمغرافيا، فيهتمون أثناء جمعهم للبيانات المتعلقة بالعنصر والجماعات الاثنية بـأمور أخرى مختلفة عـن تلك التـي يهتـم بهـا علمـاء الانتروبولوجيا. وهم يركزون جل اهتمامهم على كيفية تميز أعضاء جماعـة معينة أنفسهم عن بقية الجماعات الأخرى في نفس المجتمع.

ومن وجهة النظر السوسيولوجية، العنصر فئة من الناس ممن ينظرون إلى أنفسهم ويُنظر إليهم من الآخرين بأنهم مختلفون بسبب خصائص يُفترض أن تكون فطرية (موروثة بيولوجياً). القضية الهامة هـي أن النـاس يظنـون أن هناك اختلافات فطرية، وراثية بين فئات من الجنس البشري وأن هذه الفـروق ذات مغزى اجتماعي. يرتبط مفهـوم العنصرـ عـادة مـع العنصريـة والتعصـب العنصري هو الانتصار للجنس الذي يعتقد المجتمع أو الفـرد أنـه انحـدر مـن أصلابه، لان كـل جـنس بشري يشكل مجتمعه بمقتضى طباعه وخصائصه الموروثة ويضفي على حياة المجتمع من مقومات الذاتيـة حتى تبـدو مظاهـر النشاط الاجتماعي وكأنها صـورة طبـق الأصـل لصفات الجنس. (الخشاب في مذكور، ١٩٧٥، ٤٣٢)

في حين أن الفئات العنصرية تقوم على فروق طبيعيـة (جسـدية)، فـإن الفئات الاثنية تقوم على فروق حضارية. الأولى تركز على المظهر والثانيـة علـى وجهة النظر، (طريقة المرء في النظر إلى الأشياء) . (Rose, 1964:9)

وقد ارتبطت ظاهرة التعصب العنصري بفكرة الشعب المختار. فقد زعم اليهود أنهم شعب الله المختار وأن الكنعانيين لم يخُلقوا إلا ليكونوا عبيداً لهم.

وجاء الإسلام مؤكداً مبدأ المساواة بين الناس في القيمة الإنسانية المشتركة. فإنه لا فضل لفرد على أخر إلا بالتقوى. يقول الله تعالى " يا أيها الناس إنَا خلقناكم من ذكر وأنثى وجعلناكم شعوباً وقبائل لتعارفوا، إن أكرمكم عند الله أتقاكم إن الله عليم خبير". (سورة الحجرات: الآية ١٣)

الأفكار تزول تدريجياً ويبدو أن التعصب العنصري يستغرق وقتاً طويلاً حتى يزول، والملاحظ بصفة عامة أن جميع الشعوب مهما بلغت في مدارج التقدم الحضاري والاجتماعي فإن الحوادث الاجتماعية ومجريات الأحداث تجيء مؤيدة بأن فكرة التعصب العنصري لا تزال تمارس ضغوطاً على الأفراد والجماعات والمجتمعات كافة بدرجات متباينة.

أ- العنصر والجماعات الاثنية:

تعتمد الجماعات القومية و/أو الاثنية للسكان على الأحوال القومية. بعض الأسس التي تقوم عليها الجماعات الاثنية هي: القومية الاثنية (أي منطقة الأصل أو الانتماء الجماعي كما يتميز عن المواطنية أو بلد القومية القانونية)، العنصر، اللون، اللغة، الدين، أعراف اللباس أو الأكل، القبيلة أو مجموعة مؤتلفة من هذه الخصائص. كما لوحظ من قبل هاولي (Hawley, 1950) ، إحدى المشكلات في تحليل السكان حسب الجماعة الاثنية هي انعدام نظام تصنيف بسيط معياري. لم تحاول الأمم المتحدة وضع تصنيف معياري للجماعات الاثنية ولا وكالاتها الفرعية. (Shryock, 1976:145-146)

١- المفهوم الاجتماعي للعنصر:

جاء في كتاب الأستاذ ماك " العنصر والطبقة والقوة " أن معظم المناقشات التي غالبا ما يخوضهاالناس تعبرعن معتقداتهم وليست حقائق بيولوجية،وإن معظم أفعال

الناس المتعلقة بالعنصر قائمة على أساس ما تعلموه بشأن الموضوع وليس على حقائق علمية. (Mack, 1936: 91). كما أكد تومسون بأن المعايير التي يستخدمها الناس على الجماعات العنصرية تتفاوت من وقت لآخر داخل المجتمع الواحد، ومن مجتمع إلى آخر مع مرور الزمن (Thompson, 1965: 65).

ولقد كُتبت سفاسف كثيرة عن موضوع العنصر ـ والفروق العنصرية . فقد نسبت المجتمعات المتقدمة لنفسها أصالة العنصر ـ وسموه ونقاوة الـدم والتفوق الحضاري ، كما لصقت بالمجتمعات المختلفة مركب الدونية وخسة أصولها العنصرية ومن ثم تولدت فكرة التمايز والتفاضل والتفوق العنصري وفكرة شعب الله المختار، تلك العقيدة الزائفة التي لعبت ولا تزال تلعب دوراً خطيراً في تاريخ النزاع والصراع البشري عبر العصور التاريخية المختلفة، بسبب فكرة التفوق البشري، فقد أدعى هربرت سبنسر ـ أن "العناصر، الصفات" أو المجتمعات الغربية عاشت وتطورت إلى مستويات أعلى من المجتمعات غير الغربية لأنها كانت قادرة على التكيف الأفضل لمواجهة ظروف الحياة . اسُتخدم هذا الرأي لتبرير تفوق العنصر ـ الأبيض على غير الأبيض وسيطرة الأقوياء على الضعفاء. (Spencer, 1837) .

وتبعاً لذلك فقد زاد الاهتمام مؤخراً بضرورة إدخال هذه الجماعـات في تعدادات السكان رغم قلة عدد الدول التي تأخـذ بهـذا المبـدأ ، وذلك لغرض معرفة الفروق التي تميزها عن بقية الجماعات الأخرى والتفرقـة التـي تمـارس ضدها أو من أجل رفع مستوياتها المعاشية والصحية والتعليمية في سبيل إدماجها في المجتمع الأكبر والاقتصاد القومي.

٢- الجماعات الاثنية :

الاثنية تشير إلى الخصائص المميزة لجماعة معينة قائمة على أسس اجتماعية بدلاًمن بايولوجية.بعبارةأخرى.يشترك أعضاءجماعةأثنية معينةبسمات حضارية مشتركة،

كاللغة، الدين، القيم، المعتقدات، طراز اللباس، نمط الغذاء، العضوية القبلية وما شابه ذلك.

على أساس مثل هذه السمات المشتركة، قامت شعوب متعددة الأجناس والثقافات، بخلق وتطوير ثقافات فرعية (أو ثقافة فرعية)داخل المجتمع الأكبر أو الثقافة السائدة في المجتمع. ويعترف بهذه الثقافة الفرعية لكونها مميزة من جانب أعضاء الجماعة الاثنية ومن جانب أعضاء الثقافة السائدة في المجتمع في الوقت ذاته. إن مشاعر الألفة والتوحد بين أعضاء الجماعة الاثنية راسخة في جذور الأصل القومي المشترك أو التقاليد التاريخية. وهي معززة بواسطة الولاء القوى لأعضاء الجماعة الواحدة ضد الجماعات الأخرى، فضلاً عن المصير المشترك.

بالنسبة لمعظم تاريخ البشرية، كان الشعور بالوحدة الذي تعتمد عليه الجماعة الاثنية قائماً على العضوية في جماعة قبيلة مشتركة. عندما ظهرت الدول القومية أصبحت محور الاثنية، على الرغم من أن مشاعر التوحيد غالباً ما كانت تُعزز، إلى جانب ذلك بواسطة الدين المشترك، تظل العضوية في دولة قومية ما أساس الاثنية في بلدان صغيرة متجانسة. في بلدان كبيرة غير متجانسة، يختلف أساس الأثنية ويتداخل. فالعنصر ، واللغة، والدين، والأصل الوطني قد تحدد الاثنية. تاريخياً ، في مثل هذه الدول القومية، تعتبر الجماعة السائدة نفسها الجماعة الاثنية الحقيقية وتحاول بصورة شعورية أو لاشعورية تمثيل الجماعات الاثنية الأخرى كافة أو صهرها في بوتقة واحدة هي الدولة القومية.

إحدى خصائل مشاعر التوحد المشترك بواسطة جماعات أثنية هي ظهور درجات مختلفة من الاعتداد بالجنس داخلها. الاعتداد بالجنس هو الإعجاب بمظاهر الحياة الاجتماعية، أو الثقافية السائدة لدى الجماعة التي ينتمي إليها الفرد والحط من شان ثقافة الجماعة الأخرى، مما يؤدي في الغالب إلى الانقسام والتفرقة بين أبناء المجتمع الواحد.

ومن وجهة النظر السوسيولوجية، عندئذ الجماعة الاثنية هي عدد كبير نسبياً مـن النـاس، نتيجـة لسـماتهم الثقافيـة المشتركة والتفاعـل الشـديد، يعتبرون أنفسهم ويعتبرهم الآخرون بمثابة وحدة ثقافية، بخلاف الجماعة العنصرية ، الفروق الاثنية قائمة على أساس اختلافات ثقافية مكتسبة بـالتعلم وليست موروثة بايولوجياً. اليابانيون في اليابان والأمريكان مـن أصول يابانيـة يشتركون في نفس الميراث الوراثي ومع ذلك فهم يظهرون معـايير ثقافيـة وقيم اجتماعية مختلفة تماماً.

٣- أنماط العلاقات العنصرية والاثنية:

تتخذ العلاقات العنصرية والاثنية أشكالاً مختلفـة تـتراوح مـن التوافـق والتعايش السلمي إلى التنازع والصراع والعنف. في دراستهما لطبيعة العلاقات العنصرية والاثنية، توصل كل من جـورج سمبسـون وينجـر (Simpson, and Yinger,1972) إلى تحديد الأنماط الاثنية من العلاقات الاجتماعية.

١- التمثيل (Assimilation)

وهو يتضمن التمثيل أو الانـدماج العنصري أو الاثنـي أو الاثنـين معـاً. يحدث التمثيل عندما تتخلى أقلية جماعية عن خصائصها الثقافية المميزة لها وقبول تلك السمات المميزة للجماعـة المسيطرة وقد يحدث ذلك طوعاً أو بالإكراه. أما التمثيل العنصري، فيحدث من جراء الزواج المختلط وظهور فصيلة هجينة جديدة ذات صفات مشتركة.

٢- التعددية: (Pluralism)

في حالة التعددية، تحافظ بعض الجماعات علـى هويتها الثقافيـة الخاصـة بها، وولائها لجماعتها واعتزازها بتراثها الحضاري. وتسود حالة التعددية في الأنظمة الديمقراطية التي تتعايش فيها عدة قوميات فرعية ، كما هو الحال في سويسرا.

٣- التبعية والاستغلال: (Exploitation)

ويقوم الاستغلال على استخدام النزعة العنصرية أو القومية على تفـوق جماعـة على أخرى أحقيتها في السيطرة عليها. وقد يتخذ الاستغلال والتبعية عدة أشكال أكثرها

بشاعة هو الاستعمار الذي يفرض بواسطة الغزاة سيطرتهم على الشعوب النامية والمتخلفة ويحاولون فرض ثقافتهم ومؤسساتهم الخاصة عليها ويستغلونها أبشع استغلال.

٤- العزل العنصري: (Segregation)

ويقصد به عزل الجماعة العنصرية أو الاثنية عن بقية أفراد المجتمع الأصلي. والنظر إليها نظرة دونية على اعتبارها أنها منحطة فطرياً وحرمانها من حقوقها المدنية والاجتماعية والسياسية.

٥- التغريب الإجباري ((Coercive migration

ويتم بموجبه نقل جماعة الأقلية إلى موطن أخر بعيداً عن الجماعة الأصلية في البلاد بحجة التخلص من شرورهم وقد يتم القضاء عليهم وإبادتهم أحياناً.

٦- الحماية القانونية (legal protection)

قد تلجأ بعض الحكومات أحياناً إلى اتخاذ بعض الإجراءات القانونية لفرض حماية مصالح الأقليات في البلاد خوفاً من انتشار العنف والعداء فيما بينها وبين جماعة الأكثرية ففي بريطانيا ، مثلاً تم منع التميز العنصري في العمل ومكان السكن بتشريع قانون العلاقات العنصرية سنة ١٩٦٥، كما تم منح الحقوق المدنية للزنوج في الولايات المتحدة الأمريكية.

ب- الجنسية القانونية أو المواطنية:Citizenship

المواطن هو مواطن قانوني في البلد المعد للإحصاءات الخاضعة للبحث. الأجنبي شخص مشمول في التعداد السكاني، السجل...إلخ، للقطر المعين ولكنه غير مواطن فيه. الأجنبي، رغم ذلك، هو عادة مواطن في بلد أخر يمثل جنسيته القانونية. الجنسية يمكن أن تُكتسب عن طريق الولادة أو التجنس منح حقوق المواطنية (Nationalization) . جميع الأشخاص المولودين في بعض البلدان تقريباً، كالعراق. إنما هم مواطنون تلقائياً، أو لديهم ذلك الخيار على الأقل. ويختلف الأمرعن ذلك في بلدان أخرى.في خضم

الحربين العالميتين الأولى والثانية، اجتث ملايين الناس من جذورهم وغادروا بلدانهم الأصلية، وظل البعض منهم بدون جنسية، أي لم يُعترف بهم كمواطنين لأي قطر كان.

تختلف النسبة المئوية للمُجنسين الذكور عن الإناث فقد بات من المحتمل أن تمنح الجنسية للذكور على نحو أسرع وأسهل من النساء القادمات من نفس البلد الأجنبي. علاوة على ذلك، يمكن أن تختلف نسبة المتجنسين تبعاً لإقامة الوافدين في منطقة حضرية أو ريفية. ويرتبط محل إقامة الوافد بعوامل كثيرة أخرى من بينها مسالة ما إذا كان الوافد سيعيش في منطقة يتواجد فيها عدد كبير من أبناء بلده السابق أم لا، أي سيعيش بعيداً عنهم. ويؤثر ذلك كثيراً على درجة تكيفه للمحيط الجديد.

جـ- اللغة:

أدخلت عدة أنواع من الأسئلة حول اللغة المتحدث بها في تعدادات السكان لتحقيق مختلف الأهداف. الأول: تستخدم اللغة كدليل ، أو دليل مكمل للأصل الأثيني. لهذا الغرض اللغة المتحدث بها بواسطة الشخص في بلده الأصلي في طفولته المبكرة أو لغة والديه هي أفضل من اللغة المتحدث بها خلال سنوات رشده. الغرض الثاني هو معرفة القدرة الحالية على التكلم بعدة لغات. هذا النوع من السؤال يوفر بيانات عن المهارات اللغوية للسكان، الموطنين والمولودين في الخارج. الغرض الثالث هو القدرة لدى الأجانب أو أقليات أثنية معينة في التحدث باللغة الرسمية للبلد. الهدف الأساسي هنا يتعلق بالتمثيل والاندماج، ولسوء الحظ، فإن معظم تعدادات السكان في العالم تكاد تخلو من هذه الأسئلة المتعلقة باللغة. توجد ثلاثة أنواع من بيانات اللغة التي يمكن أن يتحدث بها الناس في تعدادات السكان وهي كالأتي.

أ- اللغة الأم التي تُعرف بأنها اللغة التي يتحدث بها الفرد اعتيادياً في بلده أثناء الطفولة.

ب- اللغة الاعتيادية، التي تُعرف بأنها اللغة المتحدث بها في الوقت الحاضر أو في الأعم الأغلب يتحدث بها الأفراد في موطنهم الحالي.

جـ- القدرة على التحدث بلغة معينة أو أكثر. تخدم كل واحد من هذه الأنواع من المعلومات هدفاً تحليلياً متمايزاً بوضوح، يجب أن يقرر كل بلد نوع المعلومات التي يحتاج إليها عند الضرورة عند جمع بيانات عن اللغة الاعتيادية أو عن اللغة الأم مع بيان الأهمية النسبية لكل لغة.

المعلومات عن اللغة السائدة يجب أن تُجمع بالنسبة للأشخاص كافة، باستثناء الأطفال غير القادرين على النطق. كدليل للتمثيل ، اللغة الاعتيادية، القدرة على التحدث باللغة الرسمية للبلاد (أو اللغات) واللغة الأم يمكن أن تُستخدم جميعاً في مقارنة الوافدين من بلدان مختلفة، سيكون من المفيد ربط نسبة الذين يتحدثون اللغة الرسمية مع معدل التجنس، مع استبعاد أثر سنة القدوم. المقياسان الأوليان، إلى جانب أخر، يمكن أن تُستخدم أيضاً لبناء دليل التمثيل أو التكيف.

أهمية اللغة:

اللغة هي أساس الحضارة، فالحضارة لا يمكن أن توجد بدون لغة. تعرف الحضارة بأنها الأنماط المعقدة والمشتركة من اللغة والفكر، العواطف، المعرفة والمعتقد التي يمكن أن تنتقل من جيل إلى آخر ومن جماعة لأخرى.

تضم كثير من بلدان العالم أعداداً كبيرة من السكان ممن يتحدثون بلغات مختلفة. ويصبح من دواعي الفخر والاعتزاز أن تتكلم كل جماعة أقلية لغتها الخاصة التي تميزها عن باقي الأقليات الأخرى .

في ظل هذه الظروف، تصبح الجنسية والروابط اللغوية بين الأقليات التي تعيش ضمن مختلف الشعوب من العوامل التي تثير كثيراً من المشكلات الثقافية، السياسية، الاجتماعية والاقتصادية التي تعمل على تصدع الوحدة الوطنية. فعدم قدرة أبناء الأقليات على التفاهم بسهولة يضعف من اختلاطها ويقود إلى زرع بذور الفرقة والشك

والريبة وإلى العدول عن التعاون في كثير من أمور الحياة ذات الصلة الوثيقة بالمصلحة العامة.

د- الدين:

الدين موضوع أخر مذكور بواسطة الأمم المتحدة في بحثها للاصل الاثني. هذا الموضوع ذو أهمية اجتماعية كبيرة بحد ذاته، فضلاً عن أهميته الديمغرافية.

لأغراض التعداد السكاني، يمكن تعريف الدين بأنه إما (أ) معتقد ديني أو روحي أو تفضيل، بغض النظر عما إذا كان المعتقد ممثل بواسطة جماعة منظمة أم لا، أو (ب) انتماء إلى جماعة منظمة لديها عقيدة دينية أو روحية معينة. كل بلد يبحث في الدين في تعداده ينبغي أن يستخدم التعريف الأنسب لحاجاته ويجب تدوين التعريف في مطبوعات السكان كما أن كمية التفاصيل المتعلقة بهذا الموضوع تعتمد على متطلبات البلد. فربما يمكن أن يسال عن الدين السائد في البلد أو ربما يُسال كذلك عن الطوائف الدينية في البلد نفسه. بالنسبة لفائدة المستخدمين للبيانات الذين يجهلون الأديان أو الطوائف داخل البلد، فضلاً عن إجراء المقارنات الدولية، يجب أن يوضح تطبيق البيانات كل طائفة كفئة فرعية للدين. من المفيد كذلك ذكر بعض المعتقدات الدينية غير المعروفة خارج البلد أو الإقليم. كثير من الخصائص الاجتماعية الاقتصادية والديمغرافية المذكورة في هذا الكتاب قد تُستخدم في تحليل الدين فالدين عامل هام في تحليل أنماط الزواج. الدين يؤثر في العمر عند الزواج ونسبة الذين لم يتزوجوا ، مثلاً العزاب ، القساوسة والراهبات. والهندوس لا يشجعون زواج الأرامل من جديد. كما أن العقائد الدينية مرتبطة كذلك بتعدد الأزواج والزوجات في مجتمع ما.

ومن أوضح العلائق الأخرى ما يقوم بين الدين والمكانة الاجتماعية والاقتصادية. فاليهود في الولايات المتحدة، مثلاً يحصلون على مدخولات أعلى من غير اليهود والكاثوليك وحتى الجماعات البروتستانتية.

اليهود، الذين لـديهم تقليـد طويـل في احـترام العلـم هـم مـن أفضـل الجماعـات الدينيـة المثقفـة ويـؤدون دوراً بـارزاً في الحيـاة الفكريـة للولايـات المتحدة. فقد بلغت نسبة الحائزين منهم على جائزة نوبل ٢٥% من المجمـوع الكلي للحائزين على الجائزة في الولايات المتحدة، بينـما لا تزيـد نسـبتهم عـلى ٥% من مجموع السكان في البلد. ويرتبط الاتجاه نحو القضايا الاجتماعية أيضاً بالانتماء الديني فاليهود عموماً أكثر تحرراً من الكاثوليك والبروتستانت.

كان أميل دوركهايم أحد الأوائل الذين درسوا الدين بعمق من منظـور سوسـيولوجي. لقد أدعـى أن المقـدس والـدنيوي أو الأرضي إنـما هـما وجهان واضحان للحياة اليومية في كل مجتمع. الدنيوي يتضمن المواضيع والأحداث في الحيـاة اليوميـة، الاعتياديـة، القابلـة للتفسـير والاجتهـاد. المقـدس يكـون مسـتقل عن تجـارب الحيـاة اليوميـة؛ فهـو غير اعتيـادي، غير قابل للتفسـير، محـاط بالأسرار ، فعـال في بعـض النـواحي، ولـذلك يسـتحق التبجيـل والاحـترام الـدين يتعلـق بالجوانب المقدسة من الحياة البشرية.

يرى دوركهايم أن الدين يقوم بوظيفة فعالة في المجتمع وذلك مـن خـلال تلبية حاجتين بشريتين أساسيتين الأولى هي الحاجة إلى التكيف مع البيئة، التغلب والسيطرة على البيئة الطبيعية من أجل البقاء؛ الثانية هي الحاجة إلى التعبـير عـن المشاعر، الاستجابة لمشاعر الآخرين والدخول في علاقات مع الآخرين. الـدين فعـال في المجتمعات لأنه يلبي هاتين الحاجتين الأساسيتين في حياة أفراد المجتمع.

باختصار في رأي دوركهايم الدين هو تعبير عن التماسك البشري. عـن وعـي الفـرد بنظامـه الاجتماعـي ، عـن شـبكة العلائـق الاجتماعيـة الحاصلـة داخـل المجتمع، وعن اعتماده عليه. ويمكن تلخيص هذه الوظائف بالأمور الآتية:

١- التماسك الاجتماعي: الدين يعمل كشكل مـن الاسـمنت الاجتماعـي. فهـو يوحد المؤمنين بجمعهم بانتظام سوية لممارسة طقوس مختلفـة وبواسطة تزويدهم بالقيم والمعتقدات المشتركة التي توحد فيما بينهم وتجمع شملهم في أمة واحدة.

٢- توفير مغزى: الدين يثير تأملاً في الموضوعات اللاهويته التي تعطي إجابات ذات مغزى عن المطلق والسرمدي وتثير قضايا حـول الوجـود. وهـو يقـدم تفسيرات للمأزق البشرية ويعطي معنـى للكون الـذي يبـدو بـدون ذلـك عديم الجدوى.

٣- الضبط الاجتماعي: القيم والمعـايير الأكثر أهميـة لمجتمـع مـا- عـلى سـبيل المثال، تلك المتعلقة بالحياة الإنسانية والسـلوك الجنسي، والملكيـة، - تميـل لان تكون مندمجة ليس في القـوانين فحسـب وإنمـا في المعتقـدات الدينيـة كذلك: يساعد الدين عـلى المحافظـة عـلى الضـبط الاجتماعـي عـلى سـلوك الفرد بواسطة تعزيز القيم والمعايير الحيوية بشدة.

٤- التغير الاجتماعي: يمكن أن يثير الدين أو يسهل التغـير الاجتماعـي. فـالقيم الدينية توفر معايير خلقية يمكـن أن تقـاس تجاههـا الترتيبـات الاجتماعيـة القائمة. من المحتمـل أن تصبح الحركـات الدينيـة الجديـدة نـافرة للنظـام الاجتماعي و مشجعة أتباعها علي نقده أو تحديه وتغييره.

٥- الدعم النفسي: الدين يزود الأفراد بالدعم العاطفي في العالم المشكوك فيـه. على سـبيل المثـال ، فهـو يسـاعد النـاس خـلال الأحـداث الرئيسـية لمسـيرة الحياة- فالولادة والوفاة والزواج محاطة دائماً بـالطقوس الدينيـة كـالتعمير والزفاف والاحتفالات (Robertsons, 1983) .

الخلاصة:

١- العلاقات العنصرية والاثنية هي أنماط التفاعل الاجتماعي بين الناس الـذين يشترك أعضاؤهم بخصائص بدنية أو سمات ثقافية مشـتركة. النـاس الـذين لديهم خصائص بدنية مشـتركة يعُرفـون اجتماعيـاً بالعنصر. النـاس الـذين يشتركون بسمات ثقافية مشتركة يُعرفون اجتماعياً بالجماعة الاثنية.

٢- العنصرية تُشـير إلى حالـة تُعتـبر فيهـا إحـدى الجماعـات وضـيعة بالنسـبة لجماعة أخرى وخاضعة لها.

٣- المواطن هو المواطن القانوني في البلد القائم بأعداد التعداد السكاني. ويمكن أن تكتسب الجنسية بطريقتين: الولادة والتجنس.

٤- توجد ثلاثة أنواع من بيانات اللغة التي يمكن استخدامها في تعدادات السكان: اللغة الأم، اللغة الاعتبارية، والقدرة على التحدث بلغة معينة أو أكثر.

٥- الدين معتقد روحي أو انتماء إلى جماعة منظمة لديها عقيدة دينية أو روحية معينة. الدين عنصر ـ أساسي في التمسك الاجتماعي والضبط الاجتماعي . يرى دوركهايم أن المقدس والدنيوي هما وجهان لحقيقة واحدة في الحياة الاجتماعية.

يقوم الدين بوظيفتين فعاليتين في الحياة الاجتماعية هما: المساعدة على التكيف مع ظروف الحياة الطبيعية والاجتماعية والقدرة على التعبير عن المشاعر والعواطف مع الاستجابة لمشاعر الآخرين والدخول في علاقات اجتماعية معهم الدين عنصر أساسي في تحقيق التماسك الاجتماعي والنظام الاجتماعي، فضلاً عن الدعم النفسي.

الفصل الحادي عشر

الفصل الحادي عشر

ديمغرافية العائلة

مقدمة

حجم الأسرة:

أ- تكوين الأسرة وتركيبها:

ب- الأنماط الرئيسية لتكوين الزواج.

١- الأنماط الرئيسية لتكوين الزواج.

٢- الاختيار للزواج.

٣- المهر.

٤- العمر عند الزواج

جـ- إنجاب الأولاد

١- توقيت التحول نحو الوالدية وسياقها.

٢- التباينات الجنسانية في أنماط الخصوبة.

د- تفكك الاقتران والطلاق والترمل

هـ- تحديد النسل.

الخلاصة :

الفصل الحادي عشر
ديمغرافية الأسرة

مقدمة:

هناك قوى ديمغرافية، اجتماعية، اقتصادية وثقافية كبرى تؤثر في تشكيل الأسر والحياة العائلية، وتغير في الواقع من تكوين الأسر وهياكلها. فالسكان يعمرون، الأسر تتغير في الحجم والتركيب، الناس يتزوجون وينجبون أطفالاً في وقت متأخر من حياتهم. تتعرض الأسرة الذرية والممتدة سوية إلى تغيرات، في حين تظهر أنماط جديدة من الأسر المعيشية. (,United Nations (2001:70

ويؤدي تحسين فرص الحصول على التعليم والعمل وخدمات الصحة الإنجابية والتغيرات في النظم القانونية إلى تمكين المرأة والى إعادة تشكيل الأدوار التي تؤديها داخل الأسرة وخارجها وتوسع من نطاق هذه الأدوار، وتعيد تحديد الواجبات التي يضطلع بها الرجال ومسؤولياتهم الأسرية.

ومن جهة أخرى، هناك ظروف مختلفة تجعل الأسر غير قادرة على تلبية وظائفها الأساسية في الإنتاج، الإنجاب، والتنشئة، بالإضافة إلى تلبية حاجات أعضائها في الصحة، التغذية، والسكن، والتنمية الشخصية. والأمراض، والمخدرات، الجريمة، البطالة، والفقر، المجاعة، والتشرد بسبب الحرب، التلوث البيئي، والكوارث الطبيعية إنما هي بعض التحديات التي تواجه الأسر في أنحاء العالم كافة، بخاصة في البلدان المتخلفة . وفي سياق هذه التغيرات، فإن القرارات التي تتعلق بحياة الأسر تتخذ معان جديدة: الزواج وتوقيته وإنجاب الأطفال وعددهم. وكيفية إعالة الأسرة والجمع بين الوالدية والعمل، وتفكك الاقتران، والزواج من جديد، الترمل، ورئاسة الأسرة، وتكوين أشكال جديدة من الاقتران والأسر وكيفية ذلك. (United Nations, 2000: 29)

وقد اعترف المؤتمر الدولي للسكان والتنمية في عام ١٩٩٤ بـالأسرة، عـلى اختلاف أنواعها ،باعتبارها الوحدة الأساسية للمجتمع، وبأنها ، بهذه الصفة، ينبغـي تعزيزهـا وإحاطتهـا بالحمايـة والـدعم الشـاملين. (United (Nations,1994

حجم الأسرة:

تتميـز العائلـة (Family) عـن الأسرة المعيشـية (Household) عـلى الرغم من استخدام الأخيرة كوحدة عملية لقياس وتقويم التغـيرات في حجـم العائلة وتركيبها. تتكون الأسرة المعيشية من جميع الأشخاص الـذين يشـغلون وحدة سكنية ويتدبرون أمور معيشتهم بشـكل مشـترك سـواء كانـت تـربطهم صلة قرابة أم لا. أما العائلة فهي الجماعة المكونة مـن شخصـين أو أكثر ممـن يرتبطون عن طريق القرابة، الزواج أو التبنـي، ويعيشـون في وحـدة سكنية أو وحدات سكنية ويشتركون في وسائل المعيشة.

إن حجم الأسرة المعيشية مؤشر جيد لاتجاهات حجم العائلة وتركيبها، وذلـك لتـوافر بيانـات عـن الأسرة المعيشـية أكـثر مـن العائلـة. مـع بعـض الاستثناءات يوجد اتجاه عام نحو تقليص حجم الأسرة المعيشية، زيادة في الأسر وحيدة الوالد، وانخفاض معدلات الخصوبة. يعـود السـبب في تقليص حجـم الأسرة إلى عاملين رئيسيين همـا: تفكك الأسرة التقليديـة الممتـدة وتحولها إلى أسرة ذرية أصغر حجمـاً، وانخفـاض مسـتويات الخصوبة في الأقـاليم الناميـة. (United Nations, 2000)

ويبلـغ متوسـط حجـم الأسرة في الأقـاليم الناميـة مـا بـين ٣٫٧ إلى ٦ أشخاص. يعزى انخفاض متوسط حجم الأسرة في الأقاليم المتقدمة لدرجة كبيرة إلى زيادة عـدد الأسر المكونـة مـن شخص واحـد، بخاصـة بين الراشـدين غـير المتزوجين وكبار السن.

أ- تكوين الأسرة وتركيبها:

في ميدان الخصوبة وتكوين الأسرة، تم الاعتراف بأهمية مكانة النساء كمفهوم رئيسي من أجل فهم عملية اتخاذ القرار في السلوك الإنجابي. (Mason, 1984)

من المعترف به على نطاق واسع بأنه ما لم تدخل العلائق الجنسانية، علاقات القوة، والأدوار الجنسانية في الأطر التحليلية القائمة، فإن فهمنا للعمليات الديمغرافية والأسرية سيظل ناقصاً.

لقد أكدت برامج العمل في المنتديات والمؤتمرات الدولية حول السكان والتنمية (United. Nations, 1995) وفي برامج عمل المؤتمر العالمي الرابع عن النساء (United Nations, 1996) على أهمية تحقيق العدالة والمساواة بين الجنسين. يدعو برنامج العمل إلى تمكين النساء كغاية هامة بحد ذاتها، بمعزل عن انعكاساتها الديمغرافية.

إن تمكين النساء- من خلال التعليم، الحصول على العمل والعناية الصحية، والتغيرات في النظم القانونية- إنما هو من بين الأهداف المذكورة في برنامج العمل المقر في المؤتمر العالمي للسكان والتنمية. (United Nations, 1995)

تؤكد وجهة النظر الجديدة هذه على أن النظم الجنسانية تتفاعل مع البرامج السكانية لتحديد نجاحها وأن تقدم النساء في الميادين الاقتصادية ، الاجتماعية والصحية هو مؤشر ضروري لتلبية أهداف السكان والتنمية. (Ashford, 1995)

يشير النظام الجنساني للمجتمع إلى جملة معايير، ممارسات مشتركة، وجزاءات مرافقة تحدد بموجبها توقعات سلوك الذكور والإناث. هذه التوقعات المحددة اجتماعياً تفرض مسئوليات وتقسيم عمل بين الرجال والنساء (أدوار الجنس) وتمنح حقوقاً والتزامات مختلفة تفضي إلى اختلاف القوة، الاستقلال الذاتي، والرفاهية بين الجنسين لصالح الرجال على حساب النساء. (Mason, and Balata, 1998)

تختلف المعايير الجنسانية كثيراً من حضارة إلى أخرى، ولكنها تؤثر في حياة الناس وفي تفاعلاتهم في المجتمعات كافة، بضمنها ميدان الأسرة.

إن الأدوار الاجتماعية للرجال والنساء والقوة المتباينة المقترنة بهذه الأدوار تؤثر في سلوكهم الجنسي بطرق مختلفة. الزواج، وأنماط إنجاب الأولاد، والصحة الإنجابية.

عندما تزداد الفرص الاجتماعية والاقتصادية والتعليمية بالنسبة للنساء، تتعرض القيم والمعايير الجنسانية إلى تغيرات هامة في أنحاء كثيرة من العالم. كما أن أنماط الأسرة تتعرض كذلك إلى تحولات هامة في بلدان كثيرة، وتتغير الأدوار الجنسانية على نحو متزايد من جراء العملية التنموية. (Mason and Jensen, 1995)

وهناك علائق وثيقة بين النظم الجنسانية وتكوين الأسرة. فالتغيرات في مكانة النساء تؤثر مباشرة في التغير الأسري مثل تشكيل الزواج والطلاق ، إنجاب الأطفال واستخدام وسائل تحديد النسل.

ورغم ذلك، يوجد اعتراف متزايد مفاده أن المؤثرات التقليدية، كالتعليم أو العمل غير كافيين للتعبير عن مكانة النساء ذات الأبعاد المتعددة وأنه يتعين إضافة أبعاد أخرى وثيقة الصلة بالموضوع بصورة مباشرة، كالاستقلال الذاتي ، قوة اتخاذ القرار والسيطرة على الموارد. ويذكر أن جهود كثيرة بدلت في هذا المجال من خلال دراسة حالة أقطار معينة أو جماعات ساعدت على إجراء تحليلات أكثر عمقاً والتوصل إلى نتائج أدق واشمل. يتناول هذا الفصل دراسة وتحليل الظواهر الديمغرافية التقليدية من خلال المنظور الجنساني . وقد تم استعراض الأنماط الرئيسية للزواج، إنجاب الأطفال، واستخدام وسائل تحديد النسل، وذلك لغرض تحديد أهمية تأثير مكانة النساء في هذه التحولات الأسرية.

ب- الأنماط الرئيسية لتكوين الزواج:

يرى معظم علماء الاجتماع أنه يمكن تحليل الأنماط الرئيسية لتكوين الزواج من خلال الإبعاد الآتية:

١- تعدد أنواع الزواج:

يختلف تعريف الزواج عبر البلدان وحتى داخل البلد الواحد. الزواج اقتران بين شخصين من الجنس المخالف ويتضمن حقوقاً والتزامات محددة بواسطة قانون أو عرف. (Iussp, 1982)

إن طبيعة الزواج، سواء كان قانونياً أم قائماً على أساس عرفي، أحادي أم متعدد الزوجات، تؤثر في قوة العلاقة بين الزوجين بالإضافة إلى درجة الاتصال بينهما. كما أن الحقوق القانونية ،الالتزامات والحماية المجتمعية الممنوحة للزوجين والأطفال تختلف بحسب أنواع الزواج.

شيوع الاقتران غير الرسمي:

ليس الزواج هو السبيل الوحيد المؤدي إلى تكوين الأسرة. والبلدان التي توجد لديها هياكل أسرية من الرجال والنساء الذين لم يسبق لهم الزواج، غالباً ما توجد فيها أشكال أسرية بديلة. في بعض أرجاء العالم، يعترف بوجه عام بحالات الاقتران غير الرسمي المجازة قانونياً أو دينياً، كصورة مقبولة لتكوين الأسرة. إن زيادة التعايش بصفة أزواج أصبح أبرز المظاهر المميزة لاتجاهات الزواج في كثير من البلدان المتقدمة. (United Nations, 2000)

يرى بعض الباحثين أن هذا الاتجاه يعود إلى السعي من أجل الاستقلال الذاتي، وتقلص مقبولية التنظيم المؤسساتي في نطاق الحياة الأسرية، التي هي بعض القوى الثقافية التي أدت إلى التحول الديمغرافي الثاني. (Vande Kaa, 1987)

الاقتران بالتراضي ظاهرة لا تقتصر على البلدان المتقدمة فحسب وإنما هي شائعة في بعض البلدان النامية أيضاً مثل أمريكا اللاتينية والبحر الكاريبي. (Devos, 1998) وفي بعض أجزاء إفريقيا جنوب الصحراء الكبرى.(,Meekers 1991). في عدة بلدان من أمريكا اللاتينية، تزيد نسبة الاقتران بالتراضي على نسبة الزواج القانوني، بخاصة في الأعمار الفتية والشابة بخلاف كثير من البلدان المتقدمة، حيث ظهر التعايش كأزواج بين القطاعات الحضرية المتعلمة من المجتمع، الاقتران بالتراضي في أمريكا اللاتينية أكثر شيوعاً بين النساء الفقيرات والأميات. كما أن الاقتران غير الرسمي يتميز كذلك بارتفاع مستوى عدم الاستقرار. (Castro Martin, 1997)

وعلى العموم، فهو يوفر حماية قانونية ودعماً مالياً أقل من الزواج القانوني.على الرغم من قيام كثير من البلدان بإدخال إصلاحات في تشريعاتها من أجل الموازنة بين الحقوق والواجبات للشركاء في الاقتران الرسمي وغير الرسمي والقضاء على التمييز بين الأطفال الشرعيين وغير الشرعيين، يوجد بعض القلق بشأن المسؤوليات الأسرية والالتزام المالي القليل للشريك في حالة التفكك والتي قد تسبب ضرراً بالغاً للنساء والأطفال. (Desai, 1992)

الزواج الداخلي والخارجي:

يطلق علماء الاجتماع على النظام الذي يحرم على الفرد أن يتزوج من أقاربه وتدعوه إلى الزواج من الغريبات عبارة الزواج الاغترابي. وقد اختلفت درجة القرابة المحرمة باختلاف المجتمعات.

كانت معظم القبائل العربية تحبذ زواج الفرد من خارج عشيرته الأقربين سعياً وراء العزة والمنعة، وتعزيزاً للعلاقات الاجتماعية بين القبائل، وتجنباً للأضرار الوراثية الناجمة عن الزواج بالقريبات. وقد أخذ الإسلام بهذا النهج ففي الحديث " اغتربوا ولا تضووا". ولكن رغم ذلك لا يُحرم الزواج بالقريبات إلا ضمن دائرة القرابة المحرمة

﴿حُرِّمَتْ عَلَيْكُمْ أُمَّهَاتُكُمْ وَبَنَاتُكُمْ وَأَخَوَاتُكُمْ وَعَمَّاتُكُمْ وَخَالاَتُكُمْ وَبَنَاتُ الأَخِ وَبَنَاتُ الأُخْتِ﴾ (النساء ٢٣) .

وكانت بعض الدول الأوربية المسيحية تحرم الزواج بين أولاد الأعمام والعمات والأخوال والخالات، وفقاً لما نصت عليه القوانين القديمة للكتب الرومانية- الكاثوليكية. (وافي في مذكور١٩٧٥: ٦٢:)

وعلى العكس من الزواج الخارجي، فإن الزواج الداخلي يتم فيه الزواج داخل الجماعة الواحدة. اعتمد هذا النمط مبدأ إلزامية الزواج من ابنة العم وسائر القريبات . وفي الوقت الحاضر أتسع نطاق سوق الزواج فأصبح يحدث بين الجماعة الصغيرة كالحي والقبيلة أو بين الانسباء.

الزواج الأحادي والمتعدد:

وتتجلى الاختلافات الأوسع للزواج في أنواع الزواج الأحادي والمتعدد الزوجات (أو الأزواج). الزواج الأحادي هو زواج رجل واحد من امرأة واحدة فقط. ومن جانب أخر، يشمل تعدد الزوجات أو الأزواج أي نوع من أنواع الزواج الذي يُسمح بموجبه لأحد الأشخاص، من ذكر وأنثى ، في أن يتزوج من أكثر من زوج واحد في الوقت ذاته وهو على نوعين: تعدد الزوجات وتعدد الأزواج، الأقل انتشاراً من الأول.

على الرغم من شيوع تعدد الزوجات في الماضي القريب، إلا أنه تراجع كثيراً في الوقت الحاضر بسبب الضغوط الاقتصادية والنفسية في المجتمع الحديث. وغالباً ما يقتصر هذا النوع من الزواج على أصحاب المكانة الاجتماعية العليا كالملاكين الكبار وشيوخ القبائل فضلاً عن الأشخاص المحرومين من الذرية من الزوجة الأولى .

في الأسرة متعددة الزوجات غالباً ما تعيش الزوجات في مسكن واحد أو مساكن متفرقة وغالباً ما تنشب خلافات وعداوات بينهن وكثيراً ما يوجد اختلاف في مكانة النساء في الزيجات المتعددة وذلك بحسب مراتبهن داخل الزواج المتعدد.وكثيراً ما تتولى

الزوجة الأعلى منزلة في الأسرة اتخاذ القرارات المتعلقة بالشؤون الأسرية، سواء ما يتعلق منها بتربية الأولاد و تدبير القضايا المنزلية أو غير ذلك.

٢- الاختيار للزواج :

تقليدياً، كانت حرية الفرد في الاختيار في عقد الزواج والمظاهر الأخرى للحياة الأسرية، خاضعة لمصالح الآخرين، كالوالدين، بقية الأقرباء أو الجماعة؛ حيث يعتبر الزواج تقليداً شأناً عائلياً ومجتمعياً أكثر منه شأناً فردياً. ترتب الأسرة الزواج (وليس الفرد المختص فحسب) في ضوء مصالحها وطموحاتها ومفاهيمها حول الجمال والمال والأخلاق مسترشدة التقاليد الموروثة. وعلى الصعيد الرسمي يُعتبر الزواج شأناً مجتمعياً أي أن التقاليد تنظر إلى الزواج على أنه وسيلة لإنجاب الأولاد وبقاء الجنس البشري وتأمين التماسك الاجتماعي بين أعضاء الأسرة الواحدة. (بركات، ١٩٩٨)

يُظهر تحليل أنماط الزواج، أن العادات والتقاليد والدين تلعب دوراً أساسياً في تحديد سوق الاختيار للزواج فقد كان معظم الناس يتزوجون من داخل نطاق عشيرتهم ودينهم، ورغم ذلك فقد أخذت القوى الجديدة تحل محل الدين في اختيار شريك الحياة فقد اتسع نطاق الزواج المختلط بين الناس من مختلف الأديان. في حين تقلص نطاق الزواج الداخلي بين اناس من مختلف المهن والمستويات الاجتماعية والاقتصادية.ويمكن أن يعزى هذا التغير إلى مجموعة من الأسباب الأول: هو أن انتشار التعليم العالي لعب دوراً رئيسياً في تحديد المستقبل المهني للمتعلمين وزيادة قدرتهم على المكسب المادي ، مما أدى إلى تحسين مكانتهم الاجتماعية وتغير طراز حياتهم ونمط تفكيرهم.

والثاني: هو أن المستوى التعليمي الرفيع اثر بشدة في تغير قيم الناس ومعاييرهم المتعلقة بالزواج والحياة الأسرية ومهما كانت خلفيتهم الطبقية، يميل المثقفون ، أكثر من غيرهم إلى التحرر من القيود المجتمعية المتعلقة بالاختيار للزواج فيميلون أكثر من والديهم إلى الاختيار الحر إلى الزواج المتأخر وإلى إنجاب عدد أقل من الأولاد وإلى الاهتمام بتربية أبنائهم.

وأخيراً يمضي الشباب المتعلمون وقتاً أطول في الجامعة من الماضي، وتُتاح لديهم فرص أكبر في الاختلاط مع الجنس الأخر والتعرف على زميلات الدراسة عن كثب. لذلك كثيراً ما يختار خريجو الجامعات زوجاتهم من بين أقرانهم في الدراسة، ونظراً لتأخير سن الزواج بسبب مواصلة الدراسة الجامعية، فقد ظهرت طرق جديدة لمقابلة شريكة الحياة المحتملة من خلال النوادي والانترنت والوسيطات وما شابه ذلك.

تشير بعض الدراسات المتعلقة باختيار شريكة الحياة إلى أن الاختيار عملية انتقائية من حيث المبدأ. نحن أحرار في خطبة من نحب، ورغم ذلك فإن حقيقة الأمر تدل على أن خياراتنا محددة بواسطة قوى اجتماعية. فنحن نميل في عملية الاختيار للزواج، إلى تفضيل أشخاص لديهم سمات اجتماعية مشابهة لخصائصنا نحن فالعملية تجري حسب مبدأ شبه الشيء منجذب إليه وهكذا فإن معظم الناس يتزوجون من آخرين يشبهونهم في الخصائص الاجتماعية الآتية وهي: العمر، الطبقة الاجتماعية. المستوى التعليمي، والخلفية العنصرية والاثنية ، فضلاً عن التشابه في الخصائص البدنية. (Winch,1958,Busgess and Wallin, 1973)

ومن جانب أخر توصل ونج إلى صياغة نظريته المعروفة "بالزواج المتمم" الذي يقضي بأن الراغب في الزواج يختار شريك الحياة في ضوء الخصائص المكملة لصفاته الشخصية، وهكذا فإن الزوجين، يشكلان وحدة اجتماعية متكاملة الصفات والخصائص (Winch,1958).

وهناك نوع أخر من أنواع الاختيار للزواج يقوم على مبدأ الزواج غير المتكافئ يكون هذا النوع من الزواج على نوعين: زواج رجل ذي مكانة اجتماعية عليا من امرأة ذات مكانة دنيا. ويدعى هذا بزواج الأعلى بمن هي أدنى.

أما النوع الثاني من الزواج غير المتكافئ ، ويطلق على زواج رجل ذي مكانة اجتماعية دنيا من امرأة ذات مكانة اجتماعية عليا. ويسمى بزواج الأدنى.
(سعفان في مذكور، ١٩١٥: ٣٠٦)

٣- المهر:

تنشئ رابطة الزواج واجبات كثيرة يتعين على الزوج الوفاء بالتزاماتها. وفي مقدمة هذه الواجبات هو المهر، دفع مقابل للزوجة أو أسرتها. وقد اتخذ هذا المهر صور كثيرة تختلف باختلاف المجتمعات البشرية. فأحياناً يتمثل في مبلغ من المال يدفعه الزوج أو هدايا يقدمها لزوجته وأهلها ويهدف في الأصل إلى تعويض الأهل عن الخسائر التي لحقت بهم من جراء انتقال ابنتهم إلى عش الزوجية، كما أنه يعد بمثابة ضمانة لحماية حقوق الزوجة، حيث يشكل قوة رادعة ضد الطلاق والمهر على نوعين المقدم والمؤخر . يُدفع المقدم عند عقد القران، في حين يظل المؤخر واجباً يقتضيه الطلاق.

وقد أظهرت الدراسات العديدة حول المهر في البلاد العربية أن ممارسته تتميز بكثير من السلبيات بينها ارتفاع قيمته وتصرف أهل الفتاة به في كثير من الأحيان. وقد أصبح عند البعض وسيلة تجارية أكثر منه تعبيراً رمزياً لرباط مقدس، فارتفعت المهور إلى درجة كبيرة وأصبحت الفتاة وكأنها تباع وتشترى في سوق الزواج. (الأخرس، ١٩٧٠)

ويبدو أن الفتاة من خلال هذه العملية تتحول إلى سلعة وخاصة حين يتم التساوم على المهر، وحين يحتفظ الأهل بجزء كبير من المهر أو بالمهر كاملاً.

ونتيجة لارتفاع المهور وما يرافق الزواج من هدايا وشروط تعجيزية في كثير من الأحيان فقد تأخر العمر عند الزواج في البلدان العربية كافة.

ونتيجة لذلك، فقد تعرض المهر المرتفع إلى انتقادات كثيرة دون أيجاد الحلول الناجحة لهذه المشكلة المعقدة.

٤- العمر عند الزواج:

تقضي المعايير الثقافية والممارسات الاجتماعية عادة بتحديد الأعمار المناسبة للرجال والنساء للدخول إلى الزواج. بالرغم من أن الزواج خلال فترة المراهقة نمط مألوف بالنسبة للنساء في العديد من البلدان النامية، إلا أن زواج المراهقين نادر بين

الرجال في معظم المجتمعات، وذلك لأن المعايير الاجتماعيـة تؤكد في الأكثر عـلى قـدرة الرجال لدعم الأسرة اقتصادياً كشرط مسبق لإنشاء الزواج. (Casterline, etal; 1986)

الاختلافـات عـلى النطـاق المجتمعـي في العمـر عنـد الـزواج لكل مـن الرجـال والنساء تظهر كذلك بين الزوجين. في معظم المجتمعـات، الرجـال هـم نموذجياً أكبر سناً من زوجاتهم، على الرغم من أن نطاق فجوة العمر يختلف كثيراً عبر البلدان. تميل فجوة العمر بين الزوجين عند الـزواج الأول إلى الارتفـاع كثيراً في الأقاليم التي تتزوج فيها النساء في سن مبكـرة، كـما في آسيا وإفريقيا جنوب الصحراء الكبرى. مظهر آخر لأنماط الزواج الذي له انعكاسـات بالنسـبة لمكانة النساء هو مدى سيطرة الأسرة على اختيار شريك الحياة . ولقد انتشرـ الاختيار الحـر لشرـيك الـزواج مـع ارتفـاع المسـتوى التعليمـي وزيـادة حركـة التحضر والحراك الاجتماعي الصاعد.(Gage, 1997)

تشير المسوحات الاجتماعية المتعلقة بتوقيت دخول النساء إلى الزواج لعدد كبير من البلدان إلى أن العمر الوسيط للإناث عند الزواج يتراوح ما بين ١٤ سـنة في بنغلاديش إلى ٢٦ في اليابان (U.N. 2001:15) و٢٨ سنة في ليبيا (التعداد السـكاني لعام ١٩٩٥) كـما أن هنـاك تباينـات واضحة عـلى المسـتوى الإقليمـي. بخصوص التطورات الحالية لأنماط الزواج، سُجل اتجاه عام نحو تأخير سن الـزواج في معظـم أقاليم العالم، على الرغم من أن مقدار التغير الملاحظ. يختلف كثيراً عـبر البلـدان (Westoff,etal; 1994). الاهتمام المتزايد بالتعليم لعب دوراً هاماً في هذا المجال. على الرغم من استمرار نمط الزواج المبكر في بعض البلدان الآسيوية ، فإن الاتجاه نحـو الـزواج المتـأخر عـلى مـا يبـدو يشـكل ظاهرة اجتماعيـة واضحة في هـذا الإقليم.(Mason, Tsuya and choe, 1998)

كما يلاحظ وجود اتجاه نحو تأخير سن الزواج في عدة بلدان افريقية، بضـمنها إفريقيا الشمالية،وفي أمريكا اللاتينية. أما في البلدان المتقدمة، بخاصة في أوروبا الشمالية فيوجد ارتفاع كبير في العمر عند الزواج علماً بأن هذه الزيادة تعود لحد مـا إلى انتشـار المساكنة كأزواج لدى الشبان. (Kierman, 1996; United Nations, 1998) فضلاً عن

العدد الكبير من الفتيات اللاتي يواصلن التعليم العالي ويستفدن من فرص التوظيف قبل الزواج.(U.N : ٢٠٠٠)

وتدل أحدث البيانات العائدة لبعض البلدان المتقدمة، وخاصة بلدان الشمال الأوروبي على وجود اتجاه نحو الزواج المتأخر، حيث يقارب العمر المتوسط للزواج للمرة الأولى ٣٠ سنة بالنسبة للنساء ومن ٣١ إلى ٣٣ سنة بالنسبة للرجال. وفي هذه البلدان ، نجد أن ثلث النساء وخمس الرجال ما بين ٢٥ إلى ٢٩ سنة من العمر هم متزوجون. (U.N :٢٠٠٠)

وعندما يرتفع المستوى التعليمي على الصعيد المجتمعي والمستوى الفردي، وتصبح أدوار النساء أكثر تنوعاً، فإن الزواج المبكر يصبح أقل انتشاراً ويميل المتعلمون إلى الزواج المتأخر.

أظهرت عدة دراسات بوضوح دور التعليم في توقيت زواج الشبان وإنجاب الأطفال. (United Nations, 2002) (Blanc, 2000; Gage, 1994).

أوضحت الدراسات الاستقصائية الديمغرافية والصحية أن الزواج المبكر وإنجاب الأطفال بين النساء الأميات أكثر شيوعاً مما هو بين النساء المتعلمات. فالنساء الحاصلات على التعليم الثانوي أو أعلى أقل احتمالاً في الزواج قبل سن العشرين من الرجال.

ففي جميع فئات التحصيل الدراسي تكون نسبة الرجال المتزوجين في سن العشرين أقل من النساء، معبرة عن فجوة الجنس في توقيت الزواج. ويؤدي وجود فارق كبير في العمر بين الزوجين في معظم الأحيان إلى زيادة عدم التكافؤ فيما بينهما. وتتمتع كثير من النساء اللاتي يتزوجن في سن مبكرة من رجال أكبر منهن سناً بقدر ضئيل من الاستقلالية، واتخاذ القرارات المتعلقة بالسلوك الإنجابي في الحمل والولادة، وتدبير شؤون المنزل ورعاية الأطفال، وربما يؤثر توقيت الزواج بدوره أيضاً في تحديد مكانة المرأة في المجتمع. فالزواج المبكر غالباً ما يقترن بالحرمان من مواصلة الدراسة الذي يؤثر فيما بعد في مستوى استقلال النساء ومكانتهن الاجتماعية. (Cain, 1993)

ومن جانب آخر، عندما تتأخر المرأة عـن الـزواج، ولـو لبضـع سـنوات، فمن المرجح أن تحصل على مزايا شخصية واجتماعية. فربما ستزيد من قـدرتها على مواصلة دراستها فترة أطول، وبالتالي، حصولها على المعارف والمهارات التي تعزز فرصها في الحصول على العمل الكاسب وحصول أفراد أسرتها على الرعاية الصحية الأفضل وتوسيع خياراتها في الحياة العامة.

يميل متوسط فجوة العمر بين الزوجين لأن يكون أصغر في أمريكا اللاتينيـة وآسيا مما هو عليه في إفريقيـا الشـمالية وجنـوب الصـحراء الكـبرى. Casterline, etal; 1986)، على الرغم من ملاحظة اتجاه عـام في جميـع الأقـاليم نحـو تضـييق هذه الفجوة.(United Nations, 1990) . كما تشير البيانات المتوافرة حالياً إلى أن الفجوة بين الجنسين ترتبط بالفجوة التعليمية الكبيرة.

جـ- إنجاب الأولاد:

تتأثر حياة النساء والرجال بوجه عام بالقرار المتعلق بإنجاب الأطفـال، وبالسن التي ينجبون فيهـا الأطفـال، وبعـدد الأطفال المولـودين، تحتـل ولادة الأطفال مكانة هامة في حياة الزوجين وهي ذات علاقة قوية بـأدوار النسـاء في الأسرة والمجتمع. ويؤثر كثير من العوامل التي تتجلى فيها الوالدية، بما في ذلـك فرص التعليم والعمـل الـتي تتـاح للـزوجين، ومعرفـة الوالـدين بتنظـيم الأسرة وفـرص الحصـول عليـه وممارسـته الفعليـة ودرجـة الإنصـاف والمسـاواة بـين الجنسين المتوفرة بـين الشـريكين، والعلاقـات داخـل الأسرة وخارجهـا، ومجمـل السياق الاجتماعي والثقافي. (الأمم المتحدة، المرأة في العالم، ٣٧:٢٠٠٠)

الدور الهام الذي يؤديه التنظيم الجنساني للمجتمع في الخصوبة معترف به على نطاق واسع، أظهرت بعض الدراسات أن نظم الأسرة الأبوية التي تكون فيها السيادة للرجال، المتسمة بالأدوار الجنسانية الصارمة وعدم توازن القوة أو النفوذ، تسهم عادة في المحافظة على الخصوبة العالية (Folber, 1983) وبالعكس، فإن المستوى المرتفع نسبياً

لاستقلال النساء ومكانتهن العالية يعتبر احد العوامل المؤثرة في الانخفاض السريع للخصوبة في بعض البلدان النامية، مثل تايلاند (Knodel, et.al,1987).

على العموم، عندما يتحسن تعليم النساء، تصبح النظم الجنسانية أكثر مساواة. يمكن ملاحظة ذلك في الاتجاه نحو تأخر سن الزواج، قلة عدد الأطفال، وتقلص حالات الحمل غير المرغوب فيه. احد الأبعاد الهامة للسلوك الإنجابي، العاكس للصلات بين النظم الجنسانية والنظام الأسري هو مدى تفضيل الوالدين للبنين على البنات، تتأثر المفاضلة الجنسانية بالأعراف الاجتماعية والمعايير الثقافية وربما تكون ذات أهمية كبيرة في القرارات الإنجابية. (Cleland,et,al,1983)

إن التفضيل القوي للأبناء، مثلاً قد يقترن بانخفاض مستويات استخدام وسائل تحديد النسل ارتفاع الخصوبة والتوزيع الجنسي المختلف للأطفال في بعض الأحوال. أظهرت دراسة حديثة للأنماط السائدة للتفاضل الجنساني في ٤٤ بلداً ، إن السمة الأهم هي تفضيل البنين على البنات في بعض البلدان في أفريقيا الشمالية وجنوب أسيا.(Arnold, 1997)

لا تقتصر أهمية النظام الجنساني على فهم السلوك الإنجابي لدى البلدان النامية فقط، فالمعايير والاتجاهات الجنسانية المتغيرة أدت كذلك دوراً هاماً في التحول الديمغرافي الثاني. بالإضافة إلى انخفاض مستوى الخصوبة ، اشتملت هذه المرحلة الديمغرافية الجديدة على تغيرات شاملة في التقليل من أهمية الأسرة بالنسبة للأفراد تجلت في تأجيل الزواج، زيادة المساكنة بدون زواج، ارتفاع معدلات الطلاق وزيادة معدلات الأطفال غير الشرعيين. (lesthaeghe,1995)

الرأي السائد هو أن هذه التغيرات في مجال الأسرة ذات علاقة قوية بالتحولات البنيوية والإيديولوجية المتصلة بالمعايير والأدوار الجنسانية. في البلدان المتقدمة لا تختلف المستويات التعليمية للرجال والنساء كثيراً وإن نسبة كبيرة ومتزايدةمن النساء يساهمن في

القوى العاملة على أساس دائم. إن التشابه المتزايد لادوار النساء في الميدان العام احدث تغيرات هامة في ميدان الأسرة.   (Blossfeld, 1995)

وصل عـدد متزايـد مـن البلـدان إلى مسـتويات خصوبة دون مسـتوى الإحلال. حدث هذا أولاً في الأقاليم المتقدمة ومؤخرا في بعض الأقاليم النامية، بخاصة في شرق أسيا وجنوب شرقها. بحسب تنقيـح ٢٠٠٤ للأمـم المتحـدة لتقديرات وإسقاطات السكان، يوجد ٦٥ بلـداً في العـالم (٤٣ منهـا واقعـة في الأقاليم المتقدمة) لديها مستويات خصوبة أقل من ٢,١ أطفال لكل امرأة فيما بين ٢٠٠٠-٢٠٠٥.

ومن جانب أخر، هناك ١٢٧ بلداً (جميعها باستثناء واحد في الأقاليم النامية) لديها مستويات خصوبة كلية عند مستوى الإحلال أو أكثر منه . وبين الأخيرة، ٣٥ بلداً (٣٠ منها تقع في أقل البلدان نمواً ، لـديها مسـتويات خصوبة كلية حوالي ٥ أطفال أو أكثر لكل امرأة. (United, Nations, 2005)

لقد انخفض عدد الأطفال المرغوب فيهم (على النحو الذي تعـرب عنـه المـرأة) انخفاضـاً كبـيراً في بعض المناطـق الناميـة و ذلـك وفقـاً للدراسـات الاستقصائية، فقـد حدث أكبر انخفـاض بالقيمـة المطلقـة في أفريقيا جنوب الصحراء الكـبرى. وتـذكر النساء في معظـم البلـدان التي سـجلتها الدراسـة الاستقصائية في أسيا وشمال أفريقيا أنهن يرغبن في عدد يـتراوح مـن ٣ إلى أقل من ٤ أطفال ، وهو عدد يقل عن العدد الذي كـان يـتراوح بـين ٤-٥ أطفـال في الثمانينات.(U.N, 2001)

ويعتمد ما إذا كان النساء والرجال يحققون الحجم المرغوب فيه للأطفال عـلى تلبية الطلب عـلى وسـائل منع الحمـل وهنـاك فرق كبير بـين العـرض والطلب فيما يتعلق بخدمات منع الحمل كما سنوضح ذلك في القسـم المتعلـق باسـتخدام موانـع الحمل لاحقاً.

١- توقيت وسياق التحول نحو الوالدية:

لتوقيت الانتقال إلى الوالدية انعكاسات هامة بالنسبة للحياة الإنجابية اللاحقة، يضمنها حجم الأسرة المكتمل نهائياً ، صحة الأم والأطفال ورفاهية الأسرة. على المستوى الكلي ، يؤثر توقيت إنجاب الأطفال أيضاً كثيراً في معدل نمو السكان في العالم (Bongaarts, 1994) يلعب النظام الجنساني في المجتمع دوراً هاماً في تحديد التوقيت المقبول اجتماعياً للزواج وولادة الأطفال. في الأحوال التي تحدد فيها هوية النساء ومكانتهن بصورة رئيسية بواسطة أدوارهن الأسرية، يتوقع أن يحصل الزواج المبكر والتحول إلى الأمومة بعد الزواج بفترة قصيرة ويصبح أكثر انتشاراً ، عندما تصبح النظم الجنسانية اقل تفاوتا وادوار النساء أكثر تنوعاً تزداد الخيارات الفردية المتعلقة بتوقيت الانتقال إلى الأمومة.

الاهتمام المتزايد بميعاد ولادة النساء لطفلهن الأول يعود إلى إدراكهن لاحتمال المخاطر الصحية والاجتماعية التي تسببها الولادة المبكرة للأمهات وأطفالهم. (United, Nations,1998) بخصوص الصحة، النساء اللواتي يصحبن أمهات في سن مبكرة جداً أكثر احتمالاً في التعرض إلى المخاض غير المكتمل الإسقاط، المضاعفات والموت من جراء أسباب تتعلق بالحمل من النساء الأكبر سناً. من المحتمل كذلك أن يعاني أطفالهن من انخفاض الوزن ويواجهون مخاطر أكبر من الموت. (United. Nation, 1994)

هذه المخاطر قد تعكس لحد ما ظروف الفقر وقلة الوصول إلى الخدمات الصحية بين النساء المراهقات. من الناحية الاجتماعية قد تعوق الولادة المبكرة تعليم النساء، ومن جراء ذلك تقليص فرصهن التدريبية واستقلالهن الاقتصادي بعيد المدى، تحد من فرصهن في الحياة وقدرتهن على تحسين رفاهيتهن ورفاهية أبنائهن. (United. Nations, 1988,1989)

تشير البيانات المتوافرة إلى وجود تباينات كثيرة في وضع المولود الأول من جانب الفتيات أن شيوع الولادة المبكرة جداً - قبل سن ١٥- منخفض عموماً في معظم

البلدان حول العالم، ورغم ذلك، فإن الوضع قبل سن ١٨، تجربة شائعة في عدة بلدان نامية.(United. Nations, 2001)

ولادة الفتيات :

توجد أعلى معدلات الخصوبة بين المراهقات في بلدان أفريقيا جنوب الصحراء الكبرى وأمريكا الوسطى، التي يبلغ المتوسط فيها ١٣٠ مولود لكل ١٠٠٠ فتاة يتراوح عمرها من ١٥ إلى ١٩ سنة على التوالي.

وفي جنوب آسيا، يبلغ عدد ولادات الفتيات ٨٥ لكل ١٠٠٠، بالرغم من وجود تباين واسع فيما بين بلدان المنطقة، ويلاحظ أقل معدلات ولادات الفتيات في أمريكا اللاتينية وشرق آسيا وغرب أوروبا.

وتعتبر الولادات أثناء المراهقة أقل شيوعاً بوجه عام في المناطق المتقدمة خارج أوروبا كالولايات المتحدة وكندا واليابان.

وتشير البيانات المتوافرة عن البلدان في شرق آسيا وشمال إفريقيا وغرب أوروبا إلى الانخفاض الشديد لخصوبة المراهقين خلال العقدين الماضيين.

بخصوص التغيرات الحديثة في توقيت الولادة الأولى، سجل اتجاه نحو بداية متأخرة في ولادة الأطفال في كثير من الأقاليم في العالم.(Singh،١٩٩٦)

لقد أسهمت في هذا الاتجاه عوامل كثيرة مثل التحديث الاجتماعي الاقتصادي، زيادة الحصول على التعليم، والوعي المتزايد للفوائد الاجتماعية، الصحية والاقتصادية لتأخير الولادات.

بالإضافة إلى توقيت الانتقال إلى الأمومة، فإن السياق الذي يحدث فيه ذو صلة أيضاً برفاهية الأمهات والأطفال. تحدث معظم الولادات الأولى ضمن الزواج، ولكن في بعض المجتمعات تلد نسبة كبيرة من النساء الشابات أطفالهن خارج نطاق الزواج. ما بين عام ١٩٩٠ و١٩٩٨ ازداد عدد الولادات خارج نطاق الزواج في جميع بلدان المناطق المتقدمة باستثناء بلدين (كرواتيا والدانمرك). ففي شرق أوروبا، تراوح عدد الولادات

خارج نطاق الـزواج مـن ٧% مـن جميـع الـولادات في كرواتيـا إلى ٥٢% في استونيا. وفي غرب أوروبا، تراوحت نسبة ولادات غير المتزوجات مـن ٤% في اليونان إلى ٦٤% في أيسلندا. وفي البلدان المتقدمـة خـارج أوروبـا، تبلـغ نسـبة ولادات غـير المتزوجـات ٣٢% في الولايات المتحـدة و٣٧% في كنـدا. أمـا في اليابان، فتمثل الولادات خارج نطاق الزواج اقل من نسبة ١% من جميع الـولادات. (United Nations, 2000: 45)

تـدل دراسـات حديثـة مسـتندة إلى بيانـات مـن مسـوحات الأسـرة والخصوبة الأوربية على أن بين الأمهات ما بين ٢٥-٢٩ سنة من العمر كانت نسبة اللـواتي وضعن أطفالهن لأول مرة خارج نطاق الزواج حوالي النصف في السويد، النمسا، وفرنسا وحوالي الثلث في النرويج، ألمانيا، وبريطانيا العظمى. (Kierman,1999) ومع ذلك، فإن نسبة كبيرة من الولادات خارج نطاق الزواج تحدث ضمن عمليـة المسـاكنة كأزواج. إن الانتشار المتزايد للولادة غـير الشرعية تطلـب إجـراء تغيـرات تشريـعية هامـة لتسوية المكانة القانونية للأطفال المولودين ضمن الزواج وخارجه، وقد تحول التركيز في نقاش السياسة العامة من الجدل بشأن الحقوق والمسؤوليات النابعة من الزواج إلى الحقوق والمسؤوليات النابعة من الأبوة، بغض النظر عن المكانة الزواجية للوالدين. (U.N.2001: 251)

٢- التباينات الجنسانية في أنماط الخصوبة والمفاضلات الإنجابية:

انصب اهتمام البحث وصياغة السياسة المتعلقة بالخصوبة تقليدياً على النساء، ولم يهتم إلا قليلاً بمواقف الرجـال، وأفضـلياتهم، وأدوارهـم في الميـدان الإنجابي، على الرغم من أهمية ولادة الأولاد بالنسبة لحياة النساء والرجال على حد سواء. ومع ذلك فقد بذلت بعض الجهـود حاليـاً لاستطلاع آراء الرجـال في كل الأبحاث والبرامج المتعلقة بالخصوبة ويعود السبب إلى اختلاف آراء الرجال عن النساء في اتجاهاتهم وأهدافهم نحو الإنجاب وأن الرجال يؤدون دوراً هامـاً في اتخاذ القرارات المتعلقة بالإنجاب. (Bankole and Singh, 1998)

أظهر أحد الأبحاث القائم علـى استطلاع آراء الأزواج والزوجـات وجـود تفاوت بين رغبـة الـزوجين في العـدد المفضـل مـن الأبنـاء. في حـوالي ثلثـي الأزواج، يختلف الزوجان بحوالي طفل واحد أو أكثر في حجم الأسرة المفضل لديهما وفي كثير من البلدان يرغب الأزواج بحجم أسرة أكبر من الزوجات. وتظهـر أكثر الاختلافـات في إفريقيا جنوب الصحراء الكبرى.(Bankole and Singh, 1998)

كما أظهرت عدة دراسات أيضاً في البلدان المتقدمة، درجة كبـيرة مـن عـدم الاتفاق بين الأزواج والزوجات حول الرغبة في إنجاب الأطفال وتوقيت ولادتهم.

د- تفكك الاقتران والطلاق:

سـواء أكـان الـزواج أم الاقـتران غـير الرسـمي هـو الـذي يتفكـك، فـإن العواقب المترتبة عليه كثيرة ووخيمة بالنسبة لكلا الشريكين وللأطفـال ولأفـراد الأسرة الآخرين كافة. الطلاق هو فصم عقد الزوجية وإنهاء العلاقـات الزوجيـة بحكم الشرع والقانون. (الخشاب، ١٩٨٥)

وبالرغم من عدم توافر بيانات عن حدوث الطلاق والانفصال في معظم البلدان النامية، فإنه يمكن أن نلاحظ زيادة في النسبة المئويـة للنسـاء والرجـال المطلقين أو المنفصلين في كل بلد تقريباً. غـير أن نسـب الأشـخاص المطلقـين أو المنفصلين لا تزال منخفضة في معظم مناطق أسـيا وأفريقيـا، وتـدل الدراسـات الاستقصائية التي أجريت في أمريكا اللاتينية على أنـه مـن الأرجـح أن تتفكـك حالات الاقتران غير الرسمي أكثر من الزيجات القانونية.

وعلى النقيض من الأقـاليم الناميـة تمامـاً ، ترتفـع معـدلات الطـلاق والانفصال إلى مستويات عالية لدى الدول المتقدمة لا تقل نسبة الطلاق في كثير من البلدان الأوربية عن ٤٠ طلاق لكل ١٠٠ زواج. وتوجد أعلى نسـبة للطـلاق في السـويد (٥١ طـلاق لكـل ١٠٠ زواج) . وفي الولايـات المتحـدة تصل النسبة إلى هذا المستوى المرتفع تقريباً وبالمقابـل تـنخفض النسـبة إلى أقل من ٢٠ طلاق لكل ١٠٠ زواج في أسبانيا ، وإيطاليا والبرتغال

واليونان وفي شرق أوربا ، تتراوح النسب ما بين أقل من ٢٠ طلاق لكل ١٠٠ زواج في بلغاريا وبولندة إلى أكثر من ٤٠ طلاق لكل ١٠٠ زواج في بلدان إتحاد الجمهوريات الاشتراكية السوفيتية السابق. في معظم بلدان الاتحاد الأوربي زاد الاتجاه نحو انتهاء الزيجات بالطلاق لدى الأجيال الشابة (الأمم المتحدة ٢٠٠٠: ٣٤-٣٥).

يعود ارتفاع معدلات الطلاق خلال العقود القلائل الماضية إلى أسباب عديدة ومختلفة. السبب الأول: هو تعديل قوانين الطلاق فقد أصبحت أكثر مرونة وشفافية من قبل، مع ما رافق هذا التغير من تساهل في نظرة الناس إلى الطلاق.

السبب الثاني: لارتفاع معدلات الطلاق يعود إلى دخول النساء إلى القوى العاملة بأعداد متزايدة في أنحاء العالم كافة: فالحصول على عمل يوفر للنساء دخلاً مستقلاً ويجعلهن بالتالي، يشعرن بحرية اكبر في طلب الطلاق عند حصول خلافات حادة مع الأزواج. يضاف إلى ذلك أن تضارب أدوار الزوجة كربة بيت، مسؤولة عن تربية الأبناء وإدارة شؤون المنزل، بالإضافة إلى قيامها بالأنشطة الاقتصادية في أماكن أخرى- سواء كانت في الدوائر والمصانع أو الحقول الزراعية. قد يفضي إلى زيادة تعقد المشكلات بين الزوجين مما يؤدي إلى الانفصال أو الطلاق في كثير من الأحيان. السبب الثالث لارتفاع معدلات الطلاق هو ثقافي ففي معظم البلدان المتقدمة حصل تحول ثقافي عام من الإيمان بأهمية الأسرة في المجتمع إلى الاهتمام بتحقيق المصالح الفردية (والانصراف إلى "فنون الملاذ وعوائد الترف والإقبال على الدنيا والعكوف على الشهوات). (ابن خلدون، ١٩٩٨:١٢٤)

فقد قل الاهتمام بالزواج وتكوين الأسرة وإنجاب الأطفال وتغيرت النظرة إلى الزواج الناجح، من تحمل المسؤوليات الاجتماعية إلى الفردانية التي أصبحت المصالح الفردية بمقتضاها فوق كل اعتبار.

على الرغم من سعي الكثير من الأزواج إلى التوفيق بين الاتجاهين إلا أن هذا على ما يبدو هدف بعيد المنال إلى حد كبير . ويعتمد احتمال الطلاق على العمر عند

الزواج الأول، فالأقران الـذين يتزوجـون خـلال فـترة المراهقـة (١٠-١٩ سـنة) يحتمل أن تزيد معدلات الطلاق بينهم علـى ضعف المعدلات بـين أقرانهم المتزوجين الشباب. يمكن على وجه العموم القول أن احتمال الطلاق ينخفض مع زيادة أمد الزواج بعـد السـنة الأولى. تعتبر الفترة الأولى مـن الـزواج فترة حرجة فهي أخطر فترة تمر بها الحياة الزوجية، فهي مرحلة اختبار وتوافق بـين زوجين جديدين ، حيث تحدث خلالها معظم حالات الطلاق بعدها تأخـذ بالانخفاض ، لأنه كلما طالت فترة الزواج زاد التوافق والانسجام بـين الـزوجين. ويعتبر الأولاد، بخاصة الـذكور بمثابـة صمام الأمـام بالنسبة للحياة الزوجيـة، وكلما زاد عددهم، توثقت الروابط الزوجية وازدادت قوة وأصبح الانفصال أو الطلاق بعيد الاحتمال. يوجد دليل على أن الأشخاص المطلقين ممـن يتزوجون من جديد أكثر ميلاً إلى الطلاق من بقية الأشخاص المتزوجين مع تساوي الأشياء الأخرى.

كمـا أن معـدلات الطـلاق تختلـف بـاختلاف المكانـة الاجتماعيـة للمتزوجين. فأفراد الطبقة الاجتماعية الدنيا أكثر احتمالاً في التعرض إلى الطلاق من أعضاء الطبقة العليا . ويعزى هـذا الاختـلاف إلى أن العوائـل الفقيـرة أكـثر تعرضاً للضغوط الاقتصادية من العوائل الغنية مما يـؤدي إلى حصـول خلـل في العلاقات الزوجية وبالتالي حدوث الطلاق.

يقترن تباين معدلات الطلاق بـاختلاف الأديـان. وكلمـا كـان المـرء أكـثر تديناً، قل احتمال تعرضه للطلاق ، بغض النظر عن دينه. وإن الزواج المختلط بين أبناء العقائد المختلفة اقل اسـتقراراً مـن الـزواج داخـل العقيـدة الواحـدة ويمكن أن نضيف إلى العوامل السابقة، اختلاف الزوجين في نظرتهما إلى الحياة، فضلاً عن المستوى الثقافي والتفاوت العمري الكبير، .

العوامل الأخرى المؤثرة في الطلاق تتضمن الولادات التي تسبق الـزواج، المساكنة بصفة أزواج ، قصرـ فـترة التعارف قبـل الـزواج، وفضلاً عـن طـلاق الوالدين. (Gales, 1995)

الزواج من جديد:

يلجأ كثير من والرجال النساء إلى الزواج مرة أخرى بعد الطلاق أو الترمل بيد أن الفترة الفاصلة بين الزيجات أخذة في الاتساع على ما يبدو، وربما يعود ذلك إلى أن بعض الأقران يفضلون التعايش كأزواج قبل اللجوء إلى الزواج من جديد .

وفي بعض البلدان يتزايد العدد المطلق للمتزوجين من جديد ويعود ذلك إلى زيادة عدد حالات الطلاق. وفي معظم بلدان الاتحاد الأوربي، زاد عدد الزيجات من جديد لدرجة كبيرة حتى بلغت نسبة مثل هذه الزيجات ٣٠% تقريباً بالنسبة لأحد الزوجين على الأقل. وعلى العكس من ذلك، تعتبر حالات الزواج من جديد نادرة في أسبانيا وإيطاليا. (المكتب الإحصائي للمجموعات الأوربية،١٩٩٩)

الوالية الانفرادية:

تظهر الأسر ذات الوالد المنفرد لأسباب كثيرة: وفاة أحد الزوجين، الطلاق، الانفصال أو الهجر. نظراً لتفاعل عوامل اجتماعية، اقتصادية وديمغرافية كثيرة، فإن معظم الأسر ذات الوالد المنفرد تخضع لرئاسة النساء. تعاني الأسر ذات الأم الوحيدة، بخاصة المراهقة من انعدام الأمن الاقتصادي والدعم الاجتماعي.   (U.N,1993)

على الرغم من أن معظم المراهقات اللواتي لديهن أطفال في معظم البلدان هن متزوجات ، إلا أن نسبة كبيرة من المراهقات يصبحن أمهات بدون زواج، كما في كثير من البلدان في أفريقيا جنوب الصحراء الكبرى وأمريكا اللاتينية والكاريبي. ويذكر أن أكثر من نصف ولادات المراهقات في ألمانيا وفرنسة والمملكة المتحدة والولايات المتحدة تعود إلى نساء غير متزوجات. (Guttmather, Instilate, 1998)

أدت التغيرات في أنماط الزواج كذلك إلى ظهور أسر ذات والد واحد في بعض البلدان المتقدمة، غالباً ما تكون الأم هي المعيلة الوحيدة لأفراد أسرتها.

تميل الأسر المرؤوسة بواسطة الأم لان تكون اقتصادياً أسوأ حالاً من تلك المرؤوسة بواسطة الأب يعود انتشار الأسر المرؤوسة بواسطة الأم في بعض البلدان

الإفريقية جنوب الصحراء الكبرى إلى هجـرة الأزواج والتفكـك الأسري وترتفـع نسب الأسر التي ترأسها المرأة في البلدان المتقدمة كذلك بسـبب وجود أعـداد كبيرة من الأرامل المسنات والفتيات غير المتزوجات اللـواتي يعشـن بـدون زوج معيل، وتعتبر الأسر التي تضم أحد الوالدين بخاصـة الأم مـن دواعـي القلـق بالنسبة لأصحاب السياسة وذلك لأنها بدأت بالانتشار ولأنها تعرض الأمهات في معظم الأحيان إلى الحاجة الاقتصادية والفقر الشديد.

الترمل:

يعيش معظم المتزوجين من الرجال و النساء سوية خلال فترة الشباب والرشد من حياتهم. بيد أن ارتفاع معدلات الوفيات بين الأزواج يترك كثيراً مـن الزوجات يعشن وحيدات خلال الفترة الأخيرة مـن حيـاتهن وذلك لان معظـم النساء الأرامل لا يتزوجن من جديد؛ بالمقابـل فإن الرجـال المسنين يعيشـون بوجه عام مع زوجاتهم.

هـ- تحديد النسل:

استخدام وسائل تحديد النسل ، باعتباره يمكّن مـن السيطرة علـى السلوك الإنجابي والتحكم في عدد الولادات ، يعتبر عمومـاً بمثابة عامـل حاسـم هـام في تمكين النسـاء مـن التمتـع بـالحقوق الأخـرى. إن النظام الجنسـاني للمجتمع يؤثر كثيراً في توفير وسائل تحديد النسل والوصول إليها واستخدامها. (Hardon, 1995)

على مستوى الزوجين، يؤثر التباين بين الجنسين أيضاً في عمليـة اتخـاذ القرار بشأن استخدام وسائل تحديد النسـل، بواسطة تحديـد قواعـد الاتصـال والتفاوض بين الزوجين. أظهرت عدة دراسات وجود علائق بين مختلـف أبعـاد مكانة المرأة واستخدام وسائل تحديد النسل في مختلف المجتمعات. فقد وجد أن استقلال النساء وقدرتهن على اتخاذ القرار داخل الأسرة يزيـد مـن رغبتهن في قبول تحديد النسل.(Morgan, 2003)

أحد العوامل المساهمة في المسئولية الأكبر للنساء في هذا الميدان، هـو أن معظم طرق تحديد النسل الحديثة تخص النساء فهي تعتمـد عـلى النسـاء في قبولها والـتحكم في اسـتخدامها. تبعـاً لأحـدث البيانـات يقـدر عـدد جميـع الأزواج المسـتخدمين لتحديـد النسل في العالم بحـوالي ٥٨% وإن بـين أولئـك الأزواج يعتمد أقل من الثلث على طريقـة معينـة تتطلب مشاركة الـزوج أو تعاونه. الاعتماد على الطرق الموجهة للرجال تكون أكبر في الأقاليم المتقدمـة، حيث تمثل حوالي ٥٠% من جميع الوسائل المستخدمة، مما في الأقاليم النامية، حيث أنها تمثل حوالي ٢٠%، تعود هذه الاختلافات لحد ما إلى الاستخدام الأكبر لوسائل الحجز كالواقي الذكري والعزل في الأقاليم المتقدمـة. تشـير الاتجاهـات الحالية إلى زيادة هامة في استخدام وسائل النسـل في البلـدان النامية بخاصة الطرق الحديثة.

تبعـاً لنتائج المسـوحات الحديثـة، يُظهر الرجـال معرفـة أكبر بوسـائل تحديد النسل من النساء ، وهـم يتقبلون عمومـاً التخطيط العـائلي رغـم أن مستوى قبـولهم أدنـى مـن مستوى النسـاء ويختلف كثيراً بـين البلـدان وعـبر المجموعات الاقتصادية والاجتماعية والتعليمية . (Ezeh, etal,1996).

كـما أظهـرت عـدة دراسـات أن الأزواج والزوجـات الـذين يناقشـون تخطيط الأسرة أكثر احتمالاً في قبول وسـائل تحديـد النسل واستخدامها عـلى نحو فعـال. (Lasee and Becker, 1997) ومـع ذلك، فقـد كشـفت نتائـج المسوحات من البلدان النامية إن كثيراً من الأزواج نادراً ما يناقشـون تخطيط الأسرة . يُعد عدم رضا الزوج أحد الأسباب الرئيسية المذكور من قبل النسـاء في عدم استخدام وسائل تحديد النسل. (Bongaarts, and Bruce, 1995)

يعتبر تعاون الرجال على نحو متزايد أمراً ضرورياً لمنع حالات الحمـل غير المقصودة، تكوين أمومـة أمينـة، وتعزيز الاتصال بـين الشريكين ويقلل انتشار مرض نقص المناعة المكتسبة.

الخلاصة :

توجد قوى ديمغرافية، اجتماعية واقتصادية كبرى تؤثر في تشكيل الأسر والحياة العائلية؛ حيث تؤدي إلى تحسين فرص التعليم والحصول على العمل الكاسب خارج المنزل، وخدمات الصحة الإنجابية الأفضل والتغيرات في النظم القانونية التي تؤدي إلى تمكين النساء وإلى إعادة تشكيل الأدوار التي تؤديها داخل الأسرة وخارجها وتوسع مـن نطاق هـذه الأدوار، وتعيد تحديد الأدوار التي يضطلع بها الرجال وتوسع من نطاق مسؤولياتهم الأسرية والمنزلية.

ومن جهة ثانية ، توجـد بعض التحديات التي تواجه الأسر في أنحاء العالم كافة التي تحول دون قيامها بوظائفها الأساسية في الإنتاج، والإنجاب والتنشئة الاجتماعية، بالإضافة إلى تلبية حاجات أعضائها الأساسية في الصحة والغذاء والمأوى والتنمية الشخصية. وفي سياق هـذه التغيرات فإن القرارات المتعلقـة بحيـاة الأسرة تتخذ معـان جديدة: الـزواج وتوقيته، إنجاب الأولاد وعددهم واستخدام وسائل تحديد النسل ، وتوقيت وتفكك الاقتران والـزواج من جديد والترمل.

تتأثر أنماط توقيت الـزواج إلى حـد كبير بواسطة التنظيم الاجتماعـي والاقتصادي للمجتمع والمعايير الثقافية السائدة كما تؤثر النظم الجنسـانية في تحديد العمر المناسب للزواج لكل من النساء والرجال، يميل الـزواج المبكر إلى الشيوع أكثر في مجتمعات تُحدد فيها هوية النساء ومكانتهن بصورة رئيسية بواسطة أدوارهن الأسرية وإنجاب الأولاد. مع زيـادة التعليـم على المستويين المجتمعي والفردي معاً، يصبح الزواج المبكر أقل انتشاراً.

بخصوص التطور الحالي لأنماط الـزواج ، ظهـر اتجاه عـام نحو تأجيـل الزواج في معظم أنحاء العالم، كما أن هناك اتجاه عام نحو تقلص حجـم الأسرة المعيشية، وزيـادة عـدد الأسر الدريـة وانخفـاض معـدلات الخصوبة. ويعـود السبب الرئيسيـ في تقلص حجم الأسرة التقليدية إلى تفكك الأسرة الممتـدة وتحولها إلى أسرة ذرية أصغر حجماً بالإضافة إلى انخفاض مستوى الخصوبة.

يعتبر الزواج علامة فارقة هامة في حياة كل إنسان بالغ في المجتمعات كافة. ومع ذلك، فإن أشكال الاقتران التي تتسم بطابع رسمي أقل في كثير من البلدان هي التي تشكل أساس الحياة العائلية يحتل إنجاب الأولاد مكانة أساسية في حياة كل من النساء والرجال ويرتبط بشدة بأدوار النساء في الأسرة والمجتمع.

أحد الأبعاد الهامة للسلوك الإنجابي، العاكس للعلائق بين النظم الجنسانية والأنظمة الأسرية هو مدى تفضيل البنين على البنات.

ويلعب النظام الجنساني للمجتمع دوراً هاماً في تحديد الوقت المفضل اجتماعياً لإنجاب المولود الأول. كما أنه يحدد كذلك المستوى السائد للتعرف على وسائل تحديد النسل وقبولها، والحصول عليها واستخدامها.

بين كل من النساء والرجال، الزواج المبكر عند الزواج الأول أكثر شيوعاً بين النساء من الرجال. إن تأثير التعليم في الخصوبة هام على المستوى المجتمعي والفردي عالمياً، البلدان ذات المعدلات العالية لمعرفة القراءة والكتابة والتحصيل الدراسي لديها معدلات خصوبة كلية أدنى من بلدان يتمتع سكانها بمستويات تعليمية واطئة.

داخل البلدان، تنخفض الخصوبة مع زيادة التحصيل الدراسي، النساء الحاصلات على مستويات تعليمية اعلي يرغبن في أسر اصغر حجماً. في البلدان النامية يختلف انتشار وسائل تحديد النسل كثيراً عبر الفئات التعليمية، وهي أكثر انتشاراً بين النساء الحاصلات على تعليم أفضل مما بين النساء الأميات أو الحاصلات على تعليم مخفض.

الفصل الثاني عشر

الخصائص التعليمية

مقدمة:

أ- اتجاهات نمو السكان.

ب- اتجاهات نمو السكان في سن الدراسة:

١- الاتجاهات حسب المجموعات الإنمائية والمناطق الرئيسية.

جـ- اتجاهات التعليم:

١- اتجاهات نسب القيد الإجمالية والصافية.

٢- معرفة القراءة والكتابة بين الكبار والشباب.

٣- التحصيل الدراسي:

٤- التباين الجنساني في التعليم.

٥- نوعية التعليم.

د- اتجاهات السكان ، التعليم والتنمية

١- التعليم والدخول إلى الزواج والخصوبة.

٢- التعليم، الصحة والوفاة.

٣- التعليم والهجرة الدولية.

الخلاصة.

الفصل الثاني عشر

الفصل الثاني عشر
الخصائص التعليمية

مقدمة:

إن تحليل الخصائص التعليمية للأشخاص يدخل ضمن ميدان التركيب السكاني، لأن التعليم متغير هام للغاية في تفسير السلوك الديمغرافي كما أنه أحد الخصائص الاجتماعية المميزة للأشخاص الوارد ذكرهم دائماً في تعدادات السكان، والمسوحات الديمغرافية والسجلات الدائمية. لذلك فإن أنواع الإحصاءات التعليمية المبحوثة في هذا الفصل ستكون، تبعاً لذلك، ذات فائدة كبيرة في التحليلات المتعلقة بتأثير التعليم في الخصوبة، والوفيات، والهجرة والقوى العاملة، والصحة، والتخطيط الاجتماعي والتنمية البشرية، فضلاً عن اتجاهات السكان والتعليم والتنمية.

أدى التعليم دوراً هاماً في التنمية البشرية والتقدم المجتمعي. ورد الحق في التعليم في الإعلان العالمي لحقوق الإنسان في ١٩٤٨. وقد تم التأكيد على أهمية التعليم بالنسبة للتنمية السكانية والشخصية بشدة في مؤتمرات الأمم المتحدة الرئيسية ومؤتمرات القمم. حدد المؤتمر العالمي عن التعليم للجميع، المنعقد في تايلاند في ١٩٩٠، أهدافاً واستراتيجيات لإحراز التعليم من جانب الجميع. مؤخراً، اعترف المنتدى العالمي للتعليم، مؤتمر القمة الألفي في ٢٠٠٠ أن التعليم، بخاصة التعليم الابتدائي، أمر ضروري لتحقيق التقدم الاجتماعي والديمغرافي، التنمية الاقتصادية المستدامة والمساواة بين الجنسين.

كما تم التأكيد على أهمية التعليم أيضاً في سلسلة المؤتمرات العالمية للسكان فقد تبنى المؤتمر العالمي للسكان والتنمية (١٩٩٤) أهدافاً كمية متعلقة بالتعليم ودعا إلى ضرورة تعميم التعليم الابتدائي قبل عام ٢٠١٥، والقضاء على فجوة الجنس في التعليم الابتدائي والثانوي في ٢٠١٥. وفي الميدان السكاني، تم الاعتراف منذ زمن طويل بأن التعليم ذو صلة قوية بمدى واسع من السلوك الديمغرافي. فقد تم الكشف عن أن نشر

التعليم بين السكان ذو أهمية مركزية بالنسبة لعملية التحول الديمغرافي مـن مستويات خصوبة عالية إلى منخفضة (Caldwell, 1980). كما دلت التطورات الجارية في البلدان النامية على صحة هذه النظرية.

في الوقت الحاضر، يرتبط التحصيل التعليمي بقوة بالفروق بين البلدان في مستويات الخصوبة والوفيات وعلى العموم، فإن هذه الدراسات تظهر تأثير التعليم في الديمغرافيا، وآثار العوامل الديمغرافية في التعليم فضلاً عـن الآثار المشتركة للعوامل الأخرى التي قد تـؤثر عـلى انفراد في المتغيرات التعليمية والديمغرافية. في الواقع لقد استهدف عدد كبير من البحوث استقصاء كل مـن هذه العلائق الهامة.

يعطي الاسـتثمار في التعلـيم، أكـثر مـن أي وقـت مضىـ مـردودات اقتصادية واجتماعية هامـة بالنسبة للأفراد والشعوب. على الرغم مـن أن التعليم ليس بالوسيلة الوحيدة للتقدم، إلا أنه يظل أحد الوسائل الأكثر أهمية في تحقيق التنمية البشرـية المستدامة، وبالتـالي، الحـد مـن الفقـر والتهميش الاجتماعي فالتعليم هو الدعامة الأساسية للتنمية البشرية والتقدم المجتمعي.

يقـدم هـذا الفصـل عرضـاً للعلائـق القائمـة بـين التعلـيم والميـادين الديمغرافية الرئيسية، في سياق عملية التنمية، مع الاهتمام بالدخول إلى الحياة الإنجابية، الخصوبة، الصحة والوفاة، الهجرة.

أ- الاتجاهات في نمو السكان:

تزامنت الجهود لنشر التعليم مع النمـو السريـع في أعـداد السكان الذي حدث خلال القرن العشرين. مـن حوالي ١,٦ مليار نسـمة في ١٩٠٠، أزداد السكان في العالم إلى ٦,٥ في عـام ٢٠٠٥، مـع حـدوث معظم الزيادة بعد ١٩٥٠ في البلدان النامية والأقل نمواً. ويعزى ذلك إلى انخفاض معدلات الوفيـات السريـع، بخاصـة في البلـدان الناميـة. نظـراً لان الانخفـاض في الوفيات بدأ قبل ميل الخصوبة إلى الانخفاض في معظم الأقاليم ، فقد

ازدادت سرعة نمو السكان، ووصل سكان العالم في ٢٠٠٥ إلى أكثر مـن مسـتواه في عام ١٩٥٠ بمرتين ونصف وقد بلغ ذروته عند معدل ٢,٠٤% سنوياً فيما بـين ١٩٦٥-١٩٧٠، وحقق أقصى زيادة سنوية ٨٦ مليون شخصاً خلال ١٩٨٥-١٩٩٠. من المتوقع أن يصل مجموع السكان في العـالم إلى ٩,١ مليـار نسـمة، حسـب متغير الخصوبة المتوسط في ٢٠٥٠ (أنظر الفصل الرابع).

ب- اتجاهات نمو السكان في سن الدراسة

كما هو الحال بالنسبة لنمو السكان.ظل السكـان في سـن الدراسـة يـزدادون بسرعة. على الرغم من اختلاف النظم التعليمية مـن بلـد إلى أخـر، نموذجيـاً، يتوقع أن تتراوح أعمار الطلاب في مرحلة الدراسة الابتدائية ما بين ٦-١١ سنة وطلاب المرحلة الثانوية ١٢-١٧ سنة وطلاب المرحلة الجامعية ١٨-٢٣ سـنة. في ٢٠٠٠ بلغ مجموع الطلبة في المراحل الدراسـية الثلاث ٢ مليـار نسـمة، وهو يعادل ٢,٣ ضعف ما كان عليه في ١٩٥٠. خلال الجزء الأول من تلك الفترة زاد السكان في سن الدراسة على نحو أسرع من نمو مجموع السكان ككـل، ونمـت حصة السكـان في سـن الدراسـة مـن مجمـوع السكـان مـن ٣٥% في ١٩٥٠ إلى ٣٨% في ١٩٧٥ (جدول ٢١) بين ٢٠٠٠ و ٢٠٥٠، يتوقـع أن يزيد السكان في سن الدراسة على نحو أبطأ، واصلاً ٢,٣ مليار (٢٥% من مجموع السكان)، بحسـب الإسقاط المتوسط للأمم المتحدة ضمن المجموعة في سن الدراسة مـن ٦ إلى ٢٣ سنة، تغير التوزيع حسب العمر بصورة طفيفة فقط خـلال العقـود الخمسـة الماضية. لقد ازداد السكان في سن الدراسـة لكـلا الجنسـين مـن ٣١٦ مليون في ١٩٥٠، مؤلفاً ١٢,٦% مـن مجمـوع السكان إلى ٧٢٣ مليـون في ٢٠٠٠، مشكلاً ١١,٩% من مجموع السكان.

جدول (٢١)

السكان في سن الدراسة ٦-١١، ١٢-١٧ و١٨-٢٣ سنة من العمر، العام ١٩٥٠-٢٠٥٠.

الجنس / العمر	١٩٥٠	١٩٧٥	٢٠٠٠	٢٠٥٠
	السكان (بالملايين)			
ذكور ٦-١١	١٦١	٣٠٠	٣٧٢	٤٠٠
١٢-١٧	١٥٣	٢٦١	٣٥٨	٣٩٨
١٨-٢٣	١٣٨	٢٢٨	٣١٩	٣٩٥
٦-٢٣	٤٥٢	٧٨٨	١٠٤٩	١١٩٣
إناث ٦-١١	١٥٥	٢٨٥	٣٥١	٣٨٣
١٢-١٧	١٤٦	٢٤٨	٣٣٩	٣٨١
١٨-٢٣	١٣٣	٢١٨	٣٠٤	٣٧٩
٦-٢٣	٤٣٤	٧٥٠	٩٩٥	١١٤٣
كلا الجنسين ٦-١١	٣١٦	٥٨٥	٧٢٣	٧٨٣
١٢-١٧	٢٩٨	٥٠٨	٦٩٧	٧٧٨
١٨-٢٣	٢٧٢	٤٤٦	٦٢٣	٧٧٣
٦-٢٣	٨٨٧	١٥٣٨	٢٠٤٣	٢٣٣٤
	النسبة المئوية من مجموع السكان			
كلا الجنسين ٦-١١	١٢,٦	١٤,٤	١١,٩	٨,٤
١٢-١٧	١١,٨	١٢,٥	١١,٥	٨,٣
١٨-٢٣	١٠,٨	١١,٠	١٠,٣	٨,٣
٦-٢٣	٣٥,٣	٣٧,٨	٣٣,٧	٢٥,٠

Source: World population prospects: The 2000 Rivision vol. I. comprehensive Tables. United Nations.

ونظراً لانخفـاض الخصـوبة فـإن هـذه الفئـة يُتوقـع أن تزيـد إلى ٧٨٣ مليون في ٢٠٥٠ وفي تلك السنة، ستؤلف هذه المجموعة ٨,٤%. أما السكان في سن الدراسة الثانوية، فقـد ازداد مـن ٢٩٨ مليـون في ١٩٥٠ إلى ٦٩٧ مليـون في ٢٠٠٠، مشكلاً ١١,٥% من السكان في العالم. في ٢٠٥٠، يُتوقع أن يزداد إلى ٧٧٨ مليون، ممـثلاً ٨,٣% مـن السـكان في العـالم (جـدول ٢١). وزاد السـكان (١٨-٢٣سنة) حوالي ثلاثة أضعاف خلال نفس الفترة.

١-الاتجاهات حسب المناطق الرئيسية والأقاليم الرئيسية:

بسبب مستويات الخصوبة العالية والقاعـدة السـكانية الكبـيرة. ظلـت معظم الزيادة السكانية في العالم والسكان في سن الدراسـة تحـدث في الأقـاليم النامية. توجد الغالبية العظمى من السكان في سن الدراسة في الأقاليم الناميـة (جدول ٢٢). في ١٩٥٠، ٧٢% من السـكان في سـن الدراسـة (٦-٢٣سـنة) كـانوا يعيشون في الأقاليم النامية. في ٢٠٠٠، عاش ٨٦% من السكان في سـن الدراسـة في الأقاليم النامية، وفي ٢٠٥٠. ستصل النسبة إلى حوالي ٩١%.

تقطن الغالبية العظمى من السكان في سن الدراسة في أفريقيـا وأسـيا، وإن هيمنـة هـذين الإقليمـين عـلى نحـو متزايـد. في ١٩٥٠، عـاش ٥٨% مـن السكان في سن الدراسة في أسيا، وقد تبعتها أوربا، لديها ١٩% مـن السـكان في سن الدراسة، وأفريقيا، بنسبة ١٠%. في سنة ٢٠٠٠، تحـول التوزيـع الإقليمـي للسكان في سن الدراسة. ففي أسيا ارتفعت النسبة قليلاً إلى ٦٢% . ومن جهـة أخرى انخفض نصيب أوربا من السكان في سـن الدراسـة إلى ٩%، أو أقـل مـن نصف نصيبها في ١٩٥٠، من المتوقع يصل نصـيب أسـيا ٥٥% ونصـيب أفريقيـا ٢٨% حيث ستضم القارتان معاً ٨٣% من مجموع السكان في سن الدراسة عام ٢٠٥٠. كما يُنتظر أن يبلغ نصيب أمريكا اللاتينية والكاريبي، ٨,٢% وسـيتحقق نصيب أوربا إلى النصف ٤,٤% في عام ٢٠٥٠. (جدول ٢٢).

جدول (٢٢)
توزيع السكان في سن الدراسة (أعمار ٦-٢٣ سنة) حسب المناطق الرئيسية
١٩٥٠-٢٠٥٠

السكان بالملايين			المنطقة الرئيسية والأقاليم
٢٠٥٠	٢٠٠٠	١٩٥٠	
٢،٣٣٥	٣،٠٤٣	٨٨٧	العالم
٢٢٢	٢٨٤	٢٥٢	الأقاليم المتقدمة
٢،١١٣	١،٧٥٩	٦٣٥	الأقاليم النامية
٦٦٠	٣٣٤	٨٧	أفريقا
١،٢٧٣	١،٢٥٨	٥١٥	أسيا
١٩٣	١٨٩	٦٤	أمريكا اللاتنية
٩٥	٧٩	٤٧	أمريكا الشمالية
١١	٩	٤	الاوقيانوس
١٠٣	١٧٣	١٧٠	أوربا
نسبة مئوية			
١٠٠،٠	١٠٠،٠	١٠٠،٠	العالم
٩،٥	١٣،٩	٢٨،٤	الأقاليم المتقدمة
٩٠،٥	٨٦،١	٧١،٦	الأقاليم النامية
٢٨،٣	١٦،٤	٩،٨	أفريقيا
٥٤،٥	٦١،٦	٥٨،١	أسيا
٨،٢	٩،٣	٧،٢	أمريكا اللاتنية
٤،١	٣،٩	٥،٣	أمريكا الشمالية
٠،٥	٠،٤	٠،٤	الاوقيانوس
٤،٤	٨،٥	١٩،٢	أوربا

Source: United nations World population prospects: The 2000 Rivision vol.I
Comprehenrve Report.

هذا التغير السريع في توزيع السكان في سن الدراسة يعني أن الأقاليم النامية والمتخلفة بخاصة الأشد فقراً ، ستواجه أكثر من غيرها بكثير معضلة تلبية الطلب المتزايد على التعليم في جميع مراحله، على الرغم من إمكانياتها المالية المحدودة. يتوقف نجاح الحكومات في تلك الأقاليم في تحقيق الأهداف التعليمية المرسومة على الموارد المتاحة لديها وعلى الجهود المبذولة في هذا المجال.

جـ- اتجاهات التعليم

هذا القسم مكرس لبحث التحصيل الدراسي في العالم، استناداً إلى عـدة مؤشرات ذات علاقـة بالموضـوع، وهـي نسـب القيـد، نسـب الأميـة وسـنوات الدراسة لدى البالغين (١٥ سنة فأكثر)، نوعية التعليم.

١- اتجاهات نسب القيد

نسب القيد هي من المؤشرات المستخدمة دائماً لقياس التنمية التعليمية وهـي على نوعين.

نسبة القيد (الإجمالية والصافية)
نسبة القيد الإجمالية .Gross enrolment ratio

هي عدد الطلبـة المقيديـن في أي مسـتوى تعليمـي بغـض النظر عـن أعمارهم، كنسبة مئوية مـن السـكان الـذين يندرجون ضـمن الفئة العمريـة المناظرة لذلك المستوى.

نسبة القيد الصافية .Net enrolment ratio

هي عدد الطلبة المقيدين في مستوى تعليمي معـين ممـن ينتمـون إلى فئة العمر المناظرة لذلك المستوى، كنسبة مئوية من السكان الـذين يندرجون ضمن تلك الفئة العمرية. (U .N, 1995)

خلال السنوات التسعة التالية لانعقاد المؤتمر العالمي عن التعليم من أجل الجميع بين ١٩٩٠ و ١٩٩٩، زاد القيد المدرسي على المستويين الابتدائي والثانوي بمعدل يزيد مرة ونصف عما كان عليه خلال الثمانينات. فقد زاد القيد الإجمالي العالمي على المستوى الابتدائي من ٥٩٧ مليون في ١٩٩٠ إلى ٦٨٣ مليون في ١٩٩٩، حدث هذا النمو حصراً في البلدان النامية. زاد القيد على الصعيد العالمي في التعليم الثانوي ١٠٣ مليون بين ١٩٩٠ و ١٩٩٩، ومثلت البلدان النامية ٩٠% من هذه الزيادة.

تعتبر نسب القيد الإجمالية والصافية بمثابة المقاييس الرئيسية للمشاركة في التعليم. نظراً لأن القيد قد يختلف عن الحضور الحقيقي وإكمال الدراسة لذلك فإن هذه الإحصاءات بحاجة إلى أن تدرس بالنسبة لعلاقتها ببقية المؤشرات التعليمية.

السنة الأخيرة التي تتوفر خلالها بيانات رسمية عن نسب القيد الإجمالية في التعليم الابتدائي هي السنة الدراسية ١٩٩٩-٢٠٠٠ (جدول 23) تتمتع أمريكا اللاتينية والكاريبي بأعلى نسب القيد الإجمالية (١٢٦) وأفريقيا جنوب الصحراء الكبرى بأقل النسب (٨١) .

أما بخصوص نسبة القيد الإجمالية في التعليم الثانوي فتضم أمريكا الشمالية وأوربا الغربية أعلى النسب في العالم (١٠٦%) وتنحدر النسبة في أفريقيا جنوب الصحراء الكبرى إلى ٢٤%.

وتحتل البلدان العربية مكانة متوسطة بين المجموعتين حيث تبلغ نسبة القيد الإجمالية فيها ٩١% في التعليم الابتدائي، ٦٠% في التعليم الثانوي.(جدول 23)

تعتبر نسبة القيد الصافية هي الأفضل كمؤشر دولي لقياس التقدم نحو التعليم الابتدائي الشامل. توجد ١١٤ قطراً تتوفر عنها بيانات عن نسبة القيد الصافية. بالنسبة للسنة الدراسية ١٩٩٩-٢٠٠٠. بلغت نسبة القيد الصافية في أمريكا الشمالية وأوربا الغربية وفي أمريكا اللاتينية ٩٦% مقارنة مع ٩٧% بالنسبة للبلدان المتقدمة، على مستوى التعليم الابتدائي. أما في أفريقيا جنوب الصحراء الكبرى فتنحدر النسبة إلى ٥٧% خلال

السنة الدراسية ١٩٩٩-٢٠٠٠ . أما على صعيد التعلـيم الثـانوي في ١٩٩٩، فقـد أحرزت معظم البلدان المتقدمة نسبة ٨٠% أو أكـثر أمـا الأقـاليم الأقـل تقـدماً فقد حققت ٢١% المائة فقط من ذلك المستوي.

جدول (٢٣)
نسبة القيد الإجمالية والصافية ، دليل التكافؤ الجنساني حسب الأقاليم ٢٠٠٠/١٩٩٩

المنطقة الرئيسية	نسبة القيد الإجمالي		نسبة القيد الصافية		دليل التكافؤ الجنائي	
	الأولى	الثانوي	الأولى	الثانوي	الأولى	الثانوي
العالم	١٠٠	٦٢	٨٣	٦٨	.93	.93
البلدان المتقدمة	١٠٢	١٠٧	٩٧	٨٦	.99	1.03
البلدان النامية	١٠١	٥٦	٨٢	-	.92	.89
البلدان العربية	٩١	٦٠	٧٩	٦١	.88	.85
إفريقيا	٨١	٢٤	٥٧	٢١	.89	.85
آسيا الوسطى	٨٩	٤٤	٦٩	-	.99	.99
جنوب وغرب آسيا	٩٩	٥٢	٧٩	-	.84	.75
شرق آسيا	١٠٦	٦٥	٩٣	٥٥	١,٠٠	.94
أمريكا اللاتينية	١٢٦	٨٢	٩٦	٦١	.98	1.08
أمريكا الشمالية وأوروبا الغربية	١٠٢	١٠٦	٩٦	٨٩	.99	1.03
أوروبا الوسطى والشرقية	٩٤	٧٩	٨٧	٨٥	.96	1.00

Source : United Nations, population , education and development.2003 Tabl 4.p12.

ويمكن الحصول على صورة أوضح عن مدي المشاركة في التعليم بواسطة الأخذ بنظر الاعتبار نسب القيد الصافية والإجمالية معاً بالإضافة إلى الفجوة بينهما. تقيس نسبة القيد الصافية قدرة البلدان على تحقيق دورة منظمة للتعليم الابتدائي بالنسبة للفئة العمرية في مرحلة التعليم الابتدائي . الفرق بين نسبة القيد الصافية والإجمالية تقيس توفير التعليم للأطفال دون سن الدراسية وفوق سن الدراسة. يُظهر الدليل أن نسبة القيد الإجمالية أعلى بكثير من نسبة القيد الصافية في إقليمين رئيسين ، أفريقيا جنوب الصحراء الكبرى وأمريكا اللاتينية والكاريبي. هذا يعني دخول الطلبة المبكر و /أو المتأخر فضلاً عن أن إعادة المراحل التعليمية (الرسوب) قد يسود في هذين الإقليمين جميع هذه البلدان تقريباً لديها نسبة كبيرة من الطلبة فوق سن الدراسة ونسبة عالية من الطلاب المعيدين ، ممن يعيدون صفاً (أو مادة) سبق لهم الرسوب فيه.

خلال السنة الدراسية ١٩٩٩-٢٠٠٠، بلغ عدد الأطفال المحرومين من الدراسة الابتدائية ١١٥ مليون، منهم ٥٠ مليون ولداً و ٦٥ مليون بنتاً. عاش جميع الأطفال المحرومين من الدراسة في العالم (٩٤%) تقريباً في البلدان النامية، بخاصة في أفريقيا جنوب الصحراء الكبرى وغرب أسيا. يمثل كل من هذين الإقليمين أكثر من ثلث المجموع في العالم.

عاش حوالي ٥٧% من السكان البالغين (١٥ سنة فأكثر) ممن أكملوا مرحلة الدراسة الابتدائية في عام ٢٠٠٠، (٨٥% منهم في البلدان المتقدمة مقابل ٤٣% لدى البلدان النامية) (Barro and Lee, 2000)، لقد ازداد متوسط عدد السنوات الدراسية المحرزة بواسطة السكان البالغين، على المستوى العالمي، من ٥,٢ سنوات في ١٩٧٠ إلى ٦,٧ سنوات في ٢٠٠٠. على الرغم من تقلص فجوة التحصيل الدراسي بين البلدان المتقدمة والنامية بعض الشيء، مازالت واسعة عند ٤,٦ سنوات في ٢٠٠٠، ويذكر أن مستوى التحصيل الدراسي في إفريقيا عام ٢٠٠٠، بلغ ٣,٥ سنوات فقط. (United Nations, 2003)

٢- معرفة القراءة والكتابة بين البالغين والشباب.

يشير معدل معرفة القراءة والكتابة بين البالغين إلى النسبة المئوية للسكان البالغين ١٥ سنة فأكثر ممن يجيدون القراءة والكتابة. (U.N.2003)

خلال فترة الثلاثين سنة بين ١٩٧٠ و٢٠٠٠، انخفضت معدلات الأمية بين الكبار (١٥ سنة فأكثر) في أنحاء العالم من ٣٧ إلى ٢٠%، وذلك بسبب الزيادات في معدلات قيد التعليم الابتدائي بالدرجة الأولى. وفي ٢٠١٥، يتوقع أن تنخفض معدلات الأمية بين الكبار إلى ١٥%. (U.N. 2003)

على الرغم من تحقيق تقدم ملموس في الأقاليم كافة، مازالت الأمية شائعة في معظم البلدان النامية. في ٢٠٠٠، بلغت نسبة الأميين الكبار، ٤٨% في أقل البلدان نمواً، وفي جنوب وغرب آسيا ٤٥%، وفي إفريقيا والبلدان العربية ٤٠%، في حين تنحدر إلى ١١% في أمريكا اللاتينية، ١٣% في شرق آسيا والأوقيانوس (جدول ٢٤).

على الرغم من الانجازات الملاحظة في العالم في معدلات معرفة القراءة والكتابة، يظل عدد الأميين البالغين كبيراً جداً وثابت تقريباً بسبب تأثير نمو السكان. في ١٩٩٠، بلغ عدد الأميين البالغين ٨٧٩ مليون في العالم.

جدول (٢٤)

معدل أمية البالغين، السكان الأميون البالغون، وفجوة الجنس، ٢٠٠٠.

السكان البالغون ١٥ سنة فأكثر							
	(معدل الأمية(نسبة مئوية)				السكان الأميون بالملايين		
الإقليم	كلا الجنسين ١	ذكور ٢	إناث ٣	فجوة الجنس (٣-٢)	كلا الجنسين	ذكور	إناث
العالم	٢٠	١٥	٢٦	١١	٨٦٢	٣١٣	٥٤٩
الأقاليم المتقدمة	١٤	١,٠	١,٩	٠,٩	١٥	٥	١٠
الأقاليم النامية	٢٦	١٩	٣٤	١٥	٨٤٧	٣٠٨	٥٣٩
الأقاليم الأقل نموا	٤٨	٣٨	٥٨	٢٠	١٨٥	٧٣	١١٢
البلدان العربية	٤٠	٢٨	٥٢	٢٤	٦٧	٢٤	٤٣
شرق آسيا وأوقيانوسيا	١٣	٨	١٩	١٢	١٨٥	٥٣	١٣٢
أمريكا اللاتينية	١١	١٠	١٢	٢	٣٩	١٧	٢٢
جنوب وغرب آسيا	٤٥	٣٤	٥٦	٢٣	٤١٢	١٦٠	٢٥٣
إفريقيا	٤٠	٣١	٤٨	١٧	١٣٦	٥٣	٨٣

Source : United Nations, 2005, world population monitoring 2003, population, education and development Table 13.p.21.

وفي سنة ٢٠٠٠، انخفـض عـددهم قلـيلاً إلى ٨٦٢ مليـون، بـين الأقـاليم النامية، بلغ عـدد الأميـن الكبـار (٨٤٧) شخصاً مـن بيـنهم (٤١٢) شخصاً في جنوب وغرب آسيا. وفي ٢٠٠٠، مثلت هذه الأقـاليم حـوالي ٧٠% مـن السكان الكبار الأمين في العالم. ومن المتوقع أن تمثل هـذه الأقـاليم ٨٠% مـن السكان الأمين في العالم في ٢٠١٥. (U.N. 2003:14)

في مجتمع يزداد فيه الإقبال على التعليم، يوجد ضغط اجتماعي شـديد على الجميع لتعلم القراءة والكتابة. ففي ١٩٩٠، بلغت معدلات معرفة القراءة والكتابـة في ٢٨ بلـداً أقـل مـن ٥٠%. في ٢٠٠٠ مازالـت هنـاك ٢١ بلـداً دون مستوى ٥٠%. ومـن المتوقـع أن تظـل سـتة بلـدان دون ٥٠% في ٢٠١٥، مـا لم تبذل جهود رئيسية لتعميم التعليم الأساسي بين الأطفال والشباب ونشر معرفة القراءة والكتابة بين الكبار.

الأمية بين الشباب

يشير معدل الأمية بين الشباب إلى المعدل بالنسبة للفئـة العمريـة ١٥-٢٤، وهو يعكـس حصـيلة عمليـة التعلـيم الأسـاسي الأحـدث. تبعـاً لتقـديرات اليونسكو، انخفض معدل أمية الشـباب في العـالم مـن ٢٦% في ١٩٧٠ إلى ١٦% في ١٩٩٠ والى ١٣% في ٢٠٠٠ (جدول ٢٥). ومن المتوقع أن تنخفض النسـبة إلى ١٠% عام ٢٠١٥ (U.N.2003:16) .من حيث الأعـداد المطلقـة انخفـض عـدد الأميين الشـباب في العـالم مـن ١٥٧ مليـون في ١٩٩٠ إلى ١٤١ مليـون في ٢٠٠٠، ومن المتوقع أن ينخفض إلى ١١٣ مليون في ٢٠١٥. (U.N,2003)

جدول (٢٥)
معدلات أمية الشباب، السكان الأميون، ٢٠٠٠.

المجموعات الإنمائية والأقاليم الرئيسية	السكان البالغون ١٥-٢٤ سنة						
	معدل الأمية			السكان الأميون(بالملايين)			
	كلا الجنسين	ذكور	إناث	فجوة الجنس	كلا الجنسين	ذكور	إناث
العالم	١٣	١٠	١٧	٧	١٤١	٥٥	٨٦
الأقاليم المتقدمة	٠,٣	٠,٣	٠,٣	٠,٠	0.0	0.0	0.0
الأقاليم النامية	١٦	١٢	٢٠	٨	١٤٠	٥٤	٨٦
البلدان الأقل نمواً	٣٥	٢٧	٤٢	١٥	٤٦	١٨	٢٨
البلدان العربية	٢٤	١٧	٣١	١٤	١٣	٥	٨
شرق آسيا والأوقيانوس	٣	٢	٤	٢	٩	٣	٦
أمريكا اللاتينية	٥	٦	٥	١-	٥	٣	٢
جنوب وغرب آسيا	٣٠	٢٣	٣٩	١٦	٨٣	٣٢	٣١
إفريقيا جنوب الصحراء	٢٤	١٩	٢٩	١٠	٣٠	١٢	١٨

Source: Ibid

بالنسبة للأقاليم النامية ككل، انخفض معدل أمية الشباب من ١٩ إلى ١٦ % فيما بين ١٩٩٠-٢٠٠٠. ومن المتوقع أن يصل إلى ١١% في ٢٠١٥. لقد تحقق تقدم كذلك في البلدان الأقل نمواً حيث أن معدل أمية الشباب انخفض من ٤٤ إلى ٣٥% خلال التسعينات ومن المتوقع أن ينخفض إلى ٢٣% في ٢٠١٥. بين الأقاليم النامية النامية يتراوح معدل أمية الشباب من ٣% في شرق آسيا والأوقيانوس إلى ٣٠% في جنوب وغرب آسيا(U.N,2003).

٣- التحصيل الدراسي:

للفترة ما بين ١٩٧٠ و ٢٠٠٠، انخفضت نسـبة السـكان ١٥ سـنة فـأكثر بدون تعليم أو لديهم تعليم ابتـدائي فقـط، في حـين أن نسبة الحاصـلين عـلى التعليم الثانوي أو أعلى زادت حوالي ٥٧% من مجموع السكان البالغين الـذين أكملوا مرحلة التعليم الابتدائي في ٢٠٠٠، (٨٥% في البلدان المتقدمة و ٤٣% في البلدان النامية).

بـين الأقـاليم الناميـة ، أظهـرت غـرب آسـيا وشـمال إفريقيـا وأمريكـا اللاتينية والكـاريبي الانخفاضـات الأكـبر في نسـبة السـكان الكبـار الأميـين بـين ١٩٧٠ و ٢٠٠٠. حققت تلك الأقاليم إضافة إلى جنوب آسيا الزيـادات الأكـبر في نسبة الصاعدين إلى مستوى التعليم الثانوي أو أعلى. (U .N.2003:23)

عـلى المسـتوى العـالمي ، زاد متوسـط معـدل السـنوات الدراسـية المحـرزة بواسطة السكان الراشدين من ٥,٢ سنوات في ١٩٧٠ إلى ٦,٧ سـنوات في ٢٠٠٠ وقـد بلغت فجوة التحصيل الدراسي بين البلدان المتقدمة والنامية ٤,٦ سـنوات في نفـس العام وكان عدد سنوات التحصيل الدراسي في أفريقيا ٣,٥ وهو الأدنى في العالم .

٤- التباين الجنساني في التعليم:

دليل التكافؤ الجنساني:

يعتبر دليل التكافؤ الجنسـاني مـن أهـم المقـاييس المسـتخدمة لتقـدير التباين الجنساني في التعليم. وهو عبارة عن نسبة قيد الإناث إلى نسـبة قيـد الذكور. استناداً إلى نسب القيد الإجمالية، بلـغ دليـل التكـافؤ الجنسـاني لـدى البلدان المتقدمة حوالي واحـد للتعليم الابتـدائي أو أكثر بقليـل مـن واحـد في التعليم الثانوي مما يدل على زيـادة قيـد الإنـاث عـلى الـذكور. ومـع ذلـك، في معظم البلدان الناميـة مـا زالـت معـدلات قيـد الأولاد عـلى مسـتوى التعلـيم الابتـدائي والثـانوي تفـوق معـدلات البنـات (جـدول ٢٣) زاد دليـل التكـافؤ الجنساني (القائم على نسب القيد الإجمالية) من ٠,٨٧ إلى ٠,٩٢ بالنسبة للقيد في التعليم الابتدائي ومن ٠,٧٥ إلى ٠,٨٩ بالنسبة للقيد في التعليم الثانوي لـدى البلدان النامية . (U.N.2003)

ظلت نسبة البنات في القيد الابتدائي والثانوي أقـل نسبياً مـن نسبة الأولاد في أجزاء كبـيرة مـن البلدان النامية، بخاصة في جنوب أسيا، البلدان العربية وشمال أفريقيا وأفريقيا جنوب الصحراء الكبرى وهناك اختلاف كبير بين البلدان في هذه الأقاليم. حيث أن مدى القيم في دليل التكافؤ الجنساني بالنسبة للتعليم الثانوي أكبر مـما هـو بالنسبة للقيد في التعليم الابتدائي. في البلدان المتقدمة وفي أمريكا اللاتينية والكاريبي تزيد نسب القيد في التعليم الثانوي بالنسبة للبنات على نظيراتها لدى الأولاد في أغلب الحالات. من جانب آخر ، تكون معدلات قيد البنات في معظم البلدان الإفريقية والآسيوية أدنى من معدلات قيد الأولاد على مستوى التعليم الابتدائي والثانوي معاً.

التباينات بين قيود البنات والأولاد تكون عادة أدنى عندما يؤخذ بنظر الاعتبار فقط نسبة القيد الصافي بدلاً من نسبة القيد الإجمالي. رغـم أن الأولاد المسجلين أكثر عدداً على وجه العموم، فهم أيضاً يشكلون أكثر الطلبة فوق سن الدراسة. في الغالبية العظمى مـن البلدان يعيد الطلاب أيضاً الصفوف (أو المواد) التي سبق لهم الرسوب فيها أكثر من الطالبات.(U.N;2003:25)

على العموم، تكون الاختلافات الجنسانية في التعليم على مستوى السكان البالغين أعلى من الأطفال المداومين في المدرسة حالياً . ومع ذلك، يمكن أن يلاحظ اتجاه نحو انخفاض فجوات التعليم في جميع الأقاليم في العالم. بالنسبة للأقاليم النامية، انخفضت الفجوة الجنسانية بين الأميين ١٨ نقطة نسبة مئوية في ١٩٩٠ إلى ١٥ في ٢٠٠٠ ومن المتوقع أن تنحدر إلى ١٠ في ٢٠١٥.

(United Nations population, Education and Development 203:16-18)

٥- نوعية التعليم:

يُعتبر التعليم ذو النوعية الجيدة من أهم متطلبات العملية التعليمية الناجحة. توجد دلائل عديدة على تناقص الكفاءة الداخلية للتعليم في البلدان النامية ، كما تتبـدى في ارتفاع نسب الرسوب وإعادة الصفوف الدراسية، مما يؤدي إلى قضاء فترات زمنية

أطول في مراحل التعليم المختلفة. إلا أن المشكلة الأخطر تكمن في مدى جودة التعليم. فعلى الرغم من قلة الدراسات المتوفرة ، فإن الشكاوى المتعلقة بتدهور نوعية التعليم في البلدان النامية كثيرة. وقد أكدت الدراسات التعليمية المتوفرة على غلبة ثلاث سمات عن ناتج التعليم في البلدان النامية"تدني التحصيل المعرفي ، وضعف القدرات التحليلية والابتكارية واطراد التدهور فيها.(برنامج الأمم المتحدة الإنمائي للعام ٢٠٠٢: ٥٠)

بخصوص مؤشرات ناتج التعليم، أصبحت الاختبارات الدولية لانجازات الطلبة أكثر شيوعاً في جميع البلدان في العالم تقريباً. ومع ذلك، فإن هذه الاختبارات غالية الثمن وغالبا ما تجرى فقط في البلدان الكبيرة والغنية. تظهر نتائج الدراسات المتوافرة ما يأتي:

١- تؤدي القاعات الدراسية المتعددة الصفوف(طلاب من مختلف الصفوف في قاعة واحدة) إلى نتائج إيجابية على الدرجات في حين أن المدارس المنظمة في مناوبات (المفضية إلى تقليل الساعات الدراسية في كثير من الأحيان) أظهرت تأثيراً سالباً في الانجاز.

٢- الحصول الأكبر على الكتب المدرسية المقررة يرتبط مع إنجاز اكبر في الدرجات، وإن الوصول القليل إلى المواد التعليمية يؤدي إلى تخفيض الدرجات.

٣- الخبرة التعليمية قضية مهمة بخصوص الانجاز.

٤- يتركز المعلمون الأكثر خبرة في المدن الكبرى أو المناطق الحضرية الكبيرة، بينما يوجد المعلمون الأقل خبرة في المناطق الريفية أو البلدات.

٥- الدروس الإضافية خارج الصفوف تزيد درجات الانجاز.

٦- تلعب الخصائص المميزة للطلبة دوراً هاماً في الانجاز الدراسي .

٧- يلعب جنس الطالب دوراً قليلاً في عملية الانجاز الدراسي .

٨- يؤدي مكان الإقامة (ريف- حضر) دوراً هاماً في عملية الانجاز الدراسي.

٩- أصحاب المهارات اللغوية الفائقة من الطلبة يحصلون على درجات أعلى من غيرهم. (U .N.2003:18)

د- اتجاهات السكان، التعليم والتنمية:

على الرغم من الاعتراف بأهمية العلائق بين السكان والتعليم والتنمية منذ زمن طويل ، إلا أن الأولوية المنسوبة لهذه العلائق كانت مختلفة. في أعقاب الحرب العالمية الثانية، اهتمت الحكومات في البلدان النامية بنشر التعليم على نحو متزايد ، مما أدى إلى التوسع السريع للنظم التعليمية، وزيادة نسب القيد المدرسي في جميع المستويات الدراسية، بخاصة المستويين الابتدائي والثانوي في مختلف بلدان العالم.

بيد أن إمكانية الحصول على التعليم الأساسي، في بعض أنحاء العالم، ركدت أو انخفضت بسبب الحرب والتكيف الاقتصادي وتحول النفقات من عاتق الحكومات إلى الأسر. وأدى هذا الوضع إلى زيادة ما تتحمله الأسر من تكاليف التعليم في الوقت الذي ينخفض فيه دخل الأسر. ونتيجة لذلك، فإن معدل القيد بالتعليم الابتدائي والثانوي مال إلى التناقص بالنسبة لكل من الطلاب والطالبات ، بخاصة في أفريقيا جنوب الصحراء الكبرى، وفي الوقت ذاته تغيرت النظرة إلى عملية التنمية أيضاً بطرق أعطت للتنمية أهمية اكبر. في العقود التي أعقبت الحرب العالمية الثانية ، أنصب اهتمام الاقتصاديين المحترفين المعنيين بالتنمية بصورة رئيسية على النمو في الناتج المحلي الإجمالي بالدرجة الأولى، باعتباره مؤشراً للتقدم وبخاصة التصنيع والتجارة كمحددين للنمو. على الرغم من وجود إجماع أكيد بأنه لا يمكن تحقيق مستوى اقتصادي متقدم باستخدام عدد كبير من الناس الأميين فإن النماذج الاقتصادية الرسمية أولت اهتماماً قليلاً بتنمية رأس المال البشري، كمحدد للنمو الاقتصادي. ومع ذلك، فقد تغير هذا عموماً . فقد وجد عدد متزايد من الاقتصاديين دليلاً على أن رأس المال البشري- بخاصة التعليم والصحة- له فوائد اقتصادية هامة بالنسبة لأفراد المجتمع كافة. يضاف إلى ذلك، فقد تطور مفهوم التنمية من نظرة ضيقة إلى إطار واسع النطاق يتضمن العلائق الأوسع بين التنمية الاقتصادية والفقروالبيئة.كماكان هناك اعتراف اكبربان التعليم قدساعدعلى تحقيق

التقدم في ميادين أخرى كالصحة الأفضل، والحياة المتوقعة الأطول، التنمية الشخصية، المساهمة في المجتمع المدني والوصول إلى مدى واسع من الفرص إلى جانب أثاره الاقتصادية. تسعى الأبحاث عن معدلات المردودات الاقتصادية للتعليم عموماً إلى قياس المردودات الاجتماعية التي تعود على المجتمع بأكمله أو المردودات الخاصة التي تعود على الأفراد. على المستوى الأسري، أثبت البحث أن التعليم يزيد المذخولات الفردية في مختلف الميادين، على الرغم من اختلاف حجم المردود بمرور الزمن والمكان.

بخصوص العائدات الأسرية، أثبتت الأبحاث عموماً أهمية الارتباط الموجب بين التعليم والإنتاج والنمو الاقتصادي. اظهر احد الأبحاث أن معدلات العائدات لا تختلف بحسب مستوى التعليم فقط وإنما بحسب مستوى التنمية أيضاً(Mingat and Tan, 1996) بالنسبة للبلدان ذات الدخل المنخفض، كان التعليم الابتدائي أفضل استثمار ، بينما في البلدان ذات الدخل المتوسط، حيث يكون التعليم متوافراً على نطاق واسع، أدى الاستثمار المتزايد في التعليم الثانوي إلى أعلى العائدات الاجتماعية . أما بالنسبة للبلدان ذات الدخل المرتفع، كانت العائدات الأكبر بالنسبة للتعليم العالي. المستويات العالية لتعليم العاملين تسهل الاكتشاف، والتكيف واستخدام عمليات إنتاجية أكثر كفاءة. يدل هذا على أن التعليم الابتدائي يستحق الأولوية في تخصيص الموارد بالنسبة للبلدان ذات الدخل المنخفض. (The world Bank 1995) . استناداً إلى هذا الدليل، كثير من البلدان لم تحسن تخصيص المصروفات على القطاعات التعليمية، مع ذهاب حصة غير متناسبة للتعليم الثانوي والجامعي. كما كشفت دراسات أخرى عن أن التعليم الابتدائي وسيلة فعالة للحد من الفقر وعدم المساواة، بخاصة بالنسبة للقطاعات الأفقر في المجتمع.

كما وردت فوائد أخرى للاستثمار في التعليم الابتدائي والتدريب، فقد وجدت دراسات أن التعليم الابتدائي يسهم في تحسين إدارة الموارد الطبيعية وفي تعجيل الابتكارات التكنولوجية وأن التعليم يرتبط بانتشار المعلومات الأكبر.

كيف تمكنت البلدان النامية من توفير التعليم لشعوبها في وجه نمو السكان السريع؟ بالرغم من الضغوط الديمغرافية في كثير من البلدان النامية خلال الفترة ١٩٦٠-١٩٨٠، زاد القيد المدرسي بمعدل لم يسبق له مثيل، فقد ارتفعت معدلات القيد الإجمالية وانخفضت أعداد الطلبة في الشعبة الواحدة. (U.N.2003.71)

التعليم والدخول إلى الحياة الإنجابية والخصوبة:

يتأثر توقيت الزواج والولادة الأولى بواسطة كل من المعايير الثقافية والعوامل الاجتماعية والاقتصادية. حيثما يكون التعليم متطلباً أساسياً للحصول على الأعمال المرغوب فيها وتحقيق الحراك الاجتماعي، قد تكون كلفة الفرصة الضائعة للزواج المبكر أو الحمل هامة. من الجانب الآخر، في مجتمعات حيث توجد فيها حوافز قليلة لمواصلة الدراسة وبدائل محددة للزواج من المحتمل أن يتزوج الشباب والشابات في سن مبكرة نسبياً.

بين كل من النساء والرجال، يكون العمر المبكر للزواج الأول أكثر شيوعاً بين غير المتعلمين والمتعلمات مقارنة بأقرانهم من المتعلمين والمتعلمات.

يلعب التعليم دوراً كبيراً في تأخير سن الزواج والولادة الأولى، تعليم المرأة عامل رئيسي مؤثر في بداية حمل الأطفال، فالمرأة المتعلمة تسيطر على نحو اكبر على الوقت الذي تتفقه في الإنجاب وتربية الأطفال ومن المرجح أن تكون أسرتها اصغر حجماً. والمرأة المتعلمة يكون أطفالها الباقون على قيد الحياة أفضل تعليماً.

تأثير التعليم في الخصوبة هام، على المستويين المجتمعي والفردي على الصعيد العالمي، البلدان ذات المعدلات العالية لتعليم النساء والتحصيل الدراسي لديها معدلات خصوبة إجمالية أدنى من بلدان ذات مستويات تعليمية منخفضة.

داخل البلدان، تنخفض الخصوبة بسبب زيادة التحصيل الدراسي. في البلدان النامية، يرتبط تعليم الزوج المرتفع أيضاً بالخصوبة المكتملة الأدنى، بيد أن تأثيره أضعف من تأثير تعليم الزوجة.

النساء الحاصلات على مسـتويات تعليميـة عاليـة يـرغبن في أسر أصغر حجماً. على العموم، ترغب النساء في البلدان النامية بأطفال أقل مـما لـديهن في الواقع وتختلف هذه الفجوة بين المجموعات التعليمية.

والمرأة المتعلمة أكثر ميلاً إلى استخدام وسـائل تحديـد النسـل مـن غـير المتعلمة أو المتعلمة تعليماً أدنى.

في البلدان النامية، يختلف انتشار وسائل تحديـد النسـل لدرجـة كبيرة بين المجموعات المتعلمة، فهي بـين النسـاء الأفضـل تعليمـاً أكـثر انتشاراً مـن النساء الأميات أو اللاتي يتمتعن بتعليم منخفض.

كما أن التعليم يفرض تأثيرا هاما على الحرمـان مـن الأولاد، في البلـدان المتقدمة. ففي معظم البلدان المتقدمة، النسـاء الأفضل تعليماً أكـثر احتمالاً في البقاء بدون أولاد مقارنة مع نساء لديهن مستوى تعليمي أدنى.

التعليم، الصحة والوفيات:

يتمتع الناس الأفضل تعليماً بصحة أحسن ويعيشون حيـاة أطـول. مـن بين المتغيرات الاجتماعية- الاقتصادية التي وجد أنها ذات علاقـة بالتبايـنات في الصحة والوفيات، يُعد التعليم من بين الأقوى ارتباطاً والأكثر اتساقاً.

يبدو أن الناس الأفضل تعليماً وأعضاء أسرهم يتمتعون بصحة أفضـل ويعيشون فترة أطول.

أظهرت دراسات في البلدان النامية أن النسـاء الأقل تعليمـاً يتعرضـن إلى وفيات أمومة أكثر، أقل معرفـة بـالأحوال الصـحية، لـديهن مسـتوى أدنى مـن الحصانة ضد الأمراض.

التعليم والهجرة الدولية:

يؤخذ التعليم بنظر الاعتبار على نحو متزايد بمثابة خاصية رئيسية بواسطة البلدان التي تطبق معايير القبول والإقامة بالنسبة للوافدين إليها من بلدان أخرى. ونتيجة لذلك،

فإن هذه البلدان تجذب مهاجرين أكثر تعليماً ومهارة. وقد قامت البلدان الغربية بسن قوانين تؤكد على مهارات المهاجرين.

يختلف التحصيل الدراسي للمهاجرين كثيراً استناداً إلى بلدانهم الأصلية. كما أن المسافة بين مكان الإقامة والمقصود، أسباب الهجرة، والخصائص العمرية والجنسية لمختلف مجموعات المهاجرين إنما هي بعض العوامل المؤثرة في الفروق الملاحظة.

لقد أسهمت هجرة الطلبة على نحو متزايد في تمهيد الطريق للمهاجرين الراغبين في العمل أو الإقامة الدائمية. المهاجرون الحاصلون على التعليم في البلد المضيف يجدون الفرصة سانحة للحصول على العمل أكثر من الدارسين في الخارج، وبخاصة أولئك المختصين في الحقول العلمية والتكنولوجية. شهدت السنوات الحالية إقبالاً شديداً على الهجرة إلى الدول الغربية من جانب الطلبة، بخاصة الولايات المتحدة، المملكة المتحدة، ألمانيا وفرنسة.

يأتي الطلاب الأجانب للدراسة في بلدان مختلفة ترتبط في كثير من الأحيان، بعلاقات جغرافية، تاريخية وثقافية مع البلدان المضيفة.

الخلاصة:

يظهر بوضوح أن التعليم يؤدي دوراً رئيسياً في التنمية الوطنية، بجانب كونه عنصراً أساسياً في الرفاهية الشخصية. من خلال التعليم، يتمكن الناس من الحصول على خيارات واتخاذ قرارات في ميادين كالعمل، مكان الإقامة، حجم الأسرة، الصحة، طراز الحياة، والتنمية الشخصية من دون تطور الموارد البشرية الكامل في البلد، فإن التنمية لن تترسخ، ولن يكون هناك ضمان دائم للنمو الاقتصادي، لأن الأشخاص المثقفين أكبر قدرة على الإسهام في تقدم مجتمعاتهم ورفاهية شعوبهم.

الفصل الثالث عشر

الخصائص الاقتصادية

مقدمة

أ- تعريفات وقياسات.

ب- مستويات واتجاهات القوى العاملة.

١- حجم ونمو القوى العاملة.

٢- معدلات النشاط الاقتصادية.

- معدل النشاط الاقتصادي في العالم.

- معدل النشاط الاقتصادي حسب العمر.

- معـدل النشـاط الاقتصـادي حسـب الجنس.

- اتجاهات التغير البنيوي.

جـ- خصائص أسواق العمل.

١- أنماط التشغيل

٢- هيكل سوق العمل.

٣- البطالة.

د- انعدام الأمن الوظيفي وأمن الدخل.

١- الأمن الوظيفي.

٢- أتساع نطاق التفاوت في الدخل.

الخلاصة:

الفصل الثالث عشر

الفصل الثالث عشر
الخصائص الاقتصادية

مقدمة:

يبحث هذا الفصل في النشاط الاقتصادي والمدخولات التي تحصل عليها الأسر والأفراد. أحد الأسباب لبحث هذه المواضيع في هذا الكتاب هو أنها (بخاصة النشاط الاقتصادي)، تشمل مفردات تدخل في تعداد السكان والمسوحات العينية. سبب أخر هو أن تبويبات متقاطعة كثيرة ذات خصائص ديمغرافية بحته متوافرة لغرض التحليل ويتعين على الديمغرافي معرفة كيفية معالجة هذه بصورة بارعة. من جانب أخر، تمثل ميادين النشاط الاقتصادي. القوة البشرية (manpower) الدخل المستهلك ميادين رئيسية للتخصص ضمن الميدان الأوسع لعلم الاقتصاديات. ينصب اهتمام هذا الفصل على المظاهر الديمغرافية للخصائص الاقتصادية. (Shryock, et.al.1976) وبخاصة ما يتعلق بالوضع المهني للسكان لأن البيانات المتعلقة بالمهن توفر مؤشرات متعلقة بالعمل والبطالة. يضاف إلى ذلك، أن الوضع المهني للأفراد يحدد المكانة الاجتماعية والاقتصادية. والسبب الثالث هو أن تصنيف العمال المستخدمين حسب المهنة والصناعة يوفر أساساً مناسباً للمقارنات المفيدة بين الوظائف الاجتماعية والاقتصادية حسب الوحدات الإدارية للسكان.

أ- تعريفات وقياسات:

على الرغم من أن جميع الأشخاص يستهلكون سلعاً وخدمات إلا أن جزءاً من مجموع السكان في بلد معين فقط يشاركون في أنتاج هذه السلع والخدمات . من الواضح تماماً أن صغار السن والكبار والعاجزين بدنياً وعقلياً لا يساهمون في هذا النشاط الاقتصادي بسبب عدم القدرة على القيام بذلك.

القوة البشرية لشعب ما، إذن هي مجموع الأشخاص الذين يتمكنون من أنتاج السلع والخدمات إذا كان هناك طلب على أعمالهم وكانوا راغبين في القيام بها. يتكون السكان النشطون اقتصادياً (Economically active population) الذي يدعى أحياناً بقوة العمل (Working force) من ذلك الجزء من القوة البشرية ، الذي يعمل فعلاً أو يحاول الانخراط في أنتاج السلع والخدمات الاقتصادية (Jaffe,1950) أثناء فترة مرجعية محددة. والفترة المرجعية هي إما ذات أمد قصير أسبوع أو يوم واحد، أو ذات أمدً طويل – سنة. ويشمل النشاط الاقتصادي، على النحو الذي يعرفه نظام الحسابات القومية جميع الإنتاج الموجه نحو السوق، وبعض أصناف الإنتاج غير الموجه نحو السوق (بما في ذلك، إنتاج وتجهيز المنتجات الأولية للاستهلاك الشخصي و التشييد من أجل المصلحة الشخصية وإنتاج الأصول الثابتة الأخرى للاستعمال الشخصي. ولا يشمل الأنشطة غير المأجورة والخدمات المجتمعية الطوعية). في أية فترة زمنية، الشخص الناشط اقتصادياً قد يكون مستخدماً أو عاطلاً عن العمل.

ويتكون المستخدمون من جميع الأشخاص الذين تجاوزوا السن المحددة للعمل (١٥ سنة فأكثر) ممن يعملون لقاء أجر أو ربح أو يساهمون في أعمال تجارية (أو زراعية) للأسرة دون مقابل (أي كانوا غير مأجورين) ويتكون العاطلون من جميع الأشخاص اللذين تجاوزوا العمر المحدد لقياس السكان الناشطين اقتصادياً أثناء فترة مرجعية
محددة:

١- لم يكن لديهم أي عمل أو وظيفة، أي كانوا عاطلين عن العمل.
٢- كانوا جاهزين حالياً للعمل المأجور أو العمل في المهن الحرة أثناء الفترة المرجعية.
٣- كانوا يبحثون عن عملً مأجور أو عن مهن حرة.

ويتكون الأشخاص خارج القوى العاملة (أو السكان غير الناشطين اقتصادياً حالياً) من جميع الأشخاص غير المصنفين كمستخدمين أو عاطلين أثناء الفترة المرجعية بالإضافة إلى الأشخاص الذين لم يبلغوا السن المحددة للعمل (كالأطفال والأحداث) .

يتكون السكان غير الناشطين اقتصادياً من الفئات الوظيفية الآتية:

١- القائمون بالإعمال المنزلية: من كلا الجنسين، غير الناشطين اقتصادياً، ممن يقومون بالأعمال المنزلية في بيوتهم الخاصة.

٢- الطلبة: أشخاص مـن الـذكور والإنـاث، غيـر ناشطين اقتصـادياً، ممـن يواصلون تعليمهم في أية مؤسسة تعليمية نظامية خاصة أو عامة من أجل اكتساب العلم والخبرة.

٣- المتسلمون للدخل: من كلا الجنسين ، غير ناشطين اقتصادياً ممن يتلقون دخلاً ثابتاً من ممتلكات أو استثمارات أو تقاعد.

٤- آخرون : أشخاص من احد الجنسين غير ناشطين اقتصادياً ، ممن يتلقون دعماً عاماً أو مساعدة خاصة وجميع الأشخاص الآخرين غير المذكورين في أي من الفئات المذكورة أنفاً، كالأطفال غير المداومين في المدرسة.

الحد الأدنى للعمر المقرر في تعداد السكان حول النشاط الاقتصادي هو ١٥ سنة

(United Nations, 2000.137).

خصائص العمل:

يمكن تحديد ثلاثة أصناف من المعلومات المتعلقة بالنشاط الاقتصادي عنـد إجراء التعـداد السكاني أو المسـوحات العينيـة وهـي: المهنة والصناعة والوضع في الشغل.

المهنة: Occupation

تشير المهنة إلى نوع العمل المنجز خلال الفترة المرجعية. يوصي خبراء الأمم المتحدة باستخدام المعايير الدولية لتصنيف المهن المعدة من قبل منظمة العمل الدولية وذلك لأغراض المقارنات الدولية. وتتضمن أصناف المهن الآتية:

١- أصحاب المهن العلمية والفنية ومن إليهم.

٢- أصحاب المهن الإدارية والتشريعية والتنفيذية.

٣- أصحاب المهن الكتابية.

٤- العاملون بالبيع والشراء.

٥- المشتغلون بخدمات الفنادق والمطاعم والمقاهي وخدمات الأمن والخدمات الأخرى المماثلة.

٦- العاملون بالزراعة وتربية الحيوانات والغابات والصيد.

٧- العاملون بالإنتاج والمشرفون على الإنتاج والعمال العاديون واللذين يديرون معدات وآلات النقل.

٨- عاملون غير مصنفون حسب المهن أو مهن غير واضحة أو غير مبينة. (U.N.1970)

الصناعة Industry (فرع النشاط الاقتصادي):

بالإضافة إلى معلومات عن نوع العمل أو المهنة التي يقوم بها الفرد، من المهم أيضاً معرفة نوع النشاط المنفذ بواسطة المنشاة التي يعمل فيها الأفراد.

الأمم المتحدة تعرف الصناعة كالأتي الصناعة تشير إلى نشاط المنشأة التي عمل فيها شخص ناشط اقتصادياً خلال الفترة الزمنية المرجعية.(U.N.1970)

نشاط المنشأة يعني أنواع البضائع والخدمات المنتجة. المنشأة المنتجة للبضائع تتضمن على سبيل المثال مصافي النفط، مصنع للورق والملابس والفاكهة أو الخضروات، أما المنشات القائمة بالخدمات، فتشمل الجامعات والمستشفيات والسكك الحديد وصالونات الحلاقة.

الوضع في الشغل (كمشتغل أو رب عمل): Status

ويتضمن التصنيف الدولي للوضع في العمالة مبادئ توجيهية لتصنيف الوظائف في سوق العمل بالاستناد إلى نوع عقد العمل الذي يربط العامل برب عمله أو بأي شخص أخر ويتكون التصنيف للوضع في العمالة لعام ١٩٩٣ ضمن فئات رئيسية: المستخدمين، أرباب العمل. والعاملين لحسابهم الخاص، والعاملين لحساب الأسرة وأعضاء تعاونيات الإنتاج.

أ- **أما المستخدمون:** فهم جميع العاملين لقاء أجور ومرتبات.

ب- **أما أرباب العمل:** فهم الذين يعملون لحسابهم الخاص أو مع شريك أو مع شركاء أو يشغلون وظائف المهن الحرة ويستعينون بشخص أو أكثر على أساس دائم للعمل معهم في أعمالهم التجارية كمستخدمين.

ج- **أما العاملون لحسابهم الخاص:** فهم جميع الأشخاص الذين يعملون لحسابهم الخاص) ومع شريك لحسابهم أو عدة شركاء، ويشغلون وظائف المهن الحرة ولا يستعينون بأي مستخدم على أساس دائم.

د- وأما أعمال الأسرة المساهمون (غير المأجورين) فيشتغلون في وظائف المهن الحرة، في مؤسسة أو منشأة ذات منحى سوقي (أي عمل تجاري أو زراعي) يديرها احد الأقارب الذي يعيش في نفس الأسرة المعيشية.

هـ- وأما أعضاء تعاونيات الإنتاج: فهم العمال الـذين يشـغلون وظـائف المهـن الحرة في تعاونية تقوم بإنتاج البضائع والخدمات ، يكون فيها لكل عضـو مـن الأعضـاء رأي عـلى قـدم المسـاواة في القـرارات المتعلقـة بالإنتـاج والمبيعات والاستشارات وتوزيع الإرباح. (منظمة العمل الدولية: ١٩٩٨) .

(U.N.1970:590, 60)

و- أشخاص غير مصنفين حسب الوضع في العمالة:

عمال أصحاب خبرة مجهولي الوضع المهني أو الأشخاص العاطلون الذين لم يسبق لهم العمل من قبل.

البطالة: Unemployment

البطالة هي عدم توافر العمل لأشخاص راغبين فيه وقادرين عليه في مهن تتفق مع استعدادهم ، نظراً لحالة سوق العمل. ويحدد معدل البطالة بالنسبة المئوية للأشخاص في القوى العاملة العاطلين عن العمل، أو بنسبة العمال المتعطلين بالقياس إلى مجموع القوى العاملة.

البطالة المقنعة: (Under Employment)

البطالة المقنعة هي أقل من العمالة الكاملة ويمكن التعبير عنها، بحسب منظمة العمل الدولية، كالأتي:

البطالة المقنعة هي الفروق بين كمية العمل المنجز بواسطة أشخاص عاملين وكمية العمل الراغبين في القيام به والقادرين على إنجازه .

(International labour Organization 1957).

قياس البطالة المقنعة:

الإجراءات المتبعة لقياس البطالة المقنعة تنقسم إلى ثلاثة أنواع :

أ- الجهود الكيفية لتقسيم العمال بحسب عدد ساعات العمل الأسبوعية، (أو فترة زمنية أخرى)؛ ب- استخدام كمية الوقت التي أراد العامل القيام بها، لذلك فإن ناقصي العمالة يعرفون بأنهم أولئك الأشخاص الذين عملوا وقتاً يقل عن الوقت الراغبين فيه، جـ- تقدير رغبة العامل في تغيير عمله بسبب قلة قيمة العمالة الحالية، بضمنها المكاسب القليلة (ربحاً كانت أم أجراً)، قلة الفرصة المتاحة لاستخدام المهارات، وما إلى ذلك.(United Nations1958)

على أساس الخبرات المتوافرة حتى الآن، يمكن القول بأنه لا توجد طريقة مناسبة لقياس البطالة المقنعة.

مقاييس النشاط الاقتصادي:

هـذه المقـاييس تتعلـق بالسـكان الناشـطين اقتصـادياً، القـوى العاملـة العمال الكاسبون، اعتماداً عـلى نـوع البيانـات المتـوافرة؛ ولكننـا سنشـير إليهـا عموماً بمعـدلات الفعاليـة. كـما هـو الحـال بالنسـبة للخصـائص الديمغرافيـة الأخرى، يمكن حساب معدل الفعالية الخام، الإجـمالي والخـاص لكـلا الجنسـين سوية، ولكن مـن المعتـاد حسـاب معظـم المعـدلات بصـورة منفصـلة للـذكور والإناث.

معدل الفعالية الخام:

يمثل معدل الفعالية الخام عدد الأشخاص الناشطين اقتصادياً كنسبة مئوية من مجوع السكان. كما يشار إليه أيضاً بمعدل مشاركة القوى العاملة الخام، في البلدان التي يكون فيها مفهوم القوى العاملة قابل للتطبيق. على سبيل المثال في تعداد السكان العام ٢٠٠٦، بلغ مجموع السكان الليبيين ٥،٣٢٣٩٨٩ نسمة، كما أن عدد السكان الليبيين العاملين اقتصادياً ممن أعمارهم (١٥ سنة فما فوق)قد بلغ ١,٦٣٥,٧٨٣ فرداً وهكذا، فإن معدل الفعالية الخام في ليبيا في ٢٠٠٦ كان.

$$\%30.7 = 100x\frac{1,635.783}{5,323989}$$

(ليبيا، الهيئة العامة للمعلومات، ٢٠٠٦)

معدل الفعالية المنقح:

يفضل الباحث عموماً استخدام معدلات أكثر فائدة للنشاط الاقتصادي في تحليله ومن بينها معدل الفعالية المنقح، كما في المثال الأتي: الذي يوضح حساب معدل الفعالية لجميع الأشخاص الليبيين الذين بلغت أعمارهم (١٥ سنة فما فوق) والبالغ عددهم (٣,٥٩٩٢٧٨) في ٢٠٠٦، حيث أن الأشخاص دون سن ١٥ سنة لم يسالوا عن

أنشطتهم الاقتصادية وهكذا فإن معدل الفعالية للأشخاص ١٥ سنة فما فوق، يُحسب على النحو الأتي :

$$\%45.45 = 100x\frac{1.635.783}{3.599278}$$

وهو بطبيعة الحال، أعلى من المعدل السابق بكثير.

معدل الفعالية الخاص بالعمر والجنس:

معدل الفعالية المحسوب لفئة عمرية - جنسية معينة أكثر فائدة بكثير من أي مقياس أخر للنشاط الاقتصادي في التحليل الديمغرافي. يُحسب معدل الفعالية الخاص بالعمر- الجنس حسب الصفة الآتية:

السكان الفعالون في فئة عمرية جنسية معينة:

مجموع السكان في الفئة العمرية - الجنسية ، وهكذا بالنسبة للذكور ٢٥ إلى ٢٩ سنة من العمر في مجتمع في ١٩٦٠، يُحسب المعدل كالأتي : علماً بأن:

الذكور الفعالين (٢٥-٢٩) سنة من العمر = ٢٦٨،٨٥١

مجموع الذكور (٢٥-٢٩) سنة من العمر =٢٧٨،٦٠١

المعدل= $\%96.5 = 100x\frac{268,851}{278,601}$

ويمكن أن تحسب معدلات النشاط الاقتصادي بالنسبة لفئات سكانية من حيث مختلف الخصائص ، فضلاً عن العمر والجنس ، كما على سبيل المثال، التحصيل التعليمي، الحالة الزوجية المجموعات الاثنية والدينية والمستوى الاقتصادي للأسرة وذلك بحسب درجة اهتمام الباحث بالموضوع ومدى توفر البيانات المطلوبة.

نسبة الإعالة: Dependency Ratio

أحد الأساليب الشائعة في التحليل الديمغرافي حول موضوع القوى العاملة هو حساب نسبة الإعالة من إحصاءات العمر السكاني بدون الاهتمام بالمشاركة الفعلية في النشاط الاقتصادي - على سبيل المثال ، نسبة الإعالة المستخدمة عموماً.

$$\frac{\text{السكان دون ١٥ سنة + السكان ٦٥ وأكثر}}{\text{السكان ١٥ إلى ٦٤ سنة}} \ x \ 100$$

على اعتبار أن جميع الأشخاص في الفئة العمرية منتجون وجميع الأشخاص دون سن ١٥ و ٦٥ فأكثر عالة . إن نسبة السكان غير الفعالين اقتصادياً إلى السكان الفعالين اقتصادياً أكثر فائدة من المقياس السابق لقياس نسبة الإعالة الاقتصادية، لأنه لا يعكس فقط التركيب العمري - الجنسي للسكان فحسب وإنما معدلات المشاركة في النشاط الاقتصادي . لغرض المقارنة، نقدم القيمتين للنوعين من النسب بالنسبة للعراق في سنة ١٩٨٧:

$$\text{نسبة الإعالة السكانية} = \frac{\text{السكان دون ١٥ + السكان}}{\text{السكان دون ١٥ - ٦٥}} \ X \ 100 = \%97.16$$

$$\text{نسبة الإعالة الاقتصادية} = \frac{\text{السكان دون ١٥ + السكان}}{\text{السكان في القوى العاملة}} \ X \ 100 = \% \ ٣١٣$$

لاحظ الاختلاف الكبير بين قيمتي المقياسين .

- ظهور القوى العاملة الحديثة:

الملاحظة السابقة بأن القوى العاملة في بلد صناعي حديث هي جزء من مجموع السكان يمكن رؤيتها بواسطة مقارنة أحوال القوى العاملة لديها مع تلك التي يمكن الحصول عليها في بلد ما في الغياب الكامل للتصنيع.

النقطة الرئيسية للمقارنة هنا هي أن التصنيع يحرر كثيراً من العمال من إنتاج الغذاء والبضائع الأخرى الأساسية للبقاء على قيد الحياة. تتطلب التكنولوجيا الصناعية شكلاً مركزاً من السيطرة بغض النظر عما إذا كانت وسائل الإنتاج مملوكة للدولة أم للقطاع الخاص. على العكس في اقتصاد غير صناعي تماماً، يميل كل عامل إلى السيطرة أو حتى امتلاك وسائل إنتاجه، حتى إذا كانت قدرته الإنتاجية تتعدى قليلاً مستوى الكفاف. يبدو أن المتغير الحيوي هو وجود النقود أو غيابها أو ما يساويها كواسطة للتبادل. ومع ذلك يوجد فرق هام بين هذين المجتمعين. المجتمعات غير الصناعية كما أشار السير هنري مين منذ زمن بعيد، تفتقر لا إلى التعاقدات الحقيقية فقط وإنما حتى إلى فكرة العقد الحر ؛ تتحدد الأنشطة الاقتصادية للفرد بواسطة الثقافة ويصح العكس تماماً في المجتمعات الصناعية، التي يدخل فيها العامل إلى علاقات تعاقدية حرة مع صاحب عمله.(Main,(1861),1960).

يمكن أن نصور العملية التي تظهر بواسطتها القوى العاملة الحديثة بالبدء بمجتمع غير صناعي الذي يلبي شرطين أنه كبير الحجم بحيث يستطيع استخدام تقسيم العمل؛ وأن سكانه لديهم حاجات مشتركة للبضائع والخدمات. عندما تبدأ هذه العملية، عندئذ يؤدي اجتماع تقسيم العمل والتقدم التكنولوجي إلى ظهور مؤسسات اقتصادية معقدة تكنولوجياً تكون السيطرة فيها بأيدي قليلة من مدراء الشركات أو المؤسسات بدلاً من العاملين الأفراد يجب أن يظهر الآن اقتصاد تبادل متطور كثيراً قائم على النقد، ويجب أن يكون العامل حراً في تقديم خدماته مقابل مكافأة نقدية يرى أنه يستحقها . وهكذا يحصل

على مكافأة نقدية مقابل إنتاج سلعة متخصصة غالباً أو خدمات ومن ثم يـتمكن من استخدام هذا الشراء سلع أو خدمات منتجة بواسطة عمال متخصصين آخرين.

وفي نهايـة هـذه العمليـة نحصـل عـلى سـوق العمـل أو ذلـك الجـزء المتخصص من مكان السوق الذي يكون فيـه الشـخص حـراً لتقـديم خـدمات لقـاء مكافـأة مجزيـة آنئـذ ، فـإن أولئـك الأشـخاص الـذين يقـدمون طواعيـة خداماتهم للعمل في سوق العمل والذين بتلك الوسيلة يشاركون (أو يحـاولون المشاركة) في إنتاج الناتج المحلي الإجمالي، يشكلون القـوى العاملـة working force وتبعاً لذلك ، فأن أولئك الأشـخاص الـذين لأي سـبب كـان لا يقـدمون خدماتهم من أجل العمل في سوق العمل فـإنهم يسـتبعدون أنفسـهم تلقائيـاً من القوى العاملة. (Jaffe, 1968)

ب- مستويات واتجاهات القوى العاملة

١- حجم ونمو القوى العاملة:

تعتمد نسبة القوى العاملة في سكان أي بلد على عاملين رئيسين هما:

(أ) الاتجاه نحو المشاركة في القوى العاملة .

(ب) المعالم الديمغرافية مثل حجم السكان ومعـدل نمـوهم، التركيـب العمـري والجنسيـ للسـكان، الحالـة الزواجيـة، المسـتوى التعليمـي ورغبـة النسـاء في المشاركة في النشاط الاقتصادي وقدرتهن علي المشاركة الفعلية.

أدت التغـيرات الهامـة في الاقتصـاد العـالمي، كسرـعة العولمـة والتقـدم التكنولوجي، انتشار وسائل المعلومات والاتصالات، وإضـفاء الطـابع غـير الرسـمي على العمل بصورة متزايدة، إلى إحداث انعكاسات نوعية رئيسية بالنسـبة للمـوارد البشرية والمهارات ومركز المرأة والرجل في سوق العمل خلال السنوات الأخيرة ومن بين أكثر الفئات السكانية تأثيراً الشـباب والمسـنون والأقـل مهـارة (منظمـة العمـل الدولية ،١٩٩٨).

تبعاً لتقديرات منظمة العمل الدولية، بلغ مجموع القوى العاملة في العالم حـوالي 2,753مليون نسمة عام ٢٠٠٠، منهم 2,138 مليون في البلدان النامية، أي ما يعادل ٧٨%

تقريباً. ومن المتوقع أن يبلغ مجموع القوى العاملة في العالم عام ٢٠٢٥ حوالي 3,649 مليون ، أي بزيادة ٨٩٦ مليون نسمة خلال ربع القرن القادم، وستكون ٩٥% من هذه الزيادة من نصيب البلدان النامية. (United Nations,2002)

وتشير إحصاءات القوى العاملة إلى أن معدل الزيادة السنوية للقوى العاملة في البلدان النامية بلغ ٢,٠ % خلال الفترة ١٩٨٥-٢٠٠٠، بالمقارنة مع ٠,٥٣ % بالنسبة للبلدان المتقدمة خلال الفترة الزمنية نفسها.

وقد انخفض معدل نمو القوى العاملة في البلدان النامية إلى ١,٣٨% فيما بين ٢٠٠٠-٢٠٠٥، بالمقارنة مع ٠,١٤ بالنسبة للبلدان المتقدمة، خلال الفترة نفسها (منظمة العمل الدولية، ١٩٩٨). في خضم المستويات العالية للبطالة والبطالة المقنعة السائدة حالياً في البلدان النامية يشكل توفير عدد مناسب من الأعمال بمستوى أجور مناسب لاستيعاب السكان المتزايدين بسرعة إلى القوى العاملة التحدي الأعظم الذي يواجه الحكومات والشعوب النامية.

٢- معدلات النشاط الاقتصادي

يعكس معدل النشاط الاقتصادي مقدار العمل الذي يستثمر لإنتاج السلع والخدمات كما تحدده نظم الحسابات القومية التي وضعتها الأمم المتحدة. (United Nations, 1995: 49)

يعرف معدل نشاط القوى العاملة للسكان بأنه نسبة السكان العاملين أو الساعين من أجل العمل في سوق العمل خلال فترة محددة من الزمن. تتضمن إحصاءات القوى العاملة لكثير من البلدان معلومات حول معدلات مشاركة مجموع السكان ومختلف المجموعات السكانية. تكشف البيانات فروقاً كبيرة في معدلات القوى العاملة بين المجموعات السكانية في نفس الاقتصاد. كما أن السلاسل الزمنية المتوافرة تكشف كذلك تغيرات كبيرة في معدلات مشاركة القوى العاملة في مختلف المجموعات السكانية.

- **معدل النشاط الاقتصادي في العالم**

على الرغم من أن الزيادات السكانية في العالم فيما بين ١٩٥٠- ٢٠٠٠ قد أحدثت زيادة سريعة في حجم القوى العاملة، بخاصة لدى البلدان النامية، فإن الزيادة في القوى العاملة كانت أقل من الزيادة السكانية بقليل. ونتيجة لذلك، فقد انخفض معدل النشاط الاقتصادي الخام خلال هذه الفترة، وذلك بسبب انخفاض المساهمة في القوى العاملة، بخاصة بين الشباب وكبار السن، فضلاً عن تغيير التركيب العمري للسكان، بزيادة نسبة صغار السن والكبار على حساب السكان في سن العمل. بلغ معدل النشاط الاقتصادي الخام في العالم ٤٧,٣% في ١٩٥٠، ثم انخفض قليلاً إلى ٤٥,٠% في عام ٢٠٠٠.

ولقد انخفض معدل النشاط الاقتصادي الخام لدى البلدان النامية من ٤٧,٣% إلى ٤٤,٩.% فيما بين ١٩٥٠ و٢٠٠٠، في حين ارتفع معدل النشاط الاقتصادي الخام لدى البلدان المتقدمة من ٤٦,٥% إلى ٤٨,٩ % خلال الفترة نفسها. ونتيجة لذلك ، فقد اتسعت الفجوة بينهما من ١,١% إلى ٤,٨% نقطة خلال الفترة المذكورة .

جدول رقم (٢٦)

القوى العاملة، متوسط معدل نمو القوى العاملة ومعدل النشاط الاقتصادي الخام، ١٩٥٠- ٢٠٠٠.

المجموعات الإنمائية	القوى العاملة (بالملايين)		الزيادة	معدل الزيادة السنوية	معدل الفعالية الخام	
	١٩٥٠	٢٠٠٠	١٩٥٠-٢٠٠٠	١٩٥٠-٢٠٠٠	١٩٥٠-٢٠٠٠	
العالم	١١٨٩	٢٧٥٣	١٥٦٤	١,٦٩	٤٧,٣	٤٤,٩
الأقاليم المتقدمة	٣٨٧	٦١٥	٢٢٨	٠,٩٣	٤٦,٥	٤٨,٩
الأقاليم النامية	٨٠٢	٢١٣٨	١٣٣٦	١,٩٨	٤٧,٦	٤٤,١

Source: United Nations, International Labour organization: Economically active population Estimates and projection, 1950- 2025.

ويــذكر أن هــذه التبايـنـات في معـدلات النشـاط الاقتصادي بـين المجموعات الإنمائية تعود إلى اختلاف مستويات التقدم الاقتصادي والاجتماعي بين الأقاليم المختلفة وفيما بين البلدان ضمن الإقليم الواحد.

- معدل النشاط الاقتصادي حسب العمر:

تبلغ نسبة الرجال بين ١٥ و ٦٤ سنة من العمر المساهمين في النشـاط الاقتصادي أكثر من ٩٠% في أنحاء العالم كافة وظلت النسبة ثابتة فعلياً بمرور الزمن. في البلدان الصناعية مالت النسبة المئوية للأطفال في القوى العاملـة إلى الانخفاض الشديد. ففي معظم البلدان الصناعية أصبح عمل الأطفال شيئاً مـن الماضي. بيد أن الأطفال والأحداث يشكلون نسبة اكبر بكثير من القوى العاملـة في البلدان غير الصناعية.

مـن الواضح أن القيد المـدرسي ونمـوه الـتاريخي يعـد بمثـابة العامـل الأساسي في انخفاض المشاركة في القوى العاملة بين البلدان النامية.

إن نسـبة كبـار السـن (٦٥ سـنة فـأكثر) في القـوى العاملـة في البلـدان الصناعية أدنى عموماً مما هي عليه لـدى البلـدان النامية. فقـد انخفضت في معظم البلدان المتقدمة مع مرور الزمن.

- معدل النشاط الاقتصادي حسب الجنس:

معـدل النشـاط الاقتصادي للـذكور أعـلى مـن معـدلات النشـاط الاقتصادي للإناث في جميع البلدان التي تتوفر عنها بيانات خلال الفترة ما بـين ١٩٨٠ – ١٩٩٧، شكلت المـرأة نصيباً متزايـداً مـن القوى العاملـة في جميع مناطق العالم تقريباً وزاد نشـاطها الاقتصادي في حـين تنـاقص نشاط الرجل جزئياً. (أنظر الجدول ٢٧).

جدول (٢٧)

يوضح نسبة النشاط الاقتصادي في مناطق مختلفة من العالم ١٩٨٠ و١٩٧٧ حسب الجنس

(نسبة مئوية)				
	١٩٨٠		١٩٩٧	
المناطق	ذكور	إناث	ذكور	إناث
شمال إفريقيا	٧٩	٢٠	٧٧	٢٦
إفريقيا جنوب الصحراء	٨٨	٦٢	٨٩	٦٣
الجنوب الإفريقي	٨٥	٥٣	٧٧	٤٧
منطقة البحر الكاريبي	٧٥	٤٤	٧٥	٥٣
أمريكا الوسطى	٨٥	٣١	٨٣	٣٩
أمريكا الجنوبية	٨١	٢٩	٧٨	٤٥
شرق آسيا	٨٣	٥٧	٨٠	٦٠
غرب آسيا	٨٠	٢٨	٨٣	٣٣
الاوقيانوس	٨٨	٥٨	٨٣	٥٧
شرق أوربا	٧٦	٥٢	٧٠	٥٣
غرب أوربا	٧٥	٤٢	٦٩	٤٩
المناطق المتقدمة الأخرى	٧٨	٤٧	٧٤	٥٥

المصدر: الأمم المتحدة، مكتب العمل الدولي، المؤشرات الرئيسية لسوق العمالة (جنيف، ١٩٩٩، الجدول19).

وحدثت أكبر زيادة خلال الفترة ما بين ١٩٨٠- ١٩٩٧ في أمريكا اللاتينية ففي عام ١٩٨٠ ، كان أكثر من ربع القوى العاملة بقليل في أمريكا الجنوبية من النساء، وفي عام ١٩٩٧، ارتفعت النسبة إلى ٤٥% وخلال الفترة نفسها، زادت نسبة النساء في القوى العاملة كذلك في غرب أوربا وفي المناطق المتقدمة النمو الأخرى، إلا أنها ظلت عند نفس المستوى في شرق أوربا.

وفي شمال إفريقيا، ارتفع نصيب النساء مـن القـوى العاملـة مـن ٢٠% في عـام ١٩٨٠ إلى ٢٦% في عام ١٩٩٧، وفي غرب آسيا، من ٢٨% إلى ٣٣%.

وظل نصيب المرأة في القـوى العاملـة عنـد نفـس المسـتوى تقريبـاً في إفريقيا جنوب الصحراء الكبرى، على الرغم من ارتفاع النسبتين. (جدول ٢٧)

وتقلص الفارق في معدل النشاط الاقتصادي للمرأة والرجل خلال الفترة ما بين ١٩٨٠- ١٩٩٧. من منطقة إلى أخرى وكذلك فيما بين المناطق.

وتعود زيادة مشاركة المـرأة في القـوى العاملـة إلى مختلـف العوامـل الاجتماعية والاقتصادية. فقد حققت المرأة مزيداً من السيطرة على خصوبتها، مما أدى إلى توسيع الفرص المتاحـة لـديها في التعليم والعمـل. وبالإضافة إلى ذلك، فقد تغيرت المواقف نحو المرأة. وتعتبر السياسات العامة المتعلقة بالأسرة ورعايـة الأطفال، والعمـل المؤقـت، واستحقاقـات الأمومـة، والأجـازة الوالديـة وإجازة الوضع أكثر تأييداً لمشاركة المـرأة في القوى العاملـة. كـما يعتـبر النمـو الاقتصادي والتقدم التكنولوجي السـريع، وإضفـاء الطابـع غـير الرسمـي عـلى العمل بصورة متزايدة من العوامل الهامة في استخدام أعداد كبيرة مـن النسـاء في كثير من المناطق والبلدان. (الأمم المتحدة، ٢٠٠٠: ١٣٦)

يظل كثير من النساء والرجال، وبخاصة في البلدان النامية حيث يتوافر فيها عدد أقل من خطط التقاعد، ناشطين اقتصادياً حتـى موعـد متأخر مـن العمر. انخفضت معدلات النشاط الاقتصادي للمسنين والمسنات في معظم المناطق. وفي جميع المناطق، يساهم عدد من المسنات في القوى العاملـة أقل من الرجال المسنين. ويمكن أن يعزى هذا الفارق جزئياً إلى أن النساء في بعض البلدان يستحقن معاشاً تقاعدياً من الدولة قبل الرجال بفترة تتراوح ما بـين ٢- ٥ سنوات.(منظمة العمل الدولية، ١٩٩٩)

وفيما بين المناطق، توجد لدى أفريقيا جنوب الصحراء الكبرى أعـلى معدلات النشاط الاقتصادي لكل من النساء والرجال المسـنين. معدل النشـاط الاقتصادي للمرأة أقل من نصف معدل نشاط الرجال المسنين.

ويعتبر انخفاض معدلات النشاط الاقتصادي للمسنات والمسنين مـن دواعي القلق في كثير من البلدان في المناطق المتقدمة النمو. فالاتجاه في هـذه البلدان ما فتئ نحو التقاعد المبكر، وجيل طفرة الولادات قد وصل إلى التقاعد وأصبح تمويل نظم التقاعد موضع شك نظراً لأنه يتعين على السكان الناشطين اقتصادياً الذين يتناقص عددهم أن يعيلوا عدداً يتزايـد بـاطراد مـن الأشخاص غير الناشطين اقتصادياً (الأمم المتحدة، ٢٠٠٠: ١٤٠)

اتجاهات وسرعة التغير البنيوي

في معظم الاقتصاديات المتقدمة ما فتئت وتيرة التغير القطاعي مـن الزراعة والصناعة التحويلية إلى الخدمات سريعة جداً، ويـتجلى ذلك بوضوح في تحول القوى العاملة بمرور الزمن. في العقود الأربعة الماضية انخفضت نسبة العاملين في الزراعة والمهن المرتبطة بها في الاتحاد الأوروبي، استراليا وزيلندة الجديدة وكندا والولايات المتحدة الأمريكية من ١٤% في المتوسط إلى ٤٫٥%، في حين انخفضت نسبة العاملين في الصناعة التحويلية مـن ٤٦% إلى ٣١% وفي غضون ذلك، زادت نسبة العاملين في جميع الخدمات مـن متوسط ٣٨% إلى ٦٥%. في هذه البلـدان، يمكن تفسيـر الزيادة السريعة في نسبة العاملين في الخدمات بواسطة الطلب المتزايد عـلى الخدمات البشـرية كالصحة، التعليم، الإسكان، العناية الشخصية، السفر والاستجمام، مـن جراء زيادة المدخولات وزيادة الحياة المتوقعة. (الأمم المتحدة، ٢٠٠١: ٣٩)

ويختلف نمـط التغير البنيوي في البلدان النامية. ففـي بعض بلـدان جنوب آسيا كالهند والصين، مازال أكثر مـن نصف القـوى العاملة يعملون في الزراعة. كما أن حصة الزراعة في القـوى العاملـة في إفريقيا، بخاصة جنوب الصحراء الكبرى، عالية جداً.

جـ- خصائص أسواق العمل

١- أنماط التشغيل

إن إحدى الخصائص المميزة للتشغيل في البلدان النامية هي أن أغلب العمال يشتغلون في الزراعة والصناعات الأولية الأخرى مثل تربية الحيوانات والصيد والحراجة وصيد الأسماك. ويظهر هذا النمط بصورة واضحة في الدول الأكثر فقراً ويتفاوت بطريقة تتفق مع مستوى التنمية الاقتصادية. فكلما ارتفع مستوى التنمية انخفضت نسبة العاملين في قطاع الزراعة، وارتفعت في قطاع الصناعة وقطاع الخدمات، تبعاً لذلك.

والخاصية الثانية للعمل في البلدان النامية هي انخفاض أجور العمال مقارنة بمستويات الأجور في الدول الصناعية. ويعود السبب في ذلك إلى وفرة الأيدي العاملة بشكل كبير مقارنة مع عرض عناصر الإنتاج المكملة التي تعمل على زيادة إنتاجية العمل ورفع الأجور. أما عناصر الإنتاج المكملة فهي إجمالا نادرة وتشمل المعدات الرأسمالية، والأرض الزراعية، والعملات الأجنبية، فضلا عن التنظيم والقدرات الإدارية.

أما الخاصية الثالثة للعمل في البلدان النامية فهي انخفاض الإنتاجية ويعود السبب في ذلك إلى عوامل كثيرة منها انخفاض مهارات العمال وقلة خبرتهم في ميدان العمل التقني. الذي يحتاج إلى مهارات فائقة، فضلاً عن اتجاهات العاملين وقيمهم. وتشير القيم والاتجاهات إلى الطريقة التي ينظر بها الأفراد إلى العالم المحيط بهم. فما هي قيمة السلع والخدمات التي يحصل عليها الأفراد نتيجة عملهم؟ وهل عندهم الإرادة الحرة للتخلي عن النظم الاجتماعية التقليدية، وقبول وظائف في بيئة غير مألوفة مثل العمل في المصانع؟ وهل يلتزمون في الأوقات المحددة للعمل؟ وهل يبذلون جهداً كافياً أثناء العمل؟ وهل عندهم القدرة على قبول الأعمال الروتينية؟ على الرغم من تجاهل معظم الاقتصاديين لتأثير القيم في الإنتاجية إلا أنها في الحقيقة في غاية الأهمية كما أن إحدى الخصائص المميزة للمتعلمين في الدول النامية هي الاختلاف الكبير بين أجور مختلف

الكفاءات ومستويات التعليم بدرجة تفوق ذلك التفاوت القائم في الدول المتقدمة. ويرجع السبب إلى قلة أصحاب الكفاءات العلمية والفنية والإدارية في الدول النامية.

وبالإضافة إلى هذه الجوانب الهيكلية فإن حركية العرض والطلب على العمل في الدول النامية لها أهميتها. فسرعة نمو عرض العمل مع الاستخدام غير الكامل للعمال الموجودين بسبب سرعة نمو القوة العاملة من جراء الزيادة السكانية السريعة، حيث يزداد عدد الأفراد الراغبين في العمل بنسبة تتراوح ما بين ٢ إلى ٣% سنوياً. وهذا يعني أنه يتبع سرعة الزيادة السكانية سرعة مماثلة لنمو القوة العاملة متأخرة عنها بحوالي ١٥ سنة. لذلك فإن النمو في القوى العاملة في الدول النامية قد استمر حتى الثمانينات ولكنه بدأ بالانخفاض في التسعينات من القرن العشرين نتيجة لانخفاض معدل الزيادة السكانية في أنحاء العالم كافة.

والخلاصة فإن انخفاض الأجور والإنتاجية والتباين الكبير بين الأجور وسرعة نمو عرض العمل مع الاستخدام الناقص للعمال الموجودين تعتبر جميعها من خصائص العمل في الدول النامية.

٢- هيكل أسواق العمل:

يمكن تصنيف هيكل أسواق العمل إلى ثلاث مراتب: القطاع الحضري الرسمي والقطاع الحضري غير الرسمي والقطاع الريفي.

ويمثل القطاع الحضري الرسمي ذلك القطاع الذي يتطلع إليه الجميع ويرغبون الانخراط فيه إذا ما أتيحت لهم الفرصة ويشمل المؤسسات الحكومية الكبيرة الحجم كالمصارف والجامعات وشركات التأمين، والمصانع والغرف التجارية. والجاذبية الأساسية لهذا القطاع هي أنه يدفع أجور أعلى ويوفر وظائف أضمن من غيرها.

أما منشآت القطاع الحضري غير الرسمي الصغيرة الحجم فإنها توجد إما بجانب مؤسسات القطاع الحضري الرسمي أو في الغالب داعمة له. تقوم هذه المؤسسات الصغيرة بتوفير أنواع كثيرة من السلع والخدمات . ويوفر هذا القطاع فرص عمل

للمهاجرين القادمين من الريف غير القادرين على إيجاد فرص عمل في القطاع الرسمي الحضري. ويمكن أن يوفر القطاع غير الرسمي عدداً كبيراً من فرص العمل بأجور منخفضة وبدون ضمان اجتماعي.

ويذكر أن القطاع الحضري غير الرسمي يدفع أجوراً أعلى من سوق العمل الريفي، لذلك فإن المهاجرين من الريف يعتقد أنهم أحسن حالاً من جميع سكان الريف باستثناء الأغنياء منهم.

ويمثل عمال القطاع الزراعي أصحاب الفئة ذات المستوى الأدنى من الدخل في الدول النامية.

ويعني العمل بالنسبة لأفراد الأسرة في المناطق الريفية في الدول الفقيرة عملاً يقوم على المشاركة في ناتج المنشأة الأسرية بدلاً من العمل لقاء أجر. ويعمل أفراد الأسرة هؤلاء دون أجر ويشار إليهم بأنهم "عمال الأسرة المساهمون".

وتشير منظمة العمل الدولية إلى أن مزيداً من ربات المهن يعملن في قطاع الشركات الصغيرة والصغيرة جداً. وتعمل شركات العمل التجارية هذه على تعزيز النمو الاقتصادي والتنمية في جميع أنحاء العالم، ويعتبر الدور الذي تؤديه حاسماً في إيجاد الوظائف وفي تخفيف حدة الفقر. (منظمة العمل الدولية، ١٩٩٧). وقد ارتفع عدد أصحاب الأعمال التجارية الصغرى من النساء في أنحاء العالم كافة.

ولقد أظهرت المنظمات غير الحكومية للأعمال التجارية، والمؤسسات المالية المتخصصة، وبعض المصارف التقليدية إمكانية تقديم الخدمات المالية وخدمات تنمية الأعمال التجارية إلى النساء الفقيرات في مختلف بلدان العالم وحققت نجاحاً كبيراً في هذا المجال.

والناس العاملون في القطاع غير الرسمي يعملون ساعات طويلة مقابل مردود قليل. العمال يستخدمون القطاع غير الرسمي دائماً كملاذ أخير، إستراتيجية البقاء على

قيد الحياة. وغالباً ما يتضـمن درجـة مـن الفقـر والتهمـيش الاجتماعـي الـذي يحرمهم من أي نوع من حماية اجتماعية أو قانونية.

عالمياً، ينمو القطاع غير الرسمي أسرع من القطاع الرسمي. كان القطاع غير الرسمي المصدر الرئيسي للأعمال في أمريكا اللاتينية وفي إفريقيا واسيا. ففي إفريقيا يمثل العمل غير الرسمي الحضري ٦١% من القوى العاملة الحضرية.

يلازم القطاع غير الرسمي ظاهرة أخرى تعرف بالعمل المتقطع أو غـير المنتظم، غالباً ما يسيطر عليه "عمال الأسرة المساهمون"، تتكـون هـذه القـوى العاملـة مـن متعهـدين مسـتقلين ممـن لا يحصـلون عـلى إعانـة ماليـة عنـد الشيخوخة أو المرض أو البطالـة ويـؤدون أعـمالا كانـت تنجـز سـابقاً بواسـطة عـمال نظـاميين. النتيجـة هـي أن أناسـاً أكـثر مـن السـابق في البلـدان الناميـة والمتقدمة، يبقون بدون ضمان. وأشد ظروف العمل افتقارا للأمن تكـون عـادة في الاقتصاد غير الرسمي.

يمثل القطاع غـير الرسـمي نصـيباً هامـاً مـن مشـاركة المـرأة في القـوى العاملة. وفي كثير من البلدان يعتبر القطاع غير الرسمي بمثابة المصدر الرئيسي للتشغيل بالنسبة لها.

تدل البيانات المتعلقة بتكوين القوى العاملة الحضرية على أهمية القطـاع غير الرسمي في كثير مـن البلـدان في المنـاطق الناميـة وفي بعـض البلـدان الأفريقيـة جنوب الصـحراء الكـبرى تعمـل جميـع النسـاء الحضـريات عملياً في القطـاع غـير الرسمي.

وتتباين خصائص القطاع غير الرسمي عـبر المنـاطق، وفي بعـض البلـدان الإفريقية، نجد أن جميع النساء في القطاع غير الرسمي تقريباً هـن مـن ربـات المهـن الحـرة أو مـن عـاملات الأسرة المسـاهمات. كـما ن ربـات المهـن الحـرة وعاملات الأسرة المسـاهمات يمـثلن نسـبة كـبيرة مـن القطـاع غـير الرسـمي في أمريكا اللاتينية.

وفي عام ١٩٩٦، اعتمدت منظمة العمل الدولية الاتفاقية الدولية المتعلقة بالعمـل في المنزل، التي تعترف بحق العمال في المنزل بمعاملـة تسـاوي معاملـة العـمال الآخـرين،

وتنص على معيار الحد الأدنى للأجور وظروف العمل المناسبة.(منظمة العمل الدولية، ١٩٩٦).

وتشير البيانات المتوافرة إلى أن المرأة تسود في العمل في المنزل. وتعتبر غالبية العاملات العظمى في المنزل من العاملات لحسابهن الخاص في بعض البلدان، أو مستخدمات أو من عمال الأسرة المساهمة في بلدان أخرى كالهند. (الأمم المتحدة، ٢٠٠٠، ١٤٧- ١٥٠)

وفي البلدان النامية، أدى القدر المحدود من الوظائف في القطاع الرسمي إلى نمو القطاع غير الرسمي والى زيادة العاملين في المهن الحرة.

-المهن الحرة:

توفر المهن الحرة في أنحاء العالم كافة، وسيلة للإسهام في دخل الأسرة لبعض النساء والرجال، وخاصة الذين فشلوا في الحصول على وظائف لقاء اجر أو مرتب.كما يمكن للمهن الحرة بدورها أن توفر لآخرين وظائف نظامية أو مؤقتة وبالتالي يمكن أن تساعد على تخفيف البطالة. وتجعل المهن الحرة أحياناً من الأيسر على المرأة أن تجمع بين مسؤولياتها الأسرية وعمل الكفاف غير المأجور مع الأنشطة المدرة للدخل. ويمكن أن تنطوي من ناحية أخرى، على مستوى عال من انعدام الأمن الوظيفي.

ويذكر أن عدداً متزايداً من النساء يعملن في المهن الحرة في البلدان النامية. ومن المرجح أن تعمل المرأة في المهن الحرة بدرجة أقل من الرجل- كعاملات لحسابهن الخاص أو كصاحبات عمل.

زادت المهن الحرة وزادت نسبة القوى العاملة فيها في أنحاء العالم كافة منذ عام ١٩٧٠ حتى الوقت الحاضر.

٣- البطالة:

من الصعب مقارنة بيانات البطالة عبر البلدان بسبب تباين التعاريف ومصادر البيانات. ومن العسير، حتى داخل بلد ما، مقارنة بيانات البطالة (أو القوى العاملة بوجه عام).

وكان معدل البطالة- النسبة المئوية للأشخاص في القوى العاملة العاطلين عن العمل- فيما بين النساء أعلى من نسبة البطالة فيما بين الرجال عام ١٩٩٧ في جميع المناطق التي تتوفر عنها بيانات.

وزاد معدل البطالة في أنحاء العالم كافة بسبب الركود الاقتصادي في الوقت الحاضر.

وكانت معدلات البطالة منخفضة بوجه عام بالنسبة للذكور والإناث ممن لديهم مستويات أعلى من التعليم.

ويقدر عدد العاطلين عن العمل في العالم بحوالي ١٦٠ مليون نسمة، ٤٠% منهم من الشباب والشابات. يعاني الشباب والشابات بوجه خاص، من ارتفاع البطالة بسبب مجموعة منوعة من العوامل: المواقف السلبية تجاه العمال الشباب الذين تنقصهم البراعة، والافتقار إلى المهارات الناجم عن الخبرة المحدودة للوظيفة، وشدة تأثرهم بوجه خاص بالأحوال الاقتصادية الفقيرة. (منظمة العمل الدولية، تقرير العمالة عام ١٩٩٨- ١٩٩٩)

وبلغت معدلات البطالة بالنسبة للشباب أكثر من ضعف المعدلات المقابلة للسكان الراشدين الناشطين اقتصادياً في جميع المناطق، بخاصة في إفريقيا جنوب الصحراء (باستثناء الجنوب الإفريقي)، بلغ معدل بطالة الشابات عشرة أضعاف معدل البطالة فيما بين النساء البالغات.

تشكل البطالة طويلة الأمد- التي تعرف بأنها البطالة لمدة سنة أو أكثر- جزءاً هاماً من مجمل البطالة. أما الفئات التي تعتبر أكثر تعرضاً للبطالة في الأمد البعيد فهي

الفئات التي حصلت على مستوى منخفض من التعليم والعمال الأكبر سناً، فضلاً عن النساء اللاتي يتعرضن بدرجة أكبر لخطر عدم الحصول على عمل أو فقدان وظائفهن.

البطالة تصبح مشكلة اجتماعية عندما يمتد السعي من أجل العمل الأول إلى أشهر أو سنوات. يمكن أن تؤثر العواقب في فترة الحياة بأكملها. تفقد المجتمعات إنتاجها القيم فضلاً عن الضرائب ويمكن أن يصبح العاطلون عن العمل عرضة لمختلف أنواع السلوك المنحرف والإجرامي.

د- انعدام الأمن الوظيفي وامن الدخل:

١- الأمن الوظيفي:

يتطلب الأمن الوظيفي وامن الدخل وجود دخل أساسي مضمون- عادة من عمل منتج ومجزٍ، أو من شبكة سلامة ممولة من القطاع العام وذلك كملاذ أخير. ولكن الربع فقط من سكان العالم قد يكونون حالياً آمنين اقتصاديا بهذا المعنى. (الأمم المتحدة، ١٩٩٩: ٢٥)

في البلدان الفقيرة والبلدان الغنية على السواء، أدت الإختلالات الناجمة عن إعادة الهيكلة الاقتصادية، وإعادة تنظيم الشركات وإزالة الحماية الاقتصادية والاجتماعية إلى حدوث خسائر شديدة في الوظائف وتدهور في شروط العمل، فقد أصبحت الأعمال والدخول أكثر تزعزعاً. وكثير من الناس حتى في الشعوب الغنية يشعرون الآن بعدم الأمن لأن الحصول على عمل والاحتفاظ به أصبح أمراً بعيد المنال.

ومع اندماج الشركات المتعددة الجنسيات كان معنى إعادة هيكلة الشركات حدوث خسائر في الوظائف بسبب تقليص للحجم وتسريح للعاملين.

والشباب هم الذين يكونون على الأرجح عاطلين عن العمل حيث تقدر نسبتهم ما بين ٤٠- ٧٥% من مجموع العاطلين عن العمل في بعض البلدان النامية. وتشكل البطالة العلنية والخفية مشكلة بالنسبة للشباب بالذات حيث يعد معدل البطالة

العالية في معظم البلدان النامية أحد العوامل الرئيسية وراء الموجة الأصولية أو التوترات العرقية في بلدان كثيرة.

وحتى أولئك الذين لـديهم عمـل قـد يشعرون بعـدم الأمـان إذا كـان عملهم مؤقتاً فحسب ففي كثير من البلدان الغربية يضطر كثير من العمال إلى قبول القيام بأعمال مؤقتة بسبب عدم تمكنهم مـن العثـور عـلى أعـمال عـلى أساس كامل .

وأشد ظروف العمل افتقاراً للأمن تكون عادة في القطاع غير الرسمي، الذي يتضمن نسبة عالية من البطالة الإجمالية فكثـير مـن النـاس الـذين لا يسـتطيعون الحصول على عمل رسمي ينتهي بهم المطاف للعمل في القطاع غير الرسمي.

وبالنسبة لمعظم الناس يتمثل الخيار الوحيد في المهن الحـرة. ولكـن هـؤلاء العمال يمكن أن يكونوا أقـل أمنـاً مـن العـاملين لقـاء أجـر . ويجـد الفقـراء مـنهم صعوبة في تلبية احتياجاتهم الضرورية. وفي كثير من البلـدان الناميـة يحصـل ٤٠% من الناس على أقل من ١% من مجموع الائتمان. (الأمم المتحدة ١٩٩٤:٢٥)

وقد اقترن التحول إلى العمل غير المستقر بتزايـد عـدم امـن الـدخل. فقـد ظلت الأجور الاسمية راكدة، أو لم ترتفع إلا بصورة بطيئة، ولكـن التضـخم أدى إلى تآكل قيمتها. ونتيجة لذلك، فقد انخفضت الأجـور الحقيقيـة في كثـير مـن منـاطق العالم.

وقد أصاب انعدام أمن الـدخل البلـدان الصـناعية أيضـاً مـع انخفـاض الدخل وانعدام أمنه، يميل كثير من الناس إلى التطلع نحو مزيد مـن المسـاعدة والدعم من جانب حكوماتهم. ولكن كثيراً ما يكون ذلك دون جدوى، فمعظـم البلدان النامية تفتقر إلى ابسط أشكال الضمان الاجتماعي. ونتيجـة ذلـك هـي تزايد الفقر ومن أشد انعدام الأمن الاقتصادي ظاهرة انتشـار الأحيـاء الفقـيرة المزدحمة في المدن الكبرى يقطن ما يقدر بثلـث سـكان مـدن العـالم النـامي في أحياء فقيرة يعانون الازدحام الشديد والسكن المعياري وقلة إمكانات الحصول على الماء الصالح للاستعمال والصرف الصحي المـأمون، مـما يـؤدي إلى انتشـار الأمراض وارتفاع معدل الوفيات. (الأمم المتحدة ،٢٠٠٣: ١٢٧)

نادراً ما يستطيع قطاع الإسكان الرسمي توفير أكثر من ٢٠% من المساكن الجديدة في مدن العالم الثالث بينما يقوم القطاع غير الرسمي بتوفير النسبة المتبقية، بدرجات متقاربة من الخروج على القانون.

٢- أتساع نطاق التفاوت في الدخل.

إحصائيات الدخل ذات قيمة مباشرة للاقتصاديين والآخرين المهتمين بالثروة، توزيع الدخل الاستهلاكي ومصادره؛ معدلات الأجور والمرتبات وفي الاستخدام الفعال للقوى العاملة: الدخل هو أحد المقاييس الأفضل للرفاه الاقتصادي علاوة على ذلك يرتبط الدخل الفردي أو الأسري بكثير من الخصائص الديمغرافية كالوفيات، الخصوبة، الهجرة، المستوى الدراسي والمهنة.

من حيث المبدأ، يجب أن يحسب الدخل النقدي والدخل العيني معاً.

يُعرف الدخل بواسطة الأمم المتحدة كالأتي: المصدر الرئيسي للدخل النقدي للأسرة، المتضمن المدخولات الشخصية للأعضاء كافة: المرتبات، الأجور، المكاسب الصافية من التشغيل الذاتي، الفوائد التجارية، دخل الاستثمار: الإيجار، الفائدة ، إيراد الأسهم المالية، الملكيات والعمولات. الفترة المرجعية لبيانات الدخل يجب أن تكون سنة واحدة.

تتضح الفوارق بين الأقاليم والبلدان تحديداً في النمو الاقتصادي الذي يوفر موارد عامة للاستثمار في التعليم، والصحة، والإسكان ويزيد من الموارد لدى الأفراد والجماعات من اجل التمتع بمستوى معيشة لائق وتحسين العديد من مظاهر حياتهم الأخرى.

على الرغم من بعض المحاولات الرامية إلى تخفيض حدة الفروق الاجتماعية الناجمة عن التفاوت في الثروة والمكانة الاجتماعية والسلطة والجاه ، فقد زادت تباينات الدخل في العالم خلال التسعينيات.

يعيش الآن أكثر من ثلاثة أرباع سكان العالم في البلدات النامية إلا أنهم لا يحصلون إلا على ١٦% من دخل العالم فقط. (الأمم المتحدة ١٩٩٥: ٤٤)

وقد استمر أتساع الفجوة في الدخل بين الفقراء والأغنياء من إناس وبلدان على حد سواء . ففي عام ١٩٦٠ كان ٢٠% من سكان العالم ممن يعيشون في أغني البلدان يحصلون على دخل يعادل دخل أفقر نسبة ٢٠% من السكان ٣٠ مرة وفي عام ١٩٩٧، أصبح دخلهم يعادل مستوى دخل أفقر ٢٠% من سكان العالم ٧٤ مرة . (الأمم المتحدة، ١٩٩٩)

وأخذت الفجوة بالاتساع بين البلدان وفي داخلها على السواء خلال الفترة ما بين ١٩٧٥-١٩٩٩ تضاعف دخل الفرد أربع مرات في شرق أسيا والمحيط الهادي ، غير أن النمو في الدول العربية وأمريكا اللاتينية والكاريبي ظل منخفضاً حيث بلغ أقل من ١% سنوياً في حين أن أداء الدول الإفريقية جنوب الصحراء الكبرى هو الأكثر انخفاضاً، حيث أصبح نصيب الفرد من الدخل أقل مما كان عليه عام ١٩٧٠ . (الأمم المتحدة، ٢٠٠١)

ومن جهة أخرى ، فإن الدول الغنية تزداد ثراءاً.

الخلاصة:

١- النظام الاقتصادي يحدد توزيع السلع والخدمات. النشاط الاقتصادي هام لأنه يحافظ على الحياة، لان وسائل الإنتاج الاقتصادية الرئيسية للمجتمع تؤثر في الثقافة والبيئة الاجتماعية، لان القضايا الاقتصادية والسياسية ذات علاقة قوية، ولان عمل المرء يشكل مصدراً رئيسياً للهوية الشخصية والمكانة الاجتماعية.

٢- في المجتمعات النامية، يفتقر العامل إلى التعاقد الحقيقي وحتى إلى فكرة التعاقد الحر. وتحدد الأنشطة الاقتصادية للفرد بواسطة الثقافة وذلك عكس الحال في المجتمعات المتقدمة حيث يدخل فيها العامل في علاقة تعاقدية حرة مع صاحب عمله.

٣- أدت التغيرات الهامة في الاقتصاد العالمي، كسرعة العولمة والتقدم التكنولوجي ، انتشار وسائل الاتصالات والمعلومات إلى أحداث انعكاسات نوعية رئيسية في الموارد البشرية والمهارات ومكانة النساء والرجال في سوق العمل.

٤- يتميز النظام الاقتصادي للبلدان المتقدمة بتقسيم العمل المعقد، وهو يتألف من ثلاثة قطاعات: القطاع الأول ؛ ويشمل جمع أو استخراج المواد الخام، القطاع الثاني؛ تحويل المواد الخام إلى سلع، القطاع الثالث؛ توفير الخدمات . وفي إطار عملية التنمية، أصبحت سرعة التحول القطاعي من الزراعة والصناعات التحويلية إلى الخدمات سريعة جداً في معظم البلدان المتقدمة.

٥- أدت الزيادة السكانية السريعة في البلدان النامية إلى زيادة أعداد القوى العاملة بسرعة بحيث تعذر توفير فرص عمل كافية للأعداد المتزايد من الراغبين في العمل مما أدى إلى انتشار البطالة على نطاق واسع.

٦- أدت المهن الحرة والعمل لبعض الوقت في المنزل إلى توسيع نطاق الفرص المتاحة أمام المرأة للمشاركة في القوى العاملة بيد أنها تتسم بانعدام الأمن وانخفاض الدخل.

٧- يمثل القطاع غير الرسمي مصدراً للعمالة بالنسبة للمرأة أكبر مما هو بالنسبة للرجل.

٨- تتعرض النساء، بخاصة الفتيات إلى البطالة أكثر من الرجل ولفترة أطول من الرجل.

٩- لا تزال المرأة تتركز في عدد قليل من المهن وشغل مناصب لا تتمتع إلا بقدر من السلطة، وتتلقى أجوراً أقل من الرجل.

١٠- بالنسبة لكثير من الناس يتمثل الخيار الوحيد في العمل لحسابهم الخاص ولكن هذا العمل يمكن أن يكون أقل أمناً من العمل الرسمي لقاء أجر أو مرتب. ١١- الشركات متعددة الجنسيات تستحوذ على تنظيم الموارد في أنحاء العالم كافة مما أدى إلى تجزئة عمليات الإنتاج وأسواق العمل والكيانات السياسية والمجتمعات، فضلاً عن تعزيز التقسيم الدولي للعمل والنظام الطبقي والتبعية للغرب.

الباب الخامس

السياسات السكانية

الفصل الرابع عشر
السياسات السكانية

الفصل الرابع عشر

مقدمة:

مفهوم السياسات السكانية

أ- رؤية الحكومات والسياسات المتعلقة بالخصوبة.

ب- آراء الحكومات والسياسات السكانية

المتعلقة بالصحة والوفاة

جـ- رؤية الحكومات والسياسات السكانية بشان ديمغرافية العائلة.

د- السياسات المتعلقة بالتحضر.

هـ- السياسات المتعلقة بالتعمير.

الفصل الرابع عشر
السياسات السكانية

مقدمة:

كانت القضايا السكانية مثار اهتمام الباحثين ورجال السياسة منذ أقدم العصور التاريخية، فقد أظهر عدد كبير منهم اهتماماً بدراسة أحوال السكان من حيث أسباب الزيادة السريعة التي تفوق نمو الموارد الطبيعية المتاحة وتأثير ذلك في المؤسسات الاجتماعية ورفاهية الجنس البشري. ورغم ذلك لم يعالجوا هذه القضايا إلا بصورة سطحية ومقتضبة.

وفي نهاية القرن الثامن عشر أبدى مالتوس اهتماماً كبيراً بدراسة العلاقة بين نمو السكان والتنمية الاقتصادية وتوصل إلى نظريته المشهورة التي سبق ذكرها فأثارت جدلاً واسعاً بين العلماء حول هذا الموضوع ما زالت أثاره باقية حتى الوقت الحاضر.

في أعقاب التحول الديمغرافي في القرن التاسع عشر، حدث نقص في القوى العاملة، بسبب انخفاض الخصوبة، وتم سد النقص باستيراد القوى العاملة من البلدان النامية. وبعد الانخفاض الخطير الذي طرأ على معدلات الخصوبة في معظم بلدان أوربا الشمالية والغربية وأمريكا الشمالية بسبب تأثير الأزمة الاقتصادية الشديدة في الثلاثينات من القرن العشرين، تحول اهتمام الباحثين ورجال السياسة نحو فهم العواقب الوخيمة التي قد تترتب على انخفاض معدلات نمو السكان. بيد أن هذه الظاهرة لم تستمر طويلاً فقد بدأ الانتعاش الاقتصادي في أعقاب الحرب العالمية الثانية مما أدى إلى انتشار الزواج وبالتالي ارتفاع مستويات الخصوبة فقلل ذلك من المخاوف التي أثيرت حول تأثير معدلات نمو السكان الواطئة في عملية التنمية لدى بعض البلدان الغربية.

أما بخصوص البلدان النامية، فقـد شـهدت انفجـاراً سـكانياً في أعقـاب الحرب العالمية الثانية من جراء انخفاض معـدلات الوفيات السـريـع مـع بقـاء معدلات الولادة عالية. ونتيجة لذلك، فقد بدأ نمـو السـكان السـريـع يسـهم في عرقلة الجهود المبذولة في مجال التنمية الاقتصادية والاجتماعية في معظم هذه البلدان مما أثار قلق الديمغرافيين والاقتصاديين في الستينات من القرن المـاضي. فصاروا يسعون إلى إيجاد الحلول بالنسبة لهذه المعضلة الخطيرة. ولقد أنصب اهتمام فريق منهم على الدعوة إلى الحد مـن معـدل نمـو السـكان بينـما نظـر فريق أخر إلى المشكلة نظرة أوسع واعتبروها بمثابة جزء لا يتجزأ مـن عمليـة التنمية الاقتصادية والاجتماعية والثقافية والسياسية التي تعـاني منهـا البلـدان النامية. صار ينظر إلى المشكلة السكانية بحد ذاتها من جانب الحكومات عـلى نحو متزايد على اعتبار أنها أساساً مشكلة استثمار الموارد البشرية والعمالة، مع الحاجة إلى تنظيم العوامل الديمغرافية وتقليل نمو السكان كجزء مـن منحـى بعيد المدى فيما يتعلق بمشكلات العمالة والتنمية.(United, Nations,2002)

ورغم ذلك لم يقتصر اهتمام الحكومات على الحد من سرعة نمو السكان فحسب بل أمتد ليشمل قضايا أخرى كثيرة كالهجرة والتحضر والعلاقة المتبادلة بين السكان والبيئة والتنمية.

يرمي هذا الفصل إلى استعراض موجز للسياسات السكانية المتعلقة بنمو السكان، والصحة والوفيات، والخصوبة والهجرة، والتحضر.

مفهوم السياسة السكانية:

يختلف مفهوم السياسة السكانية باختلاف مفهوم الـديمغرافيا حيث ينظر إلى السياسة السكانية، في إطارها الضيق على أنها تقتصر ـ عـلى الجهـود المبذولـة للتأثير في حجم السكان ونموهم، و توزيعهم الجغرافي والخصائص المميزة لهم فقط، ومن جانب

أخر، يُنظر إلى السياسة السكانية، في إطارها الواسع، على أنها تشـمل، إضـافة إلى ذلك، الجهود المبذولة كافة مـن اجـل تـنظم العلاقـة بـين السـكان والبيئـة والتنمية.

تعرف الدرج السياسات السكانية بأنها مجموع الإجراءات التشريعية، والبرامج الإدارية وبعض الأعمال الحكومية الأخرى الرامية إلى تغيير المسارات السكانية القائمة أو تعديلها في سبيل تحقيق الرفاه الوطني. (Eldridge,1 954) ومن جهة أخرى، ينظر بعض الكتاب إلى مفهوم السياسات السكانية على أنه يتضمن كذلك مجموعة الإجراءات الاقتصادية والاجتماعية المؤثرة في مسارات السكان والخصائص والعمليات الديمغرافية. (Eldridge,1 954) كما يؤكد سوفي (Sauvy, 1966) على أن بعض أهداف السياسة السكانية تتضمن سياسات اقتصادية واجتماعية وحضارية كذلك.

أ- رؤية الحكومات والسياسات المتعلقة بالخصوبة:

في أعقاب المؤتمر العالمي حول السكان والتنمية في عام ١٩٩٤ والاهتمام المتجدد بعواقب مستويات الخصوبة واتجاهاتها بالنسبة لصحة الأمومة والطفل والتنمية الاجتماعية والاقتصادية، أعلنت ٥٨% من البلدان في العالم عن كونها غير راضية عن مستويات خصوبتها. هذا يمثل الدرجة الأكبر لعدم رضا الحكومات بخصوص مستويات الخصوبة منذ أن بدأت الأمم المتحدة برصد السياسات السكانية بصورة منتظمة في ١٩٧٦. ففي ١٩٧٦، شعرت ٤٧% من البلدان أن مستويات خصوبتها كانت إما مرتفعة جداً أو منخفضة جداً. وفي ١٩٩٤ بين البلدان المصنفة غير راضية، شعرت ٧٩% منها أن مستويات الخصوبة عالية جداً، بينما ذكرت ٢١% أن المستوى منخفض جداً.

تحول عدم الرضا عن مستويات الخصوبة في معظم البلدان إلى سياسات رامية إلى تغيير هذه المستويات. من بين البلدان غير الراضية البالغ عددها ١١٠، حاولت ٨٠ بلداً

تخفيض مستويات الخصوبة. من بين الـ ٨٠ بلداً المعبرة عن رضاها ، تدخلت ٤ بلدان من أجل رفع مستوى الخصوبة ، ٢٩ بلداً حاولت المحافظة على المستوى.

يشير تصنيف البيانات حسب الأقاليم إلى وجود أنماط إقليمية متمايزة في تنفيذ السياسات المؤثرة في الخصوبة. يظهر الإقليم الإفريقي، حيث الخصوبة الأعلى (٥,٨ ولادات لكل امرأة للفترة ما بين (١٩٩٠-١٩٩٥) الميل الأكبر نحو تنفيذ سياسات لتخفيض الخصوبة. فقد اتبعت ٦٨% من البلدان الأفريقية مثل هذه السياسات. في أسيا، حيث الخصوبة أدنى بكثير (٣,٠ ولادات لكل امرأة)، سعت ٤٦% إلى تخفيض الخصوبة. وفي الإقليم الأوربي الذي يمر في المرحلة الأخيرة للتحول الديمغرافي وحيث أن ٣٣ من البلدان الـ ٤٣ لديها خصوبة دون مستوى الإحلال (٢,١ أطفال لكل امرأة) نجد البلدان الأكثر احتمالاً بإتباع إما سياسة عدم التدخل (٤٩%) أو سياسة رفع الخصوبة (٣٥%). وفي أمريكا اللاتينية ومنطقة الكاريبي ذات الخصوبة المساوية في مستواها لأسيا (٣,١ ولادات لكل امرأة) نجد أكثر من نصف البلدان (٥٥%) لديها سياسات لتخفيض الخصوبة بينما في الاوقيانوس، تسعى ٦٢% من البلدان إلى تخفيض الخصوبة.

لقد أنصب اهتمام الحكومات بالمشكلات المرتبطة بخصوبة المراهقين بحسب الاستبيان السابع، ذكرت ٥٩بلداً من مجموع ١٢٧ أن حمل المراهقات دون سن العشرين شكلت قلقاً رئيسياً. للتصدي لخصوبة المراهقات، نفذ ٧٠ بلداً برامج من أجل تشجيع الزواج والحمل المتأخر من جانب المراهقات من خلال برامج الثقافة الجنسية وتحسين الفرص التعليمية والعملية وبواسطة رفع الحد القانوني الأدنى للعمر عند الزواج.

نصت برامج العمل على ضرورة قيام الحكومات بتنفيذ القوانين بشدة لضمان إتمام عملية الزواج بموافقة الخطيبين فقط. يضاف إلى ذلك يتعين على الحكومات تعزيز القوانين المتعلقة بالحد الأدنى للعمر عند الزواج، وعليها رفع الحد الأدنى للعمر عند الزواج عند الضرورة.(United Nations, 1995)

في أجزاء كثيرة من العالم، تتعرض الحقوق الإنسانية الأساسية للنساء إلى الانتهاك، عندما يتم ترتيب الزواج من قبل الأهل دون موافقة الخطيبين أو حيثما تؤدي الضغوط العائلية إلى الموافقة الإجبارية.(Freeman, 1991)

ومع ذلك، على الرغم من التشريع الرامي إلى القضاء على الزواج الإجباري المبكر، تتزوج البنات في عدة بلدان بعد البلوغ بفترة قصيرة ويتوقع منهن البداية بإنجاب الأطفال مباشرة تقريباً، لحد ما بسبب فقدان الفرص البديلة. لا يؤدي الإنجاب المبكر فقط إلى مشكلات بيولوجية طبية وإنما إلى تقليل الفرص التعليمية والعملية بالنسبة للأمهات الشابات؛ غالباً ما ينتهي التعليم الرسمي للبنات عندما يتزوجن أو يصبحن حوامل (World Health Organization, 1995).

على الرغم من الدعم الكبير من جانب الحكومات من أجل الوصول إلى وسائل تحديد النسل- ٨١% من الحكومات توفر دعماً مباشراً في ١٩٩٤- غير أن هناك قضايا خطيرة تتعلق بخدمات الصحة الإنجابية بحاجة إلى حلول سريعة. يشير صندوق الأمم المتحدة للسكان إلى أن عدداً يتراوح تقديره من ١٢٠ إلى ١٥٠ مليون امرأة من اللاتي يرغبن في تحديد عدد الأطفال المولودين أو توسيع الفترة الزمنية الفاصلة بين حالات الحمل يفتقرن إلى الوسائل الفعالة والمأمونة للقيام بذلك. ويؤدي العدد الكبير من حالات الحمل غير المرغوب فيها في معظم الأحيان إلى حالات إجهاض غير مأمونة أو إنجاب أطفال غير مرغوب فيهم، مع ما يترتب على ذلك من عواقب غير سليمة على حياة الأمهات وحياة أطفالهن (United Nations, 5, 2000:38)

وتعرف منظمة الصحة العالمية الإجهاض غير المأمون بأنه الإجراء الذي يضع حداً للحمل غير المرغوب فيه والذي يُجرى على أيدي أشخاص يفتقرون إلى المهارات اللازمة أو في وضع يفتقر إلى الحد الأدنى من المعايير الطبية (منظمة الصحة العالمية، ١٩٩٩).

وتعتبر حالات الإجهاض المستحث عادة نتيجة لحالات الحمل غير المرغوب فيه الناجمة عن إهمال استعمال منع الحمل أو فشل موانع الحمل.

يُسمح للأزواج باستعمال موانع الحمل لتجنب الحالات غير المرغوب فيها أو سوء التوقيت فضلاً عن الحماية من انتشار الالتهابات المنقولة بالاتصال الجنسي، بما في ذلك فيروس نقص المناعة البشرية الذي تترتب عليه عواقب طويلة الأجل.

بيد أن هناك كثيراً من الأسباب لعدم استعمال الزوجين لموانع الحمل، بضمنها عدم توفر وسائل منع الحمل، وعدم معرفة مختلف الوسائل، وارتفاع تكاليف البعض منها، والعوائق الاجتماعية والثقافية والدينية، والعوامل الصحية، بما فيها الخوف من الآثار الجانبية.

لقد أصبح العقم، الذي يُعرف بوجه عام على أنه عدم القدرة على إنجاب الأطفال عنصراً متزايد الأهمية من عناصر برامج تنظيم الأسرة(الأمم المتحدة ١٩٩٦).

ويصيب العقم كلاً من الرجال والنساء في جميع أنحاء العالم. وتترتب على العقم في معظم الأحيان آثار عميقة في الأجلين القصير والطويل بالنسبة للأفراد المصابين به وقد تعرضهم لضغوط أسرية واجتماعية وخيمة العواقب.

فحينما ترتبط هوية المرأة ارتباطاً وثيقاً بدورها الإنجابي، فإن عدم القدرة على الإنجاب قد تؤدي إلى الطلاق أو الهجر من جانب الأزواج أو الوالدين، والوصم والنبذ والعنف في بعض الحالات على أيدي الأزواج.

روية الحكومات بخصوص الصحة والوفيات

خلال العقد الماضي ظهر اهتمام متزايد بالحاجة إلى التدخل من اجل صحة الجنين. وهناك مبرران لمثل هذا التوجه الأول، هو إن أنماط أمراض الرجال والنساء مختلفة كثيراً. وإن عدداً من الظروف أو الأمراض أكثر انتشاراً بين احد الجنسين دون الأخر، وقد تكون تدخلات مختلفة ضرورية بالنسبة للنساء والرجال. الثاني، من المقبول على نطاق واسع أن تلبية الحاجات الصحية لكل من النساء والرجال تتطلب تدخلات تتعدى الفروق البيولوجية الجنسية لتمتد إلى الأحوال الاجتماعية والثقافية، والاقتصادية والطبيعية التي يعيشون فيها. لقد تم الاعتراف بان الأدوار الجنسية والسلوكيات الخاصة بالجنس على نحو خاص تؤثر في التجارب الصحية المختلفة وحاجات العناية الصحية لكل من الرجال والنساء .

في عام ١٩٩٦، ذكرت ٨٦ من بلدان العالم أن مستويات الوفيات بين جماعات سكانية خاصة بالجنس كانت مثار قلق بالنسبة لحكوماتها.

(United. Nations,1998)

من بين تلك البلدان، ذكر ٦٧ بلداً مجموعات معينة من النساء و ١٤بلداً ذكر مجموعات معينة من الرجال. من تلك البلدان التي أشارت إلى صحة مجموعات معينة من النساء، انصب اهتمام الأغلبية على الحياة الإنجابية للنساء (أي الأمهات، النساء الحوامل، والنساء في سن الإنجاب). ومثلت البلدان ذات الاقتصاديات المتحولة غالبية تلك التي عبرت عن قلقها حول صحة الرجال (١١ بلداً من مجموع ١٨بلداً) الاهتمام الرئيسي لتلك البلدان كان منصباً على مستويات الوفيات بين الذكور في سن العمل. واهتمت البلدان المتقدمة بالأضرار الناجمة عن الكحولية والتدخين. ومرض نقص المناعة البشرية، سرطان الرئة والانتحار بين الرجال.

الاتجاهات الجنسية السائدة في القطاع الصحي:

تركزت الجهود لدرجة كبيرة على الاتجاه الجنسي السائد في القطاع الصحي المتعلق بقضايا تخص صحة النساء. من المعروف حالياً أن الأنماط السلوكية المتعلقة بعناصر طراز الحياة مثل عادات التغذية، التدخين أو استهلاك الكحول ذات الآثار القوية في صحة الأفراد والجماعات، بخاصة ما يتعلق بالاعتلال والوفيات من أمراض القلب والسرطان خاصة بالجنس لدرجة كبيرة. ومع ذلك فإن الحملات ضد التدخين ليست فعالة جنسياً، باستثناء الحملات المستهدفة للنساء الحوامل. وبالمثل فإن الحملات الرامية إلى منع الكحول ليست خاصة بالجنس، رغم أن كثيراً من برامج إعادة التأهيل كانت تستهدف الرجال. في ألمانيا، تُعد النساء والكحول من بين المواضيع الخاضعة لحملات الأعلام ضد سوء استهلاك الكحول التي يقودها المركز الفدرالي للتعليم الصحي.

١- صحة الفتيات الصغيرات:

في التسعينات، أصبح التميز الجنسي وصحة البنات الصغيرات في البلدان النامية مثاراً للقلق الشديد. دعت الوكالات الدولية خلال العقد الماضي الحكومات المعنية إلى معالجة مسائل مثل الاختيار الجنسي الحادث قبل الولادة والتمايز الجنسي في الحالة الغذائية ومعالجة الأطفال المرضى.

ولقد أجريت مؤخراً محاولات لتقويم البرامج القائمة التي تتعلق بصحة الأطفال وبقائهم على قيد الحياة من منظور جنسي . وقد توصلت الأبحاث إلى أن التميز ضد الفتيات بطرق تؤثر في صحتهن وبقائهن غير شامل على الإطلاق في البلدان النامية. (U.N.1998)

يدل عرض واسع من البيانات من المسوحات الديمغرافية والصحية فيما بين ١٩٨٦ و ١٩٩٤ على أن الفروق الجنسية في ممارسات التغذية العلاج الطبي والتلقيح ضد الأمراض محدودة جداً باستثناء بعض البلدان النامية.

٢- التدخل لتقليل وفيات الأمهات واعتلالهن

يُعد تقليل وفيات الأمهات واعتلال صحتهن احد الأهداف الأساسية في مجال صحة الأمهات التي لقيت اهتماماً كبيراً من جانب برامج العمل للمؤتمر الدولي للسكان والتنمية. أوصى البرنامج بضرورة قيام البلدان بتخفيض معدلات وفيات الأمهات. في سنة ٢٠١٥. أكثر من ثلثي الحكومات في البلدان النامية تنظر إلى مستوى وفيات الأمهات لديها بأنه مرتفع لدرجة غير مقبولة، وبخاصة في البلدان الأفريقية كافة كما أن القلق بشان وفيات الأمهات كان عالياً أيضاً بين بعض البلدان المتقدمة. تصف الحكومات المستجيبة في البلدان المتقدمة ومستوى وفيات الأمهات لديها بأنه غير مقبول، علاوة على ذلك سواء اعتبرت مستويات وفيات الأمهات لديها بأنها مقبولة أو غير مقبولة، ذكرت جميع البلدان بأنها اتخذت إجراءات لتقليل هذه المستويات.

الأسباب المباشرة للمضاعفات المتعلقة بالحمل، اعتلال الصحة والوفيات تمثل النقطة النهائية في قائمة طويلة من العوامل المسببة التي تتضمن انعدام التعليم، تدهور الأحوال الغذائية وحالات الحمل المبكرة، غير المرغوب فيها والمتقاربة. ومع ذلك، نظراً لان وفيات الأمهات تحدث بصورة رئيسية من جراء المضاعفات المتعلقة بالولادة والإجهاض غير الأمن، فإن التدخل لتخفيض وفيات واعتلال الأمهات يقوم على مدى قدرة النساء على الوصول إلى العناية الأساسية في التوليد. حققت بعض البلدان النامية تقدماً ملموساً في تخفيض مستويات وفيات الأمهات كالصين، وكوبا وسريلانكا وفيتنام، وذلك بتوفير العناية الأساسية بالتوليد على مستوى مستشفيات الأقاليم. وعلى الرغم من ذلك، فإن المعلومات المتوافرة عن أنشطة الحكومات تشير إلى حقيقة أن خدمات القبالة الأساسية لا تحظى بالاهتمام اللازم. كما وُجد أن الخدمات (يضمها التسهيلات، ملاك التمريض، الأدوية والمعدات) كانت قليلة في معظم البلدان النامية. في مناطق قليلة حيث الخدمات الأساسية تكون متوافرة، عوامل أخرى مثل ارتفاع كلف الخدمات، والنقل ، وجد أنها تمنع الوصول إلى تلك الخدمات برغم أن التدخلات لمنع وفيات

الأمهات يمكن أن تؤثر في وفياتهن. إن كفاءة هذه التدخلات ترمي، لدرجة كبيرة إلى تعزيز نظام العناية الصحية. وعلى وجه الخصوص ، فإن نظام العناية الصحية الإقليمي الفعال الذي يمكن الوصول إليه يُعتبر أمراً ضرورياً لتخفيض وفيات الأمهات.

٣- المظاهر الجنسانية للسياسات المتعلقة بالأمراض المنقولة جنسياً وسياسات الايدز.

في النصف الثاني من التسعينات، ظهر إجماع على الحاجة إلى التوجه نحو العوامل المتصلة بالجنس ذات الخطورة والتعرض للوهن ضمن سياق تحسين منع ومعالجة الأمراض المنقولة عن طريق الجنس والايدز. لقد تم الأخذ بنظر الاعتبار ثلاثة توجهات للعمل. إدخال خدمات الأمراض المنقولة جنسياً والايدز إلى تسهيلات العناية الصحية الأولية القائمة، عيادات تخطيط الأسرة أو مراكز العناية الصحية بالأم والطفل؛ تطوير تكنولوجيا جديدة ؛ وتعزيز المساواة بين الجنسين في العلاقات الجنسية والعائلية.

تتوفر الآن تكنولوجيات جديدة لها القدرة على حماية الأمهات من التعرض لمخاطر الأمراض المنقولة عن طريق الجنس. لقد أصبح الواقي الذكري من بين أهم الوسائل الفعالة في وقاية الزوجين من انتقال الأمراض التناسلية الجنسية وفي وقاية المرأة من سرطان عنق الرحم.

الوسيلة الأخرى التي تزيد من قدرة المرأة كثيراً ضد الأمراض المنقولة جنسياً هو اللولب.

٤- تدخلات للتقليل من تعرض النساء إلى العنف

خلال العقدين الماضيين، انصب الاهتمام على دراسة مسألة العنف ضد المرأة على اعتبار انه يشكل معضلة تتعلق بالصحة العامة والحقوق البشرية. الأبعاد الثقافية والاجتماعية للعنف الأسري تشكل تحديات كبيرة للقطاع الصحي . في حين أن العنف ضد المرأة يتخذ أشكالاً متعددة فقد أنصب الاهتمام على قضيتين أساسيتين هما العنف

ضد المرأة في المنزل، وختان الأنثى. انصب اهتمام قليل من البلدان على اتخاذ الإجراءات اللازمة لحماية ومنع العنف الأسري.

الخطوة الأولى المتخذة من جانب عدد متزايد من البلدان هي جعل العنف الأسري ممنوع قانونياً وخاضع للعقوبة. (World Health Organization, 1997)

ومع ذلك فإن إدخال قانون العنف الأسري إلى التشريع ثبت أنه عملية طويلة ومعقدة. لقد حققت أمريكا اللاتينية تطوراً هاماً في هذا المجال فقد شرعت جميع بلدان أمريكا الوسطى السبعة مثل هذه القوانين بين ١٩٩٥ و١٩٩٧. كما شكلت بعض البلدان أيضاً وحدات خاصة من الشرطة لمراقبة العنف الجنسي والعنف داخل الأسرة. التدخلات لمنع وقوع العنف الأسري تحدث بصورة رئيسية داخل المدارس وتسهيلات العناية الصحية. في المدن الكبرى، خصصت تلفونات من أجل الوصول إلى ضحايا العنف الأسري. قام عدد من المنظمات غير الحكومية بفتح ملجئ فضلاً عن جمع التبرعات من أجل تقديم الدعم الاقتصادي المؤقت للنساء المستضعفات. بخصوص الرعاية، حاول عدد من البلدان المتقدمة والنامية معاً وضع معايير ومسودات أصلية للتدخلات البيو- صحية والعقلية الرامية إلى حماية ضحايا العنف الأسري والاستغلال الجنسي.

ختان الإناث نوع أخر من العنف والتميز ضد الفتيات والنساء الذي لقي اهتماماً كبيراً خلال العقدين الماضيين. الإجماع القوي المحقق ضد هذه الممارسة على المستوى الوطني والدولي أسفر عن قيام مبادرات وطنية ودولية رامية إلى وضع حد لهذه الممارسة. في عام ١٩٩٤، قامت غانا بتشريع أول قانون يمنع ختان الإناث. ثم قامت بعض البلدان الإفريقية باتخاذ إجراءات قانونية مماثلة لمنع ختان الإناث. (United Nations, 2001, p66)

جـ- رؤية الحكومات والسياسات السكانية بخصوص ديمغرافية العائلة.

١- الفتيات الصغيرات:

إحدى الدوافع الرئيسية لبرنامج عمل المؤتمر الدولي حول السكان والتنمية ١٩٩٤، كان تعزيز الأدوار الجنسانية الأكثر مساواة لكلا الجنسين، وبخاصة زيادة الوعي الجماهيري بصحة البنت الصغيرة. سعياً وراء هذا الهدف، أكد برنامج العمل أهمية التعليم بالنسبة للبنات. أستهدف برنامج العمل بصورة خاصة بقاء البنات والمراهقات في المدرسة من أجل ردم فجوة الجنس في مرحلتي التعليم الابتدائي والثانوي.

في عدد من البلدان النامية، يبدو أن تغيرات هامة حدثت في أدوار النساء خلال العقود القلائل الماضية من خلال المؤسسة الدراسية. في عدد من البلدان النامية ربما تشكل المؤسسة التعليمية. المكان الوحيد الذي تستطيع فيه البنات الالتقاء بالنساء في مكان الدروس ويتعلمن الكثير من الأمور المتعلقة بالجنس.

كما أن ارتفاع المستويات التعليمية في جماعة ما يمكن أن تكون له أثار مباشرة حتى على النساء الأميات.

٢- مبادئ تخص العمر عند الزواج بالنسبة للذكور والإناث:

جاء في برنامج العمل يتعين على الحكومات أن تدعم القوانين بشدة من اجل ضمان دخول المقبلين على الزواج بكامل حريتهم وموافقتهم. يضاف إلى ذلك، يجب أن تفرض الحكومات بشدة القوانين المتعلقة بالحد الأدنى للعمر القانوني للموافقة وأن ترفع الحد الأدنى للعمر عند للزواج عند الضرورة.(U.N.1995)

في أجزاء عديدة من العالم، تنتهك حقوق النساء المدنية عندما يُجبرن على الزواج دون موافقتهن وحيث يفضي ضغط الأسرة إلى الموافقة القسرية (Freeman, 1991). القوانين المحددة للعمر عند الزواج شائعة تقريباً، مع الحد الأدنى للأعمار الأكثر شيوعاً ١٨ سنة للذكور و١٦ سنة للنساء. بالنسبة للنساء الحق في تأخير الزواج حتى يصبحن بدنياً وعاطفياً مستعدات يمكن أن تكون له أثار إيجابية هامة في مكانتهن وحياتهن الإنجابية. ومع ذلك رغم التشريع المصمم للقضاء على الممارسة، تتزوج البنات في عدة بلدان بعد سن البلوغ بفترة قصيرة ويتُوقع منهن أن يبدأن بإنجاب الأطفال مباشرة تقريباً لحد ما بسبب انعدام الفرص البديلة. لا تفضي الطفولة المبكرة إلى مشكلات بيولوجية- صحية فحسب (بضمنها فقر الدم، تأخير نمو الجنين، الولادة غير الناضجة التعقيدات أثناء الوضع، قلة وزن الجنين ووفيات الأجنة)، وإنما كذلك إلى تقلص الفرص التعليمية والاقتصادية بالنسبة للأمهات المراهقات، كثيراً ما يتوقف التعليم الرسمي للبنات عندما يتزوجن أو يصبحن حوامل. (World Health organization 1995)إحدى مشكلات الكثير من القوانين التي تضع حد أدنى للزواج هي أن تكون مبكرة جداً بالنسبة للنساء. مما يدل على أن النساء يحتجن إلى سنوات أقل للاستعداد للزواج حين تكون واجباتهن مقتصرة على تربية الأطفال وتدبير شؤون المنزل. (Freeman, 1991)

٣- إشكال العائلة:

إحدى تصنيفات أشكال العائلة تبدأ بالتقسيم إلى أسر أوعوائل ذرية وممتدة وأن التغير من أسر ممتدة كبيرة الحجم إلى أسر ذرية صغيرة يشير إلى تغير من خصوبة عالية إلى واطئة. وعلى العموم، تدل الاتجاهات انه في أنحاء العالم تقضي النساء نسبة متزايدة من فترة حياتهن الإنجابية كرئيسات لأسرهن الخاصة أو في علاقات غير زواجيه.

حث برنامج العمل على المساهمة المتساوية للنساء والرجال في جميع ميادين المسؤوليات الأسرية والعائلية، بضمنها التخطيط العائلي، تربية الأطفال، والأعمال المنزلية. على الرغم من تغير الأدوار والمسؤوليات بصورة بطيئة في عدة بلدان ، فإن

الأعــراف التــي تعطــي الرجـال الأولويــة في معظـم القـرارات المـؤثرة في الأسرة والعائلة ما زالت سائدة في أجزاء عديدة من العالم. بخاصة في المناطق الريفيـة من البلدان النامية. بدأت النساء في المشاركة في العمل خارج المنزل عـلى نحـو متزايد، إلا أن تقسيم العمل داخل الأسرة يميل نحـو الاستمرار، النسـاء يتـولين الغالبية العظمى من العمـل المنـزلي، العنايـة بالأطفـال ويشـاركن في الأنشـطة الزراعية الأسرية في كثير من الأحيان.

٤- تدخل الرجال في برامج الصحة الإنجابية:

اهتمت كثير من برامج التخطيط العائلي بالرجال قليلاً في الماضي. اعترفت برامج التخطيط العائلي عـلى نحـو متزايد بأهمية الرجال بالنسبة للصحة الإنجابية للنساء، كما اعترفت أيضاً بأهمية الصحة الإنجابية للرجال أنفسهم. حث برنامج العمل جميع البلدان على تزويد الرجال والنساء بالعناية الصحية الإنجابية القابلة للوصول والتحمل والقبول والملاءمة.

طور عدد من البلدان برامج للرجال تقوم على الافتراض بان اشتراك الرجال بصورة رئيسية يفضي إلى رفه النساء.(United Nations, population Fund, 1998)

د- السياسات المتعلقة بالتحضر

في ١٩٩٤، اعتبرت ٢٥,٣% من مجموع الدول الأعضاء في الأمم المتحدة أن أنماط توزيع سكانها مرضية، بينما ٧٥% عبرت عن عدم رضاها.

أظهرت الحكومات الأفريقية عدم رضاها الأكبر عن توزيع السكان: ١١% اعتبرت أنماطها الحالية مرضية بينما عبرت ٦٦% عن رغبتها في التغيرات الرئيسية في أنماط توزيعها السكاني. وينصب قلق الحكومات على التوزيع الجغرافي غير المتساوي والنمو الحضري السريع، الذي يصعب التحكم فيه مما يؤدي إلى أزمات اجتماعية واقتصادية وثقافية. فالمعدل العالي للهجرة من الريف إلى الحضر كان مثار انشغال كبير

بالنسبة للحكومات: فقد أسهمت حركة الهجرة الواسعة في زيادة الازدحام، وتدهور الأحوال الصحية، زيادة البطالة ووضع المزيد من الضغوط على البنية التحتية في المناطق الحضرية، فضلاً عن توليد نقص في القوى العاملة في الريف، مما أدى في بعض الأحيان إلى ترك العمل بالمزارع في أيدي النساء والأطفال بسبب هجرة الرجال إلى البلدات والمدن سعياً وراء كسب الرزق.

وفي أسيا، طالبت ٣٩% من الحكومات إجراء تغيرات رئيسية. فقد لاحظت الحكومة الكورية أنها تعرضت إلى زيادة تركيز السكان في المدن الكبرى، بخاصة العاصمة سيئول مما أدى إلى الإفراط في التحضر فضلاً عن اختلاف التنمية الإقليمية.

تنطوي المدن في البلدان النامية اليوم على كثير من التناقضات فهي تسهم في التنمية البشرية، ولكنها أيضاً مهد للكثير من المشكلات الاجتماعية والاقتصادية والسياسية. ولكن ماذا ينبغي أن يكون عليه منظور التحضر ؟ إن المهم في منظور التنمية البشرية هو تعزيز ودعم القدرات الإبداعية والإنتاجية لسكان المدن والتغلب على العلل الاجتماعية الكثيرة. وهذا هو التحدي الحضري في بلدان العالم الثالث في الوقت الحاضر.

ولمواجهة هذا التحدي ينبغي أتباع الإجراءات الضرورية الآتية لإدارة المدن. الأول، هو تحقيق لامركزية السلطة والموارد. والثاني، هو تمكين المحليات من تحقيق إيرادات خاصة بها لكي تتمكن المدن من تسديد نفقاتها. والثالث، هو وضع استراتيجيات لتلبية حاجة المدن من الإسكان ومرافق البنية التحتية الحضرية مع توجيه مساعدات خاصة نحو الجماعات المحلية الفقيرة والمستوطنات العشوائية المتدهورة.

اللامركزية:

لا تحتل إدارة المدن أولوية متقدمة بالنسبة لمعظم الحكومات في البلدان النامية. فالقليل جداً من المدن هو الذي يتمكن من انتخاب إطاراته ويتمتع بالسيطرة على موارد بمعزل عن تحكم الحكومة المركزية. ولا تستطيع المدن إدارة شؤونها على نحو مناسب إلا

إذا توافر لديها العدد الكافي من أصحاب الخبرات والكفاءة والإخلاص في العمل. وهذا ما تفتقر إليه معظم المدن في البلدان النامية وعادة ما يقوم تطور أنظمة الخدمة المدنية الحديثة على اختيار جماعات من سكان المدن يتميزون بالقدرة على التنظيم ولديهم قيم تعطي أهمية خاصة لعدالة الحكم، والتخطيط والتمسك بالقوانين واللوائح، والترقي طبقاً للجدارة، والنظام العام، والرعاية الاجتماعية، وفرض الضرائب على الممتلكات، والشعور بالمسؤولية الاجتماعية ومع ذلك، فإن السلطة السياسية مازالت شديدة التركيز في معظم البلدان النامية، والقليل من المدن يستطيع أن يحكم نفسه عن طريق انتخاب العمد ومجالس المدن والمحافظات.

وتحاول السياسات الواقعية بشأن نمو المناطق الحضرية إعادة توجيه هذا النمو. وتوجد لدى العديد من البلدان خطط وسياسات قومية لدعم المدن الصغيرة والمتوسطة تقوم على توجيه هذا النمو من المدن الرئيسية إلى المدن الصغيرة والمتوسطة التي يسهل في مرافق البنية الأساسية العامة والخدمات الاجتماعية من العاصمة إلى الأسواق الفرعية والصناعات الصغيرة التي ترتبط ارتباطاً وثيقاً بالمناطق الريفية ومن العناصر العامة في هذا الشأن تحقيق اللامركزية المالية التي تسمح للمدن الصغيرة والمتوسطة بان تتحكم في توجيه ميزانية التنمية، وجباية الضرائب المحلية. ويُعد قانون اللامركزية الذي أصدرته كولومبيا عام ١٩٨٦ نموذجاً لتلك الجهود التي تُبدل في كثير من البلدان النامية.

تدبير دخل المحليات أو الشعبيات.

المبدأ الأساسي في تحسين نظم التمويل المحلي هو أن تكون المدن مسؤولة عن كل نفقاتها. ويجب أن يقترن ذلك بالاستغناء التدريجي عن المساهمات والهبات التي تقدمها الحكومة المركزية للمدن والاستعاضة عن تلك بالإيرادات التي تحصل عليها من المصادر المحلية.

ويلجأ الكثير من البلدان إلي فرض الضرائب العقارية كقاعدة لتمويل إنشاء مرافق البنية الأساسية المحلية وتشغيلها وإدارتها. والضرائب التي تفرض على الثروات في المناطق الحضرية. ولا سيما على أرباح القيمة المتصاعدة للعقارات، يمكن أن تعوض بل وأن تفوق تكاليف توفير الخدمات الكافية للمناطق الحضرية.

يُعد الافتقار إلى الكفاءة الإدارية والإخلاص في العمل بمثابة العائق الرئيسي للتنمية الحضرية. ويعود ضعف الكفاءة الإدارية عموماً إلى النقص الشديد في الموظفين المدربين ولا سيما المحاسبين والمديرين الماليين المدربين جيداً، وانخفاض الروح المعنوية نظراً لضعف الأجور والرواتب وقلة فرص الترقي الوظيفي وعدم وجود نظم فعالة للرقابة والتقييم.

إستراتاجية الإيواء ومرافق البنية الأساسية:

إن ضيق الموارد المالية والبشرية للمحليات والحكومات المركزية يحتم عليها أن تتحول الحكومة عن تقديم الخدمات مباشرة إلى تمكين الآخرين من تقديمها. سواء كانوا من بين الجهات الرسمية أو غير الرسمية، أو كانوا من المنظمات غير الحكومية القائمة على المجتمعات المحلية، أو من المقيمين في المناطق الحضرية أنفسهم. ويمكن أن تحقق هذه الاستراتجيات أعلى عائد في مجال توفير السكن ومرافق البنية الأساسية الحضرية وهذه الإستراتيجية توصى الحكومات بتوجيه اهتماماتها ومواردها نحو الهيئات والأجهزة القادرة على توفير موارد البناء ، ومرافق البنية الأساسية والتمويل اللازم لبناء المساكن. مع تجنب مشروعات الإسكان المتكامل المكلفة التي لا تفيد إلا عدداً قليلاً من السكان على حساب الآخرين. وتستطيع المنظمات غير الحكومية والتنظيمات في الجماعات المحلية تقديم الكثير من الدعم والخبرات القيمة للسلطات البلدية. ويمكن أن يحقق قيام الجماعات المحلية توفير الخدمات وصيانتها بالجهود الذاتية بتكلفة أقل وبطريقة أفضل مما لو قامت السلطات البلدية البطيئة الحركة بذلك.

تحسين البيئة الحضرية:

رغم أن المدن تسهم في التنمية البشرية في البلدان النامية فإن النمو السكاني السريع وحركة التصنيع التي تتم دون ضوابط يؤديان إلى تدهور البيئة الحضرية، وإجهاد قاعدة الموارد الطبيعية وإضعاف دعائم التنمية المستدامة والقائمة على عدالة التوزيع. من أجل التصدي لمشكلة التدهور البيئي في المناطق الحضرية يتعين على الحكومات في البلدان النامية اتخاذ التدابير الآتية:

١- توسيع خدمات جمع النفايات في المدن الصغرى والمناطق الريفية ورفع كفاءتها.

٢- إتباع الأساليب المأمونة لمعالجة نفايات المناطق الحضرية والتخلص منها.

٣- تنسيق إجراءات مكافحة التلوث على جميع مستويات الحكم المحلي والقطاعات الحضرية.

٤- جعل التخطيط البيئي وأساليب البيئة جزءاً لا يتجزأ من مشروعات تخطيط التوسع العمراني وتنفيذه.

٥- وتسهيل مشاركة القطاع الخاص في تدبير الموارد اللازمة لتحسين البيئة.

(الأمم المتحدة ١٩٩٥، ٢٠: ١١ و ١١٧-١٢٣)

هـ- رؤية الحكومات والسياسات السكانية
بشان تعمير السكان والجنس
١- رؤية الحكومات بخصوص تعمير السكان:

خلال العقود الحالية، زاد اهتمام الحكومات بتعمير السكان بخاصة النساء المسنات اللواتي يشكلن الغالبية العظمى من كبار السن في العالم. كان المؤتمر العالمي للسنة الدولية للمرأة، المنعقد في ١٩٧٥ في مدينة المكسيك، هو الأول الذي اهتم بمسألة النساء المسنات. (United Nations, 1976)

في عام ١٩٨٢، أوصى الاجتماع العالمي للتعمير في خطة العمل عـن التعمير بضرورة إعطاء أهمية خاصة لحالة النساء المسنات.(United Nations, 1982) ومع ذلك، على الرغم من القلق الحكومي المتزايد والجهود المبذولة لتحسين أحوال النساء المسنات، ما زال عدد كبير من المسنات من بين الأكثر تهميشاً في المجتمع. منذ المؤتمر الدولي عن السكان والتنمية المعقود في القاهرة عـام ١٩٩٤، كـان هناك تقدم رئيسي في إدخال الاعتبارات الجنسية في معالجة قضايا المسنين. تحولت رؤية الحكومات إلى منحنى جديد شامل بخصوص تعمير السكان، أخذين بنظر الاعتبار العملية بكاملها في أبعادها الجنسانية، يتضمن هذا المنحنى درس التباينات بين المسنين والمسنات في جميع مظاهر الحياة ذات الأهميـة الاجتماعيـة في تحديـد الحاجـات والاهتمامـات الخاصة للمسنين والمسنات لغرض التأكد من تحقيق الفائدة للطرفين على قدم المساواة، علـاوة على ذلك، أصبحت كثير مـن الحكومـات تـدرك أن حالـة المسنين والمسنات، وممارستهم للحقوق الإنسانية للعيش في أمن واستقرار، تعتمـد علـى تجاربهم السابقة في الحيـاة في ميـدان القـوى العاملـة، فـرص الـدخل، العنايـة الصحيـة والتعليم. دفعت مسألة الجنس والعمر الحكومات إلى إتبـاع منحنـى طويـل الأمد بخصوص تعمير الفرد والسكان قائم على الفهم بأن حالة الرجال والنساء عند الكبر لا يمكن أن تغير بصورة هامة من دون خلق ظروف مساعدة وفرص

متساوية بالنسبة للرجال والنساء طوال حياتهم الكاملة. كان مجرى الحياة، أو تطور حياة الفرد يشكل المنحنى الأول من الأبعاد الأربعة للإطار المفاهيمي بالنسبة للسنة الدولية لكبار السن ١٩٩٩. الأبعاد الثلاثة الأخرى هي حالة كبار السن، العلائق بين الأجيال المتعددة والعلاقة المتبادلة بين التنمية وتعمير السكان.

٢- السياسات الوطنية حيال التعمير والجنس:

قامت الغالبية العظمى من البلدان المتقدمة وعدد متزايد من البلدان النامية بوضع سياسات وتوصيات تتعلق بالأشخاص المسنين. يضاف إلى ذلك زادت منظمات غير حكومية من جهودها في معالجة قضايا التعمير في تلك البلدان. ورغم ذلك لم تذكر سوى ربع البلدان عزمها على توفير الدعم للنساء المسنات والأرامل. (U.N.1997)

وفي الوقت ذاته، ما زالت كثير من البلدان تفتقر إلى سياسات فعالة لمعالجة التعمير والقضايا المتعلقة بالنساء المسنات، بخاصة في مجالات توفير الضمان الاجتماعي، الحاجات الصحية الخاصة وما شابه ذلك. ومع ذلك ، هناك عدد متزايد من البرامج والوكالات المهتمة بالمظاهر الجنسانية في التنمية، التي تقدم الدعم للنساء في ميادين توفير الدخل والتعليم والصحة.

٣- سياسات العمل وأمن الدخل:

أصبح الضمان الاجتماعي والاقتصادي ضرورة بالنسبة للنساء، ما دام الكثير منهن يُحتمل أن يعشن وحيدات، ويعمرن أكثر من أقرانهن الذكور. يختلف الضمان الاقتصادي للنساء المسنات تبعاً لوصولهن إلى خطط التقاعد وسياسات المنح الحكومية. وهن يعانين عموماً من ضيق الحال، لأنهن يقيضن وقتاً أقصر في القوى العاملة. في أعمال كاسبة من الرجال والنساء يكسبن تقليدياً أقل من الرجال بكثير في عدة بلدان، يمكن أن يعني فقدانها لزوجها خسارة كاملة للدعم الاقتصادي بالنسبة للمرأة، أو على الأقل تقليل الدخل. يحصل قليل من النساء في البلدان النامية على ضمانات تقاعدية

رسمية ومعظمهن لا يكسبن دخلاً كافياً خلال حياتهن العملية من أجل الادخار للمستقبل .

في أعقاب إقرار برنامج العمل للمؤتمر الدولي حيال السكان والتنمية، ظهر إدراك متزايد بضرورة مساعدة الأشخاص الكبار في العيش حياة منتجة بتوسيع فرص العمل وتوفير التدريب اللازم للعمل ومكـان العمـل المناسـب. تسعى كثير مـن الحكومـات إلى تشجيع كبار السن بالاعتماد علـى الـذات، بالإضافة إلى توفير الظروف المؤدية إلى تحسـين نوعية الحيـاة وتمكينهم مـن العمل والعيش بصورة مستقلة عن جماعتهم الخاصة على قـدر ما تسـمح بـه الظروف. تظهر الحاجة إلى تحسين أحوال كبار السن علـى نحـو الخصوص في ضوء الحقيقة بأن كثيراً من كبار السن يعـانون بشـدة مـن مشـكلات البطالـة، والفقر، انخفاض المستويات التعليمية، المساكن غير الملائمة، الفـوارق الجنسية والتميز الاجتماعي. تحـاول كثير مـن المـنظمات غـير الحكومـات والمؤسسـات الخيرية توفير الخدمات الاجتماعية والمساعدات لكبار السـن بخاصة النسـاء المسنات.

المراجع

١- المراجع العربية

١- ابن خلدون، أبو زيد عبد الرحمن بـن محمـد: مقدمـة ابن خلـدون، دار الكتاب العربي بيروت ، الطبعة الثانية، ١٩٩٨.

٢- الأمم المتحـدة، تقريـر المـؤتمر الـدولي للسـكان والتنميـة، القاهرة ، ١٩٩٤.

٣- ـــــــ ، تقرير المؤتمر العالمي المعني بالمرأة بيجين، ١٩٩٥.

٤- ـــــــ ، المرأة العربية، ١٩٩٥، اتجاهات ومؤتمر ، نيويورك.

٥- ـــــــ ، المرأة في العالم ١٩٩٥، اتجاهـات وإحصـاءات منشـورات الأمم المتحدة, ١٩٩٥.

٦- ـــــــ ، المرأة في العالم، ٢٠٠٠، نيويورك ,٢٠٠٢.

٧- ـــــــ أفـاق التحضر ـ في العـالم، تنقـيح عـام ١٩٩٩ نيويورك (٢٠٠٠).

٨- إنكلز، أليكس، مقدمـة في علم الاجتماع، ترجمـة محمـد الجـوهري وجماعته، الطبعة الخامسة ١٩٨١، دار المعارف.

٩- الخشـاب مصطفى "عنصر ـ" في معجـم العلوم الاجتماعيـة ، مـدكور إبراهيم (المحرر) الهيئة العامة للكتاب القاهرة١٩٧٥ .

١٠- بركـات، حلـيم، المجتمـع العـربي المعاصـر ، مركـز دراسـات الوحدة العربية، بيروت ، الطبعة السادسة ,١٩٩٨.

١١- حشمة محمود، الصحة الإنجابية للمرأة اللاجئة في المخيمات (٢٠٠٠) رسالة ماجستير، كلية الآداب، الأردن.

١٢- برنامج الأمم المتحدة الإنمائي، ١٩٩٤، تقرير التنمية البشرية ١٩٩٤، دار العالم العربي للطباعة القاهرة.

١٣- ـــــــــ تقرير التنمية البشرية لعام ١٩٩٥، القاهرة.

١٤- ـــــــــ تقرير التنمية البشرية لعام ١٩٩٩,

١٥- ـــــــــ تقرير التنمية البشرية لعام ٢٠٠١.

١٦- ـــــــــ تقرير التنمية الإنسانية العربية لعـام ٢٠٠٢ الصندوق العربي للإنماء الاقتصادي والاجتماعي.

١٧- تومسون، وارين ودافيد لـويس ، مشـكلات السـكان (ترجمـة راشـد البراوي) مكتبة الانجلو- المصرية، القاهرة، ١٩٦٩,

١٨- حسين ، حسن، "أنسب" في مدكور ، ١٩٧٥، مصدر سابق.

١٩- سعفان ، حسن، "الأسرة" في مدكور ١٩٧٥ نفس المصدر .

٢٠- سليم، شاكر مصطفى ، قاموس الانتروبولوجيا، الكويت, ١٩٨١،

٢١- سميث، ث. لين أساسيات علم السكان، ترجمة، محمد السيد الغلاب وفؤاد اسكندر، القاهرة، ١٩٦٣.

٢٢- عبدالله، إسـماعيل صبري. "التنميـة المسـتقلة مـن منظـور المشـروع الحضاري". المستقبل العربي، العدد ٢٦٩، ٢٠٠١، ص ١٤٩،-١٨٤.

٢٣- فاخوري ، سبير، وسائل منع الحمل الحديثة، بيروت ١٩٧٢.

٢٤- فرمون، بيير، الاقتصاد والسكان. (ترجمة منصور الراوي وعبد الجليـل الطاهر) مطبعة النجوم، بغداد، ، ١٩٦٨,

٢٥- ماير، جيرالد وروبرت بولدوين، التنمية الاقتصادية نظريتها ، تأريخها، وسياستها، الجزء الأول (ترجمة: يوسف صايغ، ١٩٦٩).

٢٦- منظمة الصحة العالمية، تقرير الصحة في العالم ,١٩٩٨

٢٧- منظمة العمل الدولية، تقرير العمالة في العـالم ١٩٩٨-١٩٩٩، جنيـف ١٩٩٨,

٢٨- منظمة الأمم المتحدة للطفولة، تقدم الأمم، ١٩٩٩,

٢٩- منظمة العمل الدولية. حماية الأمومة في العالم مؤتمر العمـل الـدولي، ١٩٩٩.

٣٠- تقرير الصحة في العالم ,١٩٩٩

٣١- نامق ، صلاح الدين. اقتصاديات السكان. دار المعارف بمصر, ١٩٧٠

٣٢- وافي عبد الواحد، "الزواج" في مدكور ،مصدر سابق، ٣٠٦,

٣٣- الهيئة العامة للمعلومات، طرابلس، ٢٠٠٦.

٢- المراجع الأجنبية References

1- Arnold Fred. (1997), sex preference for children and its Demographic and Health implications, International Family planning perspective ,New York; vol 18, No3, pp93-101.

2- _____ (1992), The contribution of remittances to economic and social development, in international migration systems: A Global Approach, Mary. M. Kritz et al. (eds) .Oxford .U.K. Clarendon press. P.205-220.

3- _____ (1997) Gender preference for children, Demographic and Health surveys comparative studies, No.23, Calverton Maryland.

4-   Ashford, lori. S. (1995) New perspectives on population lessons from Cairo, population Bulletin, Vol 50, No 1 , Washington D.C. population Reference Bureau.

5- Bairoch .B. (1977) Economic Development of the third world since 1900.

6- _____ (1981) Urbanization and economic development in the western world in patterns of European Urbanization since 1500, Schonal H. ed. croom Helm London. 63-75.

7- Bankole, A. and S . Singh (1998) Couple's Fertility and contraceptive decision-making in developing Countries, International Family planning perspective, New York, Vol. 24 No.1 .pp15-24.

8- Bilsborrow, Richard.E (1991). Rural poverty, migration and the environment in development countries, the world Development Report, chapel Hill. North Carolina .

9- Birdsal Nancy, et al. eds. Population matters: Demographic change, Economic Growth and poverty in Developing world .Oxford, University press.

10- Blossfeld , H P. (1995) The New Role of Women; Family Formation in modern Societies .Boulder Colorado. Westview press.

11- Bogue, Donald (1969). Principles of demography. New York .John Wiley and sons.

12- Bongaarts, J. et al. (1983) Fertility, biology and behavior: an analysis of the proximate determinant, New. York, Academic press.

13- Bongaarts, John. (1998). Global population Growth: Demographic Consequences of declining fertility. Science Washington D.C Vol 282. pp, 419-420.

14- _____ (2002) The end of the fertility transition in the developing world. in Completing the Fertility Transition New York. United Nations.

15- Boserup, Ester (1963) The Economics of Agrarian change under population pressure, Chicago. Illinois, Aldnic.

16- _____ (1965) population and technological change: A study of long – term trends, Chicago Illinois, the University of Chicago press.

17- Borjas, George. (1994) The economics of migration. Journal of economic literature (Nashvill. Tennessy).

18- Botaro, Govany (1951). The reason of the State and Greatness of Cities . Translated by Robert Peterson , New Haven Yale University press.

19- Briggs, Vernon .et.al (1977) the Chicano worker, Auston Texas University press.

20- Bumpass, lary, L. et al. (1991) The role of cohabitation in declining rates of marriage. Journal of marriage and Family. Minisota vol 53. No 4. pp913-927.

21- Burgess, A. and P. Wallin (1971) Engagement and Marriage. Philadelphia : Lippincot.

22- Cain, Mead .(1993). Patriarchal Structure and Demograpic change. In women's position and demographic change. Nora F. et al. eds. Oxford U.k. Clarendon press.

23- Caldwell , J.C (1980). Mass Education as a determinant of the timing of fertility decline. Population and Development Review. New York.Vol.6 No. 2, pp   225-255.

24- _____ (1979) Education as a Factor in mortality decline. Population Studies (London), vol. 33, No.3 pp395-413.

25- Casterline , John, etal, (1986), The Age difference between spouces; Variation Among developing Countries. Population Studies (London) vol, 40, No 3, pp353-374.

26- Castro ,Martin, (1977), Marriage without papers in Latin America . In proceeding of the International population Conference Bijing (1995).

27- Castles.S. et al (2003) .The Age Migration: International population Movements in the modern world ,New. York: Guilford press.

28- Champion, A.O. ed. (1989) Counterurbanization, the changing pace and the nature of population deconcentration London.

29- Chesnais, J.C (1992)- The Demographic Transition Stages: patterns and Economic Implications, Clarendon Press.

30- Childe, Gordon .(1950).The urban Revolution. Town planning Review, 21, pp3-17.

31- Cleland , John et al, (1983) preferences, for the sex of children and their influence on Reproductive Behavior .World fertility surrey comparative studies, vol 27 .Netheland.

32- Cleland John etal .(1998) The effect of maternal education on child health and survival, New York. Inc

33- Coale, Ansley and Hoover, E (1958) population Growth and Economic Development in low – income countries princeton University press , Princeton New Jersey .

34- Commission for the study of International Migration and cooperative economic development (1990). Washingtan D.C. U.S. Government printing office.

35- Davis ,Kingsley (1963). The theory of change and Response in modern Demographic History, population index. Vol .29, pp.345-366.

36- Davis, k, and Blake .J.(1965) Social Structure And Fertility: an outline framework . Economic Development and culture change. Vol .46, pp.211-235.

37- Desai. S. (1992) children at risk, population and Development Review , Vol, 18, No .4. PP.698-717.

38- Doubleday. T. (1877). The law of population and its relation to the food of people London: George pierce.

39- De vas, S. (1998) Nuptiality in Latin America Center For Demographic studies , Washington D.C.

40- Durand .J.D . (1977) Historical Estimate of world Population. and Development Review .Vol .41 No.3

41- Durkheim, A (1947) .The Division of labor in society (translated by George Simpson) Clarence the free press.

42- Dyson, Tim (1996) .Population and Food :Global Trends and Future prospects, London : Routtedge.

43- Easter Line .R.et al ,(1985) The fertility Revolution; Chicago Illinois :University of Chicago press.

44- Ehrlich. P. and Holden.J.(1971) the Impact of population growth: Science, Vol . 171, pp, 1212 – 1217.

45- Eldrige, D. (1942). "The process of urbanization" Social Force vol. 20, No.3

46- Emmergij. Lous (1993) International Situation, Economic development and Employment, In the changing course of international migration Paris: organization of economic. Cooperation and Development

47- Engeles. F. (1955 -1966) outlines of Critique of political Economy.

48- Ezeh, Alex et al (1997) Estimates and Explanaton of Gender difference in contraceptive prevalence's Rates, Studies in Family planning .N.Y. vol 28,No2. pp 104-121.

49- Federici, N. et al. (1993) women's position and demographic change.

50- Fogel, Robin .W. (1997) New findings on Secular Trends in Nutrition and Mortality: some implications for population theory. In Handbook of population and Family Economics vol. I, Mast R. R, et al (eds.) Amesterdam: Elsevier science .pp434-481.

51- Folber, Naney. (1983) The Political Economy of Fertility Decisions. Feminist Studies (college park Maryland vol.9 No.2 PP261-284.

52- Freedman .Ronold (1962) The Sociology of Human Fertility, Current Sociology. 10-12 ,No. 2 PP.35-121.

53- Freeman, Marsha (1991) Women's Human rights and Reproductive rights: status, capacity and choice (New York) vol. 8 No.9

54- Friedmann. J. (1967) Capitalism and Underdevelopment in Latin America ,New .York. monthly review press.

55 _____. (1992), The End of the third world planning Review, 14.

56- Food and Agricultural Organization 1995 vol.46. No 1.

57- _____, (1996) Food production and Environment impact No.11 Rome FAO.

58- _____, (1996) food Requirement and population Growth: No.4 Rome FAO.

59- _____, (1998) The state of world fisheries and Agriculture Rome FAO.

60- _____,(2001) Agriculture Towards 2015-2030.

61- _____, (2001) Food and Agricultural Organization of the United Nations Global forest Resources Assessment 2000.

62- Gadwin ,William, (1796) Inquiry concerning political Justice and its influence on morals and Happiness, London Robinson.

63- Gage .A. Women's and men's status in African Family, proceeding of the international population conference ,Bijing 1997.

64- Giddings, F. (1896). Principles of sociology.N. Y. Maemillan.

65- Gini, Gonard, (1929) The cyclical rise and fall of population in Harris (ed) .Foundation lecture, population, 1930.

66- Gist Noel .and S.Fava .(1967) urban Society 5th edition. New York, crowell.

67- Golini, A. et al (1993) population vitality and decline: The North south contrast, in the changing course of international Migration. Paris .

68- Goode William. (1964). Industrialization and family change. In Bernard, Berliuson et al. eds Human Behavior ,New York.

69- Govindasamy. P .et al. (1993) High- risk Births and maternity care. Demographic and Health surveys. Comparative studies No.8 Columbia Maryland.

70- Graunt, John (1939) Natural and political observations made upon the Bills of mortality London, John Hopkins press.

71- Gurak, Dauglas , et al. (1992) Migration Network and the shaping of migration systems. in International Migration system :A Global Approach Mary. M. Kritz. et al. eds. Oxford U.K. clarendon press, PP150-176.

72- Hardline ,O (1957), Race and Nationality in American life .Garden City .New York, Doubleday .

73- Hardon, Anita (1995) A critical Review of sexual and Reproductive Health in Advancing women's status : women and men together ,Gender Society and Development Amesterdam Royal Tropical Institute, PP.120-156.

74- Harold , Phelps and D. Henderson (1958) population its Human Aspects, New York: Grottinc.

75- Harris .J.R. et al Migration unemployment and development .American Economic Review, No .60 PP126-142.

76- Hauser, Philip, and L. Schnore .(eds) (1965) The study of urbanization N.Y. John wiley and sons Lnc.

77-_____, and O. Duncan (eds) (1959) .The study of population university. of Chicago press.

78-Hawley .Amos. (1959) "Population composition" in the study of population , Houser. P. (ed).

79-Himes, C. (1994) Age patterns of mortality and causes of death structure in Sweden, Japan and United States, Demography. Vol.3 No. 41. PP. 633-650.

80- Horton ,R.and Geraled Leslie, (1970). The sociology of social problems. New York, Appleton century craft .

81- Huntington .E. (1924) .Civilization and Climate 3rd .ed. New Haven Yale University, press.

82- International labor office (1996). Economically Active populations, 1950-2010 Genera.

83- International Monetary fund (2000) world Economic outlook (2000) washington .

84- International union for the scientific study of population (1982) Multilingual Demographic Dictionary, English section.

85- International Organization of Migration (1996) Migration and development .In population Distribution and migration proceedings of the United Nations Expert Group Meeting on population Distribution and Migration, 1993.

86- _____, (1996) Environmentaly Induced population Displacements and environmental impacts Resulting from mass migration.

87- Jacobos, J. (1969). The Economy of cities New York: Random House.

88- Jaffe abram, and e. D. Stewart, (1951) Manpower Resources and Utilization principles of working force Analysis New York. Wily.

89- Jejeebhoy, Shireen .J. (1995) Women's Education Autonomy , and Reproductive Behaviour: Experience from Developing countries, Oxford ,U.K. Clarendon press.

90- Jones,G.W, et al .(1997) . (eds) The Continuing Demographic transition .Oxford university press, New York.

91- Josue de Castre , (1952) The Geography of Hunger.

92- Kelley Ac. Schmidt, RM. (1995)Aggregate population and the economic growth correlations: the role of the components of economic change. Demography.32 , pp 543-555.

93- Kierman, K.(1999) .European perspective on non Marital childbearing. New York.(1999).

94- Kimbal. Y and R. Mack (1962) Systematic sociology. N.Y. American book.

95- Kindle berger. C.(1967) Europe's postwar Growth the Role of labor supply .New York Harvard University press.

96- Kirk, Dudley- (1965). Factors Affecting Moslim Natality,in United Nations proceeding of the world population conference, Belgrade, 1965.

97- Kirk, Dudley- (1971).A New Demographic transition? In rapid population Growth, consequences and policy Implications. John Hopkins press.

98-_____ (1996) Demographic transition theory. population studies. 50.pp. 361-387.

99- Knerr, Beatrice (1996). Labor migration from south Asia: patterns and Economic Implication in Development strategy Employment and migration, David, O et al. (eds) Paris

100- Knodel. John. et al. (1978) Thailand's Reproductive Revoluation, Rapid Fertility Decline in a third World Setting. Madison University of Wisconsin press.

10\- Knox. Paul. L. and L. MeCarthy (2005). Urbanization: An Intraduction to Urban Geography. 2nd (ed.) printice Hall, Newjersy.

102- Kritz, Mary. et al. (1981) Introducation. in Glabal Trends in Migration: Theory and Research on International population Movements. New York: Center for Migration studies.

103- Kuznets, S. (1975).population Trends and Modern economic growth in the population debate: Demensions and perspectives, vol.1 United Nations.

104- Lampard, Evic (1965) "Historical Aspects of urhanization", in the study of urhanization Hauser. Ph. And L. Schnore (eds.) Jhon Wily and sons. Inc.

105- Lasee, A. et al. (1997) Husband & wife communication about Family planning and contraceptive use in Kenya. International Family planning perspective (New York) Vol .22. No.1 PP. 2-20.

106- Lee, Everat. (1966) "A Theory of Migration. Demography. Vol.3 . PP 45-47.

10V- Lee Ronald (2003) "Mortality forcasts and linear life Expectancy trends". Center for Economics and Demography of Aging.

10Λ- Lesthaeghe, Ron. (1995). The second demographic Transition in Western Countries. Oxford U.K. Clarendon press.

10٩- Lewis, Arthur (1960) The Theory of Economic Growth, No.1.

110- Lipton, M. (1977) why poor people stay poor? Urban bias in world Development, Cambridge. Mass. Harvard University. Press.

111- _____ (1980). Migration From rural areas of poor countries: the impact on rural productivity and income distribution. World Development (Boston, Mass.) vol.8.pp.1-24.

112- Main, Henry. (1861) The Ancient Law.

113- Malhotra, Anju (1991) Gender and Changing generational relations: spouce choice in Indonesia, Demography (Alexandria Virginia vol. 28 No.4 pp 549-570.

114- Malthus, Thomas. (1798). The principles of population. 7th ed. London. Johnson.

115- Marx, Karl (1929) Capital. Critique of political Economy. (Translated by Eden and Cader. Paul international publishers company. Inc. New York.

116- Mason, Keren. etal.eds. (1998) .The changing family in comparative perspective. Asian and United states, Hanolulu University of Hawai, press.

117- Mill, John (1965) principles of political Economy, New York, Kelley.

118- Mingat, A et al. (1996). The Full Social Returns to education: Estimates of countries Economic Growth performance. Human Capital, Washington D.C. world Bank.

119- Mitchell, D.etal. (1995) Global and Regional Food demand and Supply prospects. In population and Food in the early twenty- first century.

120- Micnicoll.G.(1984) consequences of rapid population growth overview and assessment, population and Demographic Review, 10.pp.177-240.

121- Morgan, S.P. (2003) Is Low Fertility a twenty- First Century Demographic Crisis? Demography. Vol.4 No.4. pp. 589-604.

122- Myers, Norman (1989) Environment and regions.

Foreign policy (Washington, D.C. vol. 74 pp.23-41.

123- Murray. C.J.L. (1997) Mortality by Cause for eight regions of the world Global Burdon of Disease study. The lancet (London) vol. 349. pp.1269-1276.

124- Myrdal, Gunar, (1944).An Asian Dilemma, New York, Harper and Row.

125- _____ (1957) Economic Theory and underdeveloped Regions. (London); Duckworth.

126- National Research Council, (2000) Beyond Six Billion :Forecasting the World population John Bongaarts and Rodolfo Bulatao (eds) Washing, D.C National Academy press.

127- National population Council (1986) population Growth and Economic Development: policy Questions, Washington D.C. National Academy press.

128- Nathanson .C.A.(1984) .Sex difference annual Review of Sociology. Vol 10. PP-191-213.

129- Norman .R et. al. (1985). The economic Effect of immigration. Melbourne CEDA.

130- Notestein, FW(1945) population- long view in food for the world. Schultz (ed). University of Chicago press, Chicago.

131- O'Connor, David ,et al (1996) Development strategy, Employment and Migration: Development centre seminars, Paris.

132- O'Nill, H.F. et.al (1997) population and climate change Luxemburg Astria. International Institute for Applied Systems Analysis.

133- Ono Osaki, et. al.(1992) comparative Analysis of recent change in Households in Latin America in the peopling of Americas, Vol. 3:391.312.

134- Organization for Economic cooperation and Development (1996). Caring for frail Elderly people policies in Evolution. Social policy studies .No. 19, Paris.

135- _____ (1997) Family Making and community :Equity and efficiency in Social policy .Social policy studies.No21 Paris.

136- _____ Maintaining prosperity in an Aging Society. Paris.

137- _____ (1999), A caring world .The New Social policy, Agenda , Paris.

138- _____Owen, R. (1938) Anew view of society London.

139- Paul, Landis and P.k. Hatt. (1954) population problems: A cultural Interpretation, (2nd edition) New York : American Book Company.

140- Petersen, William (1958) " A General Typology of Migration" American Sociological Review, 23. No,3.

141- Petras, E. (1981) .The Global labour, Marker in the modern world Economy .In Global Trends in Migration: Theory and Research on International population movement ,Mary M. Kritz etal, (eds).

142- Portes, A (1995) Economic Sociology and the Sociology of Immigration: A conceptual overview .In the Economic Sociology of Immigration, A. Portes ed. New York: Russal Sage Foundation .pp1-41.

143- Preston, Samuel. (1975) The changing relation between mortality and level of economic development. Population Studies 29. pp 231-248.

144- _____ (1979) Urban Growth in developing Countries a demographic reappraisal. Population and development Review 5. PP.195-215.

145- _____ (1994) population and the Environment .Population Research. 3-12.

146- Preston .S. H . etal. (2001) Demography: measuring and modingling population processes Malden. Mass. Blackwell publisher.

147- Ravenstein, E.G.(1885) The laws of migration. Journal of the statistical society of London, vol. 48. No2, pp, 167-235.

148- _____ (1889) The laws of migration second paper. Journal of the Royal statistical society, Vol, 52, No2. pp241-305.

149- Richmond . Anthony. (1995) The Environment and Refugees, Theoritical and Policy issues population Bulletin of the united Nations (New York). No. 39 pp.1-17.

150- Riley, Nancy, (1997). Gender power and population change . population Bulletin vol, 52, No,1 (Washington D.C) Population Reference Bureau.

151- Ringheim, Karen (1993) Factors that determine use of contraceptive for men. Studies in Family planning (New York) Vol. 24, No.2. pp87-99.

152- Robertson, Ian, (1983) Introduction to sociology . Worth publishes, New York.

153- Rostow. W.W. (1960) The stages of Economic Growth. A non – communist Manifesto .Cambridge. U.K. Cambridge, University press.

154- Rogerss, A. (1977). Migration, Urbanization ,Resources, and Development .International Institute for Applied systems Analysis Luxemburg.

155- Russell, Sharon. S. (1992) Migrant remittances and development .International migration (Geneva) vol. 30 No.314 pp.267-288.

156- Rutenberg. Naomi et al. (1991) Knowledge and use of contraception .Demographic and Heath surveys :Comparative studies No. 6 Columbia Maryland.

157- Rynder, Norman. (1961). "Fertility" in the study of population. Philp Hauses and O. Duncan eds. P.410.

158- Sadler, Thomas .(1829), the law of population London. John Murray.

159- Sassens, Saskia .(1988) . The mobility of labor and capital .New York Cambridge. U.K. University press.

160- Sauvey. A. "Optimum Population" in the international Encyclopedia of the Social Sciences .Vol 11, 1968, pp, 351-59, Sills, David editor.

161- Schmeidl, Susanne. (1995) From Root Cause Assessment to preventive diplomacy: Exploring the possibilities and limitation of the early warning of forced migration. Chicago Illinois, pp21-25.

162- Schnore. L .F. (1965) Human Ecology and Demography, Scope and limits, in the urban scene: Human Ecology and Demography, Schnore .L. f.(ed) free press. New York   :1-43.

163- Shryock, Henry and. J. Siegel (1976). The Methods and Material of Demography .New York. Academic press.

164- Singh. S. et al. (1996) .Early Marriage among woman in developing countries international Family planning perspective New York .Vol 22, No. 44. pp. 148-157.

165- Sjaastad, Lary. (1962). The cost and Returns of human migration, Journal of political Economy (Chicago) Illinois, No 705.

166- Sjoberg Gedon .(1960) The pre-industrial city, past and present New York. Free press .

167- Smith. Adam(1776) An Inquiry into the nature and causes of the wealth of Nations. Vol .2. W. Straton and T. Cadell London.

168- Smith .D. A. (1996). Third world cities in Global perspective: The political Economy of Uneven Urbanization, Boulder, Colorado west view press.

169- Smith. N. (1984) Uneven Development New York, black well.

170- Spencer Herbert (1867). The principles of biology(1864-1867).

171- Spengler .J. (1936) French population theory since 1800.

172- Stark. Oded. (1991). The migration of labour. Cambridge, United Kingdom Basil Black well.

173- Stoufer .S. (1940). Intervening opportunities: A theory relating mobility and distance, American Sociological Review (Washinton). D.C. Vol. 5. PP. 845-867.

174- Sudha .S. etal. (1999) .Female Demographic disadvantage in India 1981-1991. In Development and Change vol. 30. No.3

175- Susmilch .J.P. (1741) The Devine order in the change of the Human Race shown by its Birth Deaths, and propagation Berlin.

176- Tabutin, D. et al .(1998) Differential Mortality by sex from birth to adolescence in too young to die :Genes or gender? New York U.N.

177- Tapions, George . (1994) International migration and development. Population Bulletin of the United Nations (New .York). No.36. pp. 1-18.

178- Taylor .J. Edward (1992) Remittances and inequality reconsidered. Journal of policy Modeling (New York). Vol. 14. pp. 187-208.

179- Tanpoo Chang (1999) The role of the elderly and their support within changing family structure in developing countries in population growth and demographic structure. New York. United Nations.

180- Thomlinson Ralph (1965). Population Dynamic and consequences of world Demographic change (New York) Random House.

181- Thompson Warren and D. Lewis (1965) Population problems 5TH ed. New York Mc Grow- Hill Book company.

182- Todaro, Michael .p.(1976) Internal Migration in Developing countries Geneva International Lahor office .

183- _____ (1995).Economical Development.

184- Tout, Ken (1989). Aging in developing countries. New York . Oxford University press.

185- United Nations. (1956) .The Aging of population and Economic and Social Implications. Population studies .No. 26 United Nations .New York.

186- _____, (1970) Principles and Recommendation for the 1970 population censuses .Statistical paper series.

187- _____, (1989) Principles and Recommendation for the 1980 population censuses, statistical paper, 1977.

188- _____, (1988) The Determinant and consequences of population Trends: New summary of Findings on interaction of Demographic, Economic and Social factors vol.1 New York.

189- _____, (1984) Population Resources Environment and development, proceedings of the Expert Group meeting on population Resources, Environment and development Geneva 1973.

190- _____, (1987) .Fertility Behavior in the context of Development, population Studies.No.100.

191- _____, (1990)Pattern of First Marriage Timing and prevalence United Nations.

192- _____, (1995a) Report of the international conference on population Development .Cairo, 1994.

193- _____, (1995b) Women's is Education and fertility Behavior .

194- _____, (1996) Report of the fourth world conference on women Bijing , 1995.

195- _____, (1999). Population Aging.

196- _____, (2000a),World Population Monitoring ,1999: Population Growth, Structure and distribution.

197- _____, (2000b) world urbanization prospects, The 1999 Revision.

198 - _____, (2001a) .Report on the world social situation, 2001.

199-_____, (2001b) .World population monitoring , 2000.

200-_____, (2002) world population prospects The 2000 revision Vol III . Analytical Report.

201-_____, (2003).World population policies,2003.

202-_____, (2004a) world population prospects. The 2002 Revision vol. III Analytical Report. U.N.

203- _____,(2004b) World population 1950 to 2030 U.N.

204-_____,(2005a) World population monitoring, 2003: population education and Development.

205-_____, (2005b) World population prospects: The 2004 Revision Vol, III. Analytical Report.

206-Vande, Kaa. J. (1987) Europe's Second Demographic transition. Population Bulletin, vol. 4 No.1.Washington D.C. population Reference Bureau.

207- Waldron, I(1985) What do we know about causes of sex differential in mortality? Population Bulletin of the United Nations .No. 18, PP. 59 -76.

208- Wallerstein, Immanuel. (1974). The Modern world system, New, York. Academic press.

209- Wheatles (1997). The pivat of the four Quarters Edinburgh: Edinburgh University press.

210- Witfogel. K. A. (1957). Oriental Despotism: A comparative study of total power .New Haven. Conn.Yale University press.

211- Wooley, L. (1963) "The urbanization of Society" In History of Mankind, eds. J. Hawkes and L. woolley . vol 12 . Paris UNESCO.

212- Wirth, lous, (1938) "urbanism as a way of life" American Journal of Sociology. 44 pp. 8-20.

213-_____, (1945) "The problem of minority groups". In Ralph Linton ed. The Science of man in the world crisis .New York, Columbia University press.

214- Winch, R. (1958) Male Selection .New York Harper.

215- Westoff, Charles. et al. (1995)Unmet Needs, 1970-1994. Demographic and Heath surveys. Comparative study No.16 Calverton Maryland.

216- World Bank. (1995) .Priorities and strategies for Education. World Bank Review Washington. D.C.

217- World Health Organization (1995) Adolescent Health and Development the key to the future WHO.

218-_____, (1997)Heath and Environment in sustainable Development Genera. WHO.

219-_____,(2004) The world Health Report, 2004: Genera.

220-_____,(2005).The world Health Report 2005.Geneva ,WHO.

221- Yaukey: David (1961) Fertility Differential in a modernizing country .

222- Yang, Philip Q. (1995) post -1965 immigration to the United States structural Determinants.

223- Yetman .N. and H.Steele. (eds) Majority and minority, Boston Allya and Blaco.

224- Zipf. G. K. (1949) .Human Behavior and the principles of least Effort (Reading ,Mass: Addison wisely).

225- Zolberg. Aristide .R. (1981) International migrations in political perspective in Global Trends in migration :Theory and Research on international population movements .Mary M. Kritz .etal. eds. Staten Island .New York: Center for migration studies. PP.3-27.

Printed in the United States
by Bookmasters

Printed in the United States
By Bookmasters